教育部人文社会科学研究青年基金项目
四川省教育厅人文社会科学研究重点项目
绵阳师范学院学术著作出版基金资助项目

高师院校的组织变革研究

ON ORGANIZATIONAL
TRANSFORMATION OF
NORMAL COLLEGES AND UNIVERSITIES

侯小兵 著

序[*]

党的十九大报告指出："中国特色社会主义进入新时代，我国社会主要矛盾已经转化为人民日益增长的美好生活需要和不平衡不充分的发展之间的矛盾。"人民对美好生活需要的内容非常丰富，其中，教育不但是重要的需要之一，而且是满足其他方面需要的重要前提和基础。我们党历来把发展教育摆在优先发展的战略地位。十九大报告进一步提出，建设教育强国是中华民族伟大复兴的基础工程，要深化教育改革，加快教育现代化，办好人民满意的教育。

教育兴则国兴，教育强则国强。办好人民满意的教育，对增强人民的获得感、幸福感、安全感，对经济转型、科技创新、文化繁荣、民生改善、社会和谐有着重要支撑作用。改革开放以来，特别是党的十八大以来，我国各级各类教育事业取得了伟大成就。2016年，全国学前教育毛入园率达到77.4%，九年义务教育巩固率93.4%，高中阶段毛入学率87.5%，高等教育毛入学率达到42.7%，中国特色社会主义教育事业基本满足了人民群众对教育机会的需要，以及社会行业领域对各级各类人才的需要。我国已建成世界上最庞大的现代教育体系，各级各类教育的学校数和在

---

[*] 作序者唐朝纪，教授，原四川省委教育工委副书记、四川省教育厅党组副书记、常务副厅长（正厅级）。

校生数居世界之首，教育的普及程度和发展水平已经位居中高收入国家之列。强国需要强教，新时代对教育改革提出了新诉求。一方面，人民群众的美好生活向往和社会经济结构的转型升级对教育质量提出了越来越高的要求。另一方面，教育事业跨越式发展中衍生的一系列基础性问题还没有从根本上得到解决，优质教育的供给能力还亟待提高。也就是说，新时代教育的主要矛盾已经从教育机会不足转向教育质量不高，提高教育质量成为新时代教育事业改革发展的中心任务。百年大计，教育为本；教育大计，教师为本。教师是影响教育质量的首要因素，高质量教育要由高素质教师来实施。新时代教师是承担教书育人职责的专业工作者，是落实立德树人根本任务的中坚力量。这要求新时代教师要"有理想信念、有道德情操、有扎实知识、有仁爱之心"，要"做学生锤炼品格的引路人，做学生学习知识的引路人，做学生创新思维的引路人，做学生奉献祖国的引路人"。高素质教师是怎样炼成的？从生涯理论来看，教师专业发展是由职前、入职、职后等环节有机融合的一体化过程，每一个环节都离不开高水平教师教育提供的专业支持。

高师院校是建设高水平教师教育的主体力量。我国教师培养体系肇始于19世纪末20世纪初，1897年，盛宣怀在上海首创南洋公学师范院；1902年，创办京师大学堂师范馆，此为中国高等师范教育的开端。"壬寅学制""癸卯学制""壬子癸丑学制""壬戌学制"等一系列学制改革塑造了我国教师培养体系的基本框架。新中国成立后，师范教育受到党和国家的高度重视，逐步形成了中等师范学校培养小学教师、专科师范学校培养初中教师、本科师范院校培养高中教师的三级师范教育体系，以及省、市、县三级教师在职培训体系。到20世纪90年代末，伴随着中小学教师学历提升的需求越来越旺，教师教育大学化转型的进程越来越快，师范教育院校和教师培训院校经历了一个合并、升格、转型的跨越式发展期，教师职前、职后培养体系的分立格局逐步被打破。1999年，《中共中央国务院关于深化教育改革全面推进素质教育的决定》要求，"调整师范学校的层次和布局，鼓励综合性高等学校和非师范类高等学校参与培养、培训中小学教师的工作，探索在有条件的综合性高等学校中试办师范学院"。与此同时，教师培养改革也经历了一场从"师范教育"到"教师教育"的话语转换。之后，负责教师在职培训的教育学院系统基本上并入全日制师范教育体系，中等师范学校、专科师范学校、本科师范院校则逐级升格合并，本科和专科层次的高师院校构成教师培养培训的主体力量。如今，高师院校承担着培养培训幼儿教师、小学教师、初中教师、高中教师、中职教师的多重任务，同时还在千方百计地拓展非师范教育专业。《国家中长期教育改革和发展规划纲要（2010—2020年）》要求，"加强教师教育，构建以师范院校为主体、综合大学参与、开放灵活的教师教育体系。深化教师教育改革，创新培养模式，增强实习实践环节，强化师德修养和教学能力训练，提高教师培养质量"。对于高师院校而言，如何应对非师范教育专业扩张与教师教育专业质量提升之间的多重矛盾，这是一个严峻的挑战。侯小兵博士的新著《高师院校的组织变革研究》正是在该领域艰苦探索之后取得的一个重要研究成果。

改革是发展教师教育的强大动力，是解决高师院校综合化转型之后出现的种种问题的根本出路。侯小兵博士从改革的视野出发，探讨了一系列高师院校组织变革的理论和实践问题。《高师院校的组织变革研究》一书共有九章。第一章将教师教育绩效作为整个研究的核心目标，系统地分析了教师教育组织、制度与绩效的内在联系，有力地论证了高师院校组织变革的理论逻辑。第二章从中小学教师学历提升、中小学教师专业发展、中小学教师资格国家考试改革三个方面分析了高师院校组织变革实践的外生动力。第三章将研究视角从组织外部转向组织内部，运用实证研究的范式考察了师范生对国家教师资格考试制度的认同结构与水平，以及师范生的国考制度认同对教学效能感的影响，进而从内生动力的角度回答了高师院校为什么要开展组织变革实践。第四章则运用历史唯物主义的研究方法论，梳理了高师院校组织制度从创立、升格、调整、破坏、重建到发展的百年历史，体现了继承中创新、发展中变革的鲜明特征，这使当前高师院校的组织变革能够嵌入历史发展的宏观脉络之中。第五章将研究视角从历史转向当下，运用大量的数据资料分析当前全国高师院校的布局、类型、层次、定位，师范大学、师范学院、师专学校的组织结构特征，尤其是这些高师院校的教师教育组织建设的现实状况。第六章基于对教师教育大学化和高师院校综合化转型的理性反思，调查分析了高师院校转型发展过程中的教师教育特色和师范生的教师专业学习效果，从而揭示高师院校组织结构的适应性问题。第七章从核心目标、基本原则和总体构想三个方面建构了高师院校组织变革的理想之境，确立了高师院校组织变革的方向与目标。第八章从教师知识、路径依赖、理性选择、文化冲突四个角度分析了当前高师院校组织变革的制约因素。第九章则运用现代治理理论，从外部治理结构、内部治理体系和教师教育机构建设三个方面探索了高师院校组织变革的行动策略。

《高师院校的组织变革研究》一书立足中国特色社会主义新时代，对一个教师教育领域历久弥新的重大课题展开了新探索。总体来看，本书体现了以下几个方面的特点：其一，跨学科的研究视野，拓展了视角的宽广度。全书从教育学、经济学、管理学、文化学、历史学等学科领域汲取最新研究成果，对若干论题的分析鞭辟入里、富有洞见。其二，系统化的研究内容，增强了结构的饱满度。全书九个部分的内容层层递进、环环相扣，构成了一个逻辑严密、内容丰富的研究体系，体现了理论逻辑与实践逻辑、内生动力与外生动力、历史溯源与现状考察、理想建构与现实反思、问题归因与行动求索的辩证统一。其三，多元化的研究方法，保证了结论的信效度。全书综合运用历史研究、调查研究、文献研究、比较研究等多种研究方法与技术，体现了理论研究与实践研究、质化研究与量化研究、规范研究与实证研究的辩证统一。

《高师院校的组织变革研究》一书从提高教师教育绩效出发，对高师院校组织变革诸多命题的探索与研究，丰富了高等教育、教师教育研究的理论深度和广度，在实践上也具有非常重要的指导意义。这反映了作者严谨的治学态度、丰富的学术积累和扎实的学术功底。但是，深化教师教育综合改革是一项复杂的系统工程，高师院校面临着办学定位综合化与教师教育专业化的实践矛盾，各种冲突和问题会随着改革的不断深入而更加充分地暴露出来，以教师教育绩效为导向的高师院校组织变革也难以在朝夕之间就能实现。我相信，在习近平新时代中国特色社会主义思想的指导下，深入学习贯彻党的十九大精神，认真落实立德树人这一根本任务，积极推进教育领域综合改革，高师院校组织变革就能够不断开启新篇章，教师教育改革也就能够不断取得新成果。

谭朝炎
二〇一八年一月十日

目　录

第一章　绩效、组织与制度：高师院校组织变革的理论逻辑 …………… 1
  第一节　教师教育绩效的内涵与评价 ………………………………… 1
  第二节　教师教育组织的要素与系统 ………………………………… 9
  第三节　教师教育制度的形态与变迁 ………………………………… 18

第二章　学历、专业与资格：高师院校组织变革的外生动力 …………… 27
  第一节　教师学历提升与教师教育改革 ……………………………… 27
  第二节　教师专业发展与教师教育改革 ……………………………… 39
  第三节　教师资格国考与教师教育改革 ……………………………… 54

第三章　国考、认同与响应：高师院校组织变革的内生动力 …………… 63
  第一节　高师院校师范生国考制度认同结构的分析 ………………… 63
  第二节　高师院校师范生国考制度认同水平的考察 ………………… 68
  第三节　师范生国考制度认同与教学效能感的关系 ………………… 79

第四章　创立、调整与重建：高师院校组织变革的历史脉络 …………… 88
  第一节　高师院校组织结构的创立与升格 …………………………… 88
  第二节　高师院校组织结构的调整与破坏 …………………………… 108
  第三节　高师院校组织结构的重建与发展 …………………………… 120

第五章　体系、转型与多元：高师院校组织变革的现实基础 …………… 131
  第一节　全国高师院校体系的构成 …………………………………… 131

| 第二节 | 高师院校的组织结构特征 | 143 |
| 第三节 | 高师院校的教师教育组织 | 159 |

第六章 综合、特色与效果：高师院校组织结构的适应分析 … 168
第一节	高师院校组织结构的综合化转型发展	168
第二节	高师院校转型发展中的教师教育特色	178
第三节	高师院校师范生的教师专业学习效果	195

第七章 价值、原则与范畴：高师院校组织变革的理想之境 … 208
第一节	高师院校组织变革的价值追求	208
第二节	高师院校组织变革的行动原则	216
第三节	高师院校组织变革的基本范畴	226

第八章 知识、制度与文化：高师院校组织变革的实践之困 … 241
第一节	教师知识视角下的高师院校组织变革	241
第二节	路径依赖视角下的高师院校组织变革	247
第三节	理性选择视角下的高师院校组织变革	255
第四节	文化冲突视角下的高师院校组织变革	260

第九章 管理、治理与协同：高师院校组织变革的行动之策 … 269
第一节	高师院校组织变革的外部治理	269
第二节	高师院校组织变革的内部治理	279
第三节	高师院校的教师教育机构建设	288

参考文献 … 296

附　录 … 312

后　记 … 323

第一章
绩效、组织与制度：高师院校组织变革的理论逻辑

面向新时代的教师教育，高师院校为什么要进行组织变革？我们试图通过对"绩效""组织""制度"三者间内在逻辑的探讨，对这一问题做出理论层面的回答。我们会努力阐明为什么将"绩效"而非"质量"作为整个研究的出发点，以及追求高绩效教师教育的合理性。教师教育需要强有力的组织保障，从而促进资源整合和过程优化，以实现教师教育的高绩效。高绩效教师教育还需要有效的制度保障，它包括教师教育制度和其他相关制度。在绩效与制度的逻辑关系中，既有可能是因为追求高绩效而创立制度，也有可能因为某些制度变迁而刺激了追求高绩效的动机。制度是组织的运行规则，组织则是绩效与制度的实施者。绩效追求、制度变迁与组织变革之间存在复杂的关系，需要在动态中实现匹配与均衡。因此，绩效追求和制度变迁需要组织变革的配合与协调，否则，预期的绩效目标和制度变迁就难以实现。

第一节 教师教育绩效的内涵与评价

改革开放以来，整个教育事业经历了从外延式增长到内涵式发展的转型升级。伴随着这一过程，教育发展的焦点也从数量转移到质量。时至今日，人们对教育问题的探讨总是离不开质量这一关键词。数量与质量本身是统一的整体，既没有孤立的数量，也没有孤立的质量。我们主张发现一个更具有

包容性的概念，从教育数量与教育质量、教育过程与教育结果相统筹的全视角来考察教育。因此，我们将"绩效"这一概念作为研究高师院校组织变革的逻辑起点。

一 管理学视域下的绩效概念

自20世纪80年代后期以来，"绩效与绩效管理成为管理实践中一个非常流行的词语"[①]。伴随着"新公共管理运动"的兴起，政府部门也开始引入私营部门的管理理念与方法。和私营部门一样，政府部门也面临着资源约束条件，需要追求有限资源的效用最大化。政府在为社会提供公共产品的过程中，同样需要接受绩效评估与问责，需要引入绩效管理的理念。

绩效是什么？从字面上理解，绩效乃是"绩"与"效"之总称。"绩"就是组织或个人取得的业绩，主要表现为在目标设定、职责履行、目标达成等环节中实现的成果，属于事实判断的范畴。"效"指组织或个人所取得业绩的效果，主要体现为业绩与目标的一致性程度，属于价值判断的范畴。因此，绩效这一概念体现了事实判断与价值判断的统一。在英语中，Performance 强调的就是在完成某项特定任务的过程中的具体表现。尽管学术界普遍将 Performance 翻译为"绩效"，但是，应当认识到"表现"是其核心内涵，它体现为在过程之中的一系列行为。

作为一个学术概念，绩效（Performance）最先受到管理科学的关注。对其理解，也存在不同的立场。一种观点认为，绩效体现为生产过程的有效输出结果，即重结果、轻过程。例如，陈运涛提出，绩效是"从过程、生产和服务中获取的输出结果或成果，可以参照目标、标准、过去的结果和其他组织的情况评估和比较这些结果"[②]；洪真裁认为，绩效是"组织期望的结果，是组织为实现其目标而展现在不同层面上的有效输出"[③]；许杰则主张，绩效是"一个组织的成员完成某项任务，以及完成该项任务的效率与

[①] 〔美〕理查德·威廉姆斯：《组织绩效管理》，蓝天星翻译公司译，清华大学出版社，2002，第13页。
[②] 陈运涛编著《质量管理》，清华大学出版社、北京交通大学出版社，2008，第197页。
[③] 洪真裁：《绩效管理在高校运行过程中的价值引导》，《科学学与科学技术管理》2004年第6期。

效能，是效率与效能的总和"①。另一种观点认为，绩效体现为工作过程中的行为表现，即重过程、轻结果。W. C. 鲍尔曼（W. C. Borman）等将绩效区分为任务绩效（Task Performance）和关系绩效（Contextual Performance）两大类，前者指工作者在完成特定岗位职责的过程中，运用核心技术、能力所表现出的熟练程度；后者指工作者在服务于组织效能过程中，开展非核心技术活动如组织、社会和心理环境塑造等方面的熟练程度。② 无论是任务绩效还是关系绩效都聚焦在完成任务过程的行为表现上，而不是过程表现所产生的结果上。还有一种观点认为，对于绩效，结果和过程都很重要，既重结果，也重过程。例如，布卢姆布里奇（Brumbrach）认为，绩效指"行为和结果。行为由从事工作的人表现出来，将工作任务付诸实施，行为不仅仅是结果的工具，行为本身也是结果，是为完成工作任务所付出的脑力劳动和体力的结果，并且能与结果分开进行判断"③；钟柏昌和李艺认为，绩效是"行为与结果的融合"④；付亚和与许玉林则提出，绩效指"正在进行的某种活动或已经完成的某种活动，既可以看作是一个过程，也可以看作是该过程产生的结果"⑤。在此，我们能够清晰地看到，任何一个学术概念都难以达成绝对一致的理解。但是，在同一思维过程中，务必要保持其自始至终的同一性。

我们将绩效定义为工作业绩在达成目标方面的有效性。绩效评估就是在全面考察组织或个人工作业绩的基础上，对其业绩达成目标有效性的评价。绩效管理就是以绩效优化为目标，以绩效评估为手段的管理活动。我们试图从以下几个方面对"绩效"概念做出进一步的理解。首先，绩效体现了投入与产出的统一。绩效是产出与投入的比较，产出的成果越多、投入的成本越少，企业的绩效就越高。也就是说，在既定的产出条件下降低成本，或者

---

① 许杰：《试析高等教育领域的绩效管理——管理主义的研究视角》，《教育与经济》2008年第2期。
② W. C. Borman and S. J. Motowidlo, "Expanding the Criterion Domain to Include Elements of Contextual Performance," in N. Schmitt and W. C. Borman, eds., *Personnel Selection in Organizations* (San Francisco: Jossey-Bass Publishers, 1993), p. 73.
③ 林筠主编《绩效管理》，西安交通大学出版社，2006，第3页。
④ 钟柏昌、李艺：《教育绩效管理论纲》，《教育学报》2009年第1期。
⑤ 付亚和、许玉林主编《绩效考核与绩效管理》，电子工业出版社，2003，第10页。

在既定的成本条件下增加产出,企业经营绩效能够得到有效的改善。一味地追求产出而忽视投入,或者一味地降低投入而忽视产出,企业经营绩效都无法得到保障,也没有哪位投资人或经理人会愚蠢到这种地步。他们必然要寻求投入与产出的帕累托最优,将二者在绩效视域下统一起来。其次,绩效体现了过程与结果的统一。二元论的思维方式容易将过程与结果割裂开来,实际上它们本身是一个连续性的整体,过程中的每一个环节都是一个阶段性的结果,所有阶段性的结果连接起来构成最终结果。如果放到一个更广阔的视野中来审视,任何一个所谓"最终结果"仍然只是一个阶段性的结果。如果没有在连续性过程中对每一个环节的有效保障,就不能产出有效的阶段性或最终性结果。在绩效视域下,过程就是结果,结果也是过程。这意味着,绩效评估贯穿在生产经营活动的全过程,其目的在于诊断问题、解决问题并提高绩效水平。绩效评估并非终结性评估,而是形成性评估、发展性评估。再次,绩效体现了数量与质量的统一。任何产出都应当具备数量和质量的双重特性,并构成一对矛盾,其矛盾的主要方面在不同时期或不同情境下有着不同的表现。在物资短缺的时期,人们更重视数量;在产品充足的时期,人们更在乎质量。企业因提高产品质量而投入的研发成本会增高,产品质量好可适当提高价格,但也会因为价格增高而制约产品销售的数量。对于企业来讲,它不会盲目地增产,也不会盲目地投资于研发以提高产品质量。这一切都需要用绩效来进行评估进而做出经营决策。最后,绩效体现了专业与市场的统一。在一个专业化程度越来越高的社会,很多问题都需要专家来解决,比如产品质量标准的制定与鉴定。在一个法治社会,进入市场流通的产品质量都应当是合格的,因为这是通过专家鉴定和政府认可了的。但是,对于企业来讲,产品质量并不能保障企业绩效。如果市场不认可,企业仍然可能会陷入经营困境。我们常常听到"质量是组织的生命线"的说法,实际上绩效才是真正的生命线,绩效体现了专业与市场的统一。至此,我们已经能够感受到绩效的价值所在。

在管理科学领域涵盖了诸多范畴,如目标管理、成本管理、质量管理、过程管理、营销管理、生产管理、物流管理、财务管理、人力资源管理,等等。它们都分别涉及组织业务的某个局部领域,缺乏一个综合的、更有包容性的管理视角。诚然,每一个部分的管理工作都是重要的,但并不能保证整体的效益一定大于或等于部分的叠加。组织管理既需要对环节的精细管理，也需要对整体的综合管理。绩效给我们提供了这样一个独特的综合视角。因为它充分地体现了投入与产出、过程与结果、数量与质量、专业与市场的统一，这种全面、连续、辩证的思维范式让我们能够更好地理解管理活动。

二 从质量到绩效的视角转换

改革开放之后，我国教育事业发展的中心任务是通过规模扩张增加教育机会。进入 21 世纪以来，教育事业的主要矛盾转移到人才培养质量上来，教育质量成为整个教育界探讨的热点，也是全社会关注的焦点。

"质量"在不同的语境中有着不同的意蕴。《现代汉语词典》（第 5 版）将"质量"解释为"表示物体惯性大小的物理量。数值上等于物体所受外力和它获得的加速度的比值。有时也指物体中所含物质的量。质量是常量，不因高度或纬度变化而改变"。这是从物理学角度的理解。在管理学视域下，有学者从符合性角度将"质量"理解为"只要产品符合可以接受的标准，叫做规格限制，或满足理想的价值，称为标称值或者目标价值，它们就是满足要求的、优质的和可接受的"[1]；也有学者从适用性立场将"质量"理解为产品所具有的特性能够满足消费者需求的程度[2]；国际标准化组织（ISO）ISO9000：2005《质量管理体系——基础和术语》将"质量"定义为"一组固有特性满足要求的程度"[3]。由此可见，"质量"这一概念在物理学领域指的是物体的特性，而在管理学领域指的是产品的特性与顾客需求的关系。当我们要将"质量"与"教育"联结起来时，也只能从管理学视角去寻求联结点。从教育管理的立场出发，我们仍然坚持质量表征的是"作为主体的人的'要求'与作为客体的'固有特性'之间的关系，而最终仍然是人与人的关系"[4]。

---

[1] 〔美〕吉特洛等：《质量管理》，张杰等译，机械工业出版社，2008，第 11 页。
[2] 〔美〕约瑟夫·M. 朱兰、A. 布兰顿·戈弗雷主编《朱兰质量手册》（5 版），焦叔斌译，中国人民大学出版社，2003，第 23~97 页。
[3] 柴邦衡：《ISO900 质量管理体系》（2 版），机械工业出版社，2010，第 94 页。
[4] 侯小兵、张继华：《理解与行动：高等教育质量建设研究》，四川人民出版社，2015，第 68 页。

根据《教育大辞典》的解释，教育质量是"教育水平高低和效果优劣的程度"，"最终体现在培养对象的质量上"，"衡量的标准是教育目的和各级各类学校的培养目标。前者规定受培养者的一般质量要求，亦是教育的根本质量要求；后者规定受培养者的具体质量要求，是衡量人才是否合格的质量规格"[1]。沈玉顺认为，教育质量是"学校根据国家教育方针政策的要求，为满足特定的社会和学生发展的需要而确立的教育目标，设计、组织、实施的旨在实现这一目标的教育活动达到的预期效果的度量"[2]。还有学者提出，教育质量是"教育服务主客观规定性的量度表达"[3]。由于教育服务具有典型的公共性和外部性，教育服务的质量也就无法完全由服务对象（学习者）来决定，而是众多利益相关者（学习者、教育者、政府、企业、社会等）的博弈均衡。因此，教育质量就是教育服务满足利益相关者需求的程度。

提高教育质量是当前教育发展过程中的一个中心任务。利益相关者的需求是无限的，质量就具有无限的上升空间。尽管我们通过建立明确的标准来暂时性地固定教育质量的尺度，但是，质量标准本身是人为的、是可变的。显然，没有人会否认高质量教育的价值，提高质量就会是教育事业的永恒主题。既然如此，为什么没有哪个国家会无限制地投入巨量资源来提高教育质量？中国作为一个发展中国家，用了很多年的努力才实现教育投入的"4%"目标。这就可以看得出，质量是有约束条件的，没有绩效的质量是不可持续的。

教育绩效就是"在一定教育目标的指导下，教育目标的实现程度、教育资源的配置状况和教育过程安排等情况的综合反映"[4]。简单地说，教育绩效就是教育的绩效，是对教育过程的特定维度或整体表现的综合判断。与物质生产过程、其他公共性或私人性服务供给过程一样，教育过程为了获得某种产出也需要一定的投入。绩效就是要从更全面的视角来理解投入和产出之间的关系，而教育过程的投入与产出比其他生产过程更具有复杂

---

[1] 顾明远主编《教育大辞典》增订合编本（上），上海教育出版社，1998，第798页。
[2] 沈玉顺主编《现代教育评价》，华东师范大学出版社，2002，第195页。
[3] 王军红、周志刚：《教育质量的内涵及特征》，《河北大学学报》（哲学社会科学版）2012年第9期。
[4] 殷雅竹、李艺：《论教育绩效评价》，《电化教育研究》2002年第9期。

性。如果说物质生产过程的绩效还可以从财务报表中反映出来的话，那么，教育过程的绩效是很难完全地、直接地从这些数字中反映出来。当然，我们并不是说教育绩效考核不需要数字，恰恰相反，教育绩效必然要依靠数据说话，只是不能被数字所迷惑。这是由教育过程的特殊性决定的。只有从过程与结果相统一的整合论视角出发，才能真正把握教育绩效这一概念的科学内涵。

人们普遍能够自觉地运用"投入—产出"的思维方式来思考经济生产活动，而不太愿意把这种思维方式运用到教育或文化活动中。经济生产活动的投入与产出都可以货币化衡量，并通过会计活动进行精确地计算，并将这种运算结果作为绩效的评价指标，进而影响下一个阶段的经济决策。当我们在教育或文化中谈论"投入—产出"的时候，往往就会受到人们从功利主义视角提出的各种质疑与批判。人们完全能够接受经济活动的功利主义，却对教育或文化领域的功利主义保持着一种敬畏和谨慎的心态。此外，人们对数量化持有一种盲目崇拜的心态，难以接受质性的"投入—产出"思维方式。这使得我们要将绩效这一概念与教育相结合的时候，面临着一些社会认知上的困难。但是，这并不影响我们对教育绩效的价值发现。因此，我们不能单纯地强调提高教育质量，还要注重优化教育绩效。

三　教师教育绩效的评价模型

教师教育在整个教育体系中具有基础性的地位，历来被称作教育事业的"工作母机"。在经历20世纪90年代末期以来的教师教育大学化和高师院校综合化转型之后，教师教育的内外部环境面临着深刻的变化。当我们关注到教育绩效的时候，自然会演绎到教师教育绩效。如前文所述，质量与绩效并非矛盾的，而是内在一致、相互补充的。提高教师教育质量是优化教师教育绩效的题中应有之义，但是，优化教师教育绩效并不仅仅是提高教师教育质量，还包括在资源投入和教育过程方面的改进。

"绩效"已经成为教师教育改革的一个重要切入点。以美国教师教育课程改革为例，20世纪60、70年代，能力本位教师教育课程（Competency-Based Teacher Education Curriculum）基于行为主义心理学的立场，通过对教师教学行为的分析来开发教师教育课程。20世纪90年代，美国教师教育专业组织开始实施绩效本位的认可标准、执照标准和高级资格证书标准等,推动了美国绩效本位教师教育课程(Performance-Based Teacher Education Curriculum)的改革,它"以标准为依据来设置教师教育课程,以绩效评价的方法来组织、实施课程,主要通过评价活动过程中教师的表现来判断他们的学习成就"[①]。从注重行为目标的能力本位向注重过程表现的绩效本位转型,反映了教师教育改革的新趋势。

在本书中,我们所讨论的教师教育绩效指教师教育机构(高师院校)在培养中小学教师过程中的业绩表现和最终成效。基于前面对绩效的理解,我们可以用下面的函数模型来表达教师教育绩效的评价模型(IPO模型):

$$Y = f(I, P, O)$$

Y:教师教育绩效;I:Input,即教师教育投入;P:Process,即教师教育过程;O:Output,即教师教育产出。如果想要获得更大的 Y 值,那么,就要在 I 的既定约束条件下,通过合理化的组织 P,实现高质量的 O。

高绩效的教师教育要求保障教师教育投入(I)的充足性。无论是用农业模式还是用工业模式类比教育过程[②],它都一定是需要资源投入的。从政府财政、受教育者、社会机构等多角度挖掘和开发教师教育资源是保障高绩效的必要前提。在教师教育的转型发展过程中,高师院校的教师教育资源在相当大的程度上被分散化。只有对高师院校内部和外部的教师教育资源进行有效整合,保障资源的充足性,才能保障教师教育的高绩效。因此,教师教育绩效评价需要考察高师院校在有效组织教师教育资源方面的工作业绩和成效。

高绩效的教师教育要求提高教师教育过程(P)的合理性。资源只是提供了教师教育绩效必要的前提条件,对于达成教师教育目标(高质量的产出)而言,核心是教师人才培养过程。在师范教育时代,高师院校的人才

[①] 戴伟芬:《美国绩效标准本位教师教育课程理念与实践探析》,《教育发展研究》2012 年第 10 期。

[②] 张学敏、侯小兵:《教育是效果之道也是结果之道——与郭思乐先生商榷》,《教育研究》2013 年第 6 期。

培养过程主要是一种知识型或技能型的模式,培养的师范生或者长于知识或者长于技能,与当前需要的专业型模式还有相当的距离。根据目前对教师工作的认识,教师是专业工作者[①],是反思性实践者[②],教师教育就应当坚持实践性、反思性取向。教师教育培养目标的变革要求对教师教育过程进行相应改革。因此,教师教育绩效评价需要考察高师院校在有效组织教师教育过程方面的工作业绩和成效。

高绩效的教师教育要求保证教师教育产出(O)的高质量。充足的教师教育资源投入(I)和合理的教师教育过程(P)都是为了得到有效的教师教育产出(O),即人才培养质量。这显然是教师教育绩效评价的重点,而这一点很难通过学习成绩或毕业率来反映,而是需要考察师范毕业生在入职和在职时的工作表现。有学者区分了三种教师评价:教师胜任力评价(Teacher Competence Evaluation)、教师绩效评价(Teacher Performance Evaluation)、教师效能评价(Teacher Effectiveness Evaluation)。[③] 通过对职前教师的教师胜任力评价、初任教师(一般入职0~5年)的教师绩效评价和教师效能评价,可以比较充分地反映高师院校在产出方面的绩效水平。因此,教师教育绩效评价需要考察高师院校在教师教育产出方面的工作业绩和成效。

总之,高师院校在I、P、O三环节上的业绩和成效是其教师教育绩效评价的基本维度。教师教育绩效优化是探讨高师院校组织变革的重要逻辑起点和最终落脚点。

第二节 教师教育组织的要素与系统

组织是实现绩效目标的具体承担者。当我们要追求更高的绩效目标时,教师教育组织也应当做出与之相适应的变革,以达到组织与目标、环境的最优匹配。教师教育组织就是在教育系统中培养中小学教师的机构。如今的高师院校已然跻身大学之林,塑造着自身的大学组织特性。教师教育组织只是

[①] 刘捷:《专业化:挑战21世纪的教师》,教育科学出版社,2002,第80页。
[②] 〔日〕佐藤学:《课程与教师》,钟启泉译,教育科学出版社,2003,第240页。
[③] 蔡永红、林崇德:《教师绩效评价的理论与实践》,《教师教育研究》2005年第1期。

高师院校的一个组成部分，而这个部分具有自身的特点和要求。理性地认识高师院校的教师教育组织是实现组织变革的前提和关键。

一　教师教育组织的内涵阐释

组织是人类社会的普遍现象，存在于社会生活的各个领域，以至于每一个社会人都会同时处在多个组织之中，从而获得多重组织身份。组织究竟是什么呢？"组织"一词本是个纺织术语，指将丝麻编织成布帛。《辽史·食货志上》有"饬国人树桑麻，习组织"之说。在这一过程中，通过对独立的丝麻原材料进行纵横交错的重组实现由丝麻到布帛的质变，其单根丝麻的柔韧度和强度都随之发生质的飞跃，从而取得1加1大于2的效应。唐孔颖达将组织一词引申到社会行政中来，他说："又有文德能治民，如御马之执辔矣，使之有文章如组织矣。"自此，"组织"之义就是将部分组合为整体。《辞海》对组织的定义：按照一定的目的、任务和形式加以编制。英文中的"Organization"渊源于器官（Organ），器官是自成系统的，具有特定功能的细胞结构。《牛津百科辞典》中对"Organization"的解释是：为特定目的所做的有系统的安排。由此可见，"组织"的词源意义就是为实现特定目的，通过对个体排列组合建立起来的集体。

"组织"是管理学的一个重要范畴，对其理解也存在不同的视角。从静态的角度来看，组织是一个实体概念，是"为了实现共同目标，完成共同任务，按一定规则和程序组成的具有特定行为功能的人类群体"[1]。从动态的角度来看，组织是一个过程概念，是"为了完成一定的目标任务，具体地组织各种资源和各类人员展开工作，适当地处理各种关系，有效地发挥每个组织成员的聪明才智和积极性，形成整体合力，最佳地实现组织目标的工作过程"[2]。还有学者从生态学的角度分析，组织是"一个有着生命活力的生长体，它随着历史和社会环境的演变而不断进行自动调整，以适应社会环境的变化"[3]。我们主要是从生态学的角度将组织定义为：一个具有共同目标、明确分工、一致行动、规范秩序的社会结构。它一般是实体性结构，但

---

[1] 杨善林主编《企业管理学》，高等教育出版社，2004，第48页。
[2] 杨善林主编《企业管理学》，第49页。
[3] 吴志宏、冯大鸣、周嘉方主编《新编教育管理学》，华东师范大学出版社，2000，第91页。

也往往会以实体结构为基础发展出非实体的部分。如图1-1所示，组织与目标、环境三者处在一个动态的平衡系统中。组织服务于特定目标，又要与环境相互匹配，而目标可能是由组织自我设定的，也可能是由环境赋予的。我们将这样一个"三角模型"作为组织分析的重要工具。

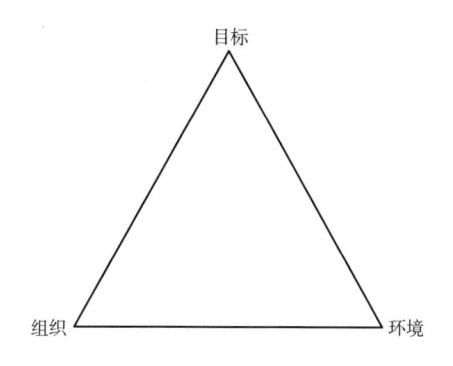

图1-1 组织分析的三角模型

从广义上讲，教师教育组织包括与教师教育相关的所有社会组织。但是，我们并不打算给它下一个如此宽泛的定义。我们所理解的教师教育组织就是在教育系统中以培养中小学教师为目标而建立起来的社会结构。在师范教育时代，师范院校和教育学院就是纯粹的教师教育组织，前者主要承担中小学教师的职前培养，后者主要负责在职教师培训。在师范院校系统中，幼儿师范学校主要培养幼儿教师，中等师范学校主要培养小学教师，师范专科学校主要培养初中教师，师范学院和师范大学主要培养高中教师，形成了一个层次分明、分工明确的师范教育组织体系。在教师教育时代，中等层次的师范学校几乎退出了历史舞台，教育学院一般转型或并入高师院校（含师专学校、师范学院和师范大学）。高师院校既举办师范专业，也举办非师范专业；既承担中小学教师的职前教育，也承担在职培训；既培养高中和初中教师，也培养小学和幼儿教师；由此形成了一个综合化、开放化的大学格局，并遵循着大学的办学规律。如今，在高度综合化的高师院校组织中，教师教育组织只是整个学校业务体系的一个构成部分，这就完全改变了教师教育的组织环境。在本书中，我们将研究对象界定为：高师院校的教师教育组织。那些高师院校内部的非教师教育组织并非我们关注的重点，只会在必要的时候才偶有提及。

理解教师教育组织的前提是理解大学的组织特性。大学究竟是一个什么样的组织？学术知识无疑是理解大学特质的基本视角。"知识是包含在高等教育系统的各种活动之中的共同要素：科研创造它；学术工作保存、提炼和完善它；教学和服务传播它。自高等教育产生以来，处理各门高深知识就是高等教育的主要任务，并一直是各国高等教育的共同领域。"① "大学是研究高深学问和培养高级人才的场所，大学的根本特征可以概括为两个字：学术。"② 也就是说，大学是一个学术组织，知识的生产与传播是其最重要的使命。学术性的大学往往是按照学科逻辑来设计组织结构的，依据不同学科设置不同的院系，学科的分割与院系组织的分化具有较高的拟合度。"以学系为基础的学科是人力资源和经费流通的场所，拥有权力充当很难被打破的知识生产地盘。"③ 除学术性以外，大学还具有重要的政治性。"在20世纪，大学确立它的地位的主要途径有两种，即存在着两种主要的高等教育哲学，一种哲学主要是以认识论为基础，另一种哲学则以政治论为基础。"④ 事实上，自"威斯康星理念"出现以后，如今的大学并非学术性的"象牙塔"，它与社会和政府之间具有紧密的联系，社会服务是大学的重要功能之一。因此，学术和政治是理解现代大学组织特性的两个重要视角，这对于教师教育组织也是同样适用的。教师教育大学化转型之后，高师院校已经从形式上跻身大学之林。但是，高师院校要真正获得大学的地位，还需要完成组织理念与文化的华丽蜕变。

二 教师教育组织的要素分析

所谓要素就是事物的基本单元，通过不同要素之间的联结构成系统。有学者提出，组织实体是在完成共同目标任务过程中形成的一种职务结构，或者说是依据一定的目的和程序组合形成的一种权责角色结构，它包括职责、

---

① 〔美〕伯顿·克拉克主编《高等教育新论：多学科的研究》（2版），王承绪等译，浙江教育出版社，2001，第107页。
② 朱九思：《竞争与转化》，华中科技大学出版社，2001，第89页。
③ 〔美〕华勒斯坦等：《学科·知识·权力》，刘健芝等编译，三联书店，1999，第33页。
④ 〔美〕布鲁贝克：《高等教育哲学》（3版），王承绪等译，浙江教育出版社，2001，第13页。

职权、负责关系和结构体系四个基本要素。① 一个组织总是由不同的个体按照某种特定规则形成的集合体。在这个集合体中，每个人都占据着一个特定的位置，该位置规定着个体需要去完成的任务（职责）、与完成任务相匹配的资源（职权）以及该位置的垂直关系（负责关系），将集合体中的所有位置的纵横关系联结起来（组织结构体系）就构成了特定组织。这四个"要素"更多地属于组织制度的范畴。在本书中，我们力图对组织与制度做出思维和语言上的区分。在此，我们主要从教师教育组织实体内部系统探讨其构成要素，其与外部系统的关系会在后面专门分析。我们认为，教师教育组织的有效运转离不开以下六个要素：目标、环境、人员、物质、信息和制度（如图1-2所示）。

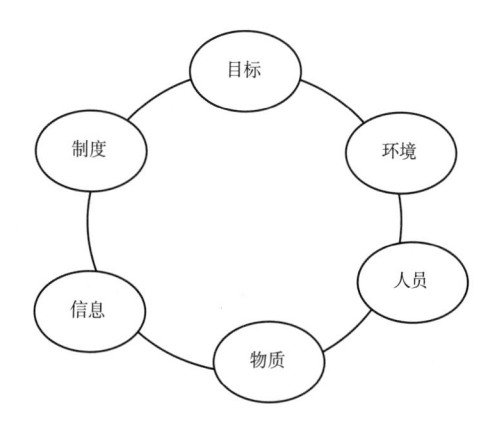

图1-2 教师教育组织的核心要素

目标是组织的导航系统，它或者由组织自发生成，或者在与外部互动过程中生成。环境是组织的生存土壤，它为组织提供了发展的生态环境。人员是组织的存在主体，他们为达成组织目标而采取实际行动。物质是组织的保障系统，它为组织的存在提供物理空间和物质资源。信息是组织的神经系统，它不仅维持着组织系统内部的有效运转，并持续地从系统外部获得资源和支持。制度是组织的规则系统，它正式规定着每个岗位需要承担的责任、权力、结构关系和协调机制，也以共享的价值理念、

---

① 杨善林主编《企业管理学》，第48~49页。

团队文化、惯例传统等达成组织成员的心理默契和协调一致。在这些要素中，每一个都是不可或缺的，但是，人员无疑是最重要的。在此，我们主要分析教师教育组织的人员要素。这些人员至少有教师教育管理者、教师教育者和教师学习者。

教师教育管理者指的是在高师院校内部的管理者，而不包括各级政府的教师教育行政人员。现代大学并不仅仅是一个纯粹的学术组织，它与政治之间具有密切的联系。"高等教育越卷入社会的事务中就越有必要用政治观点来看待它。就像战争意义太重大，不能完全交给将军们决定一样，高等教育也相当重要，不能完全留给教授们决定。"① 今天的高等教育已经走到了社会的中心，与社会生活的方方面面发生着千丝万缕的联系，"大学和其他高等教育机构是复杂的政治组织"②。管理者是国家教育方针政策落实到学校教育工作中的执行者，是维持教师教育组织正常运转并保证教师教育绩效的重要力量。"在中国，学术事业始终难以摆脱政府附庸的地位，大学与政府之间的关系从未成为对等的平等的关系，而是表现为统辖与归属、领导与被领导的关系，从来就没有过真正的平衡。"③ 他们在相当大的程度上扮演了政府代理人的角色，从而在高校内部打造出一套官僚制机构，对高校内部的教育教学过程具有决定性的影响。我们不能忽视，学术和行政这两种力量往往处在此消彼长的博弈过程之中，似乎没有足够的证据和信心表明学术力量具有任何比较优势，因而高校去行政化被反复地热烈讨论之后终究是难以见到实效，大学的科层制特征依然十分鲜明。在这样的形势下，管理者对教师教育绩效的影响有多大是不难想象的。虽然有学者提出大学是"政治性组织"，但是，大学作为学术性组织无疑应当是第一位的。为优化教师教育绩效，教师教育组织需要什么样的管理者才能在学术与行政间达到更高水平的帕累托最优？

教师教育者指高师院校及其伙伴机构中从事教师教育研究与教学的教育工作者，包括高师院校的教师教育课程教师、中小学校的教学实习指导教师和中小学校长。这里的"教师教育课程"指面向教师专业发展的教育类课

---

① 〔美〕布鲁贝克：《高等教育哲学》（3版），第32页。
② 〔美〕伯顿·克拉克主编《高等教育新论：多学科的研究》（2版），第71页。
③ 董云川：《论中国大学与政府和社会的关系》，云南大学出版社，2004，第9~10页。

程，而不包括学科专业课程。中小学校的教学实习指导教师直接参与师范生的培养过程，当然是教师教育者。中小学校长的教师教育者身份主要体现为引领和指导在职教师的专业发展。显然，教师教育者是一个显著分散化的群体。在高师院校内部，教师教育者分散在不同的专业学院，具有不同的组织身份和隶属关系。在高师院校之外，中小学教师和校长也是教师教育者。在师范教育时期，高师院校通过举办附属学校将中小学指导教师纳入学校体制之内，高师院校内部的所有教师都是教师教育者。伴随着师范教育向教师教育的转型，"高师院校从所有教师都关注师范生的成长，到只有一些教师关注，或只有一些教师只是以部分的精力关注师范生的成长"[①]。当教师的反思性实践者身份得到越来越广泛的认同，高师院校与中小学校之间的伙伴关系得到了前所未有的重视，教师教育者群体的边界进一步扩大。这是提高教师教育绩效的需要，但是，如何组织这样的松散联合体成为一个值得探讨的新课题。

教师学习者指处于教师专业发展过程中的个体，包括中小学职前教师和在职教师。教师学习者不只是教师教育组织的工作对象，他们本身也是教师教育组织的重要组成部分。也就是说，教师学习者不是"他们"，而是"我们"。这使得教师教育组织具有鲜明的流动性特征，因为教师学习者经过一段时间学习之后必然要走上工作岗位。按照传统思维，这些教师学习者毕业或结业后，就从"我们"变成了"他们"。在教师专业发展视域下，教师个体的专业发展持续整个职业生涯，高师院校的教师教育过程需要与中小学教师结成紧密的合作伙伴。如此一来，教师学习者始终是"我们"组织的重要构成部分。在教师教育职前、入职、在职一体化的背景下，高师院校职能扩大化，教师学习者终身化、多元化。

总之，高师院校的教师教育组织是一个由目标、环境、人员、物质、信息和制度等多种要素构成的多元化的松散联合体。这在人员要素方面得到了鲜明的体现，在其他方面亦然。要实现教师教育绩效优化，需要保持合理的教师教育组织化水平。这也是我们探讨高师院校组织变革的重要出发点。

---

① 李学农：《论教师教育者》，《当代教师教育》2008年第1期。

三 教师教育组织的系统分析

组织是将一组要素相互关联起来的系统。要素是组织的基本单元,没有这些基本单元,组织就无法建立。但是,孤立的要素本身无法自动地实现彼此的协同,也就无法实现系统的功能。更重要的是,要在组织要素之间建立有效的关联,这是决定组织效能的关键因素。按照约瑟夫·熊彼特(J. A. Schumpeter)的创新理论,改变系统要素的关联方式就有可能实现组织创新,从而创造新的系统功能。从系统视角来分析,每个要素都是组织系统的子系统,它本身由更小的要素组合而成。特定的组织系统又嵌套进更大的系统中,并与若干平行系统之间产生着多方向的关联,从而呈现出复杂的系统结构。这些平行系统和上级系统构成了组织的外部环境,各级子系统构成了组织的内部环境,特定组织系统功能的实现需要所有系统的配合以产生协同效应。

开放性、复杂性和不确定性是组织系统的显著特征。近代以来的科技理性给人类创造了一个确定性的世界观,要素以一种确定性的方式相互关联,系统要素及其联结呈现出一种稳定状态。系统的发展遵循着过去、现在到未来的线性逻辑,其未来发展是能够由历史和现实状态预知的。如今,这一观念已经完全颠覆,"人类正处于一个转折点上,正处于一种新理性的开端。在这种新理性中,科学不再等同于确定性,概率不再等同于无知"[①]。系统的边界不再是稳定的封闭状态,而是对环境保持高度的开放性。系统要素的关联具有显著的复杂性,系统进化的不确定性取代了确定性。每一个系统都是复杂系统,系统要素是丰富多样、跨界流动的,而且要素关系也是多元、开放、动态、非均衡的。复杂系统是"远离平衡态的开放系统,它通过耗散结构运动形成一种动态稳定的有序化结构,即由原来混沌无序的状态转变成一种在空间上、时间上或功能上的有序状态"[②]。不确定性是复杂系统的显著特征,"未来的名字是

[①] 〔比〕普里戈金、斯唐热:《确定性的终结:时间、混沌与新自然法则》,湛敏译,上海科技教育出版社,2009,第5页。
[②] 董云川:《论中国大学与政府和社会的关系》,第82页。

不确定性"①。一个充满不确定性的复杂开放系统总免不了混沌和无序，这是系统发展中的必要环节但不能成为常态。因而需要提高组织化水平将无序过渡到有序，系统就处在无序、有序、再无序、再有序……的无限循环链条中。即使是在无序状态下，无序也只是局部状态，而维持系统存在的根基还是保持了基本的稳定，否则，系统就会面临灭顶之灾。系统变动不居，个体理性和组织理性又面临诸多难以逾越的边界，组织需要学习以获得"长期适应性"，需要不断解决问题以获得"短期适应性"，相应地，组织需要建立"长期结构"和"短期结构"②。

在师范教育时期，教师教育组织是一个具有显著独立性的系统。如今，教师教育组织系统只具有有限的独立性，它只是高师院校系统中的一个子系统。大学系统同样具备前文所分析的组织特性，但也具有自身的特点。"大学从来就不是一个自给自足的系统，它的生存和发展，都需要环境中各类资源的支持。中国大学的相对封闭倾向，主要表现为其与社会其他经济部门的联系上的'封闭'，'资源交互'内容、方式和手段上的匮乏。"③ 将教师教育组织融入大学系统的历史还不长，这种融入是不是恰当的在学术界尚有争议。尽管如此，目前所有的高师院校都具备了综合大学的基本组织架构，我们也只能在大学系统中研究教师教育组织。

教师教育组织的子系统包括目标子系统、环境子系统、人员子系统、物质子系统、信息子系统和制度子系统。目标子系统包含目标设定系统、目标评估系统和目标改进系统，环境子系统包含物理环境系统和心理环境系统，人员子系统包含管理者系统、教育者系统和学习者系统，物质子系统包含财务系统和设备系统，信息子系统包含信息收集系统、信息处理系统、信息传输系统，制度子系统包含正式制度系统和非正式制度系统。教师教育组织的平行系统有高师院校内部的非教师教育系统和中小学校（含幼儿园）教育系统，其他外围系统有教育行政系统、行业协会系统、学术团体系统、社会经济系统和其他社会团体系统等。所有子

---

① 〔法〕莫兰：《复杂性理论与教育问题》，陈一壮译，北京大学出版社，2004，第64页。
② 〔美〕马奇、西蒙：《组织》，邵冲译，机械工业出版社，2008，第154页。
③ 王卓君、赵顺龙、陈同扬等：《中国大学外部经济关系研究》，北京大学出版社，2005，第65页。

系统、平行系统、外围系统彼此联结,共同建构了教师教育的生态系统。教师教育组织自成系统又在大系统之中,这是我们审视高师院校教师教育组织变革的基本方法论。

教师教育系统复杂性的重要体现在于其要素的高度松散性特征。学校本身是一个"松散结合系统","与其把它们说成是一个具有内聚力的结构,还不如把它们说成是一个观念上松散的结合体"[①]。我们已经能够初步看到,在教师教育转型过程中,其系统要素的显著松散性特征。这不仅体现在人员方面,也体现在物质资源、信息交流、环境创设等方面。曾经高师院校的唯一职能就是培养教师,如今有一种趋势会让教师教育组织成为学校的一个部门;曾经高师院校的全部资源都用于教师培养,如今要花大力气举办非师范教育;曾经能够在一个封闭的高师院校环境中完成教师培养,如今要到中小学挖掘教师教育资源。如何能够让一个如此松散的系统发挥出更强大的功能从而保证教师教育绩效?这是当前教师教育改革的一个重要课题。我们认为,可以采取提高组织化水平的策略,因为组织能够获得"以协调方式应对环境的能力"[②]。通过发挥组织功能,将转型期的教师教育系统从混沌无序的状态逐步导向有序化。

第三节 教师教育制度的形态与变迁

组织与制度间存在紧密的联系,在某些时候甚至会将组织视作制度,我们会将这两者区别开来对待。制度提供的规则框架催生了需求和机会,组织则是抓住机会、满足需求的实体。教师教育制度规定了教师教育组织设立、运行的基本规则,它包括正式教师教育制度和非正式教师教育制度,教师教育组织制度、教师教育行政制度和教师教育外部制度。一项制度的诞生,或者是外生的,或者是内生的;或者是激烈的,或者是温和的。教师教育组织应当积极寻求与教师教育制度间更加有效的匹配,从而为教师教育绩效提供更加可靠的保证。

---

① 〔美〕欧文斯:《教育组织行为学》,孙绵涛等译,华中师范大学出版社,1987,第34页。
② 〔美〕马奇、西蒙:《组织》,第3页。

一 教师教育制度的内涵阐释

在英语中,与制度对应的词语是"institution"。《牛津英语大词典》的一种解释:an established law, custom, usage, practice, organization。意思是,制度就是一种法律、风俗、习惯、惯例、组织。在这里,我们能够看到组织与制度的某种广义的联系,但这不是制度的主要意蕴。《牛津英语大词典》还有一种精妙的解释,体现了制度的核心内涵,"the established order by which anything is regulated"(意即,制度就是调整事物的秩序)。我国学者韦森据此将"institution"理解为从"个人的习惯(usage)→群体的习俗(custom)→习俗中硬化出来的惯例规则(convention)→制度(formal rules, regulations, law, charters, constitution 等等)这样一个动态的逻辑发展过程"[①]。进而主张,将"institution"翻译为"制序",包含正式制度(constitution)和非正式的惯例(convention)。

"institution"是制度分析领域的一个重要概念,众多学者却在不同意义上使用它。吉登斯(A. Giddens)将"institution"理解为一种社会活动过程,哈耶克(F. A. Hayek)将其理解为一种"秩序",科斯(R. Coase)则将其视作一种"建制结构",诺思(D. North)则将其解释为一种"约束规则",肖特(A. Schotter)在《社会制度的经济理论》中所理解的"institution"是"正式规则"及其"构型"。[②] 既然"institution"的用法是如此变化多端,那么,要在汉语中寻找一个对应的词语来准确地翻译它是非常困难的事情。学者们一般将"institution"翻译为"制度",但也偶有人将其译作"建制""体制""制序"。为了与学术界的通行做法保持一致,我们沿用"制度"。

制度是什么?新制度主义经济学派的重要代表人物之一诺思将制度理解为"规则""约束"或者由它们形成的"框架"。他主张"制度是为约束在谋求财富或本人效用最大化中个人行为而制定的一组规章、依循程序和伦理准则"[③]。规则对其适用者具有普遍的约束力,尽管这种约束力具有强弱程

[①] 韦森:《经济学与哲学:制度分析的哲学基础》,上海人民出版社,2004,第90页。
[②] 韦森:《经济学与哲学:制度分析的哲学基础》,第57页。
[③] 〔美〕诺思:《经济史上的结构和变革》,厉以平译,商务印书馆,1992,第227~228页。

度上的差异性。"制度是一个社会的博弈规则,或者更规范地说,它们是一些人为设计的、型塑人们互动关系的约束。"① 这些"规则"构成的"约束"显然不是单一的,而是一个体系,从而形成了"一种人类在其中发生相互交往的框架"②。换句话说,制度界定了行为主体(个人及组织,下同)的交互行为框架。我国学者辛鸣将制度定义为"这样一些具有规范意味的——实体的或非实体的——历史性存在物,它作为人与人、人与社会之间的中介,调整着相互之间的关系,以一种强制性的方式影响着人与社会的发展"③。张旭昆从功能的角度把制度定义为"关于主体行为的、通过广义的奖惩措施来维持的规则,是关于主体的权力、义务和禁忌的规定。权力规定主体可以采取什么行为,义务规定主体必须采取什么行为,禁忌规定主体不准采取什么行为。任何一项制度,上至国家宪法,下至乡规民约,乃至个人习惯,都是为主体的行为划定一个可行和不可行的界限,都是为主体的行为确定一些规则"④。不同学者都将规则作为理解制度内涵的关键词,而且在其外延上都涵盖了正式规则和非正式规则。因此,我们可以对制度的内涵达成一种共识:制度就是在特定社会或领域中约束行动主体行为的规则体系。

教师教育制度就是教师教育利益相关者的行为规则体系。教师教育的重要利益相关者包括教师教育的行政组织、学术组织和教育组织(含高校、中小学校和幼儿园),以及活动于教师教育组织的管理者、教育者和学习者。这些重要利益相关者是教师教育的行为主体,教师教育制度就是要对他们的"权利""义务""禁忌"做出规定。只有规则是明确、合理、适切且有效的,教师教育行为主体才能在教师教育系统中各居其位、各司其职、各尽其责,从而保证整个系统的协调运行并产生预期的绩效。

尽管偶有学者将组织理解为制度,但是,这并不适用于我们所探讨的问题。在本书中,我们区分了教师教育制度与教师教育组织。我们赞成诺思对组织与制度进行区分的研究思路。"制度,与经济理论中那些标准的约束一起,决定了存在于一个社会中的机会。组织乃是为了利用这些机会而被创造

---

① 〔美〕诺思:《制度、制度变迁与经济绩效》,杭行译,格致出版社,2008,第3页。
② 〔美〕诺思:《制度、制度变迁与经济绩效》,第4~5页。
③ 辛鸣:《制度论》,人民出版社,2005,第51页。
④ 张旭昆:《制度演化分析导论》,浙江大学出版社,2007,第97页。

出来的。"[1] 制度是规则体系，组织是制度下的参与者。教师教育制度是适用于利益相关者的行为规则，教师教育组织是重要的利益相关者之一。此二者具有明显的区别，但也存在内在的联系。正如诺思所说，"什么样的组织会出现，以及它们如何演化，这两方面均受到制度框架的根本性影响。反过来，它们也影响着制度框架的演化"[2]。也就是说，在制度变迁与组织变革之间存在相互影响的复杂关系。因此，教师教育组织变革是教师教育制度变迁的要求，也是推动教师教育制度变迁的重要力量。

二 教师教育制度的存在形态

教师教育制度包括正式制度和非正式制度两种形态。正式制度也叫正式约束或正式规则，"包括政治规则、经济规则和契约，以及由这一系列的规则构成一种等级结构，从宪法到成文法到不成文法，到特殊的细则，最后到个别契约，它们共同约束着人们的行为"[3]。国家法、组织规章和社会契约是典型的正式制度。国家法包括国家和地方权力机构及其常设机构、中央和地方政府及其职能部门制定的法律法令、条例规定、政策文件等。它们对国家政治、经济、文化、教育、科技、卫生等各个领域的基本制度做出明确规定，由国家强制力保证其在有效范围内普遍执行，对其适用主体具有高度强制性。组织规章包括组织为实现目标而制定的机构章程、岗位职责、操作规程等正式规则，这些规则对组织内部利益相关者具有强制性约束力，从而在个体利益和集体利益之间做出明确的规约。社会契约是组织或个人在遵守国家法和组织规章的前提下，与其他组织或个人为达成特定交易而达成的正式协议，对契约各方主体具有强制性约束力。如果说，组织或个人在遵守非正式制度方面还具有较大的自主性和灵活性的话，那么，正式制度的强制性则使其往往无法在是否遵守的问题上自主选择。即使是组织规章或社会契约，最终也受到国家法的保护，由国家强制力保证它们的执行。在国家教育制度中，教师教育制度具有重要地位。从国家政府的层面上，对职前教育的招生计划、培养方案、毕业授位、学习奖励等环节做出规定，也对中小学在职教

---

[1] 〔美〕诺思：《经济史上的结构和变革》，第9页。
[2] 〔美〕诺思：《经济史上的结构和变革》，第6页。
[3] 卢现祥：《西方新制度经济学》，中国发展出版社，1996，第24页。

师培训项目的申报、执行、总结做出要求。在高师院校的层面上，需要对师范专业设置、入学毕业授位、教学设施设备、实践教学安排、课程教材师资等具体问题做出明确规定。同时，高师院校还需要与其他社会机构如中小学校进行更加广泛而深入的合作，这些合作协议对高师院校的办学行为同样具有强制性约束力。

非正式制度也称作非正式约束或非制度化规则，"是社会共同认可的、不成文的行为规范，主要包括价值信念、伦理规范、道德观念、风俗习惯、意识形态等因素"[1]。非正式制度具有丰富的存在形式，从个人习惯（usage）、群体习俗（custom），到稳定化的惯例（convention）。它们没有得到明确规定，却以一种潜在的形式塑造着行为主体的心智结构和行动方式。虽然它没有得到制度化的确认，但是，其对社会组织及其正式制度的运行具有重要作用。诺思指出，"正式规则，即便是在那些最发达的经济中，也只是型塑选择的约束的很小一部分（尽管非常重要）。只要略加思索，我们就会发现非正式约束的普遍存在"[2]。在制度经济学看来，"habit"是个人行为的心理定式，"usage"是基于个人心理定式而呈现出来的行为状态和结果。"'usage'属于制度经济学研究阈界内部最靠近边缘的东西；而'habit'则是处于作为一种社会科学的经济学研究阈界边缘外的东西。"[3] 习惯是个人行为所表现出来的稳定特征，它的形成可能是出于本能，也可以由理性计算或行为模仿而得到形塑。"一旦个人的某一重复行为固化为习惯，它就往往使人们从理性计算和有意识的思考中解脱出来，使其像理性计算和其他非深思熟虑的思考（如感情冲动，他人的说教）一样，在人们的社会生活与交往的选择与决策中发挥着重要作用。"[4] 可以说，个人行为习惯是非正式制度的生发基础。在个人行为习惯的基础上，群体习俗得以塑造出来。刘易斯（D. Lewis）这样定义习俗："一种习俗的条件，是当所有参与各方都有一种共同的利益作为确保协调的法则，没有任何一方有与之冲突的利益，而且没

---

[1] 康永久：《教育制度的生成与变革：新制度教育学论纲》，教育科学出版社，2003，第101页。
[2] 〔美〕诺思：《制度、制度变迁与经济绩效》，第50页。
[3] 韦森：《经济学与哲学：制度分析的哲学基础》，第141页。
[4] 韦森：《经济学与哲学：制度分析的哲学基础》，第143页。

有任何一方会背离该法则,以免欲求的协调会消失。"① 在一个群体中,成员之间具有共同利益诉求,群体成员会在重复博弈过程中形成一些非正式的法则,从而实现自组织。这些法则就是风俗,它们不仅能够填补正式制度的空白,也能够支持正式制度的实施。如果说习惯是个人行为法则,它维持个人行为的一致性,那么,风俗则是群体行为法则,它维持群体行为的一致性,从而直接服务于群体目标的实现。"习俗作为一种自发社会秩序,一旦生成,它就能作为人们社会活动与事务中的一种常规固化习俗本身所覆盖的团体、社群或社会中成员的现象型行为,从而它本身也就作为一种事态、一种情形,像一种社会规则那样对成员各自行为有一种自我强制性的规约。"② 惯例是习俗中的一部分,它是"在人们的社会生活与交往中较长时间驻存,并对人们有较强约束、规制与调控力的一种显俗"③。因为惯例是显俗,所以,它对社会行为的控制力就更强,与正式制度间的距离就更近。在教师教育领域,习惯、习俗和惯例同样对组织行为的方方面面具有深远的影响力,比如,"三人行必有我师焉""不愤不启、不悱不发""师者,所以传道授业解惑也""学高为师、身正为范"等等。在中国传统文化中形成的这些师道观就一直存在于教师教育过程中,塑造着理想的教师形象,从而对教师教育者和教师学习者产生着潜移默化的影响。

三 教师教育制度的结构变迁

结构指将系统要素有效联结起来的形式。我们知道,教师教育制度不是单一的,而是包含丰富的对象。它们从不同的维度对教师教育利益相关者的行为做出正式或非正式的规约。正是这些制度维持了教师教育组织的运行,也推动了它们的发展。复杂的教师教育制度表现出鲜明的系统性结构特征。从制度的效力范围来讲,教师教育制度包括组织制度、行政制度和契约制度(如图1-3所示)。

组织制度指教师教育组织为贯彻落实教师教育行政要求,实现教师教育

---

① 〔英〕玛丽·道格拉斯:《制度如何思考》,张晨曲译,经济管理出版社,2013,第58页。
② 韦森:《经济学与哲学:制度分析的哲学基础》,第156页。
③ 韦森:《经济学与哲学:制度分析的哲学基础》,第174页。

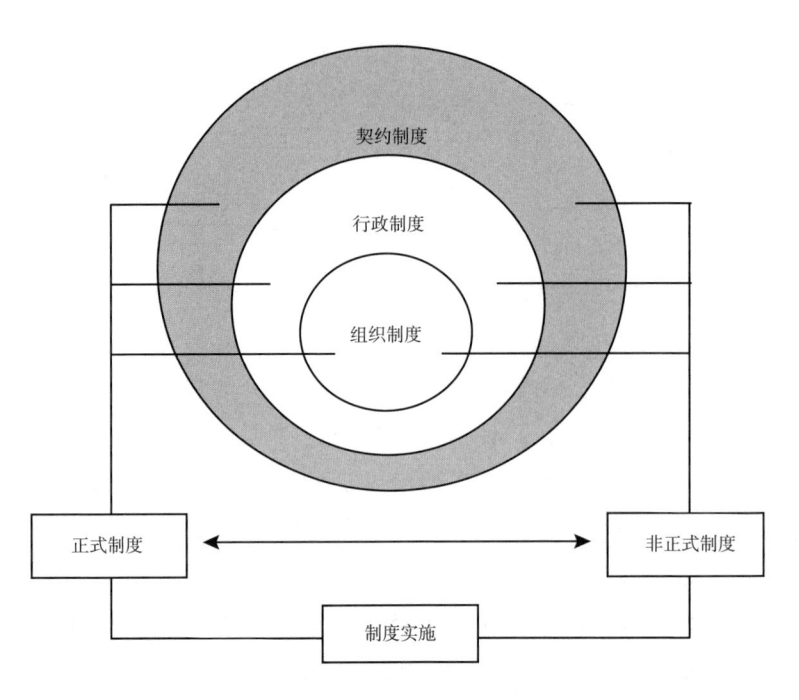

图 1-3 教师教育制度系统的结构模型

目标，调整教师教育组织内部利益相关者的关系而制定的各种规则。教师教育组织是具体从事教师教育工作、培养中小学教师的社会组织，教师教育管理者、学习者、教育者是其重要的内部利益相关者。这些内部利益相关者之间存在着复杂的交往关系，如教育者与学习者之间的教学关系、管理者与学习者间的教育服务交换关系、管理者与教育者之间的人力资本交换关系，等等。鉴于教育的特殊性，除了正式关系，非正式关系还发挥着更加突出的作用。比如，教学关系不仅体现为课堂教学中的师生互动，也体现为课后的教师指导；教师劳动不仅体现在学校工作中，也体现在教师的人力资本储备上。教师教育组织制度就是要对内部利益相关者形成有效激励以促进良好的角色认知和角色表现，通过协调内部利益相关者关系提高组织化水平，最终实现理想的组织绩效。行政制度指中央和地方各级国家权力机关和行政部门对教师教育组织的教育方针、目标任务、招生政策、质量监控等方面的各种管理规定。教师教育在整个教育体系中具有基础性地位，教师教育专业毕业生最终走向中小学工作岗位，服务于基础教育事业的发展。他们的政治素质、思想境界、专业道德、教育哲学会直接影响到人才培养工作，这就会关系到党的教育方针政策最终落实到什么程度。正因为如此，教师教育组织就具有更加特殊的意义。它不但要保证培养出合格的毕业生，还要保证这些毕业生能够在工作岗位上教书育人。这就要求教师教育组织的工作要有明确的政治立场，要从培养社会主义建设者和接班人的高度出发，按照国家和政府的制度要求培养德才兼备的优秀中小学教师。契约制度指教师教育组织为实现教师教育绩效目标，与其他社会组织协议合作的过程中建立起来的社会规则。教师教育组织属于高等教育机构，但它培养的人才是服务于基础教育事业的。教师教育过程不仅要面向中小学教育，还要深度地融入中小学教育。教师教育组织与中小学校（含幼儿园）之间理应建立起紧密的合作伙伴关系。这种伙伴关系的建立，不仅需要非正式制度，也需要正式制度。总之，组织制度、行政制度和契约制度从教师教育组织的内部和外部对其行为做出了种种规约。

从制度的运行机制来看，教师教育制度包括非正式制度、正式制度和实施三个要素。在新制度经济学看来，"制度提供的一系列规则由社会认可的非正式约束、国家规定的正式约束和实施机制所构成"[①]。在静态实体的层面上，教师教育制度有正式制度和非正式制度两种存在形态，而每一种存在形态都包含着丰富的对象，如正式制度中的国家法、组织规章和社会契约，非正式制度中的习惯、习俗和惯例。这两种形态会在教师教育组织制度、行政制度和契约制度上表现出来。在动态过程的层面上，教师教育制度要真正有效运行，它需要相应的实施过程来保障。如果制度不能对主体的行为产生有效的调节作用，那么，制度是没有意义的。事实上，制度自我实施的条件往往是不具备的，因为在不完全信息的重复博弈过程中，破坏制度可能会损害整个社会的总体效用，但能更好地满足行为主体或其代理人的个人效用函数。在这样的情况下，道德信念往往对制度实施发挥着重要的影响却是不稳定的。同时，国家和第三方的社会机构可能是保证制度实施的重要力量，但同样会存在代理人问题。诺思对国家在制度实施方面的有效性也提出了质疑："如果国家具有这种强制力量，那么那些管理国家的人将会利用这种力

---

① 卢现祥：《西方新制度经济学》，第20页。

量来为他们自己谋取利益，而社会的其他成员将会因此受到损害。"① 制度的实施似乎是令人沮丧的，但人们永远不会放弃对有效实施的追求。"创造出一个有效的实施以及一个道德约束系统的过程是漫长而缓慢的，只要是演化，就需要时间来慢慢发展。"②

制度是应对环境不确定性的产物，它有趋于稳定的结构，并且处于持续的变迁过程中。制度变迁是"制度创立、变更及随着时间变化而被打破的方式"③。对于一个特定的组织而言，它是响应社会环境所提供的机会的产物。"组织作为一个有目的的实体，是由其创立者设计出来、用来最大化其财富、收入，以及其他一些由社会制度结构所提供的机会所限定的目标的。"④ 当组织建立以后，组织就成为制度体系的创立者，直接参与到制度的生成过程中来。就教师教育组织而言，在遵循行政制度的前提下，它可以自主地创立教师教育组织制度和契约制度。制度是与环境互动的产物，它必然会随着环境的变化而变迁。否则，落后的制度无法支撑组织目标的实现。"规则的有效结构不仅奖励成功，还会封杀掉组织结构中那些不符合要求的部分，这意味着有效规则将消弭不成功的努力，而提升成功的努力。"⑤ 也就是说，组织需要持续地追求"有效的规则"，制度变迁也就成为一个连续性的过程。制度演化的一般进程是从习惯、习俗、惯例到正式制度，但在取消某项正式制度之后，这些非正式制度仍然在相当长的时期内对主体行为构成规制力量。制度变迁也就会表现为两种制度形态的相互转换。我们还应当看到，教师教育行政制度和契约制度构成了教师教育组织外部环境的重要内容。当外部环境发生了变化，教师教育组织制度也应主动或被迫随之变迁，相应地，要求通过组织变革"封杀掉组织结构中那些不符合要求的部分"，并建立组织结构中目前没有但迫切需要的部分。否则，组织的绩效目标就难以得到保障。如此一来，我们就能够在绩效目标、制度变迁与组织变革之间寻找到紧密的联结。

---

① 〔美〕诺思：《制度、制度变迁与经济绩效》，第83页。
② 〔美〕诺思：《制度、制度变迁与经济绩效》，第85页。
③ 杨德才：《新制度经济学》，南京大学出版社，2007，第272页。
④ 〔美〕诺思：《制度、制度变迁与经济绩效》，第101～102页。
⑤ 〔美〕诺思：《制度、制度变迁与经济绩效》，第112页。

第二章
学历、专业与资格：高师院校组织变革的外生动力

在经历综合化转型之后，培养中小学教师仍然是高师院校的核心使命。基础教育对中小学教师的质量和数量要求是高师院校组织变革的强劲动力。我们运用国家统计资料对2001~2013年全国中小学教师学历结构进行时间序列分析，对"十三五"期间中小学教师学历结构的演变趋势进行预测，各学段的教师学历呈现出逐渐上升的趋势，中学教师的学历层次提升进度快于小学教师。高师院校的组织结构需要与培养高学历的中小学教师相适应。从教师专业发展理论来看，教师专业的素质结构发生了质的变化，中小学教师需要持续终身的专业发展。这就要求高师院校的组织结构与中小学教师生涯发展的专业支持相适应。当前正在推行的国家教师资格考试制度确立了教师教育制度与教师资格制度的鉴定关系，教师资格标准是教师教育的重要依据。① 高师院校的组织结构需要与教师资格制度改革相适应。

第一节 教师学历提升与教师教育改革

20世纪八九十年代，随着国家义务教育制度的实施，大量适龄儿童进入学校，但教师资源严重匮乏，教师学历普遍偏低。依据《中华人民共

---

① 在本书中，笔者将"国家教师资格考试制度"简称为"国考"。

和国教师法》(1993年,下文简称《教师法》)和《教师资格条件》(1995年),高中教师应当具有本科及以上学历,初中教师应当具有专科及以上学历,小学教师应当具有中师及以上学历,学历达标成为教师队伍建设的重要任务之一。到2001年,96.81%的小学教师具有中师及以上学历,88.80%的初中教师具有专科及以上学历,70.71%的高中教师具有本科及以上学历。① 中小学教师学历达标取得了显著成绩,但中小学教师②的学历提升进程仍然在稳步向前推进。通过对2001~2013年各类学历中小学教师数量变化的统计分析,能够更准确地把握中小学教师学历提升的总体趋势。

一 中小学教师学历提升的总体趋势

(一) 中小学教师学历结构的变迁

2001~2013年,国家人口政策和教育政策基本保持平稳,中小学教师队伍的总体规模稳中略有上升。2001年中小学教师998.62万人,2005年为1036.38万人,2008年为1056.64万人,2013年为1069.46万人。中小学教师的学历结构由5种类型构成:研究生、本科、专科、高中和高中以下。2001年,中小学教师的学历构成以高中和专科为主,其中,高中学历教师占44.01%,专科学历教师占41.46%。2005年,中小学教师的学历构成以专科、本科和高中为主,其中,专科学历教师占48.89%,本科学历教师占25.69%,高中学历教师占24.40%。2013年,本科学历教师占57.08%,专科学历教师占34.58%,高中学历教师只占6.76%(见表2-1)。可以得出结论:中小学教师学历提升过程经历了以高中和专科学历为主的"两级"(L2),到以专科、本科和高中学历为主的"三级"(L3),再到以本科和专科学历为主的"新两级"(L2′)三个阶段。

---

① 本节的数据均来源于教育部网站公布的历年教育统计数据。
② 本节的"中小学教师"指普通高中、普通初中、普通小学的专任教师。

表2-1 2001~2013年各类学历中小学教师所占比重

年份	中小学教师规模(人)	研究生学历教师(%)	本科学历教师(%)	专科学历教师(%)	高中学历教师(%)	高中以下学历教师(%)
2001	9986169	0.08	12.48	41.46	44.01	1.97
2002	10126550*	0.12	14.71	44.31	39.26	1.60
2003	10240060	0.15	17.55	46.42	34.61	1.26
2004	10296325	0.19	21.37	48.29	29.19	0.97
2005	10363752	0.23	25.69	48.89	24.40	0.78
2006	10438217	0.29	29.75	48.41	20.92	0.64
2007	10519963	0.37	33.98	47.03	18.12	0.50
2008	10566428	0.47	38.12	45.17	15.84	0.41
2009	10640198	0.60	42.64	42.84	13.58	0.33
2010	10658667	0.79	46.38	40.92	11.64	0.26
2011	10686207	1.01	50.37	38.83	9.63	0.16
2012	10684874	1.22	53.70	36.89	8.08	0.11
2013	10694631	1.49	57.08	34.58	6.76	0.10

注：*由于2002年小学各级学历专任教师数据缺失，该年份的数据取2001年和2003年的均值。

从表2-1可以看出，在这13年里，高中以下学历中小学教师从1.97%下降到0.10%，高中学历中小学教师从44.01%下降到6.76%。这两类学历教师已经成为中小学教师队伍中很小的群体。研究生逐渐成为中小学教师队伍的一支新生力量。2001年，研究生占中小学教师总量的0.08%；2013年，这一指标上升到1.49%。从总体上讲，目前中小学教师队伍的学历结构处于以本科和专科学历为主的L2′阶段。

（二）中小学教师学历提升的速度

我们运用各类学历中小学教师数量的增长速度①来反映中小学教师学历提升的速度。自2001年以来，各类学历中小学教师规模的总体增长速度平稳下降，并趋于停滞。2002年，中小学教师规模增长1.41%；2013年，中小学教师规模增长0.09%；甚至在个别年份出现负增长，如2012年增长了-0.01%。这反映出，现阶段的教师规模已经基本能够满足教育规模的需

---

① $P_i = (X_i - X_{i-1})/X_{i-1} \times 100\%$ P_i表示第i年某类学历教师的增长速度；X_i表示第i年某类教师的数量；X_{i-1}表示第$i-1$年某类教师的数量。

要，中小学教师队伍建设的主要任务是内部结构调整，学历结构是其重要内容之一。

表 2-2 2001~2013 年各类学历中小学教师数量的增长速度

单位：%

年份	总体增长水平	研究生学历教师	本科学历教师	专科学历教师	高中学历教师	高中以下学历教师
2001	—	—	—	—	—	—
2002	1.41	44.16	19.49	8.39	-9.54	-17.50
2003	1.12	28.05	20.70	5.93	-10.85	-20.14
2004	0.55	25.55	22.41	4.59	-15.21	-22.77
2005	0.65	26.45	20.99	1.92	-15.85	-18.74
2006	0.72	23.41	16.65	-0.28	-13.65	-18.29
2007	0.78	29.32	15.12	-2.09	-12.70	-20.45
2008	0.44	27.99	12.67	-3.53	-12.22	-18.31
2009	0.70	29.81	12.64	-4.48	-13.65	-18.71
2010	0.17	31.20	8.95	-4.32	-14.11	-20.04
2011	0.26	28.14	8.88	-4.86	-17.05	-40.47
2012	-0.01	21.12	6.59	-5.02	-16.08	-31.79
2013	0.09	21.67	6.39	-6.19	-16.25	-8.50

从表 2-2 可见，2002~2013 年，高中和高中以下学历中小学教师每年都是负增长，呈现出单边下降的趋势，势必会很快退出教师队伍。专科学历中小学教师的增长速度从 2002 年的 8.39% 下降到 2005 年的 1.92%。此后，专科学历中小学教师的增长速度一直是负增长，并且负增长的速度逐步加快。本科学历中小学教师的增长速度从 2002 年的 19.49% 下降到 2013 年的 6.39%。研究生学历中小学教师每年的增长速度都保持在 20% 以上，部分年份的增长速度在 30% 左右，2002 年甚至达到 44.16%。研究生学历教师是中小学教师队伍中增长速度最快的生力军。

（三）中小学教师学历提升的预测

我们运用时间序列分析法对 2014~2020 年各级学历中小学教师数量进行预测，使用 SPSS17.0 完成数据分析。基于对 2001~2013 年数据的分析，目前我国中小学教师学历结构处于以本科和专科为主的 L2′ 阶段，高中及以下学历教师会迅速减少，直至退出教师队伍。因此，在分析 2014~2020 年各类学历中小学教师数量和增长速度时,我们将高中及以下学历教师忽略,只对研究生、本科和专科学历中小学教师的数量和增长速度进行预测。

通过模型拟合,分别运用 ARIMA(0,2,0)、ARIMA(1,1,0)和 ARIMA(1,2,0)三种模型对研究生学历教师、本科学历教师和专科学历教师进行预测,结果如表2-3所示。2014~2020年,本科学历教师数量稳步增长并成为中小学教师队伍的主体,其构成比例预计从2014年的64.26%上升到2020年的89.39%;专科学历教师数量会加速下降,其在中小学教师学历结构中的比重会达到研究生同等水平;研究生学历教师会稳步增加,其构成比例从2014年的1.88%上升到2020年的4.31%,历年的增长速度会保持在10%以上。因此,2014~2020年,中小学教师学历结构会从L2′阶段上升到以本科、研究生、专科学历为主的"新三级"(L3′)阶段。按照这样的趋势发展下去,预计10年之后,专科学历教师会逐渐退出教师队伍,中小学教师学历结构会向以本科生和研究生为主的"超两级"(L2″)阶段发展。

表2-3 2014~2020年各类学历中小学教师的数量与增长速度预测

年份	各类学历教师人数的预测(人)			各类学历教师所占比重(%)			各类学历教师的增长速度(%)		
	研究生学历教师	本科学历教师	专科学历教师	研究生学历教师	本科学历教师	专科学历教师	研究生学历教师	本科学历教师	专科学历教师
2014	189638	6473145	3410484	1.88	64.26	33.86	19.22	6.05	-7.77
2015	222451	6844121	3075385	2.19	67.48	30.32	17.30	5.73	-9.83
2016	257507	7216382	2689274	2.53	71.01	26.46	15.76	5.44	-12.55
2017	294807	7589560	2250965	2.91	74.88	22.21	14.49	5.17	-16.30
2018	334349	7963393	1759331	3.32	79.18	17.49	13.41	4.93	-21.84
2019	376136	8337693	1213787	3.79	83.98	12.23	12.50	4.70	-31.01
2020	420165	8712327	613983	4.31	89.39	6.30	11.71	4.49	-49.42

二 分学段教师学历提升的趋势分析

(一)高中教师学历提升的趋势分析

2001年,高中教师学历结构以本科(70.08%)和专科(28.38%)为主,研究生(0.63%)、高中(0.88%)和高中以下(0.03%)三类学历教师的总量只占1.54%，高中教师的学历结构为L2′。2011年，高中教师学历结构以本科为主（91.43%），研究生（4.30%）和专科（4.17%）次之，高中（0.10%）和高中以下（0.01%）学历教师已经非常少（见表2-4），高中教师的学历结构为L3′。

表2-4　2001~2020年各类学历高中教师所占比重与增长速度

单位：%

年份	各类学历教师所占比重					各类学历教师的增长速度				
	研究生学历教师	本科学历教师	专科学历教师	高中学历教师	高中以下学历教师	研究生学历教师	本科学历教师	专科学历教师	高中学历教师	高中以下学历教师
2001	0.63	70.08	28.38	0.88	0.03	—	—	—	—	—
2002	0.80	72.08	26.42	0.69	0.02	41.67	15.83	4.85	-12.33	-28.67
2003	0.86	74.85	23.73	0.55	0.02	22.86	17.51	1.64	-10.10	-5.88
2004	1.04	78.56	20.00	0.39	0.01	33.37	16.74	-6.24	-20.10	-30.21
2005	1.18	82.28	16.23	0.30	0.01	24.46	14.30	-11.45	-15.52	-8.21
2006	1.38	85.08	13.28	0.25	0.01	24.33	10.39	-12.63	-11.88	-0.81
2007	1.77	87.53	10.50	0.19	0.01	33.90	7.02	-17.74	-19.07	-39.34
2008	2.20	89.35	8.27	0.17	0.01	27.29	4.37	-19.48	-11.07	59.46
2009	2.81	90.79	6.26	0.13	0.01	29.20	2.84	-23.41	-24.09	-1.69
2010	3.63	91.17	5.08	0.11	0.01	31.27	2.09	-17.50	-13.23	-32.76
2011	4.30	91.43	4.17	0.10	0.01	21.44	2.83	-15.91	-9.30	35.90
2012	5.01	91.43	3.48	0.08	0.00	19.24	2.46	-14.35	-19.49	-49.06
2013	5.75	91.05	3.11	0.08	0.00	17.33	1.71	-8.65	5.57	-18.52
2014	6.59	90.63	2.79	—	—	15.90	0.75	-9.47	—	—
2015	7.53	89.98	2.49	—	—	14.69	-0.42	-10.46	—	—
2016	8.64	89.15	2.22	—	—	13.66	-1.83	-11.69	—	—
2017	9.98	88.06	1.97	—	—	12.76	-3.55	-13.23	—	—
2018	11.65	86.61	1.74	—	—	11.98	-5.68	-15.25	—	—
2019	13.84	84.64	1.52	—	—	11.29	-8.42	-18.00	—	—
2020	16.85	81.84	1.31	—	—	10.68	-12.12	-21.95	—	—

注：2014~2020年的数据为预测数据。

从2001~2013年各类学历高中教师的数量变化来看，高中和高中以下学历的高中教师迅速减少。2013年，高中学历的高中教师1269人，高中以下学历的高中教师44人。即使是专科学历高中教师，其数量自2004年开始也呈现出持续负增长的态势。2013 年，专科学历高中教师只有 50736 人。尽管研究生学历高中教师所占比例还不大，但是，其在各种学历教师中的增长速度最快。2013 年，研究生学历教师占 5.75%，超过了专科学历教师的规模（3.11%）。同年，研究生学历高中教师的增长速度为 17.33%，本科学历高中教师的增长速度为 1.71%，专科生学历高中教师是负增长（见表 2-4）。由此可以判断，目前高中教师学历结构为 L3′，其向 L2″发展的趋势相当明显。

通过模型拟合，我们分别运用 ARIMA（0，2，0）、ARIMA（0，3，0）和 Brown 模型对 2014~2020 年研究生、本科和专科学历高中教师数量进行预测。从预测数据可以看出，2014~2020 年，专科学历教师数量延续下降趋势，且下降速度越来越快，在高中教师队伍中的比重越来越小；尽管本科学历教师是高中教师队伍的主力军，但是，其所占比重会逐步下降，增长速度也会呈下降趋势；研究生学历教师是高中教师队伍的生力军，其所占比重会快速增加，且增长速度始终是各类学历教师中最快的。可以断言，2014~2020 年，高中教师学历结构会从 L3′向 L2″发展的趋势判断是能够成立的。

（二）初中教师学历提升的趋势分析

2001 年，初中教师学历以专科为主（71.86%），本科其次（16.87%），高中学历再次（10.86%），研究生（0.07%）和高中以下学历（0.33%）非常少。这表明，此时初中教师的学历结构处于 L3 阶段。2011 年，本科学历初中教师占 67.36%，专科学历初中教师占 30.70%，研究生和高中学历初中教师均只占 1% 左右，高中以下学历初中教师的比重已经基本趋近于 0。这表明，此时初中教师学历结构为 L2′。自 2002 年起，专科、高中及高中以下学历的初中教师数量都保持负增长的基本态势。[①] 这表明，此三类学历初中教师的数量在不断减少。与此同时，本科学历初中教师的增长速度持续走低，只有研究生学历的初中教师始终保持高速的增长态势。2013 年，研究生学历初中教师增长了 23.92%，而本科学历初中教师只增长了 3.53%（见表 2-5）。

[①] 仅有极个别例外。如 2002 年，专科学历初中教师增长了 0.67%；2013 年，高中以下学历初中教师增长了 2.53%。

表 2-5　2001~2020 年各类学历初中教师所占比重与增长速度

单位：%

年份	各类学历教师所占比重					各类学历教师的增长速度				
	研究生学历教师	本科学历教师	专科学历教师	高中学历教师	高中以下学历教师	研究生学历教师	本科学历教师	专科学历教师	高中学历教师	高中以下学历教师
2001	0.07	16.87	71.86	10.86	0.33	—	—	—	—	—
2002	0.11	19.63	70.62	9.41	0.23	49.71	19.20	0.67	-11.24	-27.74
2003	0.14	23.68	68.21	7.77	0.19	38.33	21.91	-2.38	-16.55	-17.52
2004	0.16	28.97	64.66	6.08	0.14	8.72	22.69	-4.94	-21.53	-28.58
2005	0.21	35.10	59.94	4.65	0.11	33.10	20.97	-7.43	-23.57	-22.93
2006	0.25	40.86	55.23	3.58	0.08	19.73	16.12	-8.07	-23.28	-20.16
2007	0.31	46.95	49.92	2.75	0.07	24.42	14.95	-9.59	-23.18	-19.56
2008	0.39	52.83	44.57	2.16	0.05	26.01	12.67	-10.60	-21.44	-22.99
2009	0.50	58.94	38.84	1.68	0.04	29.14	13.01	-11.74	-21.21	-27.42
2010	0.64	63.41	34.60	1.32	0.03	29.55	7.88	-10.67	-20.94	-26.41
2011	0.86	67.36	30.70	1.06	0.03	33.31	6.27	-11.25	-19.64	-7.88
2012	1.04	70.59	27.49	0.86	0.02	20.46	4.20	-10.96	-19.48	-15.54
2013	1.30	73.57	24.41	0.69	0.02	23.92	3.53	-11.77	-19.76	2.53
2014	1.55	77.00	21.45	—	—	18.45	3.41	-13.19	—	—
2015	1.84	79.79	18.37	—	—	17.80	3.29	-14.62	—	—
2016	2.13	82.50	15.37	—	—	15.65	3.19	-16.54	—	—
2017	2.44	85.13	12.43	—	—	14.63	3.09	-19.21	—	—
2018	2.77	87.68	9.55	—	—	13.42	3.00	-23.14	—	—
2019	3.12	90.15	6.74	—	—	12.56	2.91	-29.38	—	—
2020	3.47	92.54	3.99	—	—	11.73	2.83	-40.72	—	—

注：2014~2020 年的数据为预测数据。

通过模型拟合，我们分别运用 ARIMA（1，2，0）、Brown 和 ARIMA（1，1，1）模型对 2014~2020 年研究生、本科和专科学历初中教师的数量进行预测。如表 2-5 所示，到 2020 年，本科学历教师成为初中教师的主力军，而研究生和专科学历教师所占比重大体相当，高中及以下学历教师数量会变得微不足道。由此可以判断，2014~2020 年，初中教师学历结构会从 L2′向 L3′发展。

（三）小学教师学历提升的趋势分析

2001 年，小学教师学历结构为高中占 69.41%、专科占 25.79%、高中以下学历占 3.19%、本科占 1.60% 和研究生占 0.01%，处于 L2 阶段。这一结构模式在 2010 年前后发生了转变。2010 年，专科学历小学教师占 54.58%，本科学历小学教师占 23.59%，高中学历小学教师占 21.23%，处于 L3 阶段。自此以后，本科学历小学教师的比重持续上升，2013 年达到 36.88%；高中学历小学教师的比重持续下降，2013 年为 12.50%；专科学历小学教师的比重平稳下降，2013 年为 50.09%；小学教师学历结构呈现出从 L3 向 L2′发展的趋势（如表 2-6 所示）。

表 2-6　2001~2020 年各类学历小学教师所占比重与增长速度

单位：%

年份	各类学历教师所占比重					各类学历教师的增长速度				
	研究生学历教师	本科学历教师	专科学历教师	高中学历教师	高中以下学历教师	研究生学历教师	本科学历教师	专科学历教师	高中学历教师	高中以下学历教师
2001	0.01	1.60	25.79	69.41	3.19	—	—	—	—	—
2002	0.01	2.33	31.57	63.42	2.67	43.91	44.52	21.37	-9.38	-16.87
2003	0.02	3.07	37.43	57.33	2.15	30.51	30.81	17.61	-10.35	-20.30
2004	0.02	4.58	44.16	49.55	1.69	37.03	47.01	16.44	-14.68	-22.45
2005	0.03	6.70	49.63	42.26	1.38	18.21	45.34	11.66	-15.26	-18.55
2006	0.04	9.13	52.89	36.80	1.13	30.87	36.26	6.49	-13.00	-18.23
2007	0.04	12.21	54.63	32.22	0.90	8.39	34.31	3.74	-12.06	-20.45
2008	0.06	15.60	55.22	28.39	0.73	44.76	27.98	1.24	-11.74	-18.21
2009	0.08	19.71	55.04	24.57	0.60	38.33	26.62	-0.12	-13.28	-18.38
2010	0.11	23.59	54.58	21.23	0.48	36.78	19.34	-1.12	-13.82	-19.75
2011	0.19	28.28	53.58	17.67	0.28	67.46	19.60	-2.04	-16.96	-41.86
2012	0.26	32.32	52.33	14.90	0.19	34.77	13.89	-2.67	-15.95	-32.59
2013	0.36	36.88	50.09	12.50	0.17	39.90	14.10	-4.30	-16.16	-9.23
2014	0.48	42.00	47.35	10.17	—	31.01	13.30	-5.94	-19.02	—
2015	0.60	47.33	43.69	8.38	—	25.56	12.57	-7.85	-17.72	—
2016	0.73	53.08	39.31	6.88	—	21.87	11.90	-10.19	-18.06	—
2017	0.87	59.15	34.16	5.82	—	19.19	11.30	-13.21	-15.51	—
2018	1.02	65.58	28.27	5.12	—	17.14	10.74	-17.36	-12.07	—
2019	1.18	72.36	21.61	4.84	—	15.52	10.24	-23.60	-5.70	—
2020	1.35	79.50	14.21	4.94	—	14.20	9.77	-34.29	1.97	—

注：2014~2020 年的数据为预测数据。

从各级学历小学教师的增长速度来看,高中和高中以下学历小学教师连续负增长,专科学历小学教师自2009年开始负增长,本科学历小学教师增长速度明显放缓,研究生学历小学教师保持高速增长态势。通过模型拟合,我们运用ARIMA(0,2,0)对2014～2020年研究生、本科和专科学历小学教师数量进行预测,运用ARIMA(1,2,1)模型对高中学历小学教师数量进行预测,结果如表2-6所示。高中及以下学历小学教师的数量会快速下降。到2014年前后,小学教师学历结构以专科(47.35%)和本科(42.00%)为主,进入L2′阶段。这一趋势会随着时间的推移表现得更加明显。另外,与中小学教师结构转型的整体趋势一致,研究生学历小学教师的数量在各类学历小学教师中保持着最快的增长速度。

综上所述,以2001～2013年各类学历中小学教师数量的实际数据为基础,对2014～2020年各类学历中小学教师数量进行模型预测,中小学教师学历提升的整体趋势为L2→L3→L2′→L3′→L2″。其中,高中教师学历提升的趋势为L2′→L3′→L2″,初中教师学历提升的趋势为L3→L2′→L3′,小学教师学历提升的趋势为L2→L3→L2′。由此可见,高中、初中、小学教师的学历提升趋势表现出相同的运动轨迹。从中小学教师学历提升的进度来看,高中教师学历提升得最快,初中其次,小学处于最后。

三 学历提升视域下的教师教育改革

(一)立法机关:修订《教师法》,提高中小学教师资格基准学历

学历是取得教师资格的重要标准之一。《教师法》规定高中、初中、小学分别与本科、专科、中师(高中阶段)相对应的"老三级"模式是20世纪90年代中小学教师的学历标准。时至今日,小学、初中、高中教师的学历结构已经分别从L3向L2′、L2′向L3′、L3′向L2″发展,各学段的教师学历结构得到了显著提升。某省2011年《中小学和幼儿园教师资格考试改革试点工作实施方案》在"报考条件"部分要求,报考小学教师资格应当具备大学专科毕业及以上学历,报考初中和高中教师资格应当具备大学本科毕业及以上学历。这些规定明显高于《教师法》的要求,《教师法》所规定的基准学历太低,已经难以适应当前基础教育发展形势的需要。

学历表征学习者的受教育经历,学位反映了一个人的学术水平。长期以

来，无视教师工作的学术性，或者将教师工作的学术性等同于任教学科的学术性。这从根本上否定了教师专业性，将教师视同知识传递者。从教育专业的立场看，不能因为小学教师任教于小学就只需要中师学历，高中教师任教于高中就需要本科学历。无论是小学教师、初中教师还是高中教师，都需要研究学生、研究课程、研究教学。基础教育不需要"教书匠"，而是需要热爱教育、研究教育、懂得教育的专家型教师。"专家型教师"是教师专业化发展的最理想的阶段，一名合格的"专家型教师"是教书育人的专家。① 这就要求任何学段的中小学教师都要具备一定的教育学术能力。因此，我们建议修订《教师法》，将中小学教师资格的基准学历提高至本科，同时增加学士学位要求。

（二）在职教师：增强自我学习动力，不断提高教师学历的层次

教师学习是教师专业的必然要求，也是教师专业发展的重要方式。不同于其他专业工作，教师专业的工作对象是处于快速发展中的人，目的是促进人的身心发展，具有典型的复杂性特征。教师要从事这样的专业工作，需要在整个职业生涯中进行持续性的学习才能胜任。按照《中小学教师资格定期注册暂行办法》，中小学教师需要在每个注册有效期内完成不少于国家规定的360个培训学时或省级教育行政部门规定的等量学分。这从国家制度层面建立了教师学习的保障机制。

教师学历提升是教师学习的重要途径，也是教师队伍建设的基本方向。近年来，各级教育财政投入了大量的资源进行教师培训。这有力地促进了中小学教师学习，但是，培训的集中性和短期性等特征又在一定程度上制约了教师培训的实效性。对此，学历教育恰好可以与教师培训这类非学历教育形成优势互补。有学者对上海市中小学教师的调研表明，"超过70%的中小学教师认为学历提升对教师专业能力的发展是有效的或非常有效"②。我们通过数据分析，目前中小学教师队伍的学历结构已经清晰地展现出 L2→L3→L2′→L3′→L2″的发展趋势。教育行政部门和学校管理者应当为中小学教师

---

① 康震、陶群英、付谧：《以专家型教师为目标——谈免费师范生的培养理念与质量保障》，《中国大学教学》2013年第6期。
② 魏志春、鲍春艳：《上海市中小学教师学历提升教育状况调查与分析》，《教育发展研究》2009年第15~16期。

提供充分的学历教育机会和条件,鼓励中小学教师通过多种学习方式促进自身专业发展。中小学教师应当认清教育发展形势,努力增强自我学习的动力,不断提高自身的学历层次。

(三) 师范生:提高初次入职学历,奠定教师专业发展的基础

从中小学教师的需求来看,一方面,基础教育需要的中小学教师数量有限。2013年,各类学历的中小学教师数量比2012年仅增长0.09%,其中,小学教师增长-0.01%,初中教师增长-0.67%,高中教师增长2.13%。另一方面,基础教育需要的是高学历的中小学教师。2001~2013年,在高中、初中和小学三个学段,研究生学历教师始终保持高增长率,本科学历教师增速显著放缓,专科及以下学历教师都是负增长。从中小学教师的培养来看,高师院校、综合大学、职业院校都在不同程度上参与不同层次的教师教育。一个开放化的教师教育体系给基础教育提供了富余的中小学教师供给,国家教师资格考试制度为非师范生从教建立了保障机制,供大于求将成为中小学教师资源的总趋势。在此背景下,师范生必然会面临更加严峻的就业形势。

在开放化的教师教育体系中,教师人才市场引入了竞争机制,师范生与非师范生的身份标签已经不再重要,关键在于自身的专业竞争力。从长远来看,研究生教育会成为今后教师教育的战略重点。有学者借鉴芬兰教师教育硕士化的经验提出,"未来我国教师教育改革必须提升至硕士层次,通过提高学生的学历层次来提高教师的专业水准,从而推动中小学教育质量的提升"[1]。无论是高中、初中还是小学,高学历教师无疑会在教师人力资源市场上保持强劲的竞争力。初次入职学历是影响教师专业发展的重要因素。有学者对20世纪八九十年代中师毕业教师的调研表明,这些教师尽管在工作岗位上通过各种途径提升了自己的学历,但他们的基础性学力不高,创造性学力有待提升。[2] 对于想要从事教师工作的师范生来讲,应当加强专业学习,提高初次入职学历,为自身专业发展奠定坚实的基础。

---

[1] 刘涛、陶媛:《芬兰中小学教师教育硕士化制度探析》,《教育探索》2012年第12期。
[2] 吴民祥:《教师成长状况调查研究——以浙江金华地区617位中师学历背景教师为样本》,《教育发展研究》2011年第12期。

(四) 高师院校：改革教师教育模式，持续提高教师学历含金量

以中小学教师学历为研究对象并不意味着我们信奉学历至上的唯学历论。也许会有学者批判我们过分强调学历的重要性，因为在现实中确实不乏盲目追求高学历带来的各种乱象，也不乏低能力的高学历者。实际上，学历本身是没有错的，问题在于人为地损毁了学历的内在含金量和外在公信力。因此，问题的焦点不是中小学教师是否应当追求高学历，而是高等院校能否提高其颁发学历的含金量和公信力。

就中小学教师学历结构的发展趋势来讲，学历提升是不可逆转的历史潮流。如果高等院校不负责任地"制造"学历，那么，中小学教师学历提升的速度会变得更快，但这对提高中小学教师素质和教育质量是没什么促进作用的。中小学教师学历提升是表象，它所代表的含金量才是实质。中小学教师的学历在不断提升，专业素质也应当不断提高。这表里能否如一，关键在于学历的含金量，高等院校扮演着"守门人"的角色，对此负有直接责任。在师范教育时代，高师院校是培养中小学教师的专门机构；在教师教育时代，各类高等院校都可以举办教师教育专业。就目前的情况来看，在一个开放化的教师教育体系中，没有确立起一个有效的教师教育质量保障体系。本科教师教育基本沿用"学科专家"的教育模式，研究生教师教育基本沿袭学术研究生的教育模式。也就是说，教师学历教育没有充分体现出教育和教师的专业特性，始终是用学科的标准来培养教师，也用学科的标准来衡量教师学历含金量。这样的学历提升对提高中小学教师质量的作用非常有限。不同于学术型研究生教育的人才培养模式，研究生层次的教师教育应当"体现教师的专业性，为教师专业发展服务"[1]。因此，高等院校需要改革教师教育模式，厘清教师专业教育的实质，真正提高教师学历的含金量。然而，高师院校教师教育改革的基本前提是通过强有力的组织变革提供保障。

第二节 教师专业发展与教师教育改革

师的内涵具有修身、职业和专业三种不同的理解方式。当今教育学术话

---

[1] 王飞、车丽娜：《美国教育硕士专业学位的特色及其启示》，《高等教育研究》2014 年第 12 期。

语体系中的师就是专业意义的师,"何以称师"是教师教育的基本问题。"学高为师"这一命题原本应该包含好学、治学、博学三重意蕴,但在实践中,往往只看到了博学,便以学问高低为培养和考核教师的基本依据。这一扭曲造成对教育本真的种种遮蔽:中小学教育表现出知识中心主义和教师霸权主义的倾向,教师教育异化为学问家取向的教育模式,教师和教师教育的存在合法性受到挑战。不可否认"学高为师"之真,但也不可无视"学高为师"之伪。只有去伪存真,才能真正认识到教师专业的实质。教师的专业责任不是给学生灌装知识而是促进学生发展,教师的专业内涵不是教学而是教学生学。教师并不需要是学问家,而是在课程资源与学生发展之间建立联系的反思性实践者。这就要求重新审视高师院校长期以来坚守的"学高为师"教师教育哲学,从而促使高师院校改革以适应新时代的新要求。

一 对教师概念历史演化的三种理解

根据《辞源》的解释,"师"主要有以下几层意义:一是军事术语,泛指军队;二是职业术语,包括学校教育中的教师和师徒制中的师傅;三是作动词用,即效法、学习。[①] 这里所论的"师"指在中小学从事教育教学工作的教师。

(一)修身意义的"师"

儒、道经典所论之"师"主要意指社会生活中的模范,侧重的是修身之道。据《论语·述而》记载,孔子说:"三人行,必有我师焉:择其善者而从之,其不善者而改之。"在此,"师"即学习的对象或榜样。孔子所论的出发点在于自我,而非社会、教育或教师。表面上孔子讲的是"师"的问题,实质上他讲的是"学"的问题。据《道德经》第二十七章,老子说:"故善人者不善人之师,不善人者善人之资。不贵其师,不爱其资,虽智大迷,是谓要妙。"老子在这里也没有从师生关系的角度论述教育或教师的问题,而是从普遍的社会伦理立论的,仍然属于修身的范畴。

从修身意义来理解,"师"是一个外延相当广泛的概念。不但人人都可能成为师,天地万物都可成为人类的老师。《论语·阳货》记载,子曰:

---

① 《辞源》(合订本),商务印书馆,1988,第529页。

"予欲无言。"子贡曰:"子如不言,则小子何述焉?"子曰:"天何言哉?四时行焉,百物生焉,天何言哉?"老子在《道德经》中说:"不言之教,无为之益,天下希及之。"这就是说,在修身的意义上,个体在生活世界中遇到的一切人、物、事都可以成为师。"师"的概念是相当泛化的,它与今日所论的教师及教师教育是根本不同的。这种修身意义的"师"是中华文化的重要基因并源远流长,时至今日仍有重要的影响。我们充分肯定这种影响极其重要的积极作用,但是,就教师专业来讲,修身意义的"师"往往会与专业意义的"师"相互牵绊,从而影响对教师专业的准确认知,做出二者之区分就显得尤其必要。

(二)职业意义的"师"

教育、学校和教师都是社会历史的产物。在学校产生以前,教育的职能主要由部落和家庭完成,一般是"长者为师"。在学校产生以后,教师只是普通职业,或是"长者为师",或是"以吏为师",缺乏明确的职业边界,表现出鲜明的流动性特征。在相当长的历史时期,教师职业还只是一个进入壁垒极低的普通职业,只要是稍微有点知识的人都可以尝试当教师,而且往往是走投无路时做出的无奈选择。在历史上,也不乏思想家对教师职业之论述。《学记》有言:"凡学之道,严师为难。师严而后道尊,道尊而后民知敬学。"此论指出了教师的一个重要特征:"严"。此"严"既有教师对自己的严格,也有教师对学生的严格。教师对学生不严格要求、不学无术,则会让学生怠慢学业;教师对自己不严格要求、严谨治学,则学生难以从内心尊师,此两种情形皆难以做到"道尊"。《师说》所论"师者,所以传道受业解惑也"往往被理解为教师的三大基本任务。虽然此论中的"师"难以称得上今天专业意义的"师",但是,至少已经从那种非常泛化的修身之"师"退居到学校教育教学过程中的职业之"师"。普通职业乃是专门职业(即专业)的初级阶段,这些早期的教师思想对今日教师教育仍然具有重要的借鉴意义。

(三)专业意义的"师"

1966年,国际劳工组织和联合国教科文组织提出《关于教师地位的建议》,首次以官方文件形式对教师专业化做出了明确说明。20世纪80年代以来,教师专业化被确立为美国教师教育改革和教师职业发展的重要目标。

在《中华人民共和国教师法》中也明确规定,教师是履行教育教学职责的专业人员。尽管对"教师是否已经称得上专业"存在"准专业""半专业""边际专业"等不同观点的争论,但是,普遍认同教师应当成为一个与医生、律师具有同等地位的专业。就目前来看,教师职业离专业职业还有一定距离,但已经不是一个普通职业,至少是个"形成中的专业",专业化是教师职业和教师个体的基本方向。[①] 由此可见,今日所论的"师"绝非修身之"师",也不是职业之"师",而是专业之"师"。总之,修身之"师"适用于每个人,职业之"师"不能排除那些以教职为营生的教书匠之流,专业之"师"则意指那些以教育为志业的教师。

二 对"学高为师"经典命题的理性辨析

"学高为师"是教育领域耳熟能详的命题,几乎成了一条不容置疑的"教育公理",不少师范院校将它或其种种变体作为校训。"学高为师"这一命题当然具有真理性,然而,它在突出知识学问对于教师专业重要性的同时,也引起了一些对教师专业的误读。因此,有必要对"学高为师"进行去伪存真的理性分析,反思教师专业的实质,进而促进教师专业发展。

(一)"学高为师"命题的三重意蕴

"学"即知识或学问。从知识论来看,知识既有学术化的公共知识,也有经验化的个体知识。在教育实践中,一般将"学"狭隘地理解成系统化的知识即学术知识。在"学"与"师"的关系问题上,有一个经典的命题即"学高为师"。对"学高为师"这一命题中的"学"有三个层面的理解:一是好学,即学问态度;二是治学,即学问行为;三是博学,即学问水平。此三者彼此关联、浑然天成,断不可孤立视之。"学高为师"原本意味着,只有在好学、治学、博学三个层面上都是高水平的,才能堪当教师。然而,在实践上,往往注重博学而轻视好学和治学的教育价值,将"学高为师"理解为学问高的人堪当教师。从师范院校的校训来看,采用"博学"者居多,而采用"好学""治学"者寥寥无几。回归"学高为师"之本真,应

[①] 教育部师范教育司编《教师专业化的理论与实践》(2版),人民教育出版社,2003,第44页。

当对其做出完整理解。

首先,"好学"之于为师。学问是人类作为一个集体,在把握世界的过程中所获得的理智性产物。无论是在理论还是实践的层面上,这些学问往往表现出相对较高的真理性。教育之基本职能是将这些人类的学问传递给具体的个人,以规避从头认识所造成的社会资源浪费。正是在这个意义上,承担教育职能的教师当然要具有较高的学问水平,要保证其向学生所传递的知识具有足够的真理性。否则,他可能会将假学问当真学问传递给学生,从而误人子弟。"知识是使人从本能冲动及破坏激情的帝国中解放出来的救星。"[①]我们从来没有否定知识的价值,只是对教师传授知识或学生获得知识的方式进行了更加谨慎的思索。学问乃为师之必要条件。在此,有一个根本性的问题:知识的相对真理性。在前现代社会,人们往往对已经获得的知识拥有充分的信心,实际上也能够保持长期的真理性并且一再得到理论和实践的证成。但是,按照当代科学哲学的观点,任何一种人类知识都可能会是错误的,学术史就是一部错误不断被修正的历史。"牛顿的理论不过是一个奇妙的猜想,一个好得惊人的近似计算;它的确是绝无仅有的,但不是作为神圣的真理,而只是人类天才的一个独特的发明,不是真知,而是属于见解的范围。"[②]当接受了真理的相对性、历史性之后,人人都当对真理保持一种谨慎的敬畏之心。当一切知识都是可错的,教师就不能将自身定位于知识的权威和"传话筒"。否则,教师在讲台上振振有词地讲授的那些"真理"就很可能演化为祸害学生的"谣言"。于教师而言,重要的不仅在于已经拥有的真理性知识,更在于拥有追求真理性知识的品质即好学,并用这种品质去感染学生。据《礼记·中庸》记载,子曰:"好学近乎知,力行近乎仁,知耻近乎勇。"据《论语·学而》记载,子曰:"君子食无求饱,居无求安,敏于事而慎于言,就有道而正焉,可谓好学也已。"尽管孔子所论的出发点是君子之道,但又何尝不是为师之道?陶行知先生在《我们的信条》中说:"我们深信教师必须学而不厌,才能诲人不倦。"[③]因此,为师之道,不仅在

[①] 〔英〕罗素:《罗素论教育》,杨汉麟译,人民教育出版社,2009,第209页。
[②] 〔英〕波普尔:《猜想与反驳:科学知识的增长》,傅季重等译,中国美术学院出版社,2003,第121页。
[③] 《陶行知全集》第1卷(2版),四川教育出版社,2005,第75页。

于已有学问之多寡,也在于有无好学之品质,更在于能否用好学之品质去感染学生。

其次,"治学"之于为师。虽有好学之心,但无治学之行,仍然是不可取的。教育不是说教,教师不能只专于言传。如今教育之种种弊端的重要根源在于重言传而轻身教。若要培育学生的好学之品质,重要的不在于教师能够讲出多少大道理,而在于教师治学行为对学生潜移默化的熏陶。然而,在知晓好学与严谨治学之间还有相当长的一段距离。若不能跨越这道鸿沟,教师的学问就是死学问,交给学生的知识也必然是死知识。"填鸭式灌输的知识、呆滞的思想不仅没有什么意义,往往极其有害——最大的悲哀莫过于最美好的东西遭到腐蚀。"① 要让死知识活起来的根本出路在于教师要治学,进而带动学生参与,师生共同治学。陶行知先生力主教师不是知识贩子,教师应该一面教一面学。"现在教育界的通病,就是各人拿从前所学的抄袭过来,传给学生。看他书房里书架上所摆设的,无非是从前读过的几本旧教科书;就是这几本书,也还未必去温习,何况乎研究新的学问,求新的进步呢?先生既没有进步,学生也就难有进步了。"② 此论至今仍有其合理性,如今仍不乏教师停留在将师范院校学过的那点知识贩卖一辈子的层次上。最好的"知识贩子"也不过是将一些粗糙的知识生硬地装进学生的脑子,其所传知识的正确性应当受到质疑,更不能塑造学生追求真理的好学品质。课程知识来自学术知识。如果学术知识是可错的,那么,课程知识出错的可能性就更大。即使中小学教师不必对学术知识的真理性担负直接责任,至少需要直接负责对课程知识的真理性进行严谨的检视。"如果我们尊重真理,那我们必须通过坚持不懈地寻求我们的错误即通过不倦的理性批判和自我批判来寻求真理。"③ 教师不是真理的宣传员,而是真理的发现者,并且肩负着培养更多真理追求者和发现者的使命。尽管我不赞成菲利普·杰克森(P. W. Jackson)将教师理解为"真理贩子",但是,我们同意教师"主要的任务是赋予那些真理以生命"④。这"生命"

---

① 〔英〕怀特海:《教育的目的》,庄莲平、王立中译,文汇出版社,2012,第 2 页。
② 《陶行知全集》第 1 卷(2 版),第 20 页。
③ 〔英〕波普尔:《猜想与反驳:科学知识的增长》,第 21 页。
④ 〔美〕杰克森:《什么是教育》,吴春雷、马林梅译,安徽人民出版社,2012,第 33 页。

第二章 学历、专业与资格:高师院校组织变革的外生动力

就是激起学生追求真理的兴趣和欲望。教师若不能通过严谨治学来赋予真理以"生命",那么,这样的教师不过是韩愈《师说》所称的"授其书而习其句读者",这样的教师所学不过是《学记》所称的"记问之学",实在是"不足以为人师"。知识是重要的,但学生获得知识的途径并不主要是靠教师传递的。"知识必须自我认识。自我认识只能被唤醒,而不象转让货物。"① 因此,为师之道,不在于记问之学,而在于严谨治学,在于教师带领学生共同治学。

最后,"博学"之于为师。对于教师来讲,学问是非常重要的,不学无术的人断然是难以担当教师之职的。只是"学高为师"这一命题往往被理解为学问所得之深浅和多寡即博学,而相对忽视了如前所述的好学、治学这些获得学问的过程。在理论上,"身正为范"往往与"学高为师"对举。既有德之要求也有才之条件,看似完全却仍不充分,在德与才之外肯定还有诸如心理等方面的必要条件。但是,在实践中,鉴于品德、心理等因素的内隐性所带来的种种评价障碍,教师之培养、认证、聘用和考核等环节往往被简化为对其才的考查。总之,博学被"学高为师"无限地拔高,这一为师的必要条件被有意或无意地理解成了充分条件。

博学成为众多师范院校校训中的重要内容之一,也是制定教师教育方案的重要价值取向。在师范院校的办学实践中,"学高为师"突出地表现在,学科专业课程占比巨大且还有不断扩大的冲动,教育专业课程比例很少且还受到学科专业的持续挤压。当问及师范生在大学读的什么专业时,几乎没有人不是首先想到学科专业,几乎没有人会想到自己还是教师专业的。如果说学高就能为人师,那么,必然合乎逻辑地得出结论:科学家、哲学家等学问家就是天然的好老师。可事实并不如此,20世纪著名的分析哲学家维特根斯坦(L. J. J. Wittgenstein)就是这样的人。在完成《逻辑哲学论》后,他怀着贵族式的热忱前往奥地利南部山区,成为一名小学教师。但是,在短短几年内,他收获的只是失败,屡次更换工作学校,最终因为"海德鲍尔事件"于1926年4月离开了奥特塔尔,彻底放弃了教职。事实证明,维特根斯坦甚至算不上一名合格的小学教师,尽管他在逻辑的领域,"远不再是罗

---

① 〔德〕雅斯贝尔斯:《什么是教育》,邹进译,三联书店,1991,第10页。

素的学生,而成了罗素的老师"①。由此看来,一个博学的教师未必是儿童的福音,有时候可能还会是一种灾难。就教师而言,最重要的不是自己有多么博学,而在于激起儿童的好学之心、治学之志和博学之得。因此,为师之道,博学当为极力倡导之取向,但绝非为师之充分条件,即使作为必要条件,在其必要性的程度问题方面仍然值得商榷。

(二)"学高为师"命题的教育危机

"学高为师"这一命题的直接危险是,往往将其由"好学、治学、博学"三维度构成的丰富内涵片面地理解为"博学"。如此一来,便造成一种错觉:只要学问高,就能当教师。或者说,要想当教师,就要有高深学问。这一结果导向型的理解往往忽视了"好学""治学"的教育价值,教师和学生为"死的学问"所困、所累,教育过程失去了活力。从更深层次分析,"学高为师"还遮蔽着诸多潜在的风险,去除这些"伪"是还原教育本真之要务。

其一,知识中心主义——知识与发展的隐现。"学高为师"暗含着知识中心主义的危险。"学高为师"以"学"衡量教师的水平,教师自然以增长"学"为目的去学习,以增长学生的"学"为目的去教学。而这"学"只是一种具有系统性、公共性、外部性、学术性的死知识,它几乎取消了学生的个体知识或经验知识在教育中的合理地位。知识是人类生产生活经验的成果,并且经过理论与实践的多重检验,具有相对较高程度的真理性。知识当然是重要的,学习知识甚至是古代教育的唯一任务。时至今日,无论如何也应当重新审视知识学习在教育活动中的地位,把促进人的发展作为教育的中心工作。也就是说,教育不等于学习知识,而是要培养人、要促进人的发展。教育是"有意识的以影响人的身心发展为直接目标的社会活动"②。"发展"是一个多维度的概念,不应该把"知识"放到教育的中心位置。"教育是人的灵魂的教育,而非理智知识和认识的堆集……就爱智慧和寻找精神之根而言,所有的学习和知识对来他来说却是次要的。"③"知识"与"发展"

---

① 〔英〕蒙克:《维特根斯坦传:天才之为责任》,王宇光译,浙江大学出版社,2011,第73页。
② 叶澜:《教育概论》,人民教育出版社,1999,第8页。
③ 〔德〕雅斯贝尔斯:《什么是教育》,第4页。

第二章　学历、专业与资格：高师院校组织变革的外生动力

之间的关系是复杂而不确定的。"学问是应该有的，但它应是居于第二位的，只能作为辅助更重要的品质之用……对心地善良的人说来，学问对于德行与智慧都有帮助，同时我们也得承认，对心地不是这么良好的人说来，学问就是徒然可以使得他们更加愚蠢，变成更坏的人。"① 在合理的限度范围内，"知识"是"发展"的必要条件；超过了一定的限度，"知识"很可能会阻碍"发展"。如果保持那种死记硬背的学习方式来学知识，那么，这种知识对发展根本不会产生什么积极的作用。"只要你仍然愿意背诵别人给事物下的定义，你将永远也不明白教育可能带来的提升，这种提升与名利无关。"② 这种提升就是人的发展。这种发展的程度不能用学生的知识量来表征，更不能用教师的知识量来表征，它更多地指向学生的内在精神世界的充盈程度。"教育的目的非是告知后人存在什么或会存在什么，而是晓喻他们如何让精神充盈人生，如何与'你'相遇。"③ 因此，"学高为师"所暗含的知识中心主义倾向拔高了知识的地位，在相当大的程度上削弱了发展的多重维度，如智力、道德、心理、智慧等。这显然是违背了教育促进人发展的宗旨。

其二，教师霸权主义——知识与经验的隐现。"学高为师"以"学"来确证教师地位的合法性，教师霸权是其必然结果。教师的"学"即学术知识合法地存在，学生的个体知识或经验知识被边缘化甚至非法化。师生关系不具有平等的可能性，学生天生就处于弱势地位，教师霸权难以避免。教师霸权直接表现为教师的学术知识对学生的经验知识的压制。教师以"学"为志业，在学了"学"之后，又去教"学"。这种知识贩子式的教书匠生硬地将"学"灌装给学生，教育过程异化为一种告诉与被告诉的过程。杜威早就指出，"教育并不是一件'告诉'和被告知的事情，而是一个主动的和建设性的过程，这个原理几乎在理论上无人不承认，而在实践中又无人不违反"④。教师在告诉学生这些"学"的时候，往往排斥或无视学生经验知识与他传授的"学"之间的复杂作用。在这样的教师看来，学生经验是教育

---

① 〔英〕洛克：《教育漫话》，傅任敢译，教育科学出版社，1999，第127页。
② 〔美〕盖托：《上学真的有用吗？》，汪小英译，三联书店，1991，第150页。
③ 〔德〕马丁·布伯：《我与你》，陈维钢译，三联书店，1986，第60页。
④ 〔美〕杜威：《民主主义与教育》，王承绪译，人民教育出版社，1990，第46页。

的干扰因素，应当排除在教育过程之外。事实上，学生经验是学习过程发生的前提，也是教育过程的最终落脚点。"教育是经验的持续不断的改组和改造。教育始终有一个当前的目的，只要一个活动具有教育作用，它就达到这个目的，即直接转变经验的性质。"[1] 学生只能在已有经验的基础上，去建构新的经验。如果缺少了这个基础，教师之"学"无论多么有价值都只会阻碍学生的发展。师生平等是当今教育领域里的一条重要原则，在教育过程中，无时不应当将学生置于中心地位上，教师专业工作的全部内容都应当是围绕学生学习或发展展开的。"教师的责任不是进行'好的教学'而是要实现所有儿童的学习权利，尽可能提高儿童学习的质量。"[2] 但"学高为师"所带来的教师霸权主义倾向无疑是将师生置于不平等的地位上。教师以自身掌握的学术知识为荣耀而蔑视或无视学生的经验知识，它所带来的后果是教育的低效甚至无效。因此，"学高为师"所裹挟的教师霸权在相当大的程度上扭曲了教育过程的本真，无视学生地位的教育以知识之名蜕变为非教育。

其三，教师教育异化——学科与教育的博弈。"学高为师"对教师政策具有重要的影响，它在实践上导致教师资格唯学历化和教师教育学科化。根据《中华人民共和国教师法》，教师资格的基本标准就是反映知识水平的学历要求。长期以来，中小学教师资格制度基本上将教师资格认定等同于学历认定，而取得师范专业学历的毕业生还不须经过考核直接获得教师资格。师范毕业生直接获得教师资格是基于管理部门和社会对教师教育质量的高度信任，但这种信任是不是毋庸置疑的？教师教育专业培养方案一般包括三个方面：普通文化课程、学科专业课程和教育专业课程。普通文化课程是所有师范专业和非师范专业的公共必修课程，而学科专业课程和教育专业课程之间的争夺从来就没有停止过，教育专业课程比例被学科专业课程严重挤压，教师教育几乎异化为学科专业教育或称作学问家教育。事实上，就中小学不同阶段来看，学生需要掌握的"学"的量是由国家规定并且相对稳定的，让一位学科专业的博士去从事中小学教学无论怎么说都是一种资源浪费，正如

---

[1] 〔美〕杜威：《民主主义与教育》，第86页。
[2] 〔日〕佐藤学：《教师的挑战》，钟启泉、陈静静译，华东师范大学出版社，2012，第74页。

第二章 学历、专业与资格：高师院校组织变革的外生动力

维特根斯坦能够当罗素的"导师"而教不了小学一样。即使最折中的做法，起码要承认教师教育是学科专业和教师专业的复合。可现实的情况是，学科专业为"王"，教师专业式微，教育专业课程处于"公共课""豆芽课"的附属地位。这一现象背后的论证逻辑就是"学高为师"。如此一来，教师教育就沦为次品的高等专业教育，不过是给学科专业教育加了个徒有虚名的"师范"帽子。师范生在工作岗位上都是基于学习经验和理性反思来从事教学的。这便从根本上取消了教师教育存在的合法性基础。教师教育真的是无用的吗？如果不是，那么，教师教育的质的规定性在哪里？不在于"学"，而在于"教"，在于指导未来教师学会如何教学生学。教师教育的异化是由于没有认清"教育是什么"这一根本问题，往往将"教育"等同于上学或者学知识。事实上，"教育从来不会传授专科知识，它总是在丰富的背景下认识事物"[1]。因此，只有抛开"学高为师"带来的对知识之外人的其他发展维度的种种遮蔽，才能更加清晰地认识教师专业的实质，从而推动教师教育回归正轨。

其四，去教师化倾向——学校与教师的挑战。"学高为师"命题合理性的前提是全体社会成员的受教育程度普遍很低，学生获取知识的渠道非常有限，教师是学生接受知识的主要甚至唯一来源。只有在这一前提下，"学高为师"才能获得其非常有限的合理性。在相当大的程度上，学校教育的诞生确实是缘于人类知识传承的需要。但是，随着学校教育的发展，学校的职能发生了很大的转变，知识的传递不应是中小学校的唯一职能，甚至算不上最重要的职能。正如 J. I. 古德莱德（J. I. Goodlad）所说："如果有些人确实认为学校的主要职能是传授读写算等基本技能，我们学校里的教育就会破产。他们无意中宣布我们不需要学校。"[2] 诚然，就中小学教师所需的知识要求来讲，今天的社会成员尤其是年轻的父母基本都能够胜任，学生能够获取知识的渠道更是前所未有的多样化。如果说学校还是必要的，那么，学校肯定还应当在知识传承之外寻找确证自身存在合理性的依据。然而，"学高为师"这一命题蕴含的知识中心主义使学校和教师没有清楚地认识到知识

---

[1] 〔美〕盖托：《上学真的有用吗？》，第181页。
[2] 〔美〕古德莱德：《学校的职能》，赵晓燕编译，甘肃文化出版社，2005，第112页。

传承在教育中地位的变化。当今学校仍然是传递知识最有效的机构,而在人的发展的其他方面却往往让人们感到失望。在美国曼哈顿地区的中学工作了30年的 J. T. 盖托（J. T. Gatto）严谨地区分了"教育"和"上学"这两个概念,教育是人成长所必需的,而上学是令人失望的。"我们真的需要学校吗? 不是指教育,而是指强制上学: 六节课一天,一周五天,一年九个月,十二年。这个死规矩是否真有必要? 如果真有必要,原因何在? 不要以阅读、写作、算术来搪塞,因为两百万家庭学校的学生对这种老生常谈早已置之不理。"①"在家上学"成为一种席卷全球的浪潮。2012 年 11 月 3 日,在德国柏林举行的第一届"全球在家教育会议"上,在家上学者共同签署了《柏林宣言》。2013 年 8 月 24～25 日,来自全国各地和国外在家上学的实践者和研究者在北京举行"学在民间: 在家上学 & 多元教育国际研讨会"。这一现象所昭示的是社会对学校的不信任。正所谓"皮之不存,毛将焉附?"既然学校受到社会的质疑,那么,教师的危机也就随之到来,教师的专业地位岌岌可危。盖托在其发表在《华尔街日报》的辞职信中说: "我们不需要国家认证的教师来实现教育,认证反而会是教育不能实现的保证。"② 学校和教师面临的挑战当然是多方面因素的结果,但知识中心主义难辞其咎。学校和教师长期以来抓住的知识传承这一"救命稻草"已经不再有效,教育应当回归到促进人的发展这一轨道上来。

三 专业发展视域下的教师教育改革

不可否认"学高为师"的真理性,也不可无视"学高为师"给教育带来的种种遮蔽。只有去伪存真,才能更清晰地认识到教师专业的实质。"学高为师"从特质的角度去界定教师,然而一个好的教师要具备的特质必然是多样的,这就决定了这一视角的局限性。诚然,学问是教师的一个特质,但学问的程度是否一定要"高"值得商榷。或许,对于中小学教师来讲,其学科知识的水平适度即可。有学者建构的教师专业发展理论模型表明,教师专业的内涵由"教会学生学习、育人和服务"三个维

---

① 〔美〕盖托:《上学真的有用吗?》,第 3 页。
② 〔美〕盖托:《上学真的有用吗?》,第 87 页。

度构成。① 教师专业当然需要学科知识作为基础，但它仅仅是教师专业的一个变量。"教师的素质不应一味地体现在自己的学问上，即使体现在学问上也还应该体现在教会学生学习、育人、服务的学问上。"② 马丁·布伯（M. Buber）所称的"我－你"关系是理解教师专业的基本视角。教师不是孤立存在的，凡是学生没有参与"我－你"关系的地方，教师的内涵就是空洞的。我们提出教师专业的实质就是为学生发展而教、为教学生学而学。

（一）为学生发展而教

"学高为师"这一命题的着眼点和落脚点是教师，而不是学生。即使"学高"与"为师"之间的必要条件关系在理论上无人不知，在实践中也往往将其扭曲为充分条件关系。既然"学高"即"为师"，那么，教师就拼命地提高"学"，而这个"学"就往往是用学历来衡量的。回顾最近30多年，中小学教师的大量精力都耗费在学历达标这件事情上了，达标之后又奋力追求更高的学历。这些获得更高学历的中小学教师每每成为学校的"稀缺资源"，从而受到重用。可以说，在中小学教师中有一股强大的追求"学高"的冲动，而这"学高"只为教师自己，跟学生发展并没什么必然关系。这样的"学高"对中小学教育有什么价值呢？"学高为师"这一命题割裂了教师与学生的天然联系，孤立地提出了教师的特质要求，其本身是空洞的。

教师的知识有可能促进或者阻碍学生的发展。在众多的教育目标中，学生发展无疑是最重要的，也是最具有统摄力的。当然，学生发展是一个多维度的概念，知识可能是其中最不重要的一个变量。"教育过程首先是一个精神成长过程，然后才成为科学获知过程的一部分。"③ 片面地强调"学高为师"只会制造出一批批孤芳自赏的教书匠，倘若不在关系视角里，根本不能理解教师是什么。正如陶行知先生所说："先生的责任不在教，而在教学，而在教学生学。"④ 如果在教师的知识与学生的发展之间不能建立起积极的关系，那么，教师的知识越渊博，对教育的危害可

---

① 朱旭东：《论教师专业发展的理论模型建构》，《教育研究》2014年第6期。
② 朱旭东：《论教师专业内涵的理论建构》，《教育科学研究》2014年第6期。
③ 〔德〕雅斯贝尔斯：《什么是教育》，第30页。
④ 《陶行知全集》第1卷（2版），第18页。

能就越深远。教师的责任是指导学生学习,而不是把自己的所学灌输给学生。教师长期的灌输只会制造出一些不会思考的社会机器,这不是促进学生的发展,而是在扼杀学生的发展。这是因为在死知识堆积得越多的地方,给大脑留下的活动空间就越狭小。久而久之,这些孩子们就忘记了自己还有大脑,教师们也同样走进了的死胡同。教师的责任"不在于要拿什么东西去教孩子,而是要指导孩子怎样做人。他的责任不是教给孩子们以行为的准绳,而是促使他们去发现这些准绳"①。"发现"的过程既是思想的过程,也是行动的过程,是思想与行动的统一。除了成年人以外,可能孩子们根本没有觉得知识有什么重要的。事实上,孩子们只会觉得成天围绕的那些知识是枯燥乏味的,只是因为他们被"绑架",所以不得不接受。等到他们成年的时候,所有的个性都被同化,也就不会再去想这些问题。这些做法显然背离了人的发展,它只会制造出集体的平庸。在这样的教育过程中,只有知识,缺乏智慧。教育孩子"不能由你告诉他应当学习什么东西,要由他自己希望学什么和研究什么;而你呢,则设法使他了解那些东西,巧妙地使他产生学习的愿望,向他提供满足他的愿望的办法"②。因此,教师有更重要的事情去做,灌输知识可能是最不重要的,也不必去要求教师一定要做到"学高"。这不是说,学生不需要学知识,而是说,需要教师带领学生去发现知识。只有在这一过程中,学生才能得到更有效的发展。

(二)为教学生学而学

在教育过程中,教师学得如何至少是第二位的问题,首要的是学生学得怎么样?"教师的职能活动是'教'学生学。"③ 学生学习的内涵与发展同义,学生需要学习的并不只是知识或学问,而且是"全人"的成长。"学高为师"这一命题将教学工作聚焦到学科知识,它成为教师学习和工作的中心,从而偏离了促进学生发展这一根本任务。"教师并不仅仅是一名老师或是一种职业,或者说主要是一名讲授科学知识的老师,而是一门艺术,要用自身的影响力去说服你所照顾的学生,要让你的学生感受到你的魅力,使其

---

① 〔法〕卢梭:《爱弥尔》,李平沤译,商务印书馆,2003,第31页。
② 〔法〕卢梭:《爱弥尔》,第236页。
③ 陈桂生:《常用教育概念辨析》,华东师范大学出版社,2008,第280页。

对学习着迷。"① 从促进学生发展出发，教师工作的重点不是知识的传承，而是对学生的指导和影响。"如果说教师所执之业为授业（教书），那么教师应为之事，则更是传道，传伦理之道……授业是教师的必要条件，传道是教师的充分条件。"② 然而，在"学高为师"所建构的幻象里，教师将关注的焦点集中到那些学习材料上，而忽视了这些学习材料与学生发展之间的关系，更忽视了应传之"道"。"教师不应注意教材本身，而应注意教材和学生当前的需要和能力之间的相互作用。所以，教师仅有学问还是不够的。事实上，除非教师习惯关心教材和学生本人的经验的相互影响，否则，教师的学问或他所熟练掌握的教材，孤立地看，它的某些特点反而是有碍有效的教学。"③ 因此，教师的任务不是学习学科知识，也不是传递学科知识，而是在于寻求这些知识与学生发展之间建立联系的方式方法。

专业的教师不是教书匠，而是学习者、研究者和实践者。学习、研究与实践是教师专业发展的基本路径。陶行知先生总结出一条"以教人者教己"的基本方法，他说："我们可归纳出一条最重要的学理，这学理就是'为学而学'不如'为教而学'之亲切。'为教而学'必须设身处地，努力使人明白；既要努力使人明白，自己便自然而然的格外明白了。"④ 在"学高为师"所制造的剧场幻象里，教师们将"学"理解为学术知识，从而产生了长期以来的"学术性"与"师范性"之争。实际上，这是一个假问题，教师专业的学术性就体现在师范性。"教师专业中的'专业'不是把所教的'学科专业'，而是把教师的'教育行为与教育活动'视为其专业表现的领域。"⑤教师不是不需要学习，只是学习的主要内容不是学科知识，而是如何在这些知识与学生发展之间建立联系。这才是真正的教学问题。教师最需要的不是"学高"，而是"对自身的教学实践和同僚的教学实践进行相互反思、与同僚相互学习的'反思性实践家'所具备的专业能力"⑥。因此，教育并不必

---

① 〔西〕萨瓦特尔：《教育的价值》，李丽、孙颖屏译，北京大学出版社，2012，第77页。
② 陈桂生：《常用教育概念辨析》，第281页。
③ 〔美〕杜威：《民主主义与教育》，第200页。
④ 《陶行知全集》第1卷（2版），第111～112页。
⑤ 刘捷：《专业化：挑战21世纪的教师》，第65页。
⑥ 〔日〕佐藤学：《教师的挑战》，第148页。

然要求教师是学问家,而是在课程资源与学生发展之间建立联系的反思性实践者。

综上所述,在教师专业发展的视域下,中小学教师要专业地"教"学生,高师院校要专业地"教"教师,教师教育是一项专业实践。高师院校教师教育活动的专业性需要教师教育组织的专业性来保障,高师院校组织变革是教师教育专业化的内在需要和必然趋势。

第三节 教师资格国考与教师教育改革

教师资格是教师职业的许可制度。我国现行教师资格制度的基本框架由《中华人民共和国教师法》(1993年)、《教师资格条件》(1995年)和《〈教师资格条例〉实施办法》(2000年)确立,从2001年起在全国范围内全面实施。该教师资格制度由各地方教育行政部门组织教师资格考试和认定,可称作地方教师资格制度。地方教师资格制度具有典型的学历导向特征,教师资格考试没有凸显对教师专业胜任力的鉴定。这一制度实行十年之后,已经难以适应基础教育改革形势的需要。《国家中长期教育改革和发展规划纲要(2010—2020)》和《国务院关于加强教师队伍建设的意见》都强调,实施教师资格制度和定期注册登记制度。2011年,在浙江、湖北两省率先启动中小学教师资格考试和定期注册制度改革试点;2013年8月,教育部发布了《中小学教师资格考试暂行办法》和《中小学教师资格定期注册暂行办法》,这标志着新的教师资格制度框架体系基本确立。目前,已经有23个省市区启动了改革进程。

一 中小学教师资格国考的三重关系

全社会都在追求优质教育,好教师是办出优质教育的希望所在。什么样的教师是好教师?诚然每个人的心目中都有自己好教师的形象素描,似乎好教师没有统一模板可言,但有理想信念、有道德情操、有扎实学识、有仁爱之心应该是好教师具有的基本特质。一个人遇到好教师是人生的幸运,一个学校拥有好教师是学校的光荣,一个民族源源不断涌现出一批又一批好教师则是民族的希望。谁最有可能成为好教师?这是教师资格制度设计必须解决的核心问题。好教师这个概念，本身并非仅仅是一个事实的陈述，更重要的是要体现出一种价值观和发展观。通过教师资格认证的申请者不一定就是好教师，只表明申请者现有的专业素养和能力，具有更大的概率成长为好教师。

我国从创立教师资格制度到试点，再到大多数省市区进入改革进程，历时近20年。目前新教师资格制度改革中的"考""训""育"三者间的关系已事随时迁，悄然发生了一系列微妙变化。从培养和选拔好教师的视角出发，只有认真研究和处理好"考""训""育"三者间的关系，让三者各归其位，各尽其责，各显其能，相互协调配合，才能演奏出教师资格制度改革和谐动听的优美乐章。

"考"是教师资格国考制度改革的关键。教师资格制度改革的最大亮点和关键在于考试。长期以来，教师资格考试由各地自行组织，且只面向非师范毕业的申请者，而师范毕业生可免于考试直接取得教师资格。新的教师资格制度则要求师范生同等参加全国统一考试，从而树立起了教师入职的第一道门槛。为什么一定要"考"？它基于两个逻辑前提：其一，师范专业毕业生的供给量已经远远超出了中小学教师的需求量，需要建立更加严格的筛选机制来优胜劣汰；其二，师范专业毕业生的培养质量面临着严重的社会信任危机，需要在更广泛的范围内选拔好教师。"考"只不过是一个手段而已，要达到预期效果，必须解决两个关键性问题：其一，效度问题，即能否真正实现优胜劣汰。只有围绕《教师资格考试标准》《教师资格考试大纲》，坚持多元化的原则，不断变化考试内容和形式，考试的有效性方能得到根本保障。一旦对如何组织和应付考试形成固定化的模式之后，其有效性就值得怀疑。其二，参与度问题，即能否把真正优秀的人才吸引过来参加考试。这是一个非常棘手的问题，甚至不是教师资格制度本身能够解决的，因为它涉及教师职业的社会吸引力。如果教师职业本身不具有足够的吸引力，即便有大量的应试者参加考试，除徒增制度运行成本之外，要甄别选拔出好教师是异常困难的。这就要求全社会真正重视教育、尊重教师，让当教师成为一个备受优秀青年人追逐的职业梦想。

"训"是教师资格国考制度改革的补充。如果教师职前教育与教师资格要求是同一的,那么,国家教师资格考试就完全没有必要。事实上,现在国家实施教师资格考试,无疑表明教师职前教育与教师资格要求之间存在着很大的差距。不管是师范专业毕业生,还是非师范专业毕业生,必须在教师资格考试这一环节通关,才具有从事教师职业的资格。为此,师范专业和非师范专业毕业生,千军万马汇入了浩浩荡荡的考证队伍,教师资格培训便应运而生。教师资格培训的需求侧与供给侧双向共振,催生了一个庞大的教师资格培训市场。一方面,国家教师资格考试制度的刚性要求,必然促成职前教师对教师资格培训的旺盛需求。既然师范专业学生通过专业学习,尚且不能取得教师资格,在校学习的教育成本已经变成了沉没成本,只有继续增加教育投资,寻找各种培训机会,才能应对越来越专业化的考试,使投资产生收益;非师范生要取得教师资格,不参加培训也定然无法通过考试,尽管教师职业对非师范生的吸引力并不大,但至少可以增加一个择业机会。另一方面,教育培训机构迅速抓住商机开拓市场。在市场机制的作用下,凡是有需求的地方,就会产生供给。教育培训机构敏锐地抓住了教师资格培训这一巨大商机,迅速抢占市场份额。无论我们对教师资格培训市场抱一种什么样的立场或态度,都不能改变业已存在的事实,它是教师资格考试制度的必然产物,是市场规律的现实体现。毋庸讳言,职前教师通过培训获取教师资格,培训机构通过提供培训服务获取收益,这是供需双方基于自身眼前利益而达成的博弈均衡。但从社会整体利益视角看,通过短期集中培训取得教师资格,是否能够真正为教师专业发展奠基,是否真正能够构成胜任教师职业的充分条件?这是值得深思的问题。

"育"是教师资格制度改革的基石。国家教育行政部门从打造优质师资队伍出发,设计了国家教师资格考试制度。职前教师和培训机构基于实现各自利益最大化,共同催生了教师资格培训市场。国家要"考",培训机构要"训",职前教师只有参加"训",才能"考"出满意的效果。"考"与"训"之间似乎达成了某种契合,在这种需求与供给体系中,好像没有"育"的地位。于是就有一种声音开始怀疑师范专业存在的必要性,师范专业的生存危机一度达到前所未有的险峻地步。平心而论,如果没有"育"作为基础,离开了"育"这个教师资格制度设计的核心,那么,"考"就无才可选,"训"也足以演变成邯郸学步。这样的制度设计不管其初衷多么美好,无疑都将成为虚幻的空中楼阁。教师教育历来在整个教育体系中占据着基础性的地位。时至今日,切不可因教师资格的"考"与"训"而影响教师教育的发展大局。我们认为,在"育"这个环节,应当抓好三个关键。其一,完善两种制度的衔接机制。教师教育制度与教师资格制度具有不同的价值指向。如果将此两者割裂开来,就无法形成"倒逼"教师教育改革的局面,也难以实现选拔优秀师资的初衷。唯有将两者有机地衔接起来,才能实现这两个制度的收益最大化。其二,建立教师教育的专业制度。教师教育改革不能只是对传统师范专业进行简单修补,需要从招生计划、培养方案、课程体系、教育资源、教育组织等多方面统筹规划,保障教师教育获得独立的专业地位,成为所有完成学科专业教育、有志从事教师工作的职前教师所接受的教师专业教育。作为过渡办法,教师教育专业与学科教育专业的学习过程可以嵌套进行,但建立教师教育专业制度势在必行。其三,健全教师教育的认证机制。教师资格考试是对教师教育质量的结果控制,如果忽视了过程控制,就很难从源头上保证教师申请者的高质量。因此,建立健全教师教育机构、专业、课程等方面的认证与评估机制,尤显必要。

总之,在"考""训""育"的三重关系中,必须明确"考"是对"育"的鉴定,"考"是关键;"育"是对"考"的支撑,"育"是基石;"训"是对"考"和"育"的有益补充,"训"是手段。只有理顺三者之间的关系,新教师资格的制度设计和运行才能真正达到目的。

二 教师资格国考改革与师范生学习

教师资格国考制度改革要求:教师资格申请者同等参加全国教师资格考试;在职中小学教师每五年一周期注册。这不仅取消了师范生自然获取教师资格的特权,提高了教师职业准入的门槛,而且确立了促进教师终身专业发展的制度框架和有效的教师职业退出机制。

教师资格国考无疑在"入口"和"出口"两方面建立了中小学教师队伍建设的质量保障机制。它以提高教师队伍质量为政策旨归,但在现实中却使师范生陷入了政策认知上的迷惘,并表现出了对自身处境和前途的担忧。

首先，对教师资格考试合理性的质疑。师范生们认为，他们这三年或四年的大学学习就是以教师为专业，即使教师资格考试是有效的，但也未必是合理的。如果大学毕业之后无法通过教师资格考试，那么，这几年大学学习的意义何在？既然能够考取师范专业且能够顺利毕业但又无法取得教师资格，那么，谁应该对此负责？其次，对教师资格考试有效性的质疑。师范生们认为，虽然笔试能够保证客观，但又不能鉴别出深层次的专业素质。尽管面试可以比较全面地考察教师申请者的专业素质与能力，但是又不能排除人为主观因素的影响。将笔试与面试简单地相加，并不能有效地解决问题。无论多么完备的教师资格考试都难以有效地鉴别出教师申请者的专业素质与能力。正是由于教师资格考试的存在，其笔试的准备有可能演变为"题海战术"，面试的准备有可能是表演式的节目彩排。而在这一过程中，几年师范专业的学习可能发挥不了太大的作用，师范生完全有可能会败北于非师范生。最后，对师范专业存在必要性的质疑。师范生们认为，在实施教师资格新政以后，师范专业的传统优势不复存在，师范专业和非师范专业的区分已经没有什么实质性的意义。因此，面对教师资格新政，师范生对自身处境和前途存在种种担忧。一方面，原本师范专业毕业即可自然地获取教师资格，而在实施教师资格新政以后，却要与非师范生同等参加全国统一考试，这无疑增加了师范生的心里负荷；另一方面，与非师范专业相比，师范专业的学术性历来受到社会的质疑，一般认为，一名物理专业的师范生在物理学术水平方面比不上一名物理专业的非师范生，师范生职业竞争力的缺乏，直接导致师范生面临这样一个尴尬处境，即一名合格的师范毕业生却不能成为一名合格的中小学教师，当他们无法取得教师资格的时候，只得另谋出路。

面对教师资格国考，师范生要在激烈的职业竞争环境中立于不败之地，必须在三个方面做出理性的抉择。第一，认清基础教育发展新形势，科学规划职业生涯。在"普九"阶段，中小学教师供不应求，教师队伍的入口门槛较低，原有教师资格制度对师范生只有程序性而没有实质性的意义。事实上，在几乎百分之百毕业率的情况下，只要考入师范专业，就意味着取得了教师资格。这种教师资格的自然获得模式具有其历史的合理性和必然性。但是，在"后普九"阶段，在生师比不做

第二章　学历、专业与资格：高师院校组织变革的外生动力

重大调整的前提下，教师队伍基本饱和，教师队伍建设的主要矛盾是提高质量。从教育发展和社会治理的立场来看，教师资格的师范生自然获取模式在以提高质量为核心的新时期根本行不通，迫切需要进行改革。师范生们应当认清教育改革与发展的新形势，做好人生和职业发展规划，教师资格只会留给那些立志从教又努力为之奋斗并取得卓越成绩的申请者，是否具有师范生的身份已经变得不再那么重要。第二，理解教师资格新政的实质，努力重建专业自信。教师资格新政取消了师范生自然获取教师资格的特权，这必定会让他们感到不适应和不满意。但是，任何抱怨都阻挡不了改革的步伐。无论教师资格制度如何进行改革，其根本的宗旨是不会动摇的，那就是要确保教师队伍建设的高质量。教师资格新政至少有两个方面的作用。一是从更大的范围内选拔适教乐教的优秀人才进入中小学教师队伍，而不会因为是否具有师范生这一身份特征而有所区别。二是对教师教育形成倒逼机制，给师范生和高师院校建立质量监控机制。师范生不应当对教师资格新政怀有恐惧感，而应当正视国家强化教师专业性的政策立场，准确理解教师资格新政的政策实质。教师资格新政不是要削弱师范专业，更不是要取消师范专业，而是从根本上强化教师教育的专业性。因此，师范生很有必要适应基础教育改革发展和教师队伍建设的需要，努力重建专业自信，不断提高自身的专业素质。第三，坚持以教师资格新政为导向，不断提升专业能力。"师范"二字赋予了师范生表象的身份标识。在"普九"时代，社会认可这一身份标识与其职业能力是同一的，但在"后普九"时代，社会对其产生了质疑，从而要求改革教师资格制度，以形成对教师教育质量的有效鉴定。如果师范专业毕业生还不具有与非师范生同台竞技的信心和实力，那只能说明师范专业的学习是低效甚至无效的。这自然会给师范生、教师教育者和学校管理者施加寻求改革出路的压力和动力。教师资格新政使师范生与非师范生之间由于身份区别而构成的职业壁垒完全取消，是否能够取得教师资格的评价标准在于其能否达到教师的专业素质与能力。对教师资格申请者而言，最重要的是学习成效而非学习经历。因此，师范生在专业学习阶段，应当以教师资格为导向，不断提高自身的专业能力。

三 资格国考视域下的教师教育改革

在全面追求教育质量的过程中,中小学教师供求关系的主要矛盾由"足不足"的数量矛盾转向"优不优"的质量矛盾,《国家中长期教育改革和发展规划纲要(2010—2020)》和《国务院关于加强教师队伍建设的意见》都强调,逐步实施教师资格制度和定期注册登记制度,以期把好教师的质量关。那么,面对教师资格新政,高师院校如何应对?

毫无疑问,我国教育体系已经进入了质量时代,标准化成为教育质量保障的基本前提。美国教师教育专家史密斯(Marilyn Cochran-Smith)指出,教育标准化运动主导着对教学、学习、课程和评价的讨论,以及教师学习、教师评价和教师认证等所有方面。[1] 北京师范大学朱旭东教授认为,教师质量建设的各个环节都应当设置标准,从而形成一个系统化的标准体系,教师资格标准是教师教育的根本依据。[2] 20世纪美国教师教育的发展历程清晰地证明了,教师资格认证与教师教育质量之间具有紧密的相关关系,教师资格标准成为美国教师教育项目设计与实施的指导,教师资格认证被视作"教师教育评估的过程"[3]。

在我国教师资格国考改革中,除了要求师范生参加全国教师资格考试之外,还建立了中小学教师资格定期注册制度。中小学教师专业发展需要高师院校能够提供专业的职前和在职教育服务,而这对习惯了传统办学思维和组织模式的高师院校提出了严峻的挑战。在传统封闭型的师范教育时代,中小学教师的数量矛盾遮蔽了质量矛盾,师范毕业生被自然认定为合格教师而不需要接受检验,教师质量参差不齐。在教师资格国考改革中,取消了师范生的"特权",所有师范生同样参加全国教师资格考试,教师资格制度和高师院校之间形成了一种"鉴定关系",这就要求高师院校的教育项目必须依照教育行政部门的政策进行调整。以中小学教师资格定期注册制度为例,其要求中小学在职教师每5年一次定期注册,注册条件之一是"每个注册有效

---

[1] Marilyn Cochran-Smith, *Policy, Practice, and Politics in Teacher Education* (Thousand Oaks: Corwin Press A Sage Publications Company, 2006), p.1.
[2] 朱旭东:《教师教育标准体系的建立:未来教师教育的方向》,《教育研究》2010年第6期。
[3] 秦立霞:《美国教师资格认证制度研究》,教育科学出版社,2010,第112页。

期内不少于国家规定的 360 个培训学时或省级教育行政部门规定的等量学分",无疑开辟了在职教师教育的巨大市场,而高师院校应当抓住这一契机,加强与中小学之间的合作伙伴关系建设,强化自身的教师教育传统优势与特色,关注基础教育改革、关注中小学教师专业发展,努力提升在职教师教育和培训专业水准。

教师资格新政策对高师院校组织变革提出了现实要求。长期以来,教师资格制度与高师院校转型仍然是两条平行的轨道,相互之间没有形成有效的互动关系。教师资格新政策对高师院校改革形成有效的"倒逼机制"。在这一"倒逼"之下,高师院校究竟应该如何应对?在教师资格新政策的背景下,高师院校不能拘泥于传统思维,实施"传统师范教育+资格考试培训"的模式,而应该是基于对教师教育专业的理解,对教师培养模式进行根本性变革。为保证这一变革的成功,首要任务是组织变革。通过组织变革,整合校内外教师教育资源,确立教师教育专业地位,切实提高教师教育质量。首先,高师院校组织变革须建立完善的教师质量保障体系。教师资格新政策的根本宗旨是促进教师专业发展,核心内容是教师资格考试和教师定期注册制度。相应地,国家建立了教育部教师资格考试中心和全国中小学教师资格定期注册管理信息系统。从质量保障视角来看,教师资格新政策的直接效果主要体现在教师质量的结果监控,其政策价值的实现离不开高师院校内部的过程质量保障。否则,教师资格新政策就很可能落入"应试教育"的困境。只有将过程保障与结果监控结合起来,才能切实完善教师质量保障体系。其次,高师院校组织变革须着力提高基础教育教学质量。基础教育的根本宗旨应当使每一个学生的素质得到全面发展。在全面深化素质教育的过程中,存在着种种不尽如人意之处,尽管其原因可能是多方面的,但教师专业水平无疑是关键因素。高师院校的组织变革,应该为高校与中小学之间合作建立组织机构和配套制度创造条件,搭建起中小学教师专业发展平台和教育科研课题合作平台,最大限度地弥合高师院校综合化转型造成的高校与中小学之间的"裂缝",致力于全面深化素质教育改革,提高基础教育教学质量。最后,高师院校组织变革须理顺高师院校内部治理结构。高师院校在综合化转型的过程中,设立了大量的非师范院系、学科和专业,学校内部组织结构原有的协调与平衡在现代大学制度环境中受到不同程度的干扰,教师教育在相当大程度上被削弱。实施教师资格新政策以后，如果高师院校不能及时变革组织结构、强化教师教育特色，那么，很有可能出现师范生不能通过教师资格考试的"戏剧性"局面。因此，推进高师院校组织变革，必须强化教师教育办学优势，更好地服务于国家发展战略、地方经济社会建设、基础教育改革和教师专业化发展。

第三章

国考、认同与响应：高师院校组织变革的内生动力

高师院校组织变革不仅是适应外部制度变化的需要，而且是内部制度演化的要求。无论是中小学教师学历提升、教师专业发展，还是教师资格国考，最终都集中体现在新时代对中小学教师和师范生的专业素养提出了新的要求。如果说学历提升和专业发展对师范生的影响还比较隐性的话，那么，教师资格国考则明显地触动了师范生的敏感神经。这是因为这一点直接影响到他们的切身利益，甚至是带来了既得利益的损失，师范生原有直接获得教师资格证书的特权被取消。面对未来职业生涯的不确定性，师范生首先是感受到压力，继而是努力学习与钻研的动力。因为他们需要更好地适应未来职业生涯的要求，需要学校为他们的成长成才做出积极的变革。如果说高师院校面对组织变革的种种外生动力还能够处之泰然的话，那么，师范生在国家教师资格考试制度面前的危机感和紧张感则是高师院校组织变革最强劲的内在动力。

第一节 高师院校师范生国考制度认同结构的分析

教师资格制度改革要求师范生只有通过国考才能取得教师资格证书。这无疑增加了他们的教育成本和教育风险，从而使他们表现出对制度的阻抗。师范生是国考制度改革的重要利益相关者，他们的制度认同状况与制度实施效果具有密切的内在联系。调查发现，制度价值、制度效力和制度影响是反映师范生对国考制度认同结构的基本维度。

一　对制度认同与制度实施关系的初步探讨

国考初步确立了教师资格制度对教师教育制度的鉴定关系，师范生只有通过全国教师资格考试才能申请教师资格证书。这是当前教师资格制度改革的一大亮点，同时也颇有争议。一种观点认为，国考能够保障"从更大范围内选拔适教乐教的优秀人才进入中小学教师队伍"，"对教师教育形成倒逼机制，给师范生和师范院校建立了质量监控机制"。[①] 另一种观点认为，"教师这个职业并没有那么强的吸引力"，难以吸引到优秀的非师范生从教，同时会让师范院校产生"挫败感"，难以形成"倒逼机制"。[②] 由此可见，学术界对国家教师资格考试制度的认知存在分歧。

从制度认同与制度实施的关系来看，"一项制度能够获得人们的认同时，制度的目标就与自我的实现统一起来，外在的要求就转变成自己对自己的要求"，"获得认同的制度就能够得到非常好的遵守，反之，不能得到认同的制度就不可能成功"。[③] 师范生是国家教师资格考试制度改革最直接的利益相关者，他们对该制度的认同状况对制度实施的效果具有重要影响。有学者在湖北的调查发现，有61.20%的师范生认为国考会导致"师范生培养走向应试化"，有近半数的师范生认为此次改革会让他们的"专业优势减弱"，"对师范专业的特色地位造成危害"。[④] 有学者在浙江的调查发现，23.16%的师范生认为国考使他们"动摇了自己当教师的决心"，"后悔当初报考了师范"的比例为16.95%，而"更加坚定了自己当教师的意愿"的只有9.53%。[⑤] 这些研究从不同侧面反映了师范生对国考制度的一些认识和立场，我们则希望能够从整体上把握师范生对国考制度的认同水平状况，从而能够更好地思考制度优化的策略。

---

① 雷忠、侯小兵：《教师资格新政对师范生不利吗》，《光明日报》2015年7月14日，第13版。
② 李奇勇：《教师资格，为何而考》，《中国教师报》2014年4月2日，第5版。
③ 王结发：《论制度认同》，《兰州学刊》2009年第12期。
④ 陈克娥：《关于新教师资格考试政策反响的调查报告》，《上海教育科研》2013年第4期。
⑤ 刘宝剑：《教师资格国考：师范生的认识、态度与诉求——基于浙江省万名师范生的调查研究》，《教育发展研究》2014年第22期。

二 师范生对国考制度认同结构的研究设计

(一) 研究对象与问题

国考制度会涉及众多利益相关者,如师范院校、培训机构、考试机构、师范生等,而对师范生的影响最为直接。按照原来的制度设计,他们是不需要参加考试就可以直接取得教师资格,而现在必然会因为新的制度安排付出更多的个人成本。从理性选择来看,如果收益是既定的,那么必然会厌恶成本损失。显然,国考制度与师范生的个人利益之间存在较为明显的冲突,而重要利益相关者的制度认同是保障制度实施效果的重要基础。因此,我们将研究对象聚焦在师范生,要解决的核心问题就是考察师范生对国家教师资格考试的制度认同状况以及如何提高他们的制度认同水平。

(二) 研究方法与工具

运用自制《国家教师资格考试制度认同量表》(见附录1)作为基本工具。问卷采用李克特5点记分法编制,包括基本信息和调查项目两个部分。初始问卷有15个调查项目,涉及制度合理性、制度有效性和制度影响力三个基本维度。运用临界比法和相关分析法对调查数据进行项目分析发现,项目7和项目15达不到显著性水平要求,故舍去。正式问卷由13个项目构成。我们选取了1所东部地区高师院校、1所中部地区高师院校和2所西部地区高师院校作为调查对象,其中,有1所部属师范大学、2所省属师范大学和1所省属师范学院。我们在4所高校中共发放问卷1050份,收回1036份,剔除无效问卷后1000份有效问卷,有效回收率95.24%。从这1000份有效问卷的人口学特征来看,男生占21.80%,女生占78.20%;大一学生占31.00%,大二学生占32.70%,大三学生占18.80%,大四学生占17.50%;本科生占97.10%,专科生占2.90%;东部高校学生占20.50%,中部高校学生占22.70%,西部高校学生占56.80%;部属师范大学学生占22.70%,省属师范大学学生占40.90%,省属师范学院学生占36.40%。样本具有较好的代表性。对样本数据的初步分析表明,问卷的整体α系数为0.889,删除某项目后的α系数为0.873~0.904,问卷具有较高的信度。[①]

---

① 在数据分析过程中,对于少量缺失值,采用序列均值替换。

三 师范生对国考制度认同结构的基本维度

我们对每个调查项目分别赋值 1~5 分,得分越高表示对国考制度的认同水平越高。运用因素分析的方法来探索师范生对国考制度认同的基本结构。在因素分析之前,运用 KMO 样本适合性检验和巴利特球形检验两种方法对数据是否适合进行因素分析做出判定。根据统计学标准,KMO 值越接近 1 越好,一般规定 0.90 以上为极好,0.70 以上为一般,0.60 以上为较差;巴利特球形检验需要达到显著性水平。本研究的 KMO 值为 0.921,巴利特球形检验的卡方值为 6187.14(自由度为 78,$p = 0.000$),达到显著性水平要求,表示数据群的相关矩阵间有共同因素存在,适合进行因素分析。根据因素分析的结果确定了 3 个因子,各因子的负荷值、共同度及贡献率如表 3-1 所示。3 个因子解释了总方差的 63.596%。项目的因子负荷值显示该项目与某因子的相关,负荷越大则相关性越强,一般小于 0.40 的项目应当剔除。本研究的项目最高负荷为 0.800,最低负荷为 0.518。共同度体现所提取的因子对项目的贡献,共同度越大则说明变量能被因子解释的程度越高,一般不能低于 0.20。本研究的项目共同度为 0.487~0.727。

表 3-1 师范生对国考制度认同的因素分析结果

项目	因子1	因子2	因子3	共同度	合计
A2	0.800	—	—	0.727	—
A4	0.729	—	—	0.712	—
A3	0.713	—	—	0.703	—
A5	0.709	—	—	0.672	—
A1	0.670	—	—	0.591	—
A6	0.584	—	—	0.631	—
A11	—	0.757	—	0.709	—
A12	—	0.746	—	0.654	—
A13	—	0.743	—	0.606	—
A9	—	0.684	—	0.591	—
A7	—	0.518	—	0.487	—

续表

项目	因子1	因子2	因子3	共同度	合计
A8	—	—	0.708	0.547	—
A10	—	—	0.688	0.638	—
特征值	6.049	1.197	1.021	—	—
贡献率(%)	27.110	26.768	9.718		63.596

注：提取方法为主成分分析法，旋转方法为 Kaiser 标准化的正交旋转，旋转在 11 次迭代后收敛。

因子 1 包含 6 个项目，该因子的特征值为 6.049，经正交旋转后的方差贡献率为 27.110%，有 3 个项目来自理论模型的制度合理性维度且负荷值排在前面，综合考虑后命名为"制度价值"。因子 2 有 5 个项目，该因子的特征值为 1.197，经正交旋转后的方差贡献率为 26.768%，大部分项目来自初始问卷的制度有效性维度，故命名为"制度效力"。因子 3 有 2 个项目，该因子的特征值为 1.021，经正交旋转后的方差贡献率为 9.718%，这两个项目均来自初始模型的制度影响力维度，因此命名为"制度影响"。

进一步分析发现，上述 3 个因子彼此之间均存在相关性，且达到显著性水平要求，这意味着因子结构可能蕴含着更高解释力的高阶因子。我们把一阶分析得到的 3 个因子作为新变量进行二阶因素分析，得到 1 个特征值大于 1 的二阶因子，解释总方差的 62.831%，该因子即为国考制度认同（见表 3-2）。因此，师范生的国考制度认同为二阶 1 因子一阶 3 因子的基本结构。

表 3-2　师范生对国考制度认同的二阶因素分析结果

项目	因子	共同度
制度价值	0.894	0.799
制度效力	0.885	0.783
制度影响	0.551	0.303
特征值	1.885	
贡献率	62.831%	

"制度价值"表征师范生对为什么要实行国考制度的基本认知，"制度效力"反映师范生对国考制度的可操作性和实际执行效果的基本判断，"制

度影响"主要指师范生对国考制度影响个人职业生涯发展的基本预期。概言之,这三个因子分别涉及"为什么""怎么样""怎么办"的思考和回答,它们总体上反映了师范生对国考制度的认同状况。

综上所述,由制度价值、制度效力和制度影响构成的二阶1因子一阶3因子模型能够较好地反映师范生对国考制度的认同结构。从东、中、西部地区4所高师院校的调查反映出师范生对国考制度认同的两难处境。从公共利益来看,实行国考能够提高教师入职门槛,也更有利于保障教师资格考试的公信力和证书的含金量。这是提高基础教育质量的要求,也是中小学教师队伍建设的需要。从个体利益来讲,实行国考以后,师范生的个人教育成本和教育风险都会显著增加。这在一定程度上使他们后悔当初就读师范专业的选择。但是,如果他们现在要改变既定的职业规划,那么,需要付出更多的时间和经济成本。因而,还是希望将来能够成为一名中小学教师,其中的无奈感显而易见。此外,对国考信度和效度的担忧也是影响师范生对国考制度认同的重要因素。对于一些非知识和非能力的个人特征应该如何评价,这本身是教育评价领域的难题。对于国考考试标准中提到的"职业理念""职业道德"这些评价内容,他们还是不太相信能够"考"得出来。

第二节 高师院校师范生国考制度认同水平的考察

我们从制度价值、制度效力、制度影响三个维度出发,考察师范生对国家教师资格考试制度的认同水平。调研表明,师范生对国考制度认同的总体水平一般,对制度价值的认同度较高,对制度影响的认同度居中,对制度效力的认同度偏低。同时,师范生对国考制度认同具有鲜明的群体特征。总体上讲,师范生对国考制度的认同水平随着年级的增高而逐步下降,艺体类师范生的认同度低于文理科师范生,部属高校师范生对国考制度的认同水平优于省属高校师范生,西部地区师范生的认同度比东中部地区师范生低。

一 师范生对国考制度认同水平的结果分析

(一)师范生对国考制度的整体认同水平

我们对《国家教师资格考试制度认同量表》的每个调查项目分别赋值

1~5分，得分越高表示对国考的认同度越高，被调查者13个项目得分的均值作为反映师范生对国考的制度认同的基本指标。调查发现，师范生对国考制度的认同水平的均值为3.48。差异显著性检验表明，不同年级的师范生对国考的制度认同存在显著差异（$F_{(3,996)} = 8.872, p < 0.001$）。大一师范生对国考制度的认同水平度最高，大二和大四师范生处于中等水平，大三师范生的认同度最低。从专业来看，不同专业类别师范生的国考制度的认同水平度间存在显著差异（$F_{(3,996)} = 4.900, p < 0.01$）。文科、理科和其他类师范生对国考的制度认同较高（$M > 3.50$），而艺体类师范生的认同度最低（$M = 3.28$）。从区域来看，东中西部地区师范生对国考的制度认同间存在显著的差异（$F_{(2,997)} = 8.433, p < 0.001$）。中部地区师范生的制度认同水平最高，东部次之，西部最低。不同高校师范生的制度认同水平间同样存在显著的差异（$F_{(2,997)} = 5.828, p < 0.01$）。部属师大生最为认同国考，省属师大生其次，省属师院师范生的认同度最低（见表3-3）。

表3-3 师范生对国考制度的整体认同

师范生		M	SD	F	p
年级	大一	3.65	0.655	8.872***	0.000
	大二	3.42	0.632		
	大三	3.36	0.728		
	大四	3.46	0.802		
专业	文科	3.50	0.701	4.900**	0.002
	理科	3.53	0.647		
	艺体	3.28	0.795		
	其他	3.59	0.682		
区域	东部	3.55	0.681	8.433***	0.000
	中部	3.62	0.702		
	西部	3.41	0.693		
高校	部属师大	3.62	0.702	5.828***	0.003
	省属师大	3.47	0.691		
	省属师院	3.42	0.693		

注：*** $p < 0.001$，** $p < 0.01$，* $p < 0.05$。下同。

（二）师范生对国考制度价值的认同水平

1. 国考能否提高教师入职门槛

原有教师资格制度的入职门槛较低，难以适应当前提高质量的客观要求。国考制度设计的重要出发点在于设定较高的入职门槛，从而保障新进教师达到最起码的素质要求。调查表明，师范生对"'国考'是提高中小学教师入职门槛的重要举措"的认同度均值为3.67。不同年级师范生对国考提高教师入职门槛的认同度存在显著差异（$F_{(3,996)}=3.848$，$p<0.01$），大一和大四师范生的认同度较高，大二和大三师范生的认同度较低。不同专业师范生对国考提高教师入职门槛的认同度存在显著差异（$F_{(3,997)}=3.494$，$p<0.05$），文科和理科师范生的认同度较高，艺体和其他类师范生的认同度较低。不同区域和高校师范生的认同度间不存在显著差异，但是，东部地区师范生的认同度较高，中西部地区师范生的认同度较低；部属和省属师大师范生的认同度较低，省属师范学院师范生的认同度较高（见表3-4）。

表3-4 师范生对国考提高教师入职门槛的认同

师范生		M	SD	F	p
年级	大一	3.79	1.039	3.848**	0.009
	大二	3.56	0.984		
	大三	3.55	1.041		
	大四	3.77	1.215		
专业	文科	3.73	1.049	3.494*	0.015
	理科	3.69	1.006		
	艺体	3.40	1.196		
	其他	3.61	1.145		
区域	东部	3.79	1.024	1.840	0.159
	中部	3.66	1.045		
	西部	3.63	1.076		
高校	部属师大	3.66	1.045	0.262	0.770
	省属师大	3.64	1.071		
	省属师院	3.70	1.058		

2. 国考能否促进教师专业发展

教师是专业工作者，其持续性的专业发展贯穿职前、入职、职后全过程。国考既建立了中小学教师的入职选拔机制,也为职前教师的专业发展确立了依据。调查表明,师范生对"'国考'是促进中小学教师专业发展的重要机制"的认同度均值为3.55。不同年级($F_{(3,996)}=4.755$,$p<0.01$)、区域($F_{(2,997)}=5.773$,$p<0.01$)的师范生对国考促进教师专业发展的认同度间存在显著差异。其中,大一的认同度最高,大二、大三、大四都相对较低;东中部地区师范生的认同度较高,西部地区师范生的认同度较低。不同专业、高校师范生的认同度之间不存在显著差异,但是,艺体类师范生和省属师范学院师范生的认同度相对偏低(见表3-5)。

表3-5 师范生对国考促进教师专业发展的认同

师范生		M	SD	F	p
年级	大一	3.72	1.014	4.755**	0.003
	大二	3.50	0.903		
	大三	3.41	1.012		
	大四	3.47	1.174		
专业	文科	3.58	1.034	2.371	0.069
	理科	3.58	0.951		
	艺体	3.34	1.100		
	其他	3.61	1.145		
区域	东部	3.68	0.986	5.773**	0.003
	中部	3.67	1.035		
	西部	3.46	1.009		
高校	部属师大	3.67	1.035	2.519	0.081
	省属师大	3.55	1.011		
	省属师院	3.48	1.002		

(三)师范生对国考制度效力的认同

1. 国考能否测量教师职业知识

根据《中小学和幼儿园教师资格考试标准(试行)》,国考是检验教师申请者是否具备规定职业知识的重要方式。调查表明,师范生对"'国考'能够测量出师范生是否具备规定的教师职业知识"的认同度均值为3.44。如表3-6所示,不同年级($F_{(3,996)}=2.796$,$p<0.05$)、区域($F_{(2,997)}=3.481$,$p<0.05$)的师范生对国考测量教师职业知识有效性的认同存在显著

的差异。其中,大一的认同度最高,大二、大三、大四的认同度较低;中东部地区师范生的认同度高于西部地区师范生。不同专业、高校师范生之间的认同度差异不显著,但是,文科、理科和其他类师范生的认同度较高且较为接近,艺体类师范生的认同度较低;部属师大师范生的认同度最高,省属师大其次,省属师院最低。

表3-6 对国考测量教师职业知识有效性的认同

师范生		M	SD	F	p
年级	大一	3.58	1.050	2.796*	0.039
	大二	3.42	0.964		
	大三	3.33	1.088		
	大四	3.38	1.116		
专业	文科	3.45	1.049	0.909	0.436
	理科	3.48	1.006		
	艺体	3.31	1.160		
	其他	3.49	0.840		
区域	东部	3.49	1.082	3.481*	0.031
	中部	3.58	1.036		
	西部	3.37	1.031		
高校	部属师大	3.58	1.036	2.998	0.050
	省属师大	3.44	1.026		
	省属师院	3.37	1.066		

2. 国考能否测量教师职业能力

根据《中小学和幼儿园教师资格考试标准(试行)》,国考是检验教师申请者是否具备规定职业能力的重要方式。调查表明,师范生对"'国考'能够测量出师范生是否具备规定的教师职业能力"的认同度均值为3.35。不同年级($F_{(3,996)}=5.949, p<0.01$)、专业($F_{(3,996)}=3.810, p<0.05$)、区域($F_{(2,997)}=7.682, p<0.001$)、高校($F_{(2,997)}=7.077, p<0.01$)的师范生对国考测量教师职业能力有效性的认同度之间存在不同程度的显著性差异。运用多重比较法分析发现,艺体类师范生的认同度($M=3.11, SD=1.086$)显著低于文科类($M=3.35, SD=1.037$)和理科类师范生($M=3.43, SD=0.951$),部属师大师范生的认同度($M=3.56, SD=1.012$)显

著高于省属师大（$M = 3.33$，$SD = 0.976$）和省属师院（$M = 3.25$，$SD = 1.037$）师范生的认同度，西部地区师范生的认同度（$M = 3.26$，$SD = 1.011$）显著低于东部（$M = 3.38$，$SD = 0.985$）和中部地区（$M = 3.56$，$SD = 1.012$）师范生的认同度。

3. 国考能否测量教师职业道德

根据《中小学和幼儿园教师资格考试标准（试行）》，国考是检验教师申请者是否具备规定职业道德的重要方式。调查发现，师范生对"'国考'能够测量出师范生是否具备规定的教师职业道德"的认同度均值为3.10。不同年级（$F_{(3,996)} = 4.055$，$p < 0.01$）、高校（$F_{(2,997)} = 4.400$，$p < 0.05$）师范生的认同度间存在显著差异。运用多重比较法分析发现，大一师范生的认同度（$M = 3.28$，$SD = 1.079$）显著高于大二师范生（$M = 2.97$，$SD = 1.145$）的认同度，省属师院师范生的认同度（$M = 2.96$，$SD = 1.199$）显著低于部属师大（$M = 3.22$，$SD = 1.139$）和省属师大（$M = 3.16$，$SD = 1.114$）师范生的认同度。不同专业、区域师范生认同度的差异不显著，但是，艺体类师范生和西部地区师范生的认同度相对偏低。

（四）师范生对国考制度影响的认同

1. 国考对师范生专业认同的影响

国考增加了在读师范生的就业难度和就业成本，导致他们对自己就读师范专业产生了一定程度的失落感。调查表明，师范生因国考而"后悔读了师范专业"（此项目逆向赋值）的认同度均值为3.30。不同年级（$F_{(3,996)} = 10.884$，$p < 0.001$）、专业（$F_{(3,996)} = 8.399$，$p < 0.001$）、区域（$F_{(2,997)} = 8.159$，$p < 0.001$）、高校（$F_{(2,997)} = 8.057$，$p < 0.001$）师范生的认同度间均存在显著差异。运用多重比较法分析发现，大一（$M = 3.54$，$SD = 0.989$）显著高于大二（$M = 3.32$，$SD = 0.962$）及大三师范生（$M = 3.21$，$SD = 0.965$）的认同度，大二师范生的认同度显著高于大三师范生的认同度，大三师范生的认同度显著低于大四师范生（$M = 3.23$，$SD = 1.145$）的认同度。艺体类（$M = 2.89$，$SD = 1.178$）显著低于文科类（$M = 3.45$，$SD = 1.169$）和理科类师范生（$M = 3.27$，$SD = 1.139$）的认同度。部属师大（$M = 3.57$，$SD = 1.064$）显著高于省属师大（$M = 3.21$，$SD = 1.197$）和省属师院师范生（$M = 3.23$，$SD = 1.176$）的认同度。中部地区（$M = 3.57$，

$SD=1.064$)显著高于东部地区($M=3.18$,$SD=1.221$)和西部地区的师范生($M=3.23$,$SD=1.174$)的认同度。

2. 国考对师范生专业忠诚的影响

国考会对师范生的专业忠诚产生怎样的影响?调查发现,师范生对"即使'国考'很难,我还是很想成为一名中小学教师"的认同度均值为3.74。如表3-7所示,不同年级师范生($F_{(3,996)}=2.661$,$p<0.05$)的认同度间存在显著差异。不同专业、区域、高校师范生的认同度间的差异不显著。从认同度均值来看,大一师范生较高,大四师范生较低;艺体和其他类师范生较高,文科和理科师范生较低;东中部地区师范生较高,西部地区师范生较低;部属、省属师大师范生较高,省属师院的师范生较低。

表3-7 国考对不同群体师范生专业忠诚的影响

师范生		M	SD	F	p
年级	大一	3.88	1.026	2.661*	0.047
	大二	3.68	1.019		
	大三	3.71	0.993		
	大四	3.65	1.160		
专业	文科	3.74	1.070	0.081	0.970
	理科	3.73	1.006		
	艺体	3.76	1.094		
	其他	3.83	0.985		
区域	东部	3.83	1.049	2.646	0.071
	中部	3.82	1.020		
	西部	3.68	1.051		
高校	部属师大	3.82	1.020	1.880	0.153
	省属师大	3.77	1.035		
	省属师院	3.66	1.070		

二 师范生对国考制度认同水平的研究结论

(一)师范生对国考制度认同的总体水平一般

师范生对国考制度认同的均值为3.48。从大一到大三,师范生的制度认同水平逐步下降,大四师范生的认同度有所提升,但仍然低于总体水平。

文科和理科师范生对国考制度的认同水平较高且非常接近，艺体类师范生的认同水平则明显偏低。这表明理论知识相对偏弱的艺体师范生更抗拒国考。师范生对国考制度的认同水平也表现出明显的地域差异，西部地区经济社会发展水平相对滞后，教育理念与思想更为保守，师范生对国考制度的认同水平更低。随着高师院校层次的提升，师范生对国考制度的认同水平逐步提高，与部属师大相比，地方高师院校尤其是地方师范学院的教师教育质量、教育观念与文化都亟待改善。

（二）师范生对国考制度价值的认同水平较高

师范生对国考能够提高教师入职门槛的认同度均值为3.67，对国考促进教师专业发展的认同度均值为3.55。对于国考制度在这两方面的价值，大一师范生最为认同，大二、大三依次下降，大四略有回升；与文科、理科师范生相比，艺体师范生不太看好国考的价值；东、中、西部师范生对制度价值的认同度逐步递减；省属师范学院的师范生对国考能够提高教师入职门槛的认同度最高，但他们最不看好国考对促进教师专业发展的价值。

（三）师范生对国考制度效力的认同水平偏低

师范生对国考能够测量出教师职业知识的认同度均值为3.44，对测量教师职业能力的认同度均值为3.35，对测量教师职业道德的认同度均值为3.10。在这三个方面，大一师范生的认同度最高，大二、大三逐步下降，大四略有回升；艺体师范生的认同度低于文科和理科师范生，理科师范生的认同度略高于文科师范生；中部地区师范生的认同度高于东部和西部，西部地区师范生的认同度最低；从部属师大、省属师大到省属师院，师范生的认同度逐步降低。

（四）师范生对国考制度影响的认同水平居中

国考对师范生的专业认同影响值为3.30，对师范生的专业忠诚影响值为3.74。从大一到大三，师范生的专业认同和专业忠诚均逐步下降，到大四时，他们的专业认同略有回升，但专业忠诚依然下降。这意味着，大四师范生有改行的倾向。文科师范生的专业认同度最高，理科师范生次之，艺体师范生更低。但是，艺体师范生的专业忠诚度较高，文科师范生偏低，理科师范生更低。中西部地区师范生的专业认同高于东部地区师范生，但是，东部地区师范生的专业忠诚度高于中西部。无论是专业认同还是专业忠诚，部属高校师范生都优于省属高校。省属师范学院师范生的专业认同略高于省属师范大学,但专业忠诚度低于省属师范大学。

三 促进师范生对国考制度认同的对策思考

(一) 完善教师管理制度,增强教师职业社会吸引力

国考的背景是中小学教师的数量已经基本满足基础教育事业发展的总体要求,其目的是要从更大的范围内(突破师范与非师范的界限)选拔优秀人才进入教师队伍以提高基础教育质量,从而打破师范生成为教师队伍专属储备的封闭体系,初步确立一个开放性的教师队伍管理机制。这一新机制要把平庸的师范生排除在教师队伍之外,将优秀的非师范生吸引进来。要保障这一新机制的有效运转,必须满足一个基本前提:教师职业具有充分的社会吸引力,即较高的人力资本收益预期。否则,一方面,无法吸引来优秀的非师范生;另一方面,无法激励平庸的师范生走向优秀。其结果是,不但没有实现提高教师队伍质量的初衷,反而造成教师队伍数量的供给不足。如果教师职业具有很强的社会吸引力,师范生都乐意将从教作为自身的理想职业,那么,即使再有难度的国考,他们也会表现出更高的制度认同。提高教师职业社会吸引力并不能仅仅依靠荣誉性的精神激励,也不能单纯地依靠经济性的物质激励,而是一项系统性的制度变迁。教师具有"经济人"的理性,任何神化教师职业的语言和行为都是对教师职业的伤害而不是尊重;教师同样具有自我实现的需要,各种荣誉、奖励性评价在缺乏完善的监督管理的情况下往往并不能充分地发挥其正能量。无论是精神激励,还是物质激励,都不应该成为临时性的"恩典"而是具有长效性的稳定机制,也不应该成为少数人寻租的空间而应该是面向全体的机会均等。这都要求将教师管理关进制度的笼子,让完善的制度给教师队伍搭建一个公平发展的平台。只有这样,中小学教师才能关注个体的专业发展而不是把大量的时间和精力耗费在非专业的事务上去。只有提升了每位教师的专业发展水平,真正在教育教学工作中体现出教师专业的价值,它才能够获得其应有的社会地位以及职业的社会吸引力。因此,增强教师职业社会吸引力不是靠简单粗暴地"涨工资",也不是靠苍白无力地"尊师重教",而是需要从完善制度机制入手,着力提升教师专业发展水平,让教师职业能够真正地体现出它的专业价值和

社会价值。

(二) 将国考政策解读纳入师范生生涯教育体系

制度认同受到两方面因素的影响：一是制度本身的合理性，二是利益相关者对制度理解的准确性。师范生对国考制度的认同水平随着年级升高而逐步降低。这不是因为师范生了解国考，而是误解了国考。大一师范生的高认同度可能存在盲目的非理性倾向，大四师范生的认同度略有回升则反映出他们对国考制度认知的理性回归。国考改革是加强教师队伍建设的重大举措。它的一大亮点就是取消了师范生毕业即自然获得教师资格的特权，其重要目的之一是"倒逼"教师教育改革与质量提升，而不是要"吓跑"师范生，即造成师范生身份认同危机。师范生身份认同是"师范生对专业自我的建构过程，它是师范生发自内心地对成为教师的学习过程及未来使命的内在价值与情感体验的判断与认可"①。在后师范教育时代，本身存在诸多消解师范生身份认同的因素。如果师范生不能对国考形成正确的认知和积极的认同，那么，师范生身份认同的危机会更加严重。因此，教师教育机构应当系统安排国考改革的政策解读，将其纳入师范生的生涯教育体系，引导师范生对国考形成积极的制度认同，以师范生的制度认同促进身份认同。

(三) 国考制度设计应兼顾统一考试与专业特质

从不同专业来看，艺体类师范生对国考制度的认同水平低于文科、理科类师范生。一方面可能是因为艺体生对国考不了解从而误解更多，另一方面也可能是因为制度本身对专业特质体现得不够。一般来讲，艺体专业生源与普通专业录取生源在文化素质上存在较大差异，他们擅长于专业技能而理论知识方面相对较弱。这使他们对《综合素质》《教育知识与能力》《学科教学知识与能力》这些偏理论知识的考试科目产生畏难情绪和抗拒心理。从中小学教师专业特质的结构来看，文理科教师与艺体教师在理论与实践方面的比例应当是有不同特点的。那么，按照同样的考试内容和标准来同等要求不同专业的教师，这是不是公平与合理的？因此，国考制度应当在考试内容设计、合格标准确定等方面兼顾不同专业的独特性与差异性。

---

① 赵明仁：《先赋认同、结构性认同与建构性认同——"师范生"身份认同探析》，《教育研究》2013年第6期。

（四）国考制度设计应兼顾统一标准与地区差异

调研表明，西部地区师范生对国考制度认同不容乐观。国考制度要求全国统一考试内容和考试标准，旨在保障为中小学提供合格的师资，从而保证基本的教育公平。但是，坚持统一标准，又不能忽视社会发展、教育基础、教育观念在不同地区之间的非均衡性，而这种非均衡性应当在教师资格考试制度中得到体现。在大量"老、少、边、穷"地区，教师数量不足、分布不均、结构失衡的问题还没有得到彻底解决，地方文化和民族文化的传承也难以完全依赖外地输入的方式来解决师资问题。国考的初衷是要通过提高教师入职门槛，保障教师队伍达到基本的质量标准。但是，基于中小学教育发展的非均衡性，保障质量不能以牺牲数量为代价。因此，国考制度设计应当充分考虑到不同地区教育发展的非均衡性，从而在统一标准与地区差异之间取得均衡。

（五）地方高师院校应根据发展新形势推动教育改革

尽管国考不是单纯地出于对高师院校人才培养质量的不信任，但它确实为高师院校建立了一套人才培养质量的监控机制。调查表明，学校层次越高，师范生对国考制度的认同越高。我们从国考制度的认同水平与高校层次的关系中得到启示，高层次学校的师范生对国考的认知更加接近改革的本义，他们面对国考也更加自信，这与教师教育质量必然具有密切的联系。地方高师院校应当面向国考主动进行教师教育改革。当然，面向国考并不是考什么就教什么，从而滑向应试教育。这样的"面向"是徒有其表，得其末而不得其本，势必与改革初衷背道而驰。正如有的学者所主张的那样，"要真正全面提高教师素质，优化教师队伍，还应依靠教师教育制度的完善和改革。没有教师教育的充分发展，教师资格标准的确定和提高就失去了应有的基础和现实的意义"[①]。因此，地方高师院校应当准确领会国考制度改革的核心理念，深刻变革教师教育课程与教学体系，从教育质量与教育绩效的视角谋求教师教育制度和教师资格制度的契合。

---

① 王宪平、唐玉光：《教师资格制度与教师教育制度关系研究》，《教师教育研究》2004年第5期。

第三节 师范生国考制度认同与教学效能感的关系

研究表明,师范生对国家教师资格考试的制度认同包括价值认同、效力认同和影响认同三个维度,师范生教学效能感包含一般教育效能感和个人教学效能感两个维度。一般教育效能感对制度认同及其各因子的预测能力较弱,个人教学效能感对制度认同及其各因子具有显著的预测效果。为提高师范生的制度认同、促进他们的专业成长,应当引导师范生理性地认识教育功能,保持合理的一般教育效能感;培养他们过硬的教育教学能力,不断提高个人教学效能感。

一 师范生国考制度认同与教学效能感关系的研究设计

制度是推动经济、政治、教育抑或其他领域发展的重要力量。所谓制度就是"为约束在谋求财富或本人效用最大化中个人行为而制定的一组规章、依循程序和伦理道德行为准则"[1]。教师资格制度是一套关于教师申请者获取教师资格必须遵循的规则体系,国家教师资格考试是教师资格制度变迁过程中的重要创新。尽管任何制度创新都是利益相关者多重博弈的结果,但是,制度一旦形成就会对利益相关者构成强制性的约束力。利益相关者的制度认同是实现制度预期目标的重要前提。它是"人们基于对特定的政治、经济、社会制度的肯定而产生的一种政治感情上的归属感,是社会民众从内心产生的一种对制度的高度信任和肯定"[2]。师范生是国考的重要利益相关者,他们的制度认同当然会影响到制度实施的效果。

教学效能感不仅是表征教师专业发展水平的显著标志,也是促进教师专业发展的重要力量。教学效能感是指"教师对教育价值、对自己做好教育工作与积极影响儿童发展的教育能力的自我判断、信念与感受",包括一般教育效能感 [结果期望(outcome expectation)] 和个人教学效能感 [效能期望(efficacy expectation)] 两个方面。[3] 教学效能感是教师增强专业承诺、

---

[1] 〔美〕诺思:《经济史上的结构和变迁》,第227~228页。
[2] 秦国民:《政治稳定视角下制度认同的建构》,《河南社会科学》2010年第1期。
[3] 洪秀敏、庞丽娟:《论教师自我效能感的本质、结构与特征》,《教育科学》2006年第4期。

工作动机的重要内驱力，是影响教师专业行为有效性的重要中介，是提高教师身心健康水平和个人幸福指数的重要影响源。[1] 国考的根本价值体现在于保障和促进教师专业发展，教学效能感是影响教师专业发展的重要变量。因此，探讨师范生国考制度认同与教学效能感二者的关系就具有重要的现实价值。

我们分别运用自制《国家教师资格考试制度认同量表》和俞国良等编制的《教师教学效感能量表》（见附录1）对师范生的国考制度认同水平和教学效能感进行测量。[2] 原《教师教学效感能量表》采用六级评分，我们在借鉴时采用李克特5点记分法进行编制，共有27个项目，包含一般教育效能感和个人教学效能感2个因子。对样本数据的信度分析表明，师范生教学效能感测量的克朗巴哈α系数为0.78，与俞国良等的测量结果（0.77）一致。本次调查在东、中、西部选取了4所师范类高校作为调查对象，其中，有1所部属师范大学、2所省属师范大学和1所省属师范学院。我们在4所高校中共发放问卷1050份，收回1036份，剔除无效问卷后，共有1000份有效问卷。[3]

二 师范生国考制度认同与教学效能感关系的结果分析

（一）师范生国考制度认同与教学效能感测量的描述性统计

师范生对国考制度认同的均值为3.485，其中，女生的认同度高于男生，从大一到大三呈下降趋势但大四略有回升，本科生的认同度高于专科生，艺体生的认同度较文、理、其他专业的师范生低，中、东部地区师范生的认同度高于西部地区，部属师范大学师范生的认同度高于省属院校的师范生，先期进入国考改革试点地区师范生的制度认同更高。在教学效能感方面，师范生的教学效能感均值为3.402，其中，男生的教学效能感高于女生，大四师范生的教学效能感在四个年级中最高，本科生

---

[1] 庞丽娟、洪秀敏：《教师自我效能感：教师自主发展的重要内在动力机制》，《教师教育研究》2005年第4期。
[2] 俞国良、辛涛、申继亮：《教师教学效能感：结构与影响因素的研究》，《心理学报》1995年第2期。
[3] 调查样本的人口学特征详见本章第一节。

的教学效能感优于专科生,艺体生的教学效能感比文科、理科和其他专业高,中西部地区师范生的教学效能感高于东部地区,省属师范大学师范生的教学效能感较低,先期进入改革试点地区师范生的教学效能感较低(见表3-8)。

表 3-8 师范生国考制度认同与教学效能感的描述性统计

		N	制度认同 M	制度认同 SD	教学效能感 M	教学效能感 SD
性别	男生	218	3.381	0.722	3.421	0.428
	女生	782	3.513	0.689	3.396	0.350
年级	大一	310	3.646	0.655	3.389	0.378
	大二	327	3.420	0.632	3.391	0.355
	大三	188	3.355	0.728	3.367	0.360
	大四	175	3.458	0.802	3.480	0.377
学历	本科生	971	3.488	0.700	3.402	0.368
	专科生	29	3.352	0.609	3.385	0.385
专业	文科生	442	3.504	0.701	3.399	0.370
	理科生	401	3.530	0.647	3.393	0.365
	艺体生	139	3.279	0.794	3.441	0.391
	其他	18	3.590	0.682	3.333	0.176
区域	东部	205	3.549	0.681	3.370	0.373
	中部	227	3.617	0.702	3.402	0.358
	西部	568	3.409	0.693	3.413	0.371
高校	部属师范大学	227	3.617	0.702	3.402	0.358
	省属师范大学	409	3.470	0.691	3.366	0.375
	省属师范学院	364	3.419	0.693	3.441	0.364
改革进程	先期启动	432	3.584	0.692	3.387	0.365
	刚刚启动	568	3.409	0.693	3.413	0.371

(二)师范生国考制度认同与教学效能感的相关分析

通过因素分析发现,师范生国考制度认同包含制度价值、制度效力、制度影响3个因子。根据俞国良等人的研究,教师教学效能感包含一般教育效能感和个人教学效能感2个因子。一般教育效能感反映师范生对教与学的关系、对教育在学生发展中的作用等问题的一般看法和判断,个人教学效能感反映师范生对自己是否有能力完成教学任务、教好学生的信念。我们试图通过相关分析来初步揭示师范生国考制度认同与教学效能感之间的关系。如表 3-9 所示,师范生国考制度认同与教学效能感之间显著正相关($p < 0.001$);制度价值认同因子与教学效能感、个人教学效能感之间显著正相关($p < 0.001$),但与一般教育效能感的相关不显著;制度效力认同因子与教学效能感之间的正向相关性显著($p < 0.01$),与个人教学效能感间的正向相关性显著($p < 0.001$),与一般教育效能感负相关且不显著;制度影响认同因子与教学效能感、个人教学效能感、一般教育效能感均显著正相关($p < 0.001$)。

表 3-9 师范生国考制度认同与教学效能感的相关分析结果

	制度价值认同	制度效力认同	制度影响认同	制度认同
一般教育效能感	0.027	-0.036	0.202 ***	0.036
个人教学效能感	0.232 ***	0.184 ***	0.236 ***	0.255 ***
教学效能感	0.165 ***	0.094 **	0.279 ***	0.184 ***

(三) 师范生教学效能感对国考制度认同的回归分析

为进一步明确师范生的教学效能感对国考制度认同的影响效果,我们将人口统计学变量、一般教育效能感、个人教学效能感作为解释变量,将制度认同及其各因子作为响应变量进行层次回归分析,即对每个响应变量进行三次回归分析。首先,将人统计学变量(性别、年级、学历、专业类别、专业目标、所在地区、学校类型、改革进程)作为第一层变量引入回归方程,控制人口统计学变量对各响应变量的影响。然后,将一般教育效能感和个人教学效能感两个变量依次引入回归方程,计算三层变量之间 R^2 的变化以及 F 检验值,从而确认教学效能感各因子对响应变量的影响。

从 3-10 可以看出,在模型 1、2、3 中,三组解释变量对响应变量具有显著性影响,但影响程度各不相同。解释变量总共能够解释制度认同变异量的 11.20%,其中,人口统计学变量的解释量为 3.50%,一般教育效能感的解释量为 0.10%,个人教学效能感的解释量为 7.60%。在模型 2 中,尽管回归模型能够达到显著性水平要求,但是,一般教育效能感的标准回归系数为 0.033，无法通过显著性检验。在模型 3 中，一般教育效能感的标准回归系数为负值，仍然达不到显著性水平要求。由此可见，一般教育效能感对师范生国考制度认同的影响很小且不稳定，个人教学效能感对师范生国考制度认同具有较强的解释力。

表 3-10　师范生的教学效能感对国考制度认同的回归分析结果

	模型 Ⅰ	模型 Ⅱ	模型 Ⅲ
人口统计学变量			
性别	0.133*	0.131*	0.166**
年级	-0.064**	-0.064*	-0.077**
学历	-0.052	-0.050	-0.068
专业类别	-0.061	-0.062*	-0.062*
专业目标	0.065	0.063	0.032
区域	0.100	0.101	0.002
高校	0.081	0.079	0.034
改革进程	-0.384	-0.383	-0.203
师范生的教学效能感			
一般教育效能感	—	0.033	-0.045
个人教学效能感	—	—	0.547***
β_0	3.559***	3.449***	2.024***
R^2	0.035	0.036	0.112
$\triangle R^2$	—	0.001	0.076
F	4.464***	4.069***	12.456***
p	0.000	0.000	0.000

从解释变量各因子对响应变量的回归分析来看，个人教学效能感能够显著地预测师范生对国考制度价值认同、制度效力认同和制度影响认同的水平；一般教育效能感能够显著地预测制度效力认同且为负向，也能够显著地正向预测制度影响认同，对制度价值认同的预测不能通过显著性水平检验（详见表 3-11）。

表 3-11 师范生的教学效能感对国考制度认同因子的回归分析结果

	制度价值认同			制度效力认同			制度影响认同		
	模型 1	模型 2	模型 3	模型 4	模型 5	模型 6	模型 7	模型 8	模型 9
人口统计学变量									
性别	0.130*	0.129*	0.166**	0.150*	0.152*	0.185**	0.100	0.087	0.118
年级	-0.060*	-0.059*	-0.073*	-0.060*	-0.062*	-0.074**	-0.087*	-0.081**	-0.093**
学历	0.000	0.002	-0.018	-0.132	-0.136	-0.154	-0.009	0.011	-0.005
专业类别	-0.078*	-0.078*	-0.078*	-0.025	-0.024	-0.025	-0.103*	-0.107*	-0.107**
专业目标	0.148*	0.146*	0.113	-0.039	-0.036	-0.065	0.080	0.061	0.033
区域	0.049	0.050	-0.056	0.141	0.139	0.045	0.151	0.159	0.071
高校	0.118	0.116	0.069	0.050	0.053	0.010	0.047	0.031	-0.009
改革进程	-0.343	-0.341	-0.149	-0.431	-0.433	-0.262	-0.391	-0.380	-0.219
师范生的教学效能感									
一般教育效能感	—	0.026	-0.057	—	-0.052	-0.126**	—	0.264***	0.194***
个人教学效能感	—	—	0.587***	—	—	0.521***	—	—	0.491***
β_0	3.328***	3.240***	1.710***	3.800***	3.973***	2.614***	3.651***	2.769***	1.488***
R^2	0.023	0.024	0.085	0.033	0.034	0.085	0.034	0.075	0.118
$\triangle R^2$	—	0.001	0.061	—	0.001	0.051	—	0.041	0.043
F	2.947***	2.662***	9.155***	4.178***	3.898***	9.141***	4.395***	8.880***	13.262***
p	0.003	0.005	0.000	0.000	0.000	0.000	0.000	0.000	0.000

三 教学效能感视域下提高师范生制度认同水平的思考

国考是符合教师资格制度改革趋势的重要举措，是促进师范生和在职教师专业发展的重要机制。师范生对国考制度认同的总体水平较低，部属高校师范生的制度认同明显高于省属高校，较低的制度认同在相当大的程度上反映了师范生在国考面前的不自信。研究表明，师范生教学效能感对国考制度认同具有显著的预测功能。因此，我们可以通过提高师范生的教学效能感来提高他们对国考制度的认同水平，最终促进他们的专业成长。

（一）引导师范生理性地认识教育功能，保持合理的一般教育效能感

一般教育效能感是师范生有关教育能够在多大程度上促进学生发展的结果预期，它反映了师范生的基本教育理念。尽管师范生的教学效能感总体上对国考制度认同具有显著的预测能力，但一般教育效能感的影响非常小且很不稳定。在如表3-10所示的模型Ⅱ中，将一般教育效能感作为解释变量引入回归模型之后，R方的改变仅为0.001；在模型Ⅲ中，一般教育效能感的标准回归系数为负值。这说明，师范生的一般教育效能感越强，对国考制度的认同水平可能越低。在如表3-11所示的解释变量对制度认同各因子的回归模型中，一般教育效能感与国考制度价值认同和制度效力认同为负相关，与制度影响认同为显著正相关。也就是说，一般教育效能感越强的师范生更倾向于否认国考的合理性和有效性，但他们并不会因此而放弃从事教师工作的职业定向。既然他们认为国考不够合理、不太有效，那又为何还要选择教师职业呢？这其中可能包含许多情非得已的因素。如果真是如此，那么，即使将来走上教师工作岗位，能够真正地热爱教师工作并把它当作事业来对待吗？

为什么师范生的一般教育效能感越强，对国考制度的认同水平越低？可能的原因无外乎有二：其一，师范生的一般教育效能感虚高；其二，国考制度本身存在缺陷。大量学者对国考制度做出过论证，我们认为师范生的一般教育效能感很可能存在虚高的问题。教育究竟能够对学生发展产生多大的作用？师范生的一般教育效能感会随着年级的增高而呈现

下降趋势，大四略有回升。过高的一般教育效能感往往会让师范生在今后的教育实践中感受到较大的心理落差，反而不利于他们的专业成长。这需要教师教育者对师范生进行正确的理论引领，理性地认识教育功能，在教育无用论和教育万能论之间寻找均衡点，保持合理的一般教育效能感。

（二）培养师范生过硬的教育教学能力，不断地提高个人教学效能感

个人教学效能感是师范生对自我从事教育教学工作专业胜任力的判断和信念。如表3-10和表3-11所示，师范生的个人教学效能感对国考制度的整体认同、价值认同、效力认同和影响认同都具有显著的预测效果，并且呈正相关。也就是说，师范生的个人教学效能感越强，越倾向于赞成国考是教师资格制度改革的合理选择，它能够有效地测量教师申请者是否具备教师资格，并且会对他们未来的从教意愿产生正向的影响。因此，问题的焦点就转移到如何提高师范生的个人教学效能感。

个人教学效能感会受到师范生的教育教学能力和对自我教育教学能力的认知两个方面因素的影响。一方面，教师教育应当把提高师范生的教育教学能力始终作为工作的重中之重。只有以过硬的教育教学能力为基础，师范生的个人教学效能感才会是稳定、持久和有效的。教师教育不能没有理论引领，但空谈理论是不能解决问题的，因为教师教育的有效性需要从师范毕业生在工作岗位上的专业表现来反映。教师教育机构应当坚持资格导向，通过完善制度机制、改革培养模式、优化课程体系、创新教学方法、落实教学实践，切实保障师范生能够养成过硬的教育教学能力。另一方面，教师教育应当引导师范生形成积极的自我能力认知。一般来讲，个人教育教学能力越强，个人教学效能感也就越强。但是，也可能存在个人教育教学能力强（弱），但由于个人的不当认知和评价，个人教学效能感弱（强）。较强的个人教学效能感往往能够促进个人教学能力的提升，同时，较弱的个人教学效能感也会在相当程度上抑制个人教学能力的发展。因此，教师教育者应当引导师范生客观地评价自我教学能力，并通过积极的教学效能感来引领个人教学能力的提升，从而进入一个良性循环的轨道。

综上所述，师范生的教学效能感对其国考制度认同具有显著的促进作

用，效能感越强，则制度认同水平越高。在前文已经分析了制度认同水平对制度实施效果也是具有显著的促进作用的，问题的焦点集中到如何提升师范生的教学效能感。我们主张的切入点是高师院校通过组织变革来提升教师教育质量、改进教师教育绩效，从而保证国家教师资格制度改革的顺利实施和中小学教育教学质量的稳步提高。

第四章
创立、调整与重建：高师院校组织变革的历史脉络

一般将1902年京师大学堂师范馆的创立视作中国高等师范教育的发端，迄今已有116年的历史。想要简洁地梳理这一段历史中高师院校的组织变革，并不是一件容易的事情。我们试图从新制度经济学的理论视角出发，去寻找高师院校组织变革的制度逻辑。高师院校的产生不是偶然的，而是教育的内外部环境共同作用的结果。高师院校的组织变革与制度变迁之间也一定会存在某种程度上的契合。或者是学校组织变革要求教育制度变迁，或者是教育制度变迁迫使学校组织变革。前者由内而外，后者由外而内，方向不同但殊途同归。我们会从诸多历史事实中发现，这两者往往兼而有之。在本章，我们将从教育行政制度和学校组织结构这两个维度对我国高师院校组织变革的历史脉络进行梳理。

第一节 高师院校组织结构的创立与升格

在清末以前，中国没有专门培养教师的机构，往往由落榜士子或者退休官员担任教职。直到清朝末年，在教育救国的思潮之下，救国必先兴学，兴学必先育师，师范教育受到越来越多有识之士的重视。1897年，盛宣怀在上海首创南洋公学师范院，后于1903年关闭。1902年，官办的京师大学堂师范馆成立，标志着中国高等师范教育的肇始。

第四章　创立、调整与重建：高师院校组织变革的历史脉络

一　高师院校诞生的历史背景

自鸦片战争以来，中华民族进入了一个千年未有之大变局时代。在西方列强的坚船利炮面前，既无招架之功，更无还手之力，签订了一系列不平等条约，割地赔款、开放口岸、主权沦丧，国家走到了生死存亡的边缘。在这样的情势之下，一些有识之士开始求索各种国家图强的方略，如冯桂芬、王韬、郑观应和薛福成等主张通过发展工商业来振兴民族经济的实业救国思潮，魏源、康有为、谭嗣同、严复等主张传播和发展科学技术来强国富国的科学救国思潮，林则徐、魏源、徐继畬、蔡元培、张伯苓等主张发展教育革新民智的教育救国思潮。正如有学者所言："教育救国、实业救国和科学救国等思想，是在我国山河破碎、民族危亡的情况下产生的。它们的出发点是爱国教育和治国，希望通过发展经济、教育和科学文化使国家富强起来，挽救民族于危亡之中，并向现代化发展。"[1] 姑且不论单单依靠实业，或科学，或教育能否真正实现救国，这些思潮对近代中国的自我突围必定是具有非常重要的历史意义的。

无论是振兴实业还是发展科学，都离不开教育作为支撑。这一点显然得到了广泛的认可。在洋务运动中的有识之士看来，振兴实业、强国富民都需要先兴教育。1862 年，恭亲王奕䜣等上《奏设同文馆折》："欲悉各国情形必先谙其言语文字，方不受人欺蒙。各国均以重资聘请中国人讲解文义，而中国迄无熟悉外国语言文字之人，恐无以悉其底蕴。"[2] 1863 年，李鸿章上《请设外国语言文字学馆折》认为："伏惟中国与洋人交接，必先通其志，达其欲，周知其虚实诚伪，而后称物平施之效。……京师同文馆之设，实为良法，行之既久，必有正人君子奇尤异敏之士出乎其中，然后尽得西人之要领，而思所以驾驭之，绥靖边陲之原本，实在于此。……我中华智巧聪明，岂在西人之下。果有精熟西文，转相传习，一切轮船火器等技巧，当可由渐通晓，于中国自强之道似有裨助。"[3] 1867 年，奕䜣又上奏："夫中国之宜谋自强，至今日而已亟矣。识时务者，莫不以采西学、制洋器为自强之道。

---

[1] 丁守和：《实业救国、教育救国、科学救国思想的再认识》，《文史哲》1993 年第 5 期。
[2] 陈元晖编《中国近代教育史资料汇编　洋务运动时期教育》，上海教育出版社，2007，第 41 页。
[3] 陈元晖编《中国近代教育史资料汇编　洋务运动时期教育》，第 182～184 页。

疆臣如左宗棠、李鸿章等，皆能深明其理，坚持其说，时于奏牍中详陈之。……由此以观，是西学之不可不急为肄习也，固非臣等数人之私见矣。"① 梁启超在《论师范》一文中说："今之识时务者，其策中国也，必曰兴学校。"② 康有为在《请开学校折》中力陈："夫养人才，犹种树也，筑室可不月而就，种树非数年不荫，今变法百事可急就，而兴学养才，不可以一日致也，故臣请立学亟亟也。"③ 自洋务运动始，各类洋务学堂、书院、教会学校、留学教育等都获得了较大发展。

在教育发展的同时，教师短缺的矛盾异常尖锐。教师是保证教育活动正常运行的重要力量，"师道不立，而欲学术之能善，是犹种稂莠而求稻苗，未有能获者也"④。1896 年，梁启超在《论师范》中指出当时的教师状况，"其六艺未卒业，四史未上口，五洲之勿知，八星之勿辨者，殆十而八九也"①。1897 年，林乐知在《师范说》一文中指出："我西国学堂林立，择有益于子弟之师，约略计之，十百中不过一二人耳。"⑤ 可见，当时合格教师实在难求，而西式学堂中的洋教习又在语言、文化等方面存在较大差异，难以保障教学质量。兴学校，必先兴师范。梁启超主张，"师范学校立，而群学之基悉定"，"故欲革旧习，兴智学，必以立师范学堂为第一义"①。总之，在教育救国思潮之下，救国必先兴学，兴学必先育师，师范教育呼之欲出。

二 癸卯学制与优级师范学堂

1902 年，清政府颁布了由管学大臣张百熙主持下拟定的一系列学制改革文件，史称"壬寅学制"。这是中国教育史上的第一部由政府颁布的学制，但没有来得及实施就被新的学制代替，即 1903 年"癸卯学制"。如图 4-1 所示，"癸卯学制"主要由普通教育、师范教育和实业教育三大系统构

---

① 陈元晖编《中国近代教育史资料汇编　洋务运动时期教育》，第 48 页。
② 陈元晖编《中国近代教育史资料汇编　戊戌时期教育》，上海教育出版社，2007，第 79~81 页。
③ 陈元晖编《中国近代教育史资料汇编　戊戌时期教育》，第 112 页。
④ 陈元晖编《中国近代教育史资料汇编　戊戌时期教育》，第 79~81 页。
⑤ 陈元晖编《中国近代教育史资料汇编　戊戌时期教育》，第 43 页。

第四章　创立、调整与重建：高师院校组织变革的历史脉络

成。① 也就是说，从现代学制系统诞生之初，师范教育就是整个教育系统中的重要组成部分。

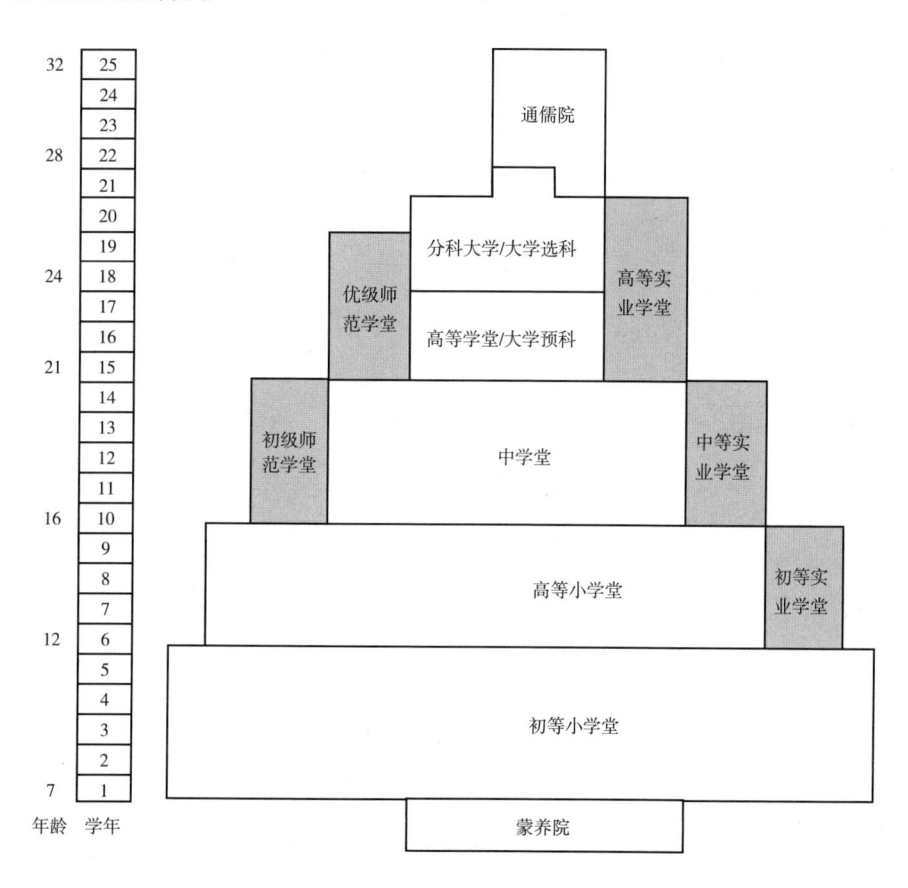

图 4-1　癸卯学制

从政府教育行政组织来看，根据《学部奏酌拟学部官制归并国子监事宜改定额缺折》的设计，"拟设左右丞各一员，左右参议各一员，参事官四员，分设五司十二科"。左右丞（秩正三品）佐尚书侍郎整理全部事宜并分别各司事务，左右参议（秩正四品）佐尚书侍郎核订法令章程审议各司重要事宜，参事官（秩正五品）佐左右参议核审事务。五司分别为总务司、专门司、普通司、实业司和会计司。其中，普通司设三科：师范教育科、中

---

① 舒新城编《中国近代教育史资料》，人民教育出版社，1981，第 226 页。

等教育科和小学教育科。师范教育科设员外郎一员、主事二员,其主要职责:"掌优级师范、初级师范学堂、盲哑学堂、女子师范学堂教科规程,设备规则,及关于管理员教员学生并学堂与地方行政财政有关系之一切事务。又凡通俗教育家庭教育及教育博物馆等事务均隶之。"① 在省级教育行政层面,根据《学部奏陈各省学务官制折》,每省设提学使(秩正三品)总理全省学务,其衙门设学务公所。学务公所分六课:总务课、专门课、普通课、实业课、图书课和会计课。其中,普通课对应学部普通司,司师范教育等职责。② 至此,从国家层面到省级行政,优级师范学堂的行政管理体制初步确立。

根据《奏定优级师范学堂章程》,优级师范学堂"令初级师范学堂毕业生及普通中学毕业生均入焉,以造就初级师范学堂和中学堂之教员、管理员为宗旨",其学制为"三年毕业"。③ 优级师范学堂的学习科目有公共科、分类科、加习科、专修科和选科。其中,公共科为学生必修,含8科,一年毕业;分类科设四类,三年毕业;加习科为学生自选,有10科,一年毕业;专修科和选科的学科程度及授业时刻由学堂酌定。(如图4-2所示)

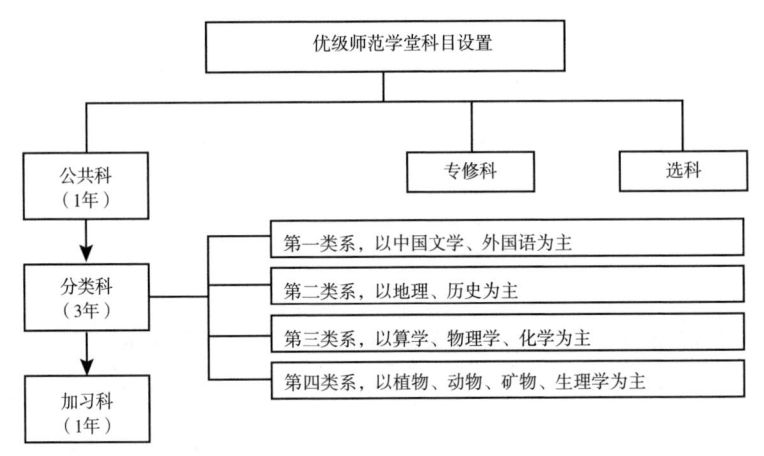

图4-2 癸卯学制规定的优级师范学堂科目结构

---

① 舒新城编《中国近代教育史资料》,第275页。
② 舒新城编《中国近代教育史资料》,第278页。
③ 璩鑫圭、唐良炎编《中国近代教育史资料汇编 学制演变》,上海教育出版社,2007,第419页。

第四章 创立、调整与重建：高师院校组织变革的历史脉络

从优级师范学堂的行政组织结构来看，监督①统辖学堂全部教育事务，下辖庶务部、斋务部、教务部、附属中学堂和附属小学堂五个部门，分别由庶务长、斋务长、教务长、中学办事官和小学办事官负责。教员、副教员和管书（掌理图书仪器等）对教务长负责，文案官（掌理文报公牍）、会计官（专司银钱出入）和杂务官（管理雇用人役、堂室器物、各种杂务）听命于庶务长，监学官（稽查学生出入、考勤、起居）和检察官（照料食宿、检视被服、卫生）听命于斋务长，中学办事官受监督之命管理附属中学堂各员及一切教育事务，小学办事官承监督之命管理附属小学堂各员及一切教育事务。（如图4-3所示）

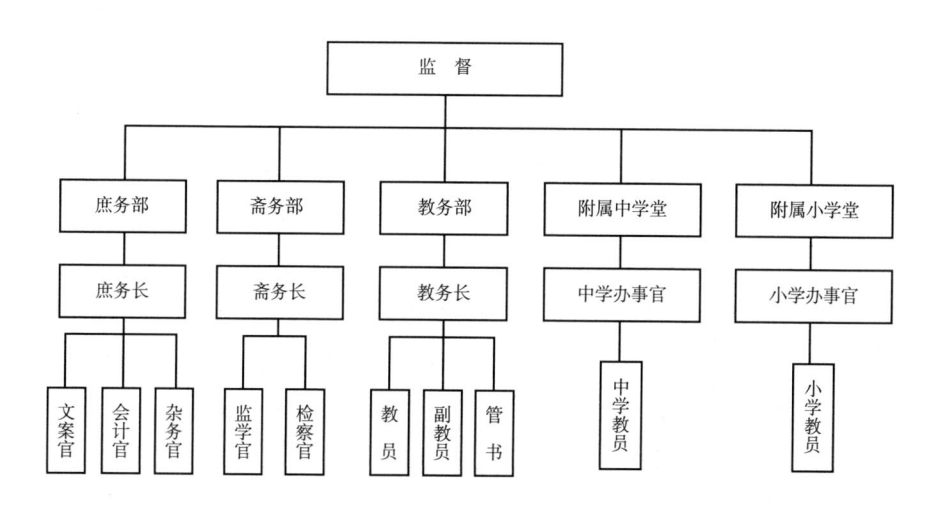

图4-3 癸卯学制规定的优级师范学堂行政组织机构

优级师范学堂的人才培养目标是中学堂和初级师范学堂的教员。根据《奏定任用教员章程》对教员的要求，初级师范学堂的培养目标则是小学堂教员。"以将来优级师范毕业考列最优等及优等"者担任普通中学堂和初级师范学堂的正教员，"以将来优级师范毕业考列优等及中等"者担任普通中学堂的副教员，"以将来优级师范毕业考列中等"者担任初级师范学堂的副教员。② 尽管癸卯学制建立起了较为明晰的师范教育系统，

---

① 此处的"监督"为学校管理职务。
② 璩鑫圭、唐良炎编《中国近代教育史资料汇编 学制演变》，第432~434页。

优级师范学堂获得了明确的地位，但是，学制初创，优级师范学堂发展缓慢。这至少有两方面的主要原因。其一，合格的生源稀缺。进入优级师范学堂公共科的学生"以在初级师范学堂及官立中学堂有毕业凭照者为合格；其私立中学堂之毕业学生，视其所学学堂之学科程度，经本省学务处验明与官立中学堂相等者，始准考录入学"[①]。根据癸卯学制，初等小学堂5年，高等小学堂4年，中学堂5年。如果从学制颁定开始入学（1903年），要14年后才能中学堂毕业，从而取得优级师范学堂的入学资格。《奏定优级师范学堂》也对应急之策做出了相应规定，在没有合格入学者时，"应酌选旧有学堂之优等生入公共科学习"；若该省原无学堂，"可精选本省举、贡、管理员之中学确有根柢，年在十八岁以上二十五以下者"[②]。其二，对毕业生的需求还不强烈。优级师范学堂以培养中学堂和初级师范学堂的教员为目标，但此时，中学堂和初级师范学堂的发展也才刚刚起步，规模还相对较小。根据光绪三十三年（1907）至宣统元年（1909）的统计资料，中学堂从419所增长到460所，中学生从31682人增长到40468人。[③] 同期，初级师范学堂从64所增长到91所，学生从6390人增长到8358人。[④] 在多方面因素作用下，优级师范学堂的发展也比较缓慢。1907年，全国仅在山东和江宁有两所完全科优级师范学堂，分别有学生77人和273人。1908年全国有5所优级师范学堂，1909年增长到8所。（详见表4-1）

以京师优级师范学堂为例管窥优级师范学堂的组织结构。京师优级师范学堂的前身为京师大学堂师范馆。1902年初，清政府任命张百熙为管学大臣，拟定学制，重建京师大学堂。他决定在京师大学堂办速成科，一是仕学馆，二是师范馆。师范馆学制四年，招收科举时的举人、贡生、廪生、监生

[①] 璩鑫圭、唐良炎编《中国近代教育史资料汇编 学制演变》，第429页。
[②] 璩鑫圭、唐良炎编《中国近代教育史资料汇编 学制演变》，第429页。
[③] 李桂林、戚名琇、钱曼倩编《中国近代教育史资料汇编 普通教育》，上海教育出版社，2007，第316页。
[④] 璩鑫圭、童富勇、张守智编《中国近代教育史资料汇编 实业教育 师范教育》，上海教育出版社，2007，第640~651页。

第四章　创立、调整与重建：高师院校组织变革的历史脉络

表4-1　1907~1908年全国中学堂、初级师范学堂和优级师范学堂发展概况

		光绪三十三年(1907)	光绪三十四年(1908)	宣统元年(1909)
优级师范学堂	完全科学堂(所)	2	5	8
	完全科学生(人)	527	1018	1504
	选科学堂(所)	12	16	14
	选科学生(人)	2603	3243	3154
	专修科学堂(所)	8	12	8
	专修科学生(人)	894	1678	691
初级师范学堂	完全科学堂(所)	64	81	91
	完全科学生(人)	6390	7243	8358
	简易科学堂(所)	179	110	112
	简易科学生(人)	15833	9332	7195
中学堂(所)		419	440	460
中学生(人)		31682	36364	40468

资料来源：根据璩鑫圭、童富勇、张守智编《中国近代教育史资料汇编　实业教育　师范教育》第640~651页相关数据整理而成。

和中学堂毕业生。师范馆于1902年12月17日正式开学，首批学生130余人。[1]这就是中国近代首批高师学生。1904年，京师大学堂成立优级师范科。1907年，京师大学堂优级师范科首届学生（即原师范馆学生）毕业。1908年，学部奏设优级师范学堂并派陈问咸为监督，清政府决定："京师大学堂优级师范科改为京师优级师范学堂，就厂甸五城学堂地方改建校舍，奏派陈问咸为监督。"[2] 1908年10月，北京优级师范学堂举行了第一次入学考试，录取80余名学生进入公共科，11月14日正式开学。此时，学校初创，规模尚小，其行政组织主要包括监督、教务长、庶务长和斋务长等（如图4-4所示）。陈问咸任监督，陈文哲任教务长，斋务长由王荣官担任，彭祖龄任庶务长。[3]

---

[1] 刘捷、谢维和：《栅栏内外：中国高等师范教育百年省思》，北京师范大学出版社，2002，第58页。

[2] 璩鑫圭、童富勇、张守智编《中国近代教育史资料汇编　实业教育　师范教育》，第758页。

[3] 璩鑫圭、童富勇、张守智编《中国近代教育史资料汇编　实业教育　师范教育》，第759~760页。

· 95 ·

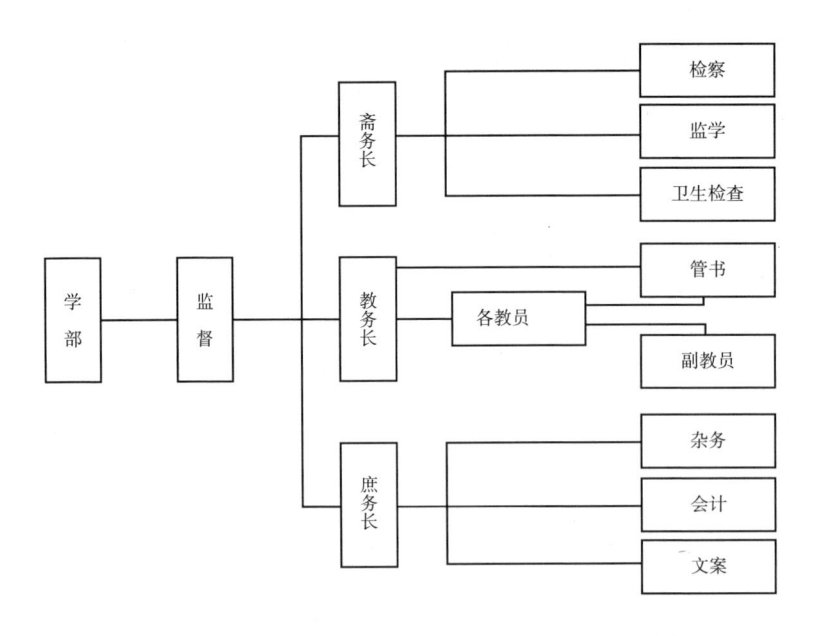

图 4-4　初创期京师优级师范学堂的行政组织机构

三　壬子癸丑学制与高师学校

1912年1月1日，孙中山就任中华民国南京临时政府大总统。随后，组建教育部，聘请蔡元培任教育总长。旋即着手拟订学校系统，在《教育部拟议学校系统草案》的前言中称："本部自成立以来，深维教育行政，经纬万端，必先以规定学校系统为入手之方法。承海内教育家投以意见书，各久盈尺，因归纳各家意见，并参酌列国陈规……惟集思广益，讨论不厌求详，现特将三种草案，先登报端，以供教育家之研究。"① 在之后的两年内，教育部陆续颁布了一系列的学校法令与规程，形成了新的教育学制系统，史称"壬子癸丑学制"。该学制的基本结构如图 4-5 所示，整个教育系统仍然以师范教育、普通教育和实业教育为主体。② 但是，与癸卯学制相比，壬子癸丑学制在教育方针、学校名称、学习年限等方面进行了较大调整。如，癸卯学制的初等小学 5 年、高等小学 4 年、中学堂 5 年，而壬子癸丑学制的

---

① 璩鑫圭、唐良炎编《中国近代教育史资料汇编　学制演变》，第639页。
② 舒新城编《中国近代教育史资料》，第228页。

初等小学 4 年、高等小学 3 年、中学堂 4 年，整个学制年限由 25 年缩短至 18 年。

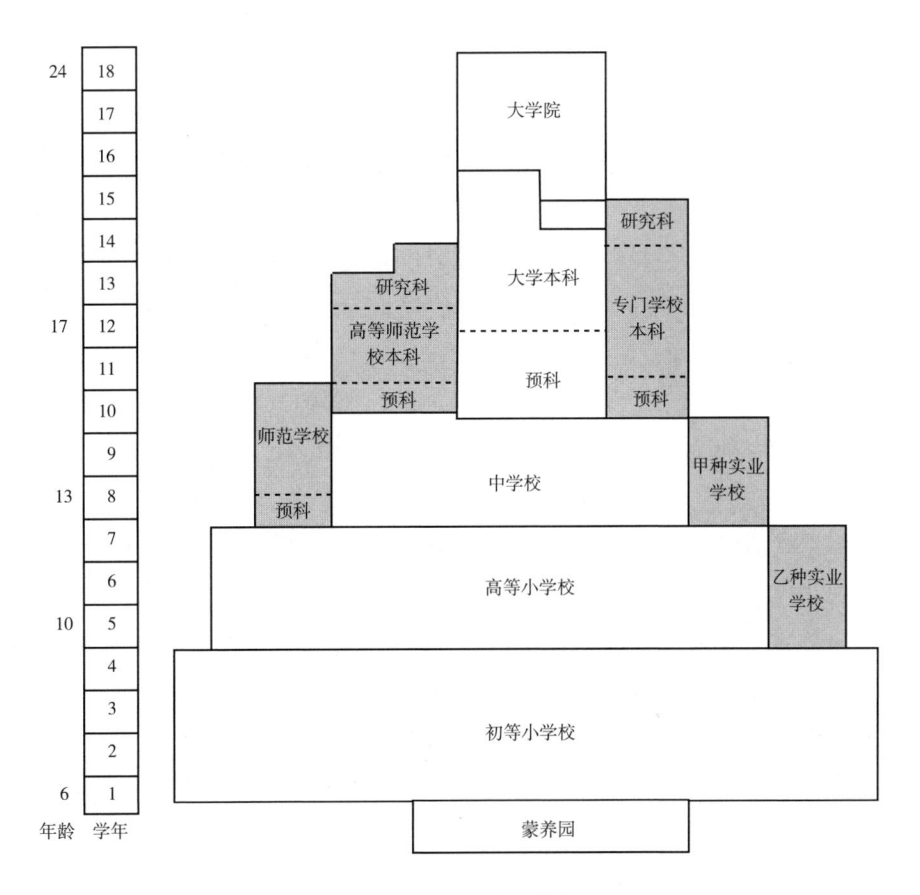

图 4-5　壬子癸丑学制

在政府教育行政方面，1912 年 1 月 9 日，南京临时政府教育部正式成立，在碑亭巷设立办事机关，部内组织极为简单，自总长至录事不过 30 余人，除总长、次长由政府任命外，其余概不呈请任命，统称部员，也无所谓分科办事。① 根据 1914 年 7 月《教育部官制》，教育部置总务厅、普通教育司、专门教育司和社会教育司。其中，"关于师范学校事项"由普通教育司

---

① 孙培青主编《中国教育史》，华东师范大学出版社，2000，第 357 页。

负责。① 1917年9月教育部公布《教育厅暂行条例》要求："教育厅分设各科，处理各项事务"，"前项分科之多寡，视事务之繁简定之，但至多不得逾三科"。② 较之清末时期的教育行政系统，民国初年的教育行政机构较为精简。

在1912年9月初颁布《学校系统令》之后，9月29日，教育部又公布了《师范教育令》。根据《师范教育令》，师范学校"以造就小学校教员为目的"，女子师范学校"以造就小学校教员及蒙养园保姆为目的"，高等师范学校"以造就中学校、师范学校教员为目的"，女子高等师范学校"以造就女子中学校、女子师范学校教员为目的"。师范学校定为"省立"，县立或私立师范学校需"由省行政长官报教育总长许可"，高等师范学校为"国立"，"由教育总长通计全国"。③ 1913年2月24日，教育部公布了《高等师范学校规程》。3月，教育部公布了《高等师范学校课程标准》。

根据《高等师范学校规程》，高等师范学校分预科、本科、研究科、专修科和选科。④ 预科招收师范学校、中学校毕业生，学习伦理学、国文、英语、数学、论理学、图画、乐歌、体操，1年毕业。本科由预科毕业生升入，学制3年，分国文部、英语部、历史地理部、数学物理部、物理化学部和博物部。与癸卯学制相比，本科由4部增加到6部。研究科由校长在本科及专修科毕业生中录取，学制1年或2年，就本科各部择二、三科目研究之。专修科学制2年或3年，选科2年以上、3年以下。（如图4-6所示）

教育是国家统一的重要基础。在1914年3月16日《教育总长呈大总统拟暂设高等师范六校为统一教育办法》中阐述道："今之国民未受教育者，居其大半，其余或受私塾教育，或受书报教育，或受不完全之学校教育，无统一之教育，则无统一之思想；国民无统一之思想，则不能构成完全统一之

---

① 舒新城编《中国近代教育史资料》，第287页。
② 舒新城编《中国近代教育史资料》，第291页。
③ 璩鑫圭、唐良炎编《中国近代教育史资料汇编 学制演变》，第670~671页。
④ 璩鑫圭、唐良炎编《中国近代教育史资料汇编 学制演变》，第725~728页。

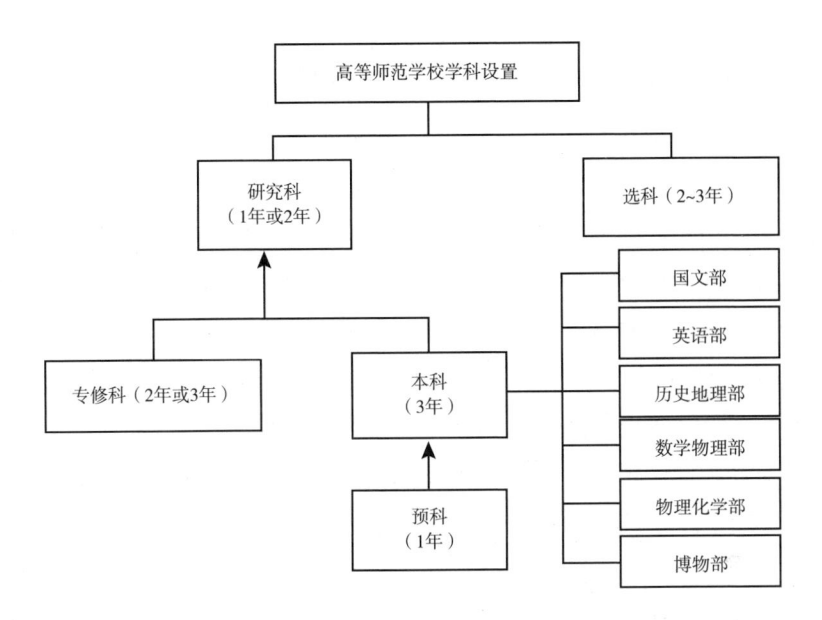

第四章　创立、调整与重建：高师院校组织变革的历史脉络

图 4-6　壬子癸丑学制规定的高等师范学校学科结构

国家。"① 高等师范学校既培养中学教员，也培养小学教员的教员（师范学校教员），因而高等师范学校受到政府部门的高度重视。"高等师范学校，为师范学校教员所自出，又为教育根本之根本。在前清时，由各省设立，办法不能完全，宗旨或有偏重，断无统一之可言。惟有将高等师范学校定为国立，由中央直辖，无论为校若干，悉以国家之精神为精神，以国家之主义为主义，以收统一之效。"② 1915 年 1 月 22 日，《特定教育纲要》中确定将全国大部分地区分为六大师范区。1916 年初教育部制定了一个更为详细的计划，将全国分为八大师范区，但是，蒙古区和新疆区因无高师配合无法落实。"高等师范学校同时负责本地区的教育发展，高师的校长应定期巡视当地的中小学校，指导地方学校改进教育质量。"③ 随后，对全国高等师范学校进行了部分调整，高师教育得到了一定发展。

---

① 璩鑫圭、童富勇、张守智编《中国近代教育史资料汇编　实业教育　师范教育》，第 827 页。
② 璩鑫圭、童富勇、张守智编《中国近代教育史资料汇编　实业教育　师范教育》，第 827 页。
③ 丛小平：《师范学校与中国的现代化：民族国家的形成与社会转型 1897—1937》，商务印书馆，2014，第 99 页。

民国初年，全国有高等师范学校14所，分别为国立北京高等师范学校、国立武昌高等师范学校、国立北京女子高等师范学校、国立成都高等师范学校、国立广东高等师范学校、国立南京高等师范学校、国立沈阳高等师范学校、奉天省立两级师范高等专修科、湖南省立高等师范学校、直隶省立高等师范学校、山东省立高等师范学校、江西省立高等师范学校、福建省立高等师范学校、河南省立高等师范学校。[1] 1915年，全国有高等师范学校10所，分别为北京高师、武昌高师、直隶高师、山东高师、河南高师、南京高师、湖南高师、四川高师、江西高师、广东高师，共有在校学生1917人。[2] 1918年，全国有高等师范学校6所，分别为北京高师、武昌高师、沈阳高师、南京高师、广东高师和成都高师，教员273人，在校学生2111人。[3] 到1922年，全国有高等师范学校7所，学生近3000人。

以北京高等师范学校为例分析高等师范学校的组织结构。1912年，京师优级师范学堂改为北京高等师范学校。此时，北京高等师范学校"只有英语、理化二部，本科预科及博物部预科，无附属中小学学校"[4]。1912年5月，教育部派陈宝泉任校长；7月，改五城中学堂为附属中学；9月，设附属小学校。从《北京高等师范学校校长陈宝泉呈拟维持现状办法大纲文》中可以看出，在民国初期，处于过渡时期的北京高等师范学校的组织结构仍以教务、斋务、庶务三项主要职能为中心，并设有附属中小学。[5] 到1918年，根据陈宝泉校长在教育部召开的全国高等师范学校校长会议上的报告，北京高等师范学校的组织结构发生了一些显著变化。"今于六部完全成立外，复有专攻专修等科，在学学生约达七百人。余如附属中学，现有九班学

---

[1] 潘懋元、刘海峰编《中国近代教育史资料汇编 高等教育》，上海教育出版社，1993，第680~681页。

[2] 璩鑫圭、童富勇、张守智编《中国近代教育史资料汇编 实业教育 师范教育》，第943页。

[3] 璩鑫圭、童富勇、张守智编《中国近代教育史资料汇编 实业教育 师范教育》，第937~942页。

[4] 璩鑫圭、童富勇、张守智编《中国近代教育史资料汇编 实业教育 师范教育》，第1021页。

[5] 璩鑫圭、童富勇、张守智编《中国近代教育史资料汇编 实业教育 师范教育》，第1017~1019页。

第四章　创立、调整与重建：高师院校组织变革的历史脉络

生约三百人，附属小学现有十二班，学生约六百人。"① 此时，北京高等师范学校的内部行政组织主要有教务、斋务、庶务、会计、卫生五课。前三课专设主任，会计课由庶务主任兼理，卫生课由校医任之。学校有议事机关三种：职员会议"集议学校各项事务"，教务会议"议关于教授事项"，训育会议"议关于训育事项"。此三种会议以预定期间行之，以校长为主席（如图 4-7 所示）。② 另外，学生组织在这一阶段有所发展。1915 年 4 月，由学校教职员和学生共同组织成立校友会。会长由校长担任，干事长、副干事长、主任干事均由教职员担任，学生只有担任干事的资格，还须经会长认定。1919 年 11 月 14 日，学校废除了学监制，成立了学生自治会。以前由学校管训的许多事情都改由学生自治会办理。③ 至此，高师学校中出现了全校性独立的学生组织，具有重要的历史意义。

到 1918 年，北京高等师范学校的学科组织结构已经具有了较为庞大的规模。根据陈宝泉校长的报告，本科六部已经齐备，另有预科、实习科、教育专攻科、手工图画专修科、体育专修科、师范教员养成所。④ 预科为储备入本科程度而设，初以合班授课，后将按部分班，期与本科课程衔接。实习科专为边省学生补充中学未足，修业一年，期满合格升入预科。教育专攻科意在输入德国教育学说以振兴国人教育思想，学生毕业可充教育或德语教员，四年毕业。手工图画专修科注重职业手工及图案画法，三年毕业。体育专修科除教各种体操外，加习中国武术和各项运动，以养成完全体育教员，两年毕业。师范教员养成所则应东北三省行政长官之要求而设，以国文、历史、地理为主，初拟两年毕业，后改为三年。

---

① 璩鑫圭、童富勇、张守智编《中国近代教育史资料汇编　实业教育　师范教育》，第 1021 页。
② 璩鑫圭、童富勇、张守智编《中国近代教育史资料汇编　实业教育　师范教育》，第 1022 页。
③ 北京师范大学校史编写组编《北京师范大学校史 1902—1982》，北京师范大学出版社，1984，第 55 页。
④ 璩鑫圭、童富勇、张守智编《中国近代教育史资料汇编　实业教育　师范教育》，第 1023 页。

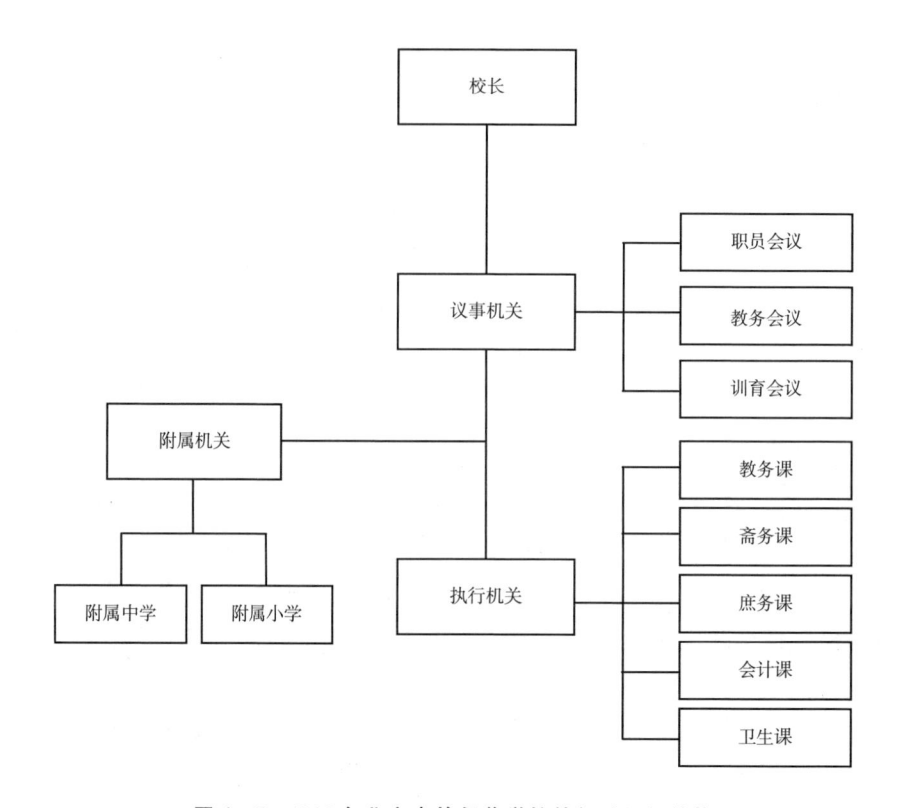

图 4-7　1918 年北京高等师范学校的行政组织结构

四　壬戌学制与高师改大运动

1922 年 11 月，大总统颁布施行了《学校系统改革案》，一个新的学制系统逐步确立（史称"壬戌学制"），高师院校的发展路径面临着新的变迁方向。根据该学制的规定①，整个教育体系分为初等教育、中等教育和高等教育三个阶段。6 岁前儿童入幼稚园，6 岁进入小学。小学校分为初级（4 年）和高级（2 年）。小学毕业可入师范学校，师范学校修业 6 年，同时，初级中学毕业生可升入师范学校修业 2 年或 3 年（即后期师范学校）。在高等教育阶段，设师范大学和师范专修科。学制规定："依旧制设立之高等师范学校，应于相当时期内提高程度，收受高级中学毕业生，修业年限四年，

---

① 璩鑫圭、唐良炎编《中国近代教育史资料汇编　学制演变》，第 1008~1012 页。

称为师范大学校。"① 师范大学独立设置，修业 4 年。师范专修科附设于大学校教育科或师范大学校或师范学校或高级中学，收受师范学校及高级中学毕业生，修业年限为 2 年。（如图 4-8 所示）

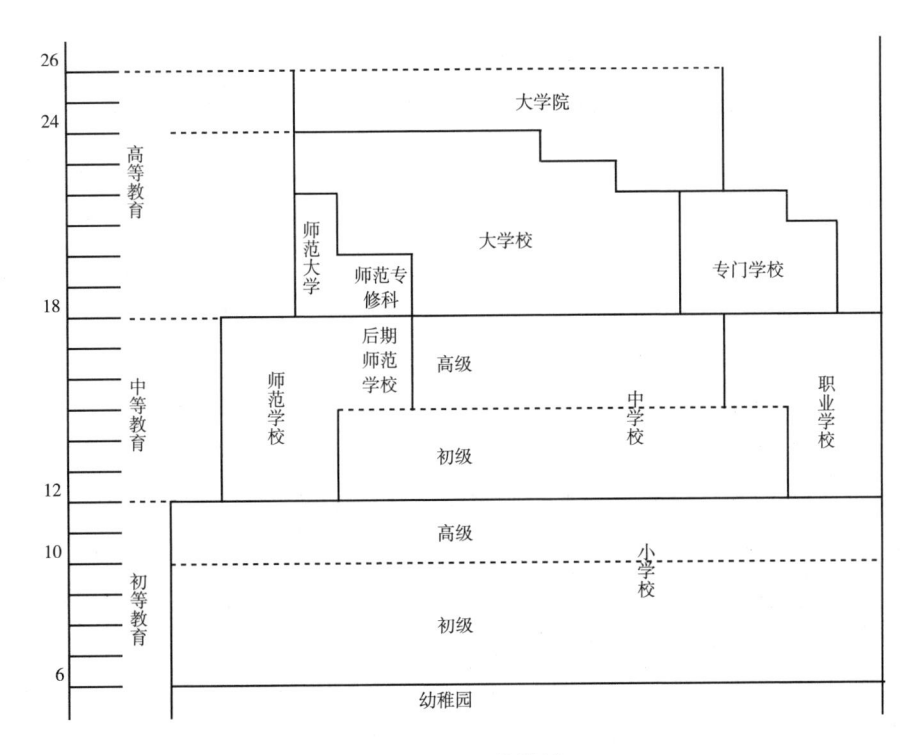

图 4-8　壬戌学制

自 1915 年湖南教育会提出《学校系统案》以来，高师院校的独立与合并之争就日益增多。从 1922 年壬戌学制来看，学制的制定在独立与合并之间进行了折中处理，可以合并，也可以单独设立。事实上，当时的 7 所高等师范学校，只有北京高师 1923 年升格为北京师范大学、北京女高师 1924 年升格为北京女子师范大学，两校于 1931 年合并为北京师范大学。其他 5 所高师学校成为综合性大学的下属学院或系科，如南京高师并入东南大学（后改为中央大学），成都高师并入成都大学（后改为四川大学），武昌高师改为国立武昌大学（后改为武汉大学），广州高师改为国立广东大学（后改为中山

---

① 璩鑫圭、唐良炎编《中国近代教育史资料汇编　学制演变》，第 1011 页。

大学），沈阳高师改为东北大学。因此，从1922年到1930年代初期，我国师范教育逐步开启了大学化的进程，形成了以大学举办教育学院为主的教师教育组织体系，而北京师范大学是硕果仅存的独立高师学校。下面我们分别以北京师范大学和四川大学为例来管窥这一历史时期的教师教育组织结构。

1922年10月，教育部召集了全国学制会议，北京高等师范学校提出改全国高等师范学校为师范大学案；11月，大总统颁布施行了《学校系统改革案》，北京高等师范学校奉教育部令筹备改组本校为师范大学，设筹备委员会。根据《1922年学校组织大纲》，学校课程分四年科和六年科两种，各学系学科分必修和选修两种。学籍管理实行学分制，"以每学生每周上课一小时及自修一小时至二小时历半年者，为一学分"，"入四年科者须学满一百八十学分，入六年科者须学满二百三十六学分，方得毕业"，"六年科毕业者，授以学士学位"。①

学校组织结构主要包括行政组织（校长、总务处、教务处）、会议（评议会、委员会和行政会议）和附属学校。校长总辖全校校务，校长室设秘书1人或2人、文牍书记若干人。总务处分庶务、会计、舍务、介绍、注册、仪器、出版等部，设总务长1人，各部主任各1人，各部事务书记若干人，图书馆和医院归属总务处。教务处设教务长1人，各学系主任各1人，各学系设教授讲师若干人。评议会主要对学校重要事项进行议决，9大委员会主要辅助学校各机关进行相关事项筹划，行政会议包括总务长主持的事务会议、教务长主持的教务会议和学系主任主持的学科会议。学校附属中小学和幼稚园各设主任一人（如图4-9所示）。② 至此，北京高等师范学校已经初步具备了一所大学应有的基本组织架构。

1923年7月，国立北京师范大学校正式成立。范源廉于1923年11月1日就任国立北京师范大学第一任校长。"改大"以后，学校的宗旨是"造就师范与中等学校教师及教育行政人员，并研究专门学术。本科学习4年，毕业者授予学士学位。本科分设教育系、国文系、英文系、史地系、数学系、物理系、化学系、生物系，并设体育专修科和手工图画专修科。其中，教育

---

① 朱有瓛主编《中国近代学制史料》第三辑（下册），华东师范大学出版社，1992，第593页。
② 朱有瓛主编《中国近代学制史料》第三辑（下册），第592~597页。

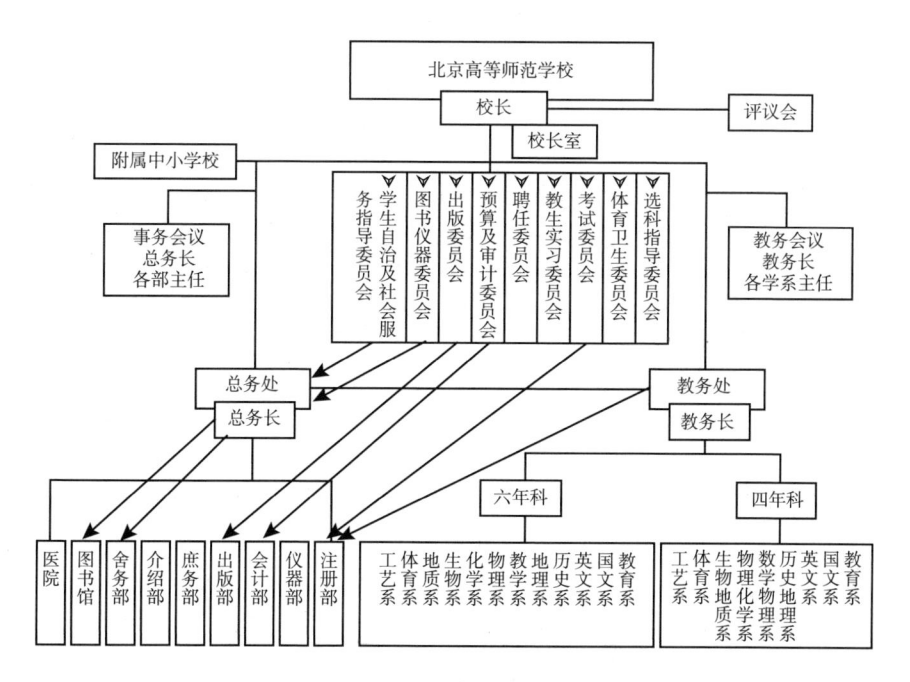

第四章 创立、调整与重建：高师院校组织变革的历史脉络

图 4-9 1922年北京高等师范学校组织结构

系为新设，史地系于1928年分为历史系和地理系，体育专修科于1930年改为体育系。[①] 1928年，国民党政府在北京推行大学区制，将北平地区9所大学合并为北平大学，北京师范大学改为北平大学第一师范学院，北京女子师范大学改为北平大学第二师范学院。大学区制实施以后，受到高校一致反对，一年后逐步恢复独立设置。1931年7月，北平师范大学与北平大学第二师范学院正式合组为国立北平师范大学，任命徐炳昶为校长，学校组织结构发生了一些新的变化。北平师范大学设教育学院、文学院和理学院。原第二师范学院的研究所改为研究院，原第一院附属中学改称北平师范大学附属中学南校，原第二院附属中学改称附属中学北校，原第一院附属小学改称第一附属小学，原第二院附属小学改称第二附属小学，原第二院附属幼稚园改称幼稚园。[②] 1932年秋，国际联盟教育考察团来中国考察。他们认为教师培养任务应当由大学中之文学院和理学院承担。此后，取消师范大

---

① 北京师范大学校史编写组编《北京师范大学校史 1902—1982》，第73~74页。
② 北京师范大学校史编写组编《北京师范大学校史 1902—1982》，第85页。

学的议论再起,论战异常激烈。最终,在国民党三中全会上,包括停办北平师范大学在内的那项提案未被通过。在通过的《确定教育目标与改革教育制度案》中,明确"师范大学应脱离大学而单独设立",北平师范大学得以保全。1933年8月,北平师范大学重新修订了《组织大纲》和《学则》,明确规定了学校的总任务是"以造就中等学校与师范学校师资为主,并以造就教育行政人员及研究教育学术与适用于教育之专门学术为辅"。[①] 与之相应,学校组织结构又得到了新的发展。最明显的变化是学院的建立,院系治理结构开始出现(如图4-10)。

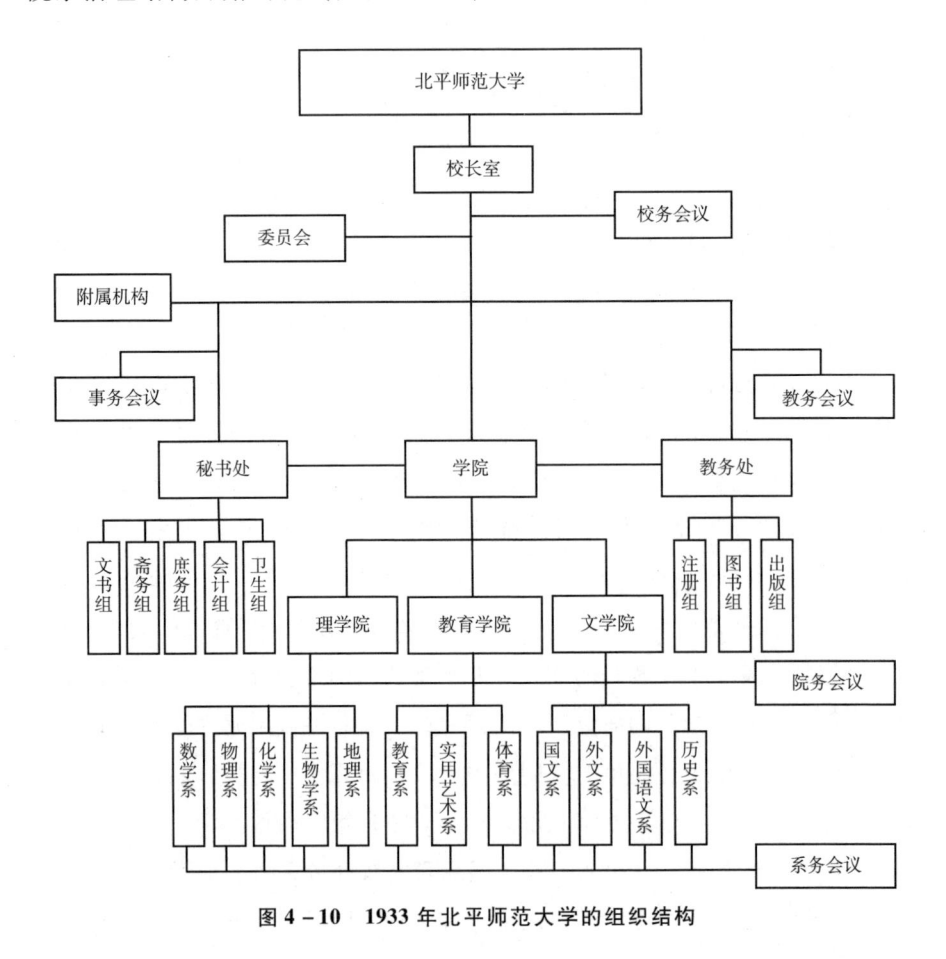

图4-10 1933年北平师范大学的组织结构

---

① 北京师范大学校史编写组编《北京师范大学校史1902—1982》,第96~97页。

第四章 创立、调整与重建：高师院校组织变革的历史脉络

北京师范大学是20世纪30年代唯一的师范大学，其他国立高等师范学校陆续并入综合大学。以四川大学为例，四川通省师范学堂在辛亥革命后先后更名为四川优级师范学校和四川高等师范学校，1916年与四川官立高等学校合并改名为成都高等师范学校。1926年国立成都高等师范学校分为国立成都大学和国立成都师范大学，五大专门学校在1927年合并组建公立四川大学。1931年11月，国立成都大学、国立成都师范大学、公立四川大学合并为国立四川大学，是当时国内13所大学之一。国立成都师范大学成为四川大学的一个组成部分，从而失去了独立存在的身份。20世纪30年代，四川大学设有5院15系、2个专修科和4所附属学校（如图4-11所示）。教育学院只是四川大学的五个学院之一，而且只设置了一个学系，显得非常单薄。[①] 这是20世纪30年代全国高等师范教育的主流组织模式。

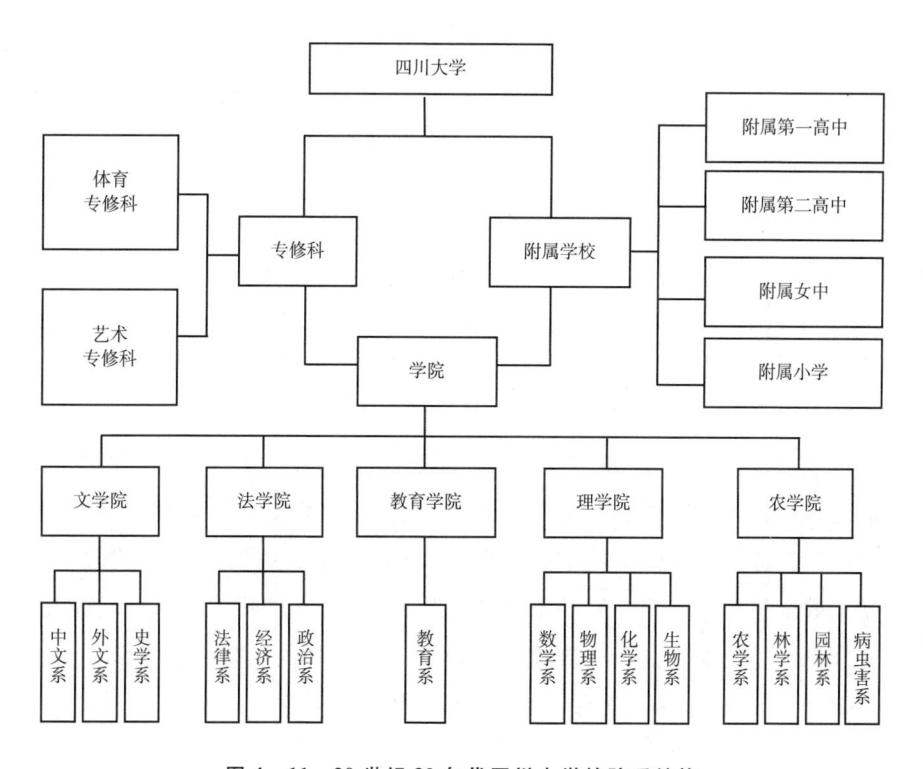

图4-11 20世纪30年代四川大学的院系结构

---

① 谢和平主编《世纪弦歌 百年传响：四川大学校史展》，四川大学出版社，2007，第89页。

第二节　高师院校组织结构的调整与破坏

在经历了壬戌学制掀起的高师院校改大学运动之后，高师院校的组织结构发生了巨大的变化。原高等师范学校纷纷并入综合性大学，成为综合大学中的学院或系部。到20世纪30年代初期，北平师范大学是硕果仅存的高师院校。按照当时的教育制度安排，师范学校承担小学教师的培养任务，大学（含高师院校）承担中学教师和师范学校教师的培养任务。当高师院校合并到综合大学之后，它为中学教育培养的教师数量无法满足当时快速发展的中等教育需要。这就是20世纪30年代中国教育所面临的一个现实问题。因此，对高师院校的改革与调整势在必行。

一　抗战时期高师院校的组织变革

到20世纪30年代后期，中学教师需求与高师院校教师培养供给能力之间的矛盾日益凸显。"据教育部统计，我国师资，实供不应求，应积极培植大量之优良师资，以奠定教育基础。此大量之优良师资，决非数所师范学院在短期内所能培植，应由各校教育学系共同训练。"[1] 这不禁让人们开始反思1922年新学制后高师院校改大学运动的合理性。经过长期争论，重建高等师范教育制度逐步为世人所公认。1938年4月，《战时各级教育实施方案纲要》就强调，"对于师资之训练，应特别重视，而亟谋实施。各级学校教师之资格审核与学术进修之办法，应从速规定，以养成中等学校德智体三育所需之师资，并应参酌从前高等师范之旧制而急谋设置"[2]。1938年7月，国民政府教育部颁布《师范学院规程》，规定单独设立师范学院，以养成中等学校健全的师资，修业年限加实习定为5年，并于同年筹建了第一所国立师范学院，选址湖南蓝田，廖世承为首任院长。师范学院逐步得到发展。[3] 到1939年初，师范学院已有数所，但师资紧缺的矛盾仍然显著。

---

[1] 李友芝、李春年、柳传欣、葛嘉训编《中国近现代师范教育史资料》第二册，内部资料，1983，第674页。

[2] 李友芝、李春年、柳传欣、葛嘉训编《中国近现代师范教育史资料》第二册，第389页。

[3] 王维新、陈金林、戴建国：《中国百年师范教育图志》，上海辞书出版社，2008，第116页。

第四章 创立、调整与重建：高师院校组织变革的历史脉络

1939年3月，第三次全国教育会议的众多议案都聚焦在高师院校的改革问题上。关于高师院校的宏观布局，教育部提交的《高等教育改进案》提出，"每一师范学院区，设师范学院一所。各师范学院，须兼负研究及辅导所在区域内中等教育之责任"。张凌高提出《请政府特许已立案之私立大学设立师范学院第二部辅助国立师范学院适应中等学校师资案》。在这次会议上，国立西北联合大学提出《师范学院应一律单独设立案》，该议案认为师范教育的教学方法不同于大学其他院系，"师范学院附设于大学之内，每易流于事权不一，责任不专，影响师资培养之品质"，故而师范学院应当在大学之外单独设立。尽管有这样的主张，但在当时的形势之下。将所有师范学院从大学独立出来还不是一件容易的事情，如四川大学就设置有师范学院。在这次会议上，国立四川大学还提出《改组大学内师范学院课程以改良中学师资素质而鼓励研究案》，主张师范学院课程设置不同于普通大学课程，应当包含高中教材和大学所授资料，师范学院高年级学生除学习教学之外，还需要学习研究。[①] 由此可见，进入抗战时期，我国高师院校的组织形式主要有独立设置的师范学院和大学内设的教育学院等，前者如国立西北师范学院（北京师范大学西迁之后的名称），后者如国立四川大学的教育学院。

1942年8月17日，国民政府教育部第33060号部令公布《修正师范学院规程》（下文简称《规程》，1946年12月9日再次修正）。《规程》进一步明确了高师院校的办学实体有单独设立的师范学院和大学中设置的师范学院。这在1948年的《大学法》中得到进一步明确，其中第四条规定，"师范学院应由国家单独设立，但国立大学得附设之。本法施行前已设立之教育学院，得继续办理"[②]。根据《规程》，独立师范学院院长由教育部聘任，大学师范学院院系由校长推荐两人呈请教育部择定一人聘任。师范学院设教务主任1人，综理全院教务；设主任导师1人，综理全院训导事宜；设事务主任1人，综理全院事务；各系和科设主任1人。师范学院各系修业年限5年，毕业授予学士学位。师范学院第二部招收大学其他学院性质相同学系毕

---

① 李友芝、李春年、柳传欣、葛嘉训编《中国近现代师范教育史资料》第二册，第675~677页。
② 李友芝、李春年、柳传欣、葛嘉训编《中国近现代师范教育史资料》第二册，第606页。

· 109 ·

业生，经一年专业训练，考试合格授予毕业证明书。职业师资科招收专科学校毕业生，授以一年专业训练，考试合格授予毕业证书。专修科招收高中或同等学校毕业生，三年学科及专业训练，考试合格则授予毕业证书。师范研究所招收师范学院毕业且有研究兴趣，或大学其他院系毕业有两年以上教学经验之中等学校教员，研究两年后，经硕士学位考试及格者授予教育硕士学位。教员进修班主要招收具有相当经验的小学、初中、高中教员，授以一年专业训练，期满考试及格，经教育部复核无异者，授予教员进修证明书。教学实习是师范教育的重要内容和显著特色。根据《规程》的课程规定，师范学院的课程有普通基本科目（52 学分）、教育基本科目（22 学分）、分系专门科目（72 学分）及专业训练科目（24 学分，含分科教材教法研究 8 学分和教学实习 16 学分），共 170 学分。为保障教学实习的有效落实，《规程》要求，"师范学院须附设中小学，藉供学生参观与实习"。[①]《规程》所规定师范学院的基本组织结构，如图 4 - 12 所示。

到 20 世纪 30 年代中后期，鉴于中等教育发展对师资的迫切需求，师范学院得到了发展。根据《第二次中国教育年鉴》，全国专科以上师范学校的数量：1938 年有 6 所，1940 年有 7 所，1942 年有 9 所，1945 年有 11 所，1946 年有 15 所。[②] 在这些师范学院中，西北师范学院（即北京师范大学）则是 1922 年新学制之后"硕果仅存"的一所高师院校，具有典型的代表性。

卢沟桥事变后，北平沦丧。1937 年 9 月，北平师范大学与国立北平大学、国立北洋工学院在陕西西安合组为国立西安临时大学。1938 年初，临时大学迁至汉中，并改称国立西北联合大学。不久，工学院独立，称国立西北工学院，设于古路坝；农学院也独立，称国立西北农学院，设于武功。1938 年 7 月，根据《战时教育实施方案》对设置师范学院的要求，西北联合大学的教育学院改为师范学院。师范学院设"国文、英语、史地、数学、理化、教育、体育、家政八系及劳作专修科"，"师范研究所（后改称教育

[①] 李友芝、李春年、柳传欣、葛嘉训编《中国近现代师范教育史资料》第二册，第 545~548 页。
[②] 李友芝、李春年、柳传欣、葛嘉训编《中国近现代师范教育史资料》第二册，第 788 页。

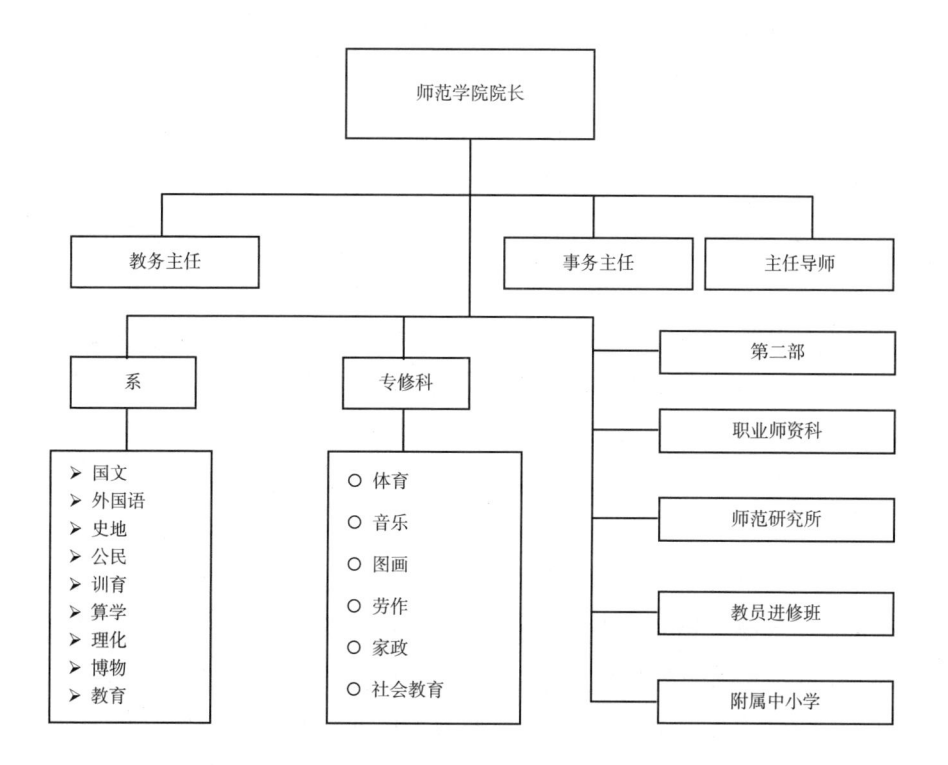

第四章　创立、调整与重建：高师院校组织变革的历史脉络

```
                    师范学院院长
          ┌─────────────┼─────────────┐
       教务主任         事务主任      主任导师
     ┌────┴────┐           ├──────── 第二部
     系       专修科         ├──────── 职业师资科
  ─国文      ○体育          ├──────── 师范研究所
  ─外国语    ○音乐          ├──────── 教员进修班
  ─史地      ○图画          └──────── 附属中小学
  ─公民      ○劳作
  ─训育      ○家政
  ─算学      ○社会教育
  ─理化
  ─博物
  ─教育
```

图 4-12　《修正师范学院规程》规定的师范学院组织结构

研究所）"。① 1939 年 8 月，师范学院从西北联合大学独立为国立西北师范学院，设于城固。李蒸任院长，黎锦熙任教务主任，袁敦礼任训导主任，汪如川任总务主任。院本部设在城固文庙旧县学内，在东关关帝庙设附属中学。此时，西北师范学院增设了公民训育系和博物系，全校共 10 系 1 科，还创设了"第二部"。② 与图 4-12 对比，西北师范学院对学校组织结构的这些调整与教育部的方针政策具有较高的一致性。1940 年，西北师范学院决定校址搬迁至甘肃兰州，到 1944 年 11 月全部搬迁完毕。此时，西北师范学院增设了 5 个专修科、劳作师资训练班、优良小学教师训练班和选修班，共有学生 1010 人，教员 159 人，职员 66 人。并设有附中、附

---

①　北京师范大学校史编写组编《北京师范大学校史 1902—1982》，第 112 页。
②　北京师范大学校史编写组编《北京师范大学校史 1902—1982》，第 113~114 页。

· 111 ·

小、附中师范部等机构。①

抗战胜利后,尽管受到国民党政府的阻挠,但最终被迫答应设立国立北平师范学院,西北师范学院学生可以无条件转入。1946年7月,国立北平师范学院在北平成立,由袁敦礼任院长。复员后的北平师范学院设立"国文、英语、历史、地理、数学、物理、化学、博物、教育、体育、音乐、家政等十二个系和一个劳作专修科。取消公民训育系,成立保育系",此外,还设立电化教育机构。② 早在兰州期间,西北师范学院师生为复员北平就组织了"复大委员会"。回北平后,名为北平师范学院。为了恢复北平师范大学,复大运动再起。1948年还专门派出代表到南京请愿。1948年11月,国民党政府才答应恢复国立北平师范大学的名称。

从四川大学来看,1941年,四川大学恢复师范学院。到1946年,四川大学拥有文学院、师范学院、法学院、农学院、理学院和工学院共6院25系科。其中,师范学院设有教育系、艺术专修科和体育专修科(如表4-2所示)。到1948年,四川大学师范学院有本科生280人。③ 由此可见,在抗战时期,四川大学始终肩负起了为中等教育培养师资的重任,但其规模相对较小。

表4-2 1946~1948年四川大学的院系设置情况

学院	系/科
文学院	中文系、外文系、史学系
师范学院	教育系、艺术专修科、体育专修科
法学院	政治系、法律系、经济系
农学院	农学系、森林系、农化系、园艺系、畜牧系、植物病虫害系、蚕桑系、农经系
理学院	数学系、物理系、化学系、生物系
工学院	航空工程系、土木水利系、化工工程系、机械电机系

---

① 北京师范大学校史编写组编《北京师范大学校史1902—1982》,第114页。
② 北京师范大学校史编写组编《北京师范大学校史1902—1982》,第123页。
③ 谢和平主编《世纪弦歌 百年传响:四川大学校史展》,第110页。

第四章　创立、调整与重建：高师院校组织变革的历史脉络

二　新中国成立初期高师院校的组织变革

解放之初，高师院校的组织改造工作迫在眉睫。以北平师范大学为例，1949年1月31日，北平解放。1949年2月27日，中国人民解放军北平市军事管制委员会（简称"军管会"）主任叶剑英签署命令，派文化接管委员会（简称"文管会"）代表到师范大学商议接管事宜。接管后立即宣布："取缔国民党、三青团等反动组织，取消国民党反动派训导制度，取消那些本来在解放前夕就已遭到学生抑制的《训育原理及实施》《三民主义研究报告》等反动课程。"① 1949年5月，文管会决定成立北平师范大学校务委员会，黎锦熙任校务委员会主席。任命傅种孙为教务长，陈兆蘅为总务长，旧有行政机构即告结束。设置学校最高权力机关，下设学习委员会、经济委员会和人事委员会。北平师范大学新的基本组织架构得以确立。另外，党团组织得到建立。1949年3月，中国新民主主义青年团师范大学总支部委员会成立，冒海天任总支书记。1949年9月，中共北平师范大学总支部委员会成立，刘明哲任总支书记。② 1949年9月，第一次全国政治协商会议确定首都为北平，改称北京。相应地，北平师范大学改称为北京师范大学。

新中国成立后，高等师范教育受到了党和政府的高度重视。在1949年12月教育部召开的第一次全国教育工作会议上就专门讨论了改革北京师范大学的问题。1950年1月17日，教育部第五次会议做出了《关于改革北京师范大学的决定》，确定北京师范大学的任务"主要是培养新中国中等学校的师资，其次是培养与训练教育行政干部"。1950年5月19日，教育部颁发了《北京师范大学暂行规程》（下文简称《规程》），再次明确规定了北京师范大学培养中等教育师资和教育行政干部、社会教育干部的中心任务。③ 根据《规程》，北京师范大学实行校长负责制。校长由中央人民政府教育部呈经政务院提请中央人民政府委员会任命。校长领导全校一切教学、行政事宜并代表学校，掌理全校教学计划及教学大纲，领导全校教师、学

---

① 北京师范大学校史编写组编《北京师范大学校史 1902—1982》，第134页。
② 北京师范大学校史编写组编《北京师范大学校史 1902—1982》，第135~136页。
③ 李友芝、李春年、柳传欣、葛嘉训编《中国近现代师范教育史资料》第二册，第876~881页。

生、职员、工警的政治学习,任免全校教师、职员、工警并核定其工资,核准校务委员会的决议。设副校长协助校长执行职务,设校长办公室并配备秘书二人。设教务处和行政处,分别在校长领导下主持全校教务和行政工作。各系科为教学行政的基层组织,各设主任一人,直接受教务长、副教务长领导。附属学校校长、图书馆馆长均在教务长、副教务长领导下开展工作(如图4-13所示)。教育部颁发的《北京师范大学暂行规程》构成了北京师范大学改革发展的基本依据,也是其他高师院校组织机构设置的基本准绳。到1952年院系调整前,北京师范大学共有中国语文、俄语、历史、地理、数学、物理、化学、生物、教育、体育卫生、音乐戏剧和美术工艺12个系。[①]

在新中国成立之初,全国有29所高等师范学校,其中,独立设置的高等师范学校17所,其余为隶属于大学中的教育学院和师范学院。此外,还有大学文学院设教育系32个。[②] 根据当时对中等教育发展的师资需求预测,还需要大力发展高等师范教育。1951年11月22日,教育部向政务院文化教育委员会报告第一次全国师范教育会议确定的高等师范学校调整和设置原则:每一大行政区至少设置一所师范学院,由大行政区教育部直接领导;现有大学中的师范学院或教育学院将逐步独立设置;师范学院教育系的主要任务是培养师范学校的教育学、心理学等科目教师,大学文学院教育系应逐步合并于师范学院;各省和大城市原则上设立1所师范专科学校,如有条件,也可设立师范学院;等等。[③] 由此拉开了1952~1953年高校调整的序幕,一个独立封闭的师范教育体系将逐步形成。

在院系调整过程中,一部分与师范教育关系不太密切的系科从高师院校调出,同时,将综合大学中的部分教育系科调入高师院校。以北京师范大学为例,1952年,中国人民大学教育学研究室和教育专修班、燕京大学教育系和辅仁大学都并入北京师范大学;音乐戏剧系的戏剧专业并入人民艺术剧院,美术工艺系改称图画制图系。1953年,体育卫生系从北京师范大学调

[①] 北京师范大学校史编写组编《北京师范大学校史1902—1982》,第139页。
[②] 刘捷、谢维和:《栅栏内外:中国高等师范教育百年省思》,第123页。
[③] 李友芝、李春年、柳传欣、葛嘉训编《中国近现代师范教育史资料》第二册,第1630页。

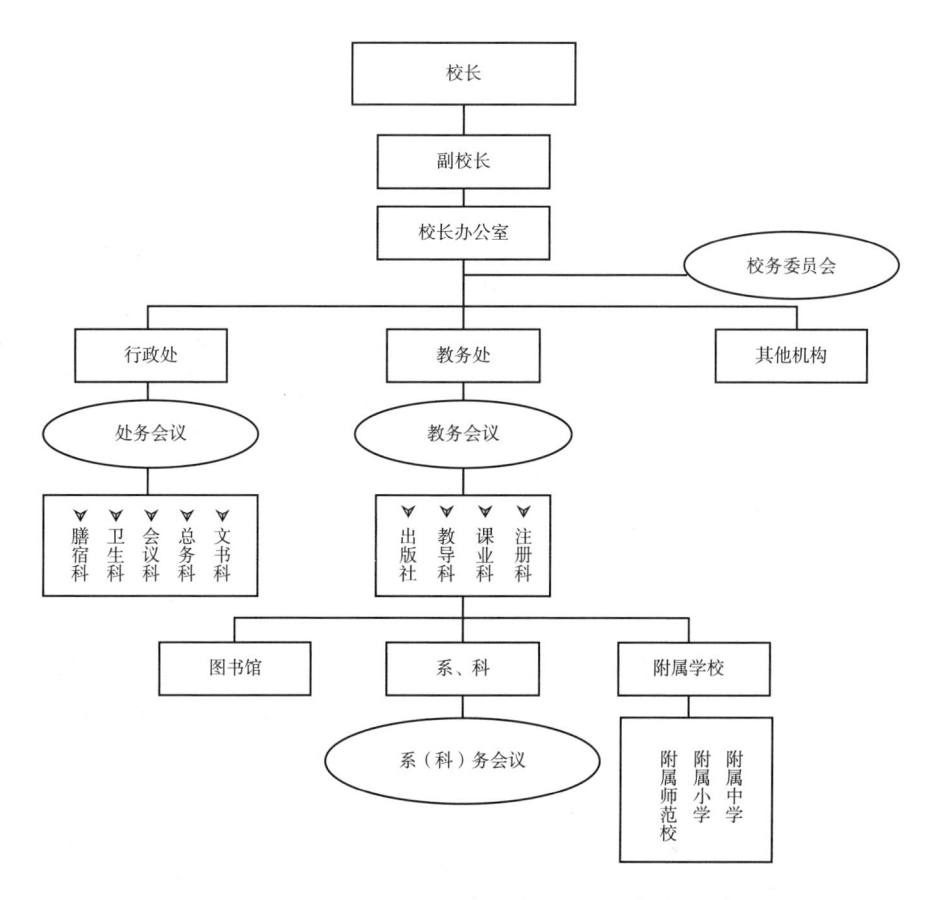

第四章 创立、调整与重建：高师院校组织变革的历史脉络

图 4-13 《北京师范大学暂行规程》规定的北京师范大学组织结构简况

入中央体育学院；新建了政治教育系。① 原国立四川大学具有长期的师范教育传统。1950 年，四川大学师范学院有教师 21 人（其中：教授 11 人），学生 307 人。1952 年，四川大学的教育系调入西南师范学院和四川师范学院。② 此类院系调整在全国范围内轰轰烈烈地展开，是一场规模浩大的高等教育改革。到 1953 年底，除农林、医药的系科尚须调整外，一般高等学校的调整工作基本完成。据 1953 年 10 月的统计，全国有高等院校 182 所，其中，综合大学 14 所，工业院校 38 所，师范院校 31 所，农林院校 29 所，医药院校 29 所，财经院校 6 所，政法院校 4 所，语文院校 8 所，艺术院校 15

---

① 北京师范大学校史编写组编《北京师范大学校史 1902—1982》，第 141~142 页。
② 谢和平主编《世纪弦歌 百年传响：四川大学校史展》，第 137、147 页。

所，体育院校4所，少数民族院校3所，其他院校1所。31所师范院校分别是北京师范大学、河北师范专科学校、河北师范学院、天津师范学院、山西师范学院、绥远师范专科学校、东北师范大学、沈阳师范学院、哈尔滨师范专科学校、大连师范专科学校、华东师范大学、南京师范学院、浙江师范学院、山东师范学院、江苏师范学院、安徽师范学院、福建师范学院、苏北师范专科学校、华中师范学院、华南师范学院、湖南师范学院、广西师范学院、河南师范学院、江西师范学院、西南师范学院、四川师范学院、贵阳师范学院、昆明师范学院、西安师范学院、西北师范学院、内蒙古师范学院。① 到1957年，全国有58所高等师范学校，设置专业21种，② 共有485个专业点，其中本科248个、专科237个。③

自1958年起，全国范围内掀起了一场声势浩大的"大跃进"运动。中共八大二次会议制定了"鼓足干劲，力争上游，多快好省地建设社会主义"的总路线，号召"在继续进行经济战线、政治战线和思想战线上的社会主义革命的同时，积极地进行技术革命和文化革命"。会后，全国城乡掀起了"大跃进"的高潮。④ 1958年5月30日，中共中央政治局扩大会议提出，应该有两种主要的教育制度和劳动制度："一种是现在的全日制的学校教育制度"，"现在工厂里面、机关里面八小时工作的劳动制度"；还有一种"半工半读的学校教育制度"和"半工半读的工厂劳动制度"。⑤ 教育的"大跃进"逐步成为漫延之势。从1957年到1960年，全国普通高师院校从58所增加到227所，高师院校的在校学生从114795人增长到204498人，招生数从33065人增长到77710人，毕业生从15948人增长到52636人。⑥ 在经济社会发展水平非常低的形势下，武断地推进教育"大跃进"，其必然结果是教育质量严重下滑。坚持教育与生产两条腿走路，探索半工半读教育形式固

---

① 中央教育科学研究所编《中华人民共和国教育大事记（1949—1982）》，教育科学出版社，1983，第90～91页。
② 21种专业：中国语言和文学、中国少数民族语文、俄语、英语、历史学、政治教育、学校教育、学前教育、教育学、数学、物理学、化学、生物学、地理学、体育、音乐、美术、图画制图、历史政治、数理、生化。
③ 刘英杰主编《中国教育大事典（1949—1990）》（上），浙江教育出版社，1993，第830页。
④ 中央教育科学研究所编《中华人民共和国教育大事记（1949—1982）》，第210页。
⑤ 中央教育科学研究所编《中华人民共和国教育大事记（1949—1982）》，第223页。
⑥ 刘英杰主编《中国教育大事典（1949—1990）》（上），第800页。

然具有其合理性，但过度冒进的做法必然难以达到其初衷。1960年5月举行的师范教育座谈会提出，要像办理综合大学那样办理高等师范院校，师范院校的科学研究要坚持为政治服务、为生产服务。

1961年9月15日，中共中央批准试行《教育部直属高等学校暂行工作条例（草案）》（简称"高校六十条"）。规定，"实行党委领导下的以校长为首的校务委员会负责制，充分发挥校长，校务委员会和各级行政组织的作用"。[①] 1961年10月，教育部召开全国师范教育会议，会议指出："高等师范不是办不办的问题，而是如何办好的问题。师范院校是培养师资的主要阵地，这个阵地要坚持。"[②] 这次会议对当时"停办师范院校"的论调做出了明确的回应，对高师院校的发展起到了促进作用。

以新乡师范学院（现名为"河南师范大学"）为例[③]，这一时期，高师院校的组织机构有党委组织、共青团组织、工会组织、民主党派组织和行政组织等。1957年3月28日，新乡师范学院召开了全院第一次党员大会，听取上届总支委员会的总结报告，选举产生学院第一届基层委员会书记、副书记和常委。学院党委设有党委办公室、组织部、宣传部、纪律监察委员会、统战部和武装部6个部门，数学系、物理系、化学系、生物系、行政、附中6个总支委员会和1个公共必修科直属支部（如图4-14所示）。[④]

与党委组织结构类似，共青团委设有团委办公室、组织部、宣传部、军体部、科研部5个部门，数学系、物理系、化学系、生物系、行政、附中6个总支部和2个直属团支部。1956年，学校工会由原来的教师、干部、工人和附中4个部门委员会增加为9个部门委员会，即数学系、物理系、化学系、生物系、公共必修科、教务、总务、行政和附中部门委员会。此外，学校还有中国民主同盟、中国国民党革命委员会、中国民主建国会等民主党

---

① 中央教育科学研究所编《中华人民共和国教育大事记（1949—1982）》，第298页。
② 中央教育科学研究所编《中华人民共和国教育大事记（1949—1982）》，第299页。
③ 1956年11月，学校由河南第二师范学院改称新乡师范学院。1985年6月，新乡师范学院改名为河南师范大学。
④ 河南师范大学校史编写修订组编《河南师范大学校史》，吉林人民出版社，2003，第72～84页。

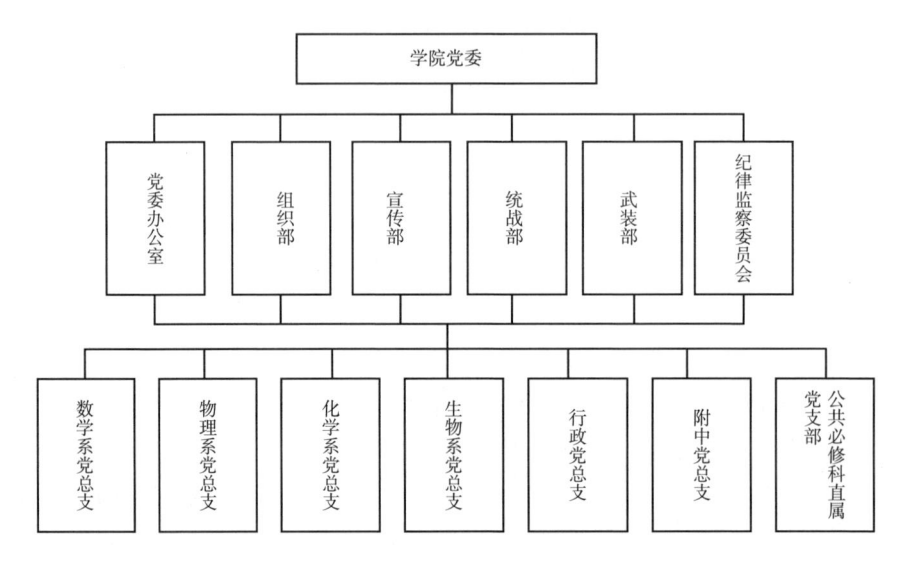

图 4-14　1956~1966 年新乡师范学院党委组织结构

派。① 从高师院校的行政组织结构来看，院长直接领导各行政机构，设置有秘书室、人事处、教务处、科研处、保卫部门、后勤部门、附属单位和图书馆。② 其中，后勤部门负责总务、财务、基建、伙食、卫生等项职能，附属单位主要有附属中学、职工子弟校和幼儿园。学校设有数学、物理、化学和生物 4 个系和 1 个公共必修科。数学系、物理系、生物系各有 6 个教研室，化学系有 5 个教研室，公共必修科设有马列主义教研室、教育教研室、外语教研室和体育教研室。（如图 4-15 所示）

从 1956 年到 1966 年新乡师范学院的组织结构可以看出，党委在高师院校组织体系中的领导地位逐步得到确立，学校行政在党委领导下推动高等师范教育的发展。新乡师范学院于 1962 年 4 月经省委批准建立了新的"院务委员会"。"院务委员会是学校集体领导机构，实行在党委领导下的以院长为首的院务委员会负责制"③。事实上，不仅仅是新乡师范学院，全国其他高师院校都在迅速做出响应，一个新的高师院校组织体系逐步形成。

---

① 河南师范大学校史编写修订组编《河南师范大学校史》，第 85~87 页。
② 河南师范大学校史编写修订组编《河南师范大学校史》，第 93~100 页。
③ 河南师范大学校史编写修订组编《河南师范大学校史》，第 60 页。

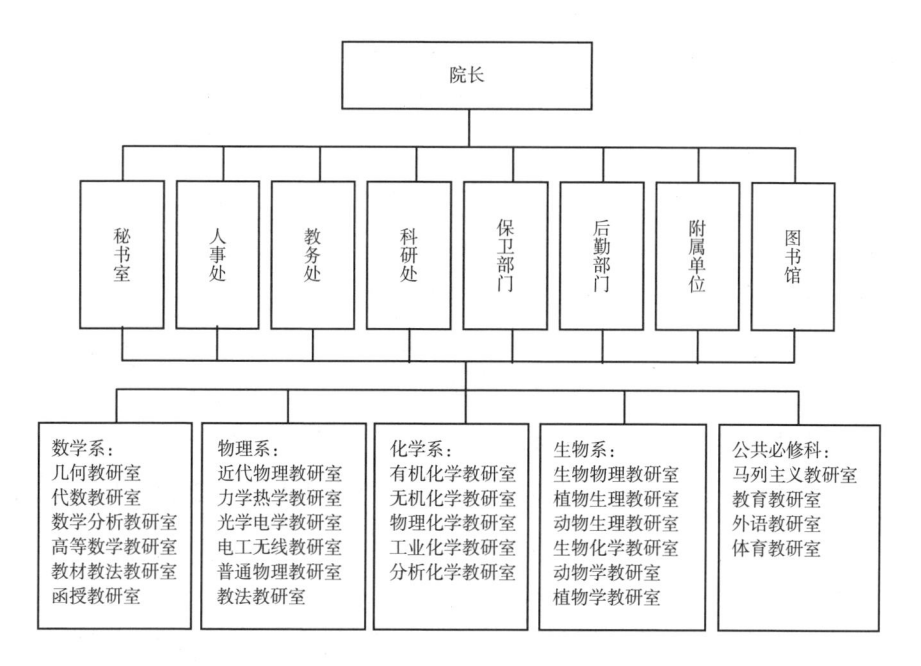

第四章　创立、调整与重建：高师院校组织变革的历史脉络

图 4-15　1956~1966 年新乡师范学院行政组织结构

三　"文革"时期高师院校的组织变革

在"文化大革命"期间，一方面是中等教育规模急剧扩张。到 1977 年，普通中学在校生数由 1965 年的 933.8 万人猛增到 6799.9 万人，增加 6.3 倍。其中，初中增加了 5.2 倍，高中增加了 13.8 倍。[①] 另一方面，以培养中学教师为中心任务的高师院校规模却并未显著扩大，并且一度处于萎缩状态。1965~1971 年，高师院校从 59 所减至 44 所，在校学生从 94268 人减至 16840 人。其中，1969 年，全国高师院校在校学生仅仅 2516 人，为新中国成立以来人数最少的一年。到 1976 年，高师院校的招生数也仅仅 109731 人。[②] 如果高师院校的发展没有与中等教育扩张相匹配，那么，这就有必要追问，中学教师是从哪里来的？据 1978 年统计，全国高中教师中，中等学校毕业及以下程度的占 46.80%；初中教师中，中等学校毕业及以下程度的

[①] 刘英杰主编《中国教育大事典（1949—1990）》（上），第 336 页。
[②] 刘捷、谢维和：《栅栏内外：中国高等师范教育百年省思》，第 138 页。

占 90.20%。① 由此可见，在"文化大革命"期间，中学教师队伍来源混乱，教师教学水平参差不齐，大量教师严重不合格。而这正是破坏高师院校教育制度、组织结构、教学秩序的必然结果。

在"文件大革命"时期，全国各地高师院校停止招生达5年之久，停招研究生12年。②从1966年到1976年，各级师范院校的教学、科研工作基本停顿，高师院校的组织机构受到严重摧毁，教学秩序受到严重破坏。以北京师范大学为例，党组织生活被停止，党员领导干部受到批判。学校的各级行政组织，共青团、工会、民主党派等组织都陷入了瘫痪状态，各级干部普遍受到批判和斗争。校系两级的教学组织，以及学校的各种规章制度、设施设备都遭到彻底破坏。从1966年6月到1973年8月，学校7年没有招生，教学科研陷入停顿。③1972年，北京师范大学只在数学、物理、化学、中文系举办短期师训班。1973年，中国人民大学的政治经济学、哲学和中共党史三系以及清史研究组、地理系外国经济地理教研室的大部分教师和后勤职工700多人并入北京师范大学。1973年9月，北京师范大学开始招收三年制本科生。之后几年，在"开门办学"的思想指导之下，学校的教育教学秩序也难以得到有效保障，存在"只开门、不办学"的问题，从而"带来了严重后果，造成教师业务荒疏，学生不刻苦学习，教学质量严重下降"。④

总之，"文化大革命"使全国高师院校的组织机构几近瘫痪、师生员工受到摧残、教育科研蒙受损失、校产设施遭到严重破坏，高等师范教育事业受到前所未有的重创。

第三节 高师院校组织结构的重建与发展

"文化大革命"给高等师范教育事业造成了重大破坏和损失。"文革"

---

① 教育部计划财务司编《中国教育成就统计资料（1949—1983）》，人民教育出版社，1984，第195页。
② 金长泽、张贵新主编《师范教育史》，海南出版社，2002，第117页。
③ 北京师范大学校史编写组编《北京师范大学校史 1902—1982》，第117~118页。
④ 北京师范大学校史编写组编《北京师范大学校史 1902—1982》，第182页。

第四章　创立、调整与重建：高师院校组织变革的历史脉络

后，经济社会发展的各个行业和领域都迎来了改革发展的"春天"，高师院校也获得了建设发展的"黄金期"。快速发展的高师院校为基础教育培养了大批合格师资，有力地支持了基础教育事业，对提高基础教育质量做出了巨大贡献。到20世纪90年代末，独立的高师教育体系逐步走向开放，高师院校纷纷通过合并、升格等方式实现综合化的转型。21世纪初，一个开放化、一体化的高师院校体系逐步建立，高师院校的组织结构又经历了一场深刻变革。

一　改革开放初期的师范教育形势

"文革"后，高师院校面临的社会处境发生了显著变化，被严重破坏的高师院校组织机构逐步得到恢复。其一，教育事业逐步被摆到优先发展的位置上。"文化大革命"对整个教育事业造成巨大的破坏，其后果是人才奇缺。1977年5月24日，邓小平同志在谈"尊重知识，尊重人才"问题时指出："我们要实现现代化，关键是科学技术要能上去。发展科学技术，不抓教育不行。靠空讲不能实现现代化，必须有知识，有人才。"[1] 1977年8月29日，《人民日报》刊登教育部理论组的文章：《教育必须大干快上》。文章指出："建设社会主义现代化强国，迫切需要大批又红又专的人才，这就要求教育大干快上。各级各类学校的发展速度要加快，发展规模要扩大，教育质量要提高。"[2] 实现社会主义现代化需要依靠科技，科技发展需要人才，人才成长需要依靠教育，而发展教育事业的根本依靠是教师。这正如邓小平同志所说："一个学校能不能为社会主义建设培养合格的人才，培养德智体全面发展、有社会主义觉悟的有文化的劳动者，关键在教师。"[3]

其二，中小学教师的社会地位明显提升。"两个估计"是"文革"时期套在教育工作者头上的大魔咒，教育战线拨乱反正的首要问题就是批判"两个估计"。1977年9月19日，邓小平与教育部部长刘西尧谈教育战线拨乱反正问题时指出，"'两个估计'是不符合实际的"，"要进行批判，划清

---

[1] 中央教育科学研究所编《中华人民共和国教育大事记（1949—1982）》，第492~493页。
[2] 中央教育科学研究所编《中华人民共和国教育大事记（1949—1982）》，第495页。
[3] 中共中央文献研究室编《邓小平论教育》，人民教育出版社，1995，第72页。

是非界限"。^① 同年10月5日，华国锋同志在中央政治局讨论会上谈教育工作问题时指出："二十八年教育工作，毛主席的革命路线占主导地位，错误路线是破坏干扰，教育工作者是有成绩的，作出了贡献的，'十七年黑线统治'这种说法要好好批，狠批'两个估计'。"[2] 此后，在全国范围内掀起了一股猛烈批判"两个估计"的热潮，教育工作者对社会主义现代化建设的贡献和职业地位逐步得到社会认可。1978年12月17日，经国务院批准，教育部、国家计委联合颁发《关于评选特级教师的暂行规定》，对特级教师的业务条件、政治条件、评选办法、审批程序等作了规定。到1982年1月，全国共评选出特级教师1113名。[3] 1984年底，北京师范大学著名教授钟敬文、启功、王梓刊等联名倡议每年9月为尊师重教月，9月中的一天为全国教师节。1985年1月21日，第六届全国人民代表大会常务委员会通过决定以9月10日为教师节。在当年的教师节庆祝大会上，北京师范大学教育系的同学们激动地打出了"教师万岁"的大幅标语。当教育和教师的社会价值与地位受到全社会的认可以后，教师教育必然会受到高度重视。

其三，师范教育的"工作母机"地位逐步得到认可。1977年，邓小平指出："师范大学要办好。省、市管的师范院校，教育部也要经常派人去检查。不办好师范教育，教师就没有来源。"[4] 1978年10月12日，教育部《关于加强和发展师范教育的意见》提出："要大力发展和办好师范教育，加强教师队伍的建设。各地要建立师范教育网，积极扩大招生。三五年内要在全国新建若干所师范学院。要力争在三五年内经过有计划的培训，使现有文化水平较低的小学教师大多数达到中师程度，初中教师和高中教师在所教学科方面分别达到师专和师范学院毕业程度。"[5] 这预示着一个独立封闭的师范教育体系将很快会得到恢复和重建。1980年6月27日，中共中央总书记胡耀邦在全国师范教育工作会议的部分代表座谈会上指出，师范教育是教

---

[1] 中央教育科学研究所编《中华人民共和国教育大事记（1949—1982）》，第497页。
[2] 中央教育科学研究所编《中华人民共和国教育大事记（1949—1982）》，第498页。
[3] 中央教育科学研究所编《中华人民共和国教育大事记（1949—1982）》，第535页。
[4] 中共中央文献研究室编《邓小平论教育》，第55页。
[5] 中央教育科学研究所编《中华人民共和国教育大事记（1949—1982）》，第531页。

育事业的"工作母机",是造就培养人才的人才基地。这次会议还提出,"高等师范院校本科培养中等学校的师资,师范专科学校培养初级中等学校师资,中等师范学校和幼儿师范学校培养小学师资和幼儿园师资"[①]。这次会议明确了师范教育的基本任务就是培养教师,当务之急就是建立一个健全的师范教育体系。

其四,教师在职培训体系逐步建立。1977年12月10日,教育部发布《关于加强中小学在职教师培训工作的意见》,要求除积极办好各级师范院校以外,要采取措施尽快切实地抓好在职教师培训,"要尽快建立健全省、地、县、社和学校的师资培训网。省(市、自治区)、地(盟、州)可建立教育学院或教师进修学院;县(旗)可建立教师进修学校;公社可建立培训站,不可设站的,要有专人负责"。[②] 1978年4月17日,经国务院批准,教育部发出《关于恢复或建立教育学院或教师进修学院报批手续的通知》,规定:恢复或建立教育学院或教师进修学院由省、市、自治区审批,报国务院备案,抄送教育部。1979年底,全国建立省级教育学院、教师进修学院34所,另有高师院校附设函授部44个。1986年底,在教育行政部门备案的教育学院已经达到262所。[③] 初步确立了一个与教师职前培养相对应的教师培训网络体系。省级教育学院或教师进修学院相当于师范学院,地市级教育学院或教师进修学院相当于师范专科学校,县级教师进修学校相当于中等师范学校,分别享受同等地位和待遇。

二 高师院校组织结构的恢复重建

在改革开放的大好形势下,我国高等师范教育获得了较快的发展。1978年,全国有高师院校157所,招生123996人,在校生249940人。到1987年,全国高师院校260所,招生189454人,在校生507963人。[④] 在这一时期,高师院校基本完成了组织结构的恢复与重建。

---

① 王维新、陈金林、戴建国:《中国百年师范教育图志》,第170页。
② 何东昌主编《中华人民共和国重要教育文献》,海南出版社,1998,第1588页。
③ 朱旭东、胡艳主编《中国教育改革30年:教师教育卷》,北京师范大学出版社,2009,第477~478页。
④ 刘英杰主编《中国教育大事典(1949—1990)》(上),第800页。

1979~1980年，北京师范大学的组织调整出现了一些新气象。学校恢复了各系所的行政机构，党的基层支部、总支、直属支部均通过民主选举产生了新的领导班子，民主选举了教研室主任和副主任。1979年5月，北京师范大学成立了学术委员会。它是在学校党委领导下的学术机构，由90名委员组成。1980年6月，学校成立北京师范大学高等教育学会，以加强教育科学研究。在此期间，各民主党派、群众团体、工会等组织都逐步得到恢复。学校的组织领导体制逐步实行"党委领导下的以校长为首的校务委员会负责制"，"系（所）实行系主任（所长）负责制，党总支（或支部）起保证监督作用"。① 1981年，北京师范大学被国务院批准为全国首批博士硕士学位单位，全校有博士学位授予权学科17个，硕士学位授予权学科42个。到1982年，北京师范大学设有教育、心理学、哲学、政治经济学、中国语言文学、历史、数学、物理、天文、化学、无线电电子学、生物、地理、体育、外语等15个系21个专业。外语系有英、俄、日3个专业，教育系有学校教育、学前教育专业，生物系有生物、生化专业，物理系有物理、核物理专业，还有图书馆学专业。此外，学校还设有若干研究所，3所附属中学，1所实验小学，1所实验幼儿园。②

20世纪80年代是师范专科学校的"黄金时代"，对我国发展高师教育和普及义务教育做出了重要的贡献。"文革"后，全国只有12所师范专科学校（简称"师专"）。他们是：张家口师专、常德师专、海南师专、晋东师专、湘潭师专、衡阳师专、烟台师专、泰安师专、临沂师专、赣南师专、雁北师专、肇庆师专。1979年，师专学校恢复到102所；1986年，"全国每个地区基本上有一所师专"；1989年，全国高师院校256所，其中有183所师专。③

以驻马店高等师范专科学校为例。"文革"后，教育事业受到党和国家的高度重视，教师培养与培训工作更是重中之重。在全国教育发展计划中，要求到1980年每个地区建立一所师范专科学校。1978年2月28日，中共驻马店地革委文教局委员会向中共驻马店地委请求，要求筹建驻马店地区教师

---

① 北京师范大学校史编写组编《北京师范大学校史1902—1982》，第201页。
② 北京师范大学校史编写组编《北京师范大学校史1902—1982》，第209页。
③ 王维新、陈金林、戴建国：《中国百年师范教育图志》，第179、183页。

第四章　创立、调整与重建：高师院校组织变革的历史脉络

进修学校，并在此基础上建设驻马店地区师范专科学校。1975年，驻马店地革委批准建立驻马店地区教师进修学校。根据批复，学校总规模36个班，容纳学生1600人。开设语文、数学、物理、化学、史地、外语等6个专业。学校分两期建成，第一期从1978年下半年开始，在教师短训班的基础上逐步建成中等专业学校；第二期从1982年开始，逐步办成师范专科学校。1984年5月21日，河南省人民政府发文同意将"驻马店地区师范大专班改为驻马店师范专科学校"，"实行省、地（市）双重领导，以地（市）为主"。① 至此，驻马店师范专科学校正式成立。

驻马店师范专科学校实行党委领导下的校长负责制。在建校之初，驻马店师范专科学校设置了党委办公室、组织部、宣传部、工会、团委、校长办公室、人事处、教务处、总务处、图书馆等党政办事机构，中文科、历史科、英语科、数学科、物理科、化学科、政治教育教研室、体育教研室等业务学科（室），医疗室、劳动服务公司等附属机构，行政党支部、文科党支部和理科党支部等3个基层党支部。② 随着学校的不断发展壮大，又陆续组建了新的组织机构。到20世纪90年代中期，学校的党委机构、行政机构、教学业务机构和附属机构更加健全。③ 其中，党委机构有纪委、办公室、组织部、宣传部、校报编辑部、工会、团委和15个基层党支部。驻马店师范专科学校的党委工作机构，如图4-16所示。

驻马店师范专科学校的行政机构有办公室、人事处、审计监察室、教务处、成人职业教育处、学生处、财务处、保卫处、总务处、开发中心和对外联络中心；教学业务机构有中文系、政教系、历史系、英语系、数学系、物理系、化学系、体育系、职业中专部、公修教研室、马列德育教研室、学报编辑部、图书馆、实验中心、电教中心、计算中心、语委办公室；附属机构有医疗所和幼儿园。驻马店师范专科学校的行政及教学、业务工作机构，如图4-17所示。

总之，在经历"文革"的严重破坏之后，自1977年始，一个涵

---

① 翟家庆主编《驻马店师范高等专科学校校史 1973—1997》，中州古籍出版社，1998，第11~12页。
② 翟家庆主编《驻马店师范高等专科学校校史 1973—1997》，第40页。
③ 翟家庆主编《驻马店师范高等专科学校校史 1973—1997》，第42~44页。

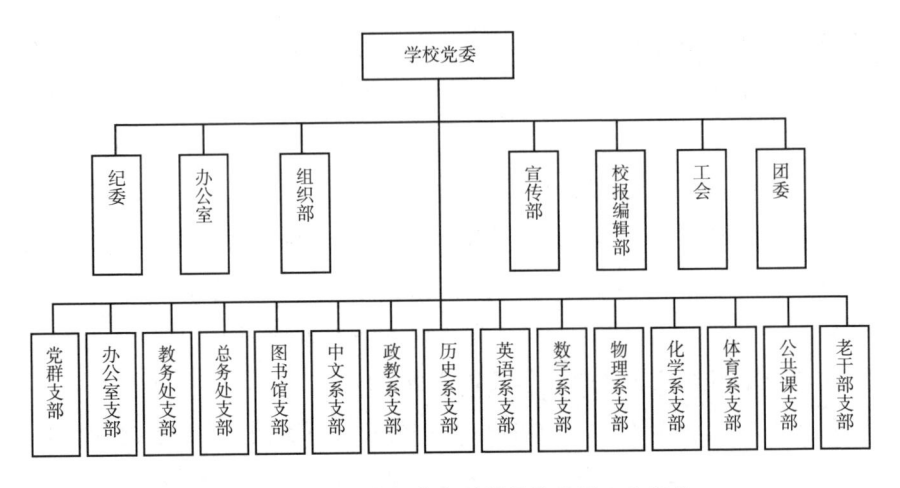

图 4-16　驻马店师范专科学校的党委工作机构

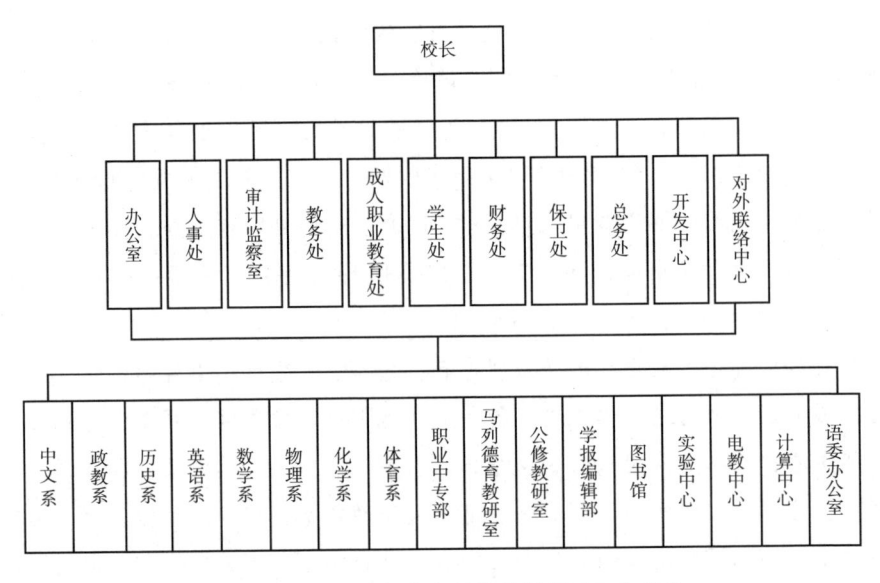

图 4-17　驻马店师范专科学校的行政工作机构

盖职前培养和在职培训的高师教育体系逐步建立，师范大学（学院）、师范专科学校、教育学院、教师进修学校等得到迅猛发展。高师院校内部的党委组织体系和行政组织体系逐步得到恢复重建，高师院校迎来改革发展的黄金期，对国家提出的义务教育发展目标做出了重要贡献。

三 高师院校组织结构的转型发展

20世纪80年代，有部分高师院校开始探索学校转型发展，从而形成了对独立职前教师培养体系的突破，如1982年江苏师范学院改名苏州大学，1984年武汉师范学院更名为湖北大学，定位于发展成为多学科性综合大学。这一时期，北京师范大学提出把北师大建成教育中心和科研中心的建校方针，华东师范大学开始办理非师范专业，其他高师院校也逐步开始效仿，高师院校的综合化拉开序幕。[①] 到20世纪90年代初，师范院校面向大学的综合化转型愿望越来越强烈。到20世纪90年代末期，综合化、开放化、一体化的高师教育体系已经成为大势所趋。1999年，《中共中央国务院关于深化教育改革，全面推进素质教育的决定》要求：调整师范学校的层次和布局，鼓励综合性高等学校和非师范类高等学校参与培养、培训中小学教师的工作，探索在有条件的综合性高等学校中试办师范学院。2001年，《国务院关于基础教育改革与发展的决定》指出：完善以现有师范院校为主体、其他高等学校共同参与、培养培训相衔接的开放的教师教育体系。加强师范院校的学科建设，鼓励综合性大学和其他非师范类高等学校举办教育院系或开设获得教师资格所需课程。至此，高师院校综合化转型的路径已然清晰。

世纪之交，高师院校综合转型蔚然成风。2001年，北京师范大学宣布：把北京师范大学建设成为"综合性、有特色、研究型的世界知名高水平大学"。2006年，北京师范大学的43个主要专业门类中，非师范专业占21个，其余专业均兼有培养师资和其他专业人员的职能。西南大学（2005年，由原西南师范大学和原西南农业大学合并组建）2006年招生的122个本科专业中，普通师范类专业18个，而非师范专业97个，另有7个职业教育师资专业。"从2006年的招生简单和招生计划看，原来的6所部属师范大学的非师范专业已经平均达到66.3%，师范大学的学科和专业综合化趋势明显。"[②] 在部属师范类高校的示范引领下，地方师范院校的转型步伐日益加快。一些

---

① 朱旭东、胡艳主编《中国教育改革30年：教师教育卷》，第56页。
② 朱旭东、胡艳主编《中国教育改革30年：教师教育卷》，第60页。

老牌省属师范大学重新定位学校办学目标，大力拓宽了办学专业。"华南师范大学2006年招生师范专业有20个，涉及中小学各个学科，非师范专业56个，涉及理、工、文、经济、金融、法律等专业；河北师范大学2006年招生专业有63个，其中39个专业具有培养教师的职能。上海师范大学师范专业13个，非师范专业30个，非师范占全部专业的69.8%。其他省属师范大学也是如此。就全国省属师范大学的平均值看，非师范专业占全部专业的62.07%。"[1] 大量师范专科学校升格为本科层次的师范学院，如，2000年，内江师范学院在原内江师范高等专科学校和原内江教育学院的基础上合并建立；2000年，乐山师范学院由原乐山师范高等专科学校、乐山教育学院合并升格；2002年，绵阳师范学院由原绵阳师范高等专科学校和绵阳教育学院合并组建；等等。这些学校合并升格后，尽管校名仍然保留了"师范"字样，但是，人才培养目标、办学职能、专业结构均显著综合化，形成了教师教育与非师范教育共同发展的态势。在高师院校通过举办非师范专业实现综合化的同时，也有部分综合院校涉足教师教育，如厦门大学、山西大学、延安大学、汕头大学、江汉大学、吉首大学、大连大学、聊城大学、延边大学、宁波大学、集美大学、南通大学、江苏大学、邯郸学院、衡水学院、宜宾学院、晋中学院、南京晓庄学院、运城学院，等等。这些学校往往在发展过程中，具有或多或少的师范教育传统。还有一些重点大学如北京大学、清华大学、武汉大学等也成立教育（科学）学院，培养高层次的教育研究和教育管理人才。此外，一些职业技术学院、艺术体育院校也参与教师教育。总之，自20世纪90年代末期以来，一个开放化的教师教育体系已经形成，高师院校的综合化转型已成事实，它们的组织变革必然以此为前提和基础。

从这一时期高师院校的组织结构来看，"文革"后恢复重建的党委和行政工作机构这两套体系仍然是高师院校组织结构的主体。有一点重要的变化是，"校－系"结构变迁为"校－院"结构。华南师范大学自1996年开始探索学院制改革。1996年6月，华南师大成立教育科学与技术学院，由教育系、心理学系、电化教育系、教育科学研究所、课程教

---

[1] 朱旭东、胡艳主编《中国教育改革30年：教师教育卷》，第62页。

第四章 创立、调整与重建：高师院校组织变革的历史脉络

材研究所和高等教育研究室6个系所组成。这是学校克服传统校、系管理体制"不能适应学科整合、资源共享、联合攻关等现代高等教育要求"的新举措，组建教育科学与技术学院是"实行学院制和发挥我校教育学科优势的一次重要尝试"。① 1999年末，华南师范大学组建成立教育科学学院、体育科学学院、外国语言文化学院。随后，经济与管理学院、人文学院、政法学院、生命科学学院、教育信息技术学院、信息光电子科技学院等陆续成立。② 到2002年，华南师范大学的学院制改革基本完成。

再以安徽师范大学为例，到2008年，该校的党群工作机构有办公室（党办校办）、组织部（党校）、宣传部（新闻中心）、统战部（港澳台处）、学工部（人武部）、研究生工作部、离退休工作处、教育工会、团委、机关党委、附属小学直属党支部、附属中学党委、新校区指挥部党支部、离休干部直属党支部、后勤集团党总支、图书馆党总支，以及其他二级学院党委；行政职能部门有学校办公室、发展与规划处、人事处、监察处、教务处（招生办）、学生工作处、保卫处、科研处、研究生学院、财务处、后勤与产业管理处、机关工作处；二级学院有文学院、政法学院、经济管理学院、音乐学院、美术学院、社会学院、教育科学学院、外国语学院、体育学院、数学计算机科学学院、物理与电子信息学院、化学与材料科学学院、国土资源与旅游学院、生命科学学院、环境科学学院和国际教育学院；附属单位有附属中学、附属小学、附属幼儿园；直属单位有继续教育学院、信息管理中心、图书馆、档案馆、学报编辑部、出版社编辑部和医院；临时机构有教学评估办公室、新校区建设指挥部和校庆办公室；此外，还有皖江学院、后勤集团和省高校师资培训中心。③

2000年，洛阳师范高等专科学校与洛阳教育学院合并组建洛阳师范学院。学校设置汉语言文学、历史学、思想政治教育、数学与应用数学、物理学、化学6个本科专业，到2006年，"学校本科专业及专业方向达到44个，

---

① 颜泽贤主编《华南师范大学校史》，广东高等教育出版社，2003，第220页。
② 颜泽贤主编《华南师范大学校史》，第221页。
③ 安徽师范大学校史编写组编《安徽师范大学校史1928—2008》，安徽人民出版社，2008，第360~361页。

· 129 ·

形成涵盖9大学科门类,以师范专业为特色、师范专业与非师范专业协调发展的专业格局"。① 在学校升格为本科师范院校之后,随即展开了对学校内部治理结构的改革,积极推进"系改院"工作,有序地将条件成熟的系组建为二级学院。到2006年,学校设有文学院、政法学院、历史文化学院、体育学院、美术学院、数学科学学院、音乐学院、外语系、计算机科学系、物理与电子科学系、化学系、教育科学系、生命科学系、管理科学系(马列教研部)、公共体育教研部、继续教育学院、国际教育学院和公共艺术教研部等19个二级院系组织。②

综上所述,到21世纪初,高师院校的组织结构变革已经基本完成了综合化转型的历史使命。但是,伴随着综合化转型带来的教师教育组织重建问题又开始显现。早在2005年,就有四川师范大学、南京师范大学、沈阳师范大学等高师院校探索建立教师教育专门学院(如教师教育学院,或教师专业发展学院)。但是,从最近10年来教师教育专门学院的建设情况来看,教师教育专门学院的建设路径和方式呈现多样化的特征,而且都还面临着不同程度的改革困难。如何在综合化的现代大学制度中定义和建设教师教育组织是当前高师院校组织变革的一个重要课题。

---

① 贺巷超主编《洛阳师范学院校史》,河南大学出版社,2006,第327页。
② 贺巷超主编《洛阳师范学院校史》,第328~336页。

第五章
体系、转型与多元：高师院校组织变革的现实基础

在经历了从师范教育向教师教育的转型之后，一个日益开放多元的高师院校体系逐步建立起来，成为培养中小学教师的主体力量。除了高师院校，还有综合院校和其他专业院校也参与了高等教育层次的教师培养，教师教育高校系统的边界充满了模糊性和不确定性。从广义上讲，高师院校包括所有培养专科、本科或研究生层次中小学教师和职业学校教师的高等院校。这就涵盖了北京大学、清华大学、南京大学、浙江大学、厦门大学等进入首批教育博士试点单位的综合大学。尽管它们参与了教师教育，但是，把这些大学列入高师院校难以被人们接受。在本书中，我们所研究的高师院校以培养专科、本科或研究生层次中小学教师或职业学校教师为主要职能，并且在学校名称中包含"师范"称谓的高等院校。从学校组织来看，基于不同的历史积淀、传统优势和发展定位，高师院校演化出了不同类型的组织模式。这体现了高师院校结合新的时代背景进行的大胆尝试与创新，为培养适应新时代要求的合格师资做出了重要贡献。但是，处在从单一封闭体系向多元开放体系的急剧转型期，高师院校的组织变革也还有诸多需要进一步探索和解决的难题。

第一节 全国高师院校体系的构成

根据教育公布的2016年全国高校名单，截至2016年5月30日，全国

高等学校共计2879所。其中，普通高等学校2595所（含独立学院266所），成人高等学校284所。① 在2595所普通高等学校中，校名含"师范"的高校共220所。其中，师范大学45所，师范学院72所，师专学校65所，独立学院38所。由于独立学院属于民办高等教育，侧重于与地方经济社会发展紧密结合的应用型本科专业，其教师教育特色不太明显。在此，我们所考察的高师院校包括师范大学、师范学院和师专学校，而不包括独立学院。

一 高师院校的地域布局

全国从事专科及以上层次教师教育的高师院校有182所。从这182所高师院校的地域分布来看，东部11省市有59所，中部8省有65所，西部12省市区有58所。东部的江苏省、中部的安徽省和河南省、西部的四川省和贵州省高师院校数量达到或超过10所，其余省市区高师院校低于10所（详见表5-1）。

表5-1 全国高师院校的地区分布情况

单位：所

地区	省份	数量	合计
东部地区	北京	2	59
	天津	2	
	河北	9	
	辽宁	9	
	上海	2	
	江苏	11	
	浙江	3	
	福建	7	
	山东	5	
	广东	7	
	海南	2	

---

① 资料来源于中国教育在线。http://gaokao.eol.cn/html/g/mingdan/，2016-08-20。

续表

地区	省份	数量	合计
中部地区	黑龙江	7	65
	吉林	7	
	山西	8	
	安徽	10	
	江西	9	
	河南	11	
	湖北	6	
	湖南	7	
西部地区	内蒙古	3	58
	广西	7	
	重庆	4	
	四川	10	
	贵州	10	
	云南	7	
	西藏	1	
	陕西	4	
	甘肃	5	
	青海	1	
	宁夏	2	
	新疆	4	

二 高师院校的学校类型

（一）师范大学

全国有45所师范大学，这些师范大学处于整个高师院校体系的顶层位置，能够培养研究生、本科、专科层次的教师。从全国师范大学的地区分布来看，东部地区有19所，中部地区有15所，西部地区有11所。其中，吉林、安徽和江西各3所，北京、天津、辽宁、上海、湖北、江苏、浙江、福建、山东、四川各2所，河北、山西、内蒙古、黑龙江、河南、湖南、广东、广西、海南、重庆、贵州、云南、陕西、甘肃、青海、新疆各1所，西藏和宁夏没有师范大学（如表5-2所示）。从办学定位来看，天津职业技术师范大学和江西科技师范大学2所高校是以培养职业教育师资为主要目标的师范大学，其余师范大学以培养基础教育师资为主要办学定位。有"985"高校2所，分别是北京师范大学和华东师范大学；有"211"高校8所，分别是北京师范大学、华东师范大学、东北师范大学、华中师范大学、陕西师范大学、湖南师范大学、南京师范大学、华南师范大学；有部属高校5所，分别是北京师范大学、华东师范大学、东北师范大学、华中师范大学、陕西师范大学，其余为省属师范大学。

表5-2 全国师范大学设置概况

序号	院校名称	所在地	隶属关系
1	北京师范大学	北京	部属
2	首都师范大学	北京	省属
3	天津师范大学	天津	省属
4	天津职业技术师范大学	天津	省属
5	河北师范大学	河北	省属
6	辽宁师范大学	辽宁	省属
7	沈阳师范大学	辽宁	省属
8	华东师范大学	上海	部属
9	上海师范大学	上海	省属
10	南京师范大学	江苏	省属
11	江苏师范大学	江苏	省属
12	浙江师范大学	浙江	省属
13	杭州师范大学	浙江	省属
14	福建师范大学	福建	省属
15	闽南师范大学	福建	省属
16	山东师范大学	山东	省属
17	曲阜师范大学	山东	省属
18	华南师范大学	广东	省属
19	海南师范大学	海南	省属
20	哈尔滨师范大学	黑龙江	省属
21	东北师范大学	吉林	部属
22	吉林师范大学	吉林	省属
23	长春师范大学	吉林	省属
24	山西师范大学	山西	省属
25	安徽师范大学	安徽	省属
26	淮北师范大学	安徽	省属
27	安庆师范大学	安徽	省属

续表

序号	院校名称	所在地	隶属关系
28	江西师范大学	江西	省属
29	赣南师范大学	江西	省属
30	江西科技师范大学	江西	省属
31	河南师范大学	河南	省属
32	华中师范大学	湖北	部属
33	湖北师范大学	湖北	省属
34	湖南师范大学	湖南	省属
35	内蒙古师范大学	内蒙古	省属
36	广西师范大学	广西	省属
37	重庆师范大学	重庆	省属
38	四川师范大学	四川	省属
39	西华师范大学	四川	省属
40	贵州师范大学	贵州	省属
41	云南师范大学	云南	省属
42	陕西师范大学	陕西	部属
43	西北师范大学	甘肃	省属
44	青海师范大学	青海	省属
45	新疆师范大学	新疆	省属

（二）师范学院

全国有师范学院72所，这些高校处于整个高师院校体系的中间位置，主要培养本科、专科层次教师，少数具有研究培养资格。从全国师范学院的地区分布来看，东部地区有19所、中部地区有25所、西部地区有28所。可以看出，师范大学在东部地区设置较多、中部次之、西部最少，而师范学院则是西部地区设置较多、中部次之、东部较少。

如表5-3所示，河南省有7所师范学院，河北、四川和贵州分别有5所师范学院，江苏、广东、广西和云南分别有4所师范学院，吉林、安徽、湖北、湖南、陕西分别有3所师范学院，福建、黑龙江、山西、江西、重庆、甘肃分别有2所师范学院，辽宁、浙江、山东、海南、内蒙古、宁夏、新疆分别有1所师范学院。

表 5-3 全国师范学院设置概况

地区	省市区	数量（所）	师范学院
东部 （19所）	河北	5	河北民族师范学院、唐山师范学院、廊坊师范学院、沧州师范学院和河北科技师范学院
	辽宁	1	鞍山师范学院
	江苏	4	淮阴师范学院、盐城师范学院、南京特殊教育师范学院、江苏第二师范学院
	浙江	1	湖州师范学院
	福建	2	宁德师范学院、泉州师范学院
	山东	1	齐鲁师范学院
	广东	4	韩山师范学院、岭南师范学院、广东技术师范学院、广东第二师范学院
	海南	1	琼台师范学院
中部 （25所）	黑龙江	2	牡丹江师范学院、大庆师范学院
	吉林	3	通化师范学院、吉林工程技术师范学院、白城师范学院
	山西	2	太原师范学院、忻州师范学院
	安徽	3	阜阳师范学院、淮南师范学院、合肥师范学院、
	江西	2	上饶师范学院、南昌师范学院
	河南	7	信阳师范学院、周口师范学院、安阳师范学院、南阳师范学院、洛阳师范学院、商丘师范学院、郑州师范学院
	湖北	3	黄冈师范学院、湖北第二师范学院、汉江师范学院
	湖南	3	衡阳师范学院、湖南第一师范学院、长沙师范学院
西部 （28所）	内蒙古	1	集宁师范学院
	广西	4	广西师范学院、广西科技师范学院、广西民族师范学院、玉林师范学院
	重庆	2	长江师范学院、重庆第二师范学院
	四川	5	绵阳师范学院、内江师范学院、乐山师范学院、成都师范学院、阿坝师范学院
	贵州	5	遵义师范学院、兴义民族师范学院、黔南民族师范学院、六盘水师范学院、贵州师范学院
	云南	4	曲靖师范学院、玉溪师范学院、楚雄师范学院、滇西科技师范学院
	陕西	3	咸阳师范学院、渭南师范学院、陕西学前师范学院
	甘肃	2	甘肃民族师范学院、天水师范学院
	宁夏	1	宁夏师范学院
	新疆	1	伊犁师范学院

第五章 体系、转型与多元：高师院校组织变革的现实基础

（三）师专学校

全国有师专学校65所，这些高校处于整个高师院校体系的底部位置，主要培养专科层次的教师。从师专学校的地区分布来看，东部地区有21所、中部地区有25所、西部地区有19所（详见表5-4）。辽宁有6所师专学校，江苏和山西分别有5所师专学校，黑龙江、安徽、江西、贵州分别有4所师专学校，湖南、河北、福建、河南、四川分别有3所师专学校，山东、广东、广西、云南、甘肃、新疆分别有2所师专学校，湖北、吉林、内蒙古、重庆、西藏和宁夏分别有1所师专学校。

表5-4 全国师专学校设置概况

地区	省市区	数量(所)	师专学校
东部（21所）	河北	3	石家庄幼儿师范高等专科学校、保定幼儿师范高等专科学校、唐山幼儿师范高等专科学校
	辽宁	6	朝阳师范高等专科学校、抚顺师范高等专科学校、锦州师范高等专科学校、铁岭师范高等专科学校、辽宁民族师范高等专科学校、辽宁特殊教育师范高等专科学校
	江苏	5	连云港师范高等专科学校、徐州幼儿师范高等专科学校、南通师范高等专科学校、盐城幼儿师范高等专科学校、苏州幼儿师范高等专科学校
	福建	3	福建幼儿师范高等专科学校、泉州幼儿师范高等专科学校、闽江师范高等专科学校
	山东	2	淄博师范高等专科学校、济南幼儿师范高等专科学校
	广东	2	广东茂名幼儿师范专科学校、湛江幼儿师范专科学校
中部（25所）	黑龙江	4	齐齐哈尔高等师范专科学校、鹤岗师范高等专科学校、黑龙江幼儿师范高等专科学校、哈尔滨幼儿师范高等专科学校
	吉林	1	长春师范高等专科学校
	山西	5	运城幼儿师范高等专科学校、晋中师范高等专科学校、阳泉师范高等专科学校、运城师范高等专科学校、朔州师范高等专科学校
	安徽	4	马鞍山师范高等专科学校、桐城师范高等专科学校、合肥幼儿师范高等专科学校、阜阳幼儿师范高等专科学校
	江西	4	南昌师范高等专科学校、赣州师范高等专科学校、宜春幼儿师范高等专科学校、江西师范高等专科学校
	河南	3	焦作师范高等专科学校、郑州幼儿师范高等专科学校、安阳幼儿师范高等专科学校
	湖北	1	湖北幼儿师范高等专科学校
	湖南	3	湖南幼儿师范高等专科学校、湘南幼儿师范高等专科学校、株洲师范高等专科学校

续表

地区	省市区	数量（所）	师专学校
西部 （19所）	内蒙古	1	内蒙古民族幼儿师范高等专科学校
	广西	2	桂林师范高等专科学校、广西幼儿师范高等专科学校
	重庆	1	重庆幼儿师范高等专科学校
	四川	3	四川幼儿师范高等专科学校、川北幼儿师范高等专科学校、川南幼儿师范高等专科学校
	贵州	4	贵阳幼儿师范高等专科学校、铜仁幼儿师范高等专科学校、黔南民族幼儿师范高等专科学校、毕节幼儿师范高等专科学校
	云南	2	丽江师范高等专科学校、德宏师范高等专科学校、
	西藏	1	拉萨师范高等专科学校
	甘肃	2	陇南师范高等专科学校、定西师范高等专科学校
	宁夏	1	宁夏幼儿师范高等专科学校
	新疆	2	和田师范专科学校、新疆师范高等专科学校

三 高师院校的学历层次

随着我国教育事业的发展，中小学教师学历层次不断提升。从幼儿园、小学到中学，本科和研究生学历教师所占比例越来越高。相应地，教师教育的学历层次也逐步趋于完善，一个涵盖专科、本科、硕士研究生和博士研究生学历的教师教育体系逐步形成。

教育博士是最高层次的教师教育。2009年2月20日，国务院学位委员会下发了《教育博士专业学位设置方案》，方案对教育博士专业学位（Doctor of Education，英文缩写为 Ed. D）的英文名称、教育博士专业学位研究生的培养目标、教育博士专业学位获得者应具有的基本素质、教育博士专业学位研究生的招收对象、教育博士专业学位研究生的课程体系、教育博士学位论文的要求、教育博士专业学位研究生的培养制度、教育博士专业学位研究生的培养单位及教育博士专业学位证书等事项做出规定。2009年7月21日，国务院学位委员会办公室批准北京大学等15所研究生培养单位开展教育博士专业学位研究生教育试点工作。其中，有高师院校8所，分别是北京师范大学、东北师范大学、华东师范大学、南京师范大学、华中师范大学、华南师范大学、陕西师范大学和西北师范大学。[①] 教育博士招收具有硕

---

① 资料来源于中国学位与研究生教育信息网。http：//www.cdgdc.edu.cn/，2016 - 08 - 09。

士学位、有5年以上教育及相关领域全职工作经历、具有相当成就的中小学教师和各级各类学校管理人员,设置学校课程与教学、学生发展与教育、教育领导与管理三个领域,以造就教育、教学和教育管理领域的复合型、职业型的高级专门人才为目标。

教育硕士是培养研究型教师专家的主要途径之一。国家从1996年启动教育硕士工作,为中小学教师获取研究生学位开辟了渠道。经过20年的发展,目前全国已有教育硕士点单位138所。其中,"211"高校40所,"985"高校21所;博士点授权单位96所;高师院校60所。从60所设置教育硕士点的高师院校分布来看,安徽有4所,辽宁、吉林、江西、河南、湖北和新疆分别有3所,北京、天津、河北、上海、江苏、浙江、福建、山东、广东、黑龙江、山西、广西、四川、贵州、甘肃分别有2所,海南、湖南、内蒙古、重庆、云南、陕西、青海、宁夏各有1所(详见表5-5)。在这60所设置教育硕士点的高师院校中,有"211"高校8所,"985"高校2所;博士点授权单位37所;师范大学45所,师范学院15所。[①]

表5-5 全国高师院校教育硕士点设置概况

地区	省市区	数量(所)	高师院校
东部地区	北京	2	北京师范大学、首都师范大学
	天津	2	天津师范大学、天津职业技术师范大学
	河北	2	河北师范大学、河北科技师范学院
	辽宁	3	辽宁师范大学、沈阳师范大学、鞍山师范学院
	上海	2	华东师范大学、上海师范大学
	江苏	2	南京师范大学、江苏师范大学
	浙江	2	浙江师范大学、杭州师范大学
	福建	2	福建师范大学、闽南师范大学
	山东	2	山东师范大学、曲阜师范大学
	广东	2	华南师范大学、广东技术师范学院
	海南	1	海南师范大学

① 资料来源于中国研究生招生信息网。http://yz.chsi.com.cn/z/yzzyss/index.jsp,2016-08-09。

续表

地区	省市区	数量(所)	高师院校
中部地区	黑龙江	2	哈尔滨师范大学、牡丹江师范学院
	吉林	3	东北师范大学、吉林师范大学、长春师范大学
	山西	2	山西师范大学、太原师范学院
	安徽	4	安徽师范大学、安庆师范大学、淮北师范大学、合肥师范学院
	江西	3	江西师范大学、赣南师范学院、江西科技师范大学
	河南	3	河南师范大学、信阳师范学院、洛阳师范学院
	湖北	3	华中师范大学、湖北师范大学、黄冈师范学院
	湖南	1	湖南师范大学
西部地区	内蒙古	1	内蒙古师范大学
	广西	2	广西师范大学、广西师范学院
	重庆	1	重庆师范大学
	四川	2	四川师范大学、西华师范大学
	贵州	2	贵州师范大学、黔南民族师范学院
	云南	1	云南师范大学
	陕西	1	陕西师范大学
	甘肃	2	西北师范大学、天水师范学院
	青海	1	青海师范大学
	宁夏	1	宁夏师范学院
	新疆	3	新疆师范大学、喀什师范学院、伊犁师范学院

本科、专科教育是教师教育的主体部分。45所师范大学和72所师范学院具有本科和专科教育资格（少数重点师范大学只举办本科专业），主要培养中学教师、小学教师和幼儿教师。65所师专学校具有专科教育资格，主要培养幼儿教师和小学教师。概言之，在我国高师院校体系中，有专科教育高校65所，有本科教育高校117所（其中，教育博士培养高校8所，教育硕士培养高校60所），它们构成了我国教师教育体系的中坚力量。

四 高师院校的办学定位

随着学前教育事业的快速发展，幼儿教师需求数量猛增，其专业素质要求也不断提高。在我国高师院校体系中，有幼儿师范院校33所（详见表5-6）。其中，有1所本科院校（陕西学前师范学院），其余为专科学校；

有2所民族幼儿师范学校（内蒙古民族幼儿师范高专学校和黔南民族幼儿师范高专学校）。

表5-6 幼儿教育类高师院校设置概况

序号	高师院校	办学层次	所在地
1	石家庄幼儿师范高等专科学校	专科	河北
2	保定幼儿师范高等专科学校	专科	河北
3	唐山幼儿师范高等专科学校	专科	河北
4	运城幼儿师范高等专科学校	专科	山西
5	内蒙古民族幼儿师范高等专科学校	专科	内蒙古
6	黑龙江幼儿师范高等专科学校	专科	黑龙江
7	哈尔滨幼儿师范高等专科学校	专科	黑龙江
8	盐城幼儿师范高等专科学校	专科	江苏
9	徐州幼儿师范高等专科学校	专科	江苏
10	苏州幼儿师范高等专科学校	专科	江苏
11	合肥幼儿师范高等专科学校	专科	安徽
12	阜阳幼儿师范高等专科学校	专科	安徽
13	福建幼儿师范高等专科学校	专科	福建
14	泉州幼儿师范高等专科学校	专科	福建
15	宜春幼儿师范高等专科学校	专科	江西
16	济南幼儿师范高等专科学校	专科	山东
17	郑州幼儿师范高等专科学校	专科	河南
18	安阳幼儿师范高等专科学校	专科	河南
19	湖北幼儿师范高等专科学校	专科	湖北
20	湖南幼儿师范高等专科学校	专科	湖南
21	湘南幼儿师范高等专科学校	专科	湖南
22	广东茂名幼儿师范专科学校	专科	广东
23	湛江幼儿师范专科学校	专科	广东
24	广西幼儿师范高等专科学校	专科	广西
25	重庆幼儿师范高等专科学校	专科	重庆
26	四川幼儿师范高等专科学校	专科	四川
27	川北幼儿师范高等专科学校	专科	四川
28	川南幼儿师范高等专科学校	专科	四川

续表

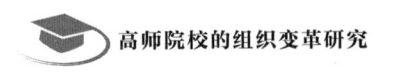

序号	高师院校	办学层次	所在地
29	贵阳幼儿师范高等专科学校	专科	贵州
30	铜仁幼儿师范高等专科学校	专科	贵州
31	黔南民族幼儿师范高等专科学校	专科	贵州
32	毕节幼儿师范高等专科学校	专科	贵州
33	陕西学前师范学院	本科	陕西
34	宁夏幼儿师范高等专科学校	专科	宁夏

职业教育是我国教育体系中的重要组成部分，它的健康发展需要一批高素质的职教师资。在高师院校体系中，具有职业教师教育特色的高师院校有7所，全部属于本科院校（详见表5-7）。其中，天津职业技术师范大学、江西科技师范大学、河北科技师范学院、广东技术师范学院设置有教育硕士点。

表5-7 职业教育类高师院校设置概况

序号	高师院校	办学层次	所在地
1	天津职业技术师范大学	博士/硕士/本科/专科	天津
2	河北科技师范学院	硕士/本科/专科	河北
3	江西科技师范大学	硕士/本科/专科	江西
4	广东技术师范学院	硕士/本科/专科	广东
5	吉林工程技术师范学院	本科/专科	吉林
6	广西科技师范学院	本科/专科	广西
7	滇西科技师范学院	本科/专科	云南

在我国高师院校体系中，有8所以培养民族地区教师为办学定位的高师院校（详见表5-8）。其中，黔南民族师范学院具有教育硕士点，黔南民族师范学院、河北民族师范学院、广西民族师范学院、兴义民族师范学院、甘肃民族师范学院属于本科高校，内蒙古民族幼儿师范高专学校、黔南民族幼儿师范高专学校、辽宁民族师范高专学校是专科层次的高师学校。

表 5-8 民族教育类高师院校设置概况

序号	高师院校	办学层次	所在地
1	黔南民族师范学院	硕士/本科/专科	贵州
2	河北民族师范学院	本科/专科	河北
3	广西民族师范学院	本科/专科	广西
4	兴义民族师范学院	本科/专科	贵州
5	甘肃民族师范学院	本科/专科	甘肃
6	内蒙古民族幼儿师范高专学校	专科	内蒙古
7	辽宁民族师范高专学校	专科	辽宁
8	黔南民族幼儿师范高专学校	专科	贵州

此外，还有 2 所以培养特殊教育师资为主的高师院校——南京特殊教育师范学院和辽宁特殊教育师范高等专科学校。其中，南京特殊教育师范学院的前身是 1982 年教育部创办的新中国第一所特殊教育师范学校——南京特殊教育师范学校。1997 年学校由教育部划归江苏省政府管理，同年开始培养五年制大专生。2002 年升格为南京特殊教育职业技术学院，招收三年制应届高中毕业生。2013 年经教育部批准，学校筹建"南京特殊教育师范学院"。2015 年学校正式升格为普通高等本科院校。辽宁特殊教育师范高等专科学校的前身是 1995 年建校的辽宁省残疾人中等职业技术学校，2012 年经省政府批准成立辽宁特殊教育职业学院，2013 年 3 月经省政府批准，成立辽宁特殊教育师范高等专科学校。

第二节 高师院校的组织结构特征

组织结构就是组织为实现其功能和目标，对部门划分和人员配备等要素进行整体设计而形成的体系。由于不同类型组织的功能和目标各异，其组织结构也就各有特点。对于同类组织而言，尽管它们各自会有所创新，但其共性也是相当明显的。就高师院校内部组织结构来讲，基本上都属于直线职能制结构。学校和院系构成了高师院校内部的两级组织结构，学校各职能部门则是校长治校的重要参谋和助手。在本部分，我们重点考察校院两级组织结构中的院系设置和院系内部的专业设置。

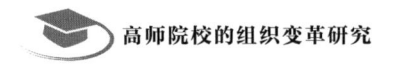

一　高师院校的组织概况

在管理学中，组织结构一般有直线制、职能制、直线职能制、事业部制、矩阵制和网络型等形式。① 究竟采用何种组织形式？这需要根据不同的组织类型来设计。有学者提出，教育行政组织的设置应当要坚持"依法组建和按需设计""完整统一和合理分权""精简机构和事权对应""适应变革和自我完善"四个原则。② 根据《中华人民共和国高等教育法》高师院校的组织设计必须坚持党委领导下的校长负责制和校长法人代表制。《中华人民共和国高等教育法》第三十九条规定，"国家举办的高等学校实行中国共产党高等学校基层委员会领导下的校长负责制。中国共产党高等学校基层委员会按照中国共产党章程和有关规定，统一领导学校工作，支持校长独立负责地行使职权"。第三十条规定，"高等学校自批准设立之日起取得法人资格，高等学校的校长为高等学校的法定代表人"。第四十一条规定，"校长全面负责本学校的教学、科学研究和其他行政管理工作"。这些都构成了高师院校组织结构设计的基本依据。

通过对高师院校的整体组织结构进行考察，这些学校的组织结构具有基本相同的设计。首先，坚持党委在学校中的领导地位。党委领导是保证高师院校社会主义办学方向的核心力量，决定学校改革发展中的重大事项，并支持校长开展工作。其次，校长是学校的法人代表，全面负责学校教学、科研、服务、创新等各项工作。校长直接领导若干副校长，每位副校长分管部分职能部门、教学院系、教辅机构等。再次，主要依据学科体系（知识逻辑）和社会需求（市场逻辑）进行院系划分和专业设置。最后，为保证学校教学科研中心工作的有序运转，学校需要设置一些教学辅助机构（如网络中心、图书馆、后勤集团）和附属单位（如附属学校、独立学院）。高师院校的基本组织结构如图5-1所示。对于科研机构，有的科研机构设置于教学院系内部，也有的与教学院系并列设置。

---

① 杨善林主编《企业管理学》，第60~66页。
② 吴志宏、冯大鸣、周嘉方主编《新编教育管理学》，第101~102页。

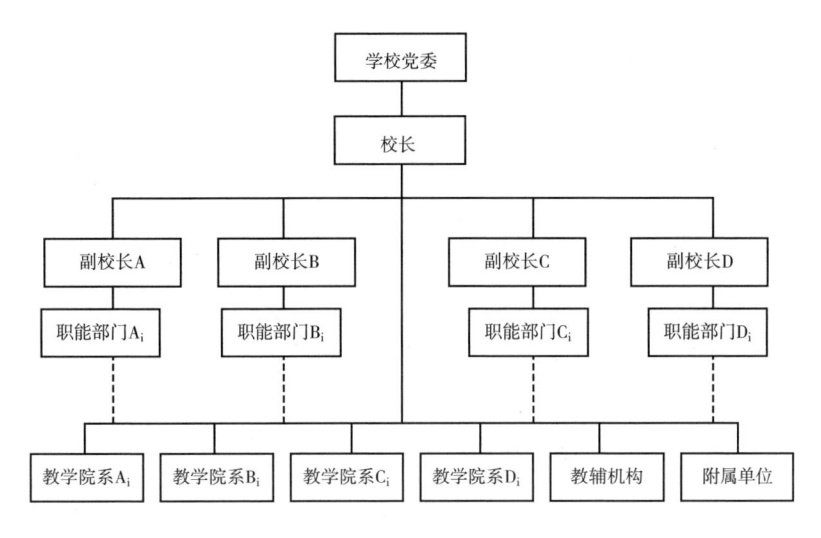

第五章　体系、转型与多元：高师院校组织变革的现实基础

图 5-1　高师院校的基本组织结构

二　师范大学的组织结构

（一）师范大学的教学院系结构

通过访问 45 所师范大学官方网站，了解这些师范大学的教学院系设置情况。在此，教学院系主要指由师范大学校级党政部门直接管理的、以教学为基本业务的学院。这些学院一般设置有若干本科或专科专业并招收合格的高中毕业生，但是，也有一些以培养学生创新能力和综合素质为目标、面向校内大学生招生的教学学院。在我们统计的这些教学院系中，不包含大学生公共英语（体育或计算机）教学部（这些教学部一般设置在相应学院但也有个别学校单独设立）、研究生学院、独立学院和研究机构。

在 45 所师范大学中，设置教学院系数量最少的有 12 个，最多的有 32 个，平均为 22.91 个。从图 5-2 可以看出，设置 12 个、16 个、31 个教学院系的师范大学分别有 1 所，设置 19 个、21 个、27 个、28 个、32 个教学院系的师范大学分别有 2 所，设置 17 个、18 个、20 个、25 个教学院系的师范大学分别有 3 所，有 4 所师范大学设置 23 个教学院系，设置 22 个和 24 个教学院系的分别有 5 所，有 6 所师范大学设置 26 个教学院系。

· 145 ·

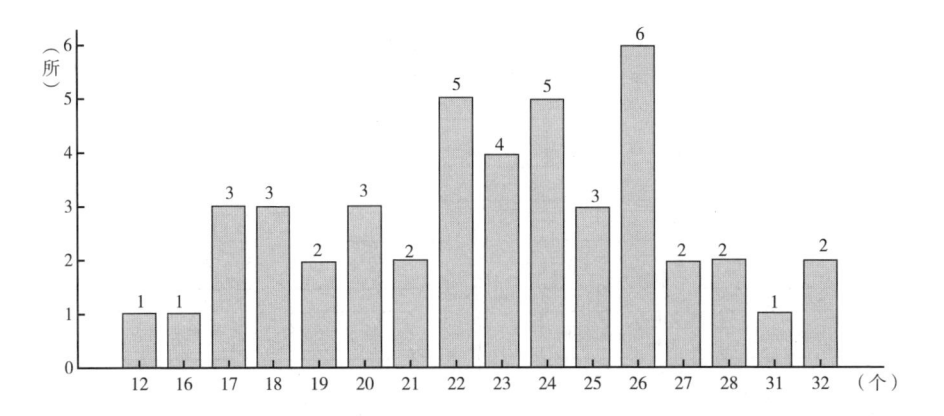

图 5-2 师范大学教学院系设置数量分布

以 A 师范大学为例。① 2016 年,该校共设置 28 个学院,其中,高考招生的学院共有 21 个,另设有非高考招生学院 7 个(马克思主义学院、继续教育学院、教师教育学院、国际教育学院、高等职业技术学院、公共外语学院、国学院)。在 21 个高考招生学院中,设置有师范专业的学院 16 个,有 5 个学院完全为非师范专业。在 16 个设有师范专业的学院中,只有教育学院、学前与初等教育学院、历史文化学院全部为师范专业,其余 14 个学院均设有大量非师范专业。在生命科学学院、计算机学院和美术学院,师范专业只占所在学院全部专业的 1/5;在外国语学院、数学与信息学院、国土资源学院、音乐学院,师范专业只占所在学院全部专业的 1/4(详见表 5-9)。

表 5-9 A 师范大学 2016 年学院设置情况

序号	学院	师范专业	师范专业在学院专业结构中的占比	师范专业培养教师的规格
1	教育学院	教育学、心理学、教育技术学	3/3	综合型教师
2	学前与初等教育学院	小学教育、学前教育	2/2	小学教师、幼儿教师
3	文学院	汉语言文学、汉语国际教育	2/3	中学语文教师
4	政治与行政学院	思想政治教育	1/3	中学政治教师

---

① 数据来源于 A 师范大学的官方网站。

续表

序号	学院	师范专业	师范专业在学院专业结构中的占比	师范专业培养教师的规格
5	历史文化学院	历史学	1/1	中学历史教师
6	外国语学院	英语	1/4	中学英语教师
7	数学与信息学院	数学与应用数学	1/4	中学数学教师
8	物理与空间科学学院	物理学	1/2	中学物理教师
9	电子信息工程学院	应用电子技术教育	1/3	中学、中职电子技术教师
10	化学化工学院	化学	1/3	中学化学教师
11	生命科学学院	生物科学	1/5	中学生物教师
12	国土资源学院	地理科学	1/4	中学地理教师
13	计算机学院	计算机科学与技术	1/5	中学计算机教师
14	音乐学院	音乐学	1/4	中学音乐教师
15	美术学院	美术学	1/5	中学美术教师
16	体育学院	体育教育	1/3	中学体育教师
17	商学院		0	
18	管理学院		0	
19	法学院		0	
20	新闻传播学院		0	
21	环境科学与工程学院		0	

随着师范大学从单一的教师教育向综合化转型，非师范教育迅猛扩张，学校的组织结构发生了较大变化。当原有学院（只有师范专业）不断扩大（增加大量非师范专业和非教师教育功能），学院不断分化（A师范大学的学前与初等教育学院、教师教育学院都是从教育学院分离出来的），学科力量必然分散化。于是，为整合学科建设资源，学部制逐步诞生（如图5-3所示）。目前，一些重点师范大学采用了此类院系组织结构形式，如北京师范大学、华东师范大学和东北师范大学，而其他师范大学则主要采用校—院两级组织结构。

一般来讲，大学是根据社会发展需要，结合国家学科专业目录，按照专业群来组建学院，并招收高中毕业生进行专业教育。随着社会发展，社会分工、学科分化、专业设置都越来越细，但人的创造力又要求跨学科的知识与方法。为响应国家创新发展战略、努力培养拔尖创新人才，师范大学在院系建设过程中，进行了一系列改革创新。一些师范大学着手建设创新型学院，

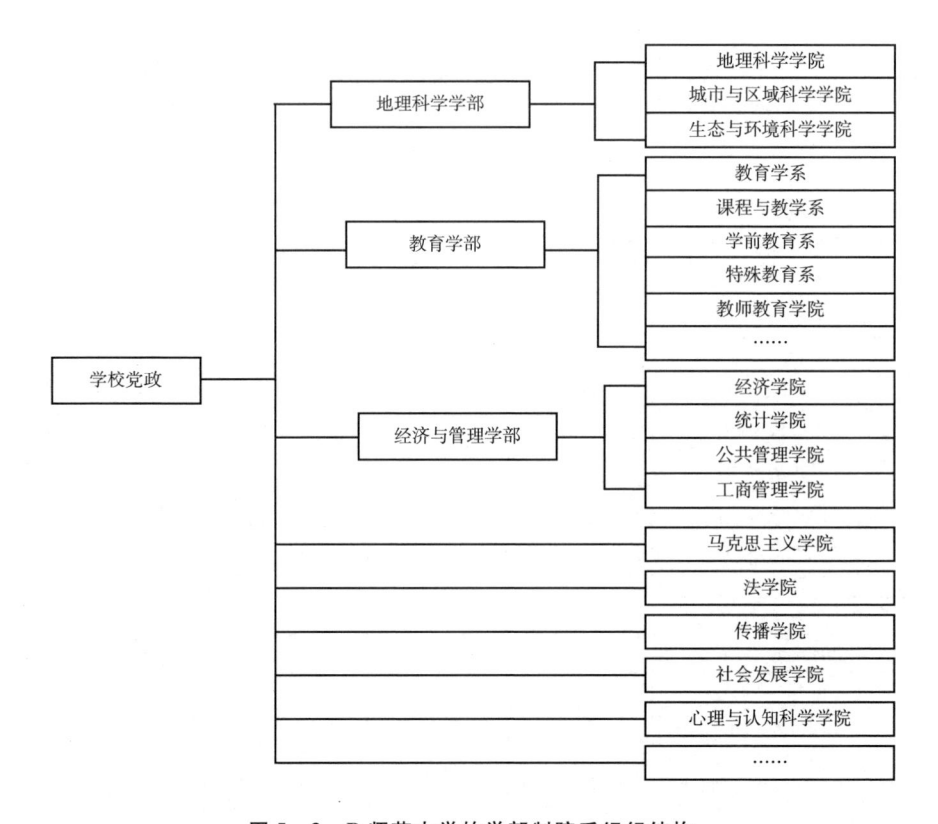

```
                              ┌── 地理科学学院
              ┌── 地理科学学部 ──┼── 城市与区域科学学院
              │                └── 生态与环境科学学院
              │
              │                ┌── 教育学系
              │                ├── 课程与教学系
              │                ├── 学前教育系
              │── 教育学部 ─────┼── 特殊教育系
学校党政 ──────┤                ├── 教师教育学院
              │                └── ……
              │
              │                ┌── 经济学院
              │── 经济与管理学部─┼── 统计学院
              │                ├── 公共管理学院
              │                └── 工商管理学院
              │
              ├─────────────────── 马克思主义学院
              ├─────────────────── 法学院
              ├─────────────────── 传播学院
              ├─────────────────── 社会发展学院
              ├─────────────────── 心理与认知科学学院
              └─────────────────── ……
```

图 5-3　B 师范大学的学部制院系组织结构

从大学内部选拔素质优良的大学生因材施教、强化培养，如北京师范大学瀚德学院、首都师范大学燕都学院、南京师范大学强化培养学院，等等。北京师范大学瀚德学院成立于 2013 年，学院秉承立德树人、人才强国的理念，推动创新人才培养模式改革，培养适应国家建设和外向型经济发展需要的涉外经贸、法律等领域的业界精英和领袖人才。[①] 瀚德学院每届招收全日制在校本科生 80 人，每年在国际经济与贸易（经济与工商管理学院）和法律（法学院）两个专业各招生 40 人。学生除了要学习国际经济与贸易和法学的专业课程外，还须修读一定的管理学和信息安全课程。在开设英语课程的同时，修读德语、法语、西班牙语、葡萄牙语中的一个语种。完成规定学习

---

① 资料来源于北京师范大学瀚德学院。http：//maxdo.bnu.edu.cn/xygk/xyjj/index.html，2016-08-14。

任务并符合学位授予条件的学生,授予经济学或法学学士学位,同时获得北京师范大学双学士学位证书。首都师范大学燕都学院成立于2014年,是学校人才培养综合改革实验区,致力于探索学科交叉型创新人才培养途径。[①] 学生由燕都学院在入校新生中选拔,然后接受分段式培养,包括通识教育阶段、学科基础教育阶段和专业教育阶段。一年级主要修读通识教育课程,积极培养学生良好的思辨能力、人际沟通与协作能力、语言表达能力、国际视野和国际竞争能力。在学科基础教育阶段,学生按文、理两大类进行共同的专业基础知识学习。在专业教育阶段,学生在学术导师指导下,进行专业核心及专业方向课程学习。同时学院鼓励学生修读校内辅修专业学位,为学生提供多样的开放性自主学习资源。南京师范大学自2000年创办文理科优异生强化班,之后创建了强化培养部,在强化培养部的基础上发展为强化培养学院。[②] 强化培养学院是学校开展本科拔尖创新人才培养教育活动的特区和研究生优秀生源基地,长期致力于培养具有国际化视野的科技创新领袖、创业兴业领袖和公共服务领袖。强化培养学院设有文科强化班、理科强化班和工科强化班。

在师范大学的院系结构中,还有教育管理院系,如继续教育学院、国际教育学院等。此类学院既不招收高中毕业生,也不招收在校大学生,主要为社会在职人员提供岗位培训,或者与国外有关机构开展教育交流。此外,还有公共课程教学院系,如马克思主义学院、基础教学学院、公共外语学院,等等。2016年1月,为进一步提高人才培养质量,彰显人才培养特色,促进学生外语水平的全面提高,西华师范大学公共外语教研部从外国语学院分离出来,单独设立为公共外语学院。[③] 总之,师范大学的院系结构主要由专业教育院系、创新教育院系、教育管理院系和公共课程教学院系四类构成。其中,专业教育院系处于主体地位。

---

① 资料来源于首都师范大学燕都学院。http://ydxy.cnu.edu.cn/xygk/xyjj/index.htm,2016-08-14。
② 资料来源于南京师范大学强化培养学院。http://honors.njnu.edu.cn/?cat=7,2016-08-14。
③ 资料来源于西华师范大学公共外语学院。http://210.41.193.76:82/a/xueyuangaikuang/xueyuanjianjie/,2016-08-14。

（二）师范大学的本科专业结构

根据教育部颁布的《普通高等学校本科专业目录（2012年）》，分设哲学、经济学、法学、教育学、文学、历史学、理学、工学、农学、医学、管理学、艺术学12个学科门类。专业类由原来的73个增加到92个，专业由原来的635种调减到506种，包括352个基本专业和154个特设专业（含62个国家控制布点专业）。专业、专业类、学科门类是高师院校设置教学院系的重要依据之一，是高师院校人才培养的基本载体和微观组织结构。

从师范大学的学科门类布局来看，涵盖学科门类最少的师范大学为7个，最多的为11个，均值为9.71个。经济学、教育学、文学、理学、工学、管理学和艺术学7个学科门类在师范大学全面覆盖。有2所师范大学没有历史学学科（其中1所为职业技术师范大学），有1所师范大学（职业技术师范大学）没有法学学科，分别有16所、15所师范大学设置了哲学和农学学科，医学学科在师范大学的布点数量最少，只有4所（详见图5-4）。①由此可见，师范大学已经具有非常突出的学科综合性。

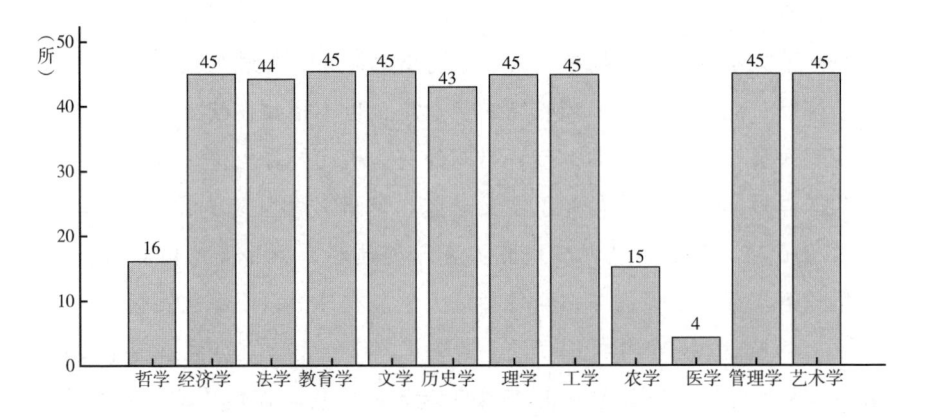

图5-4 各学科门类在师范大学的布点情况

师范大学设置本科专业最少的为41个，最多的为106个，均值为70.40个。从图5-5可以看出，设置41~50个本科专业的师范大学有3所，设置51~60个本科专业的师范大学有10所，设置61~70个本科专业的师范大

---

① 本节学科专业数据来源于中国高等教育学生信息网（阳光高考频道）。http：//gaokao.chsi.com.cn/，2016-08-15。

学有13所，设置71~80个本科专业的师范大学有5所，设置81~90个本科专业的师范大学有10所，设置91~100个本科专业的师范大学有3所，设置101个以上本科专业的师范大学有1所。总体上讲，师范大学的本科专业设置数量相对集中在51~90这个区间。

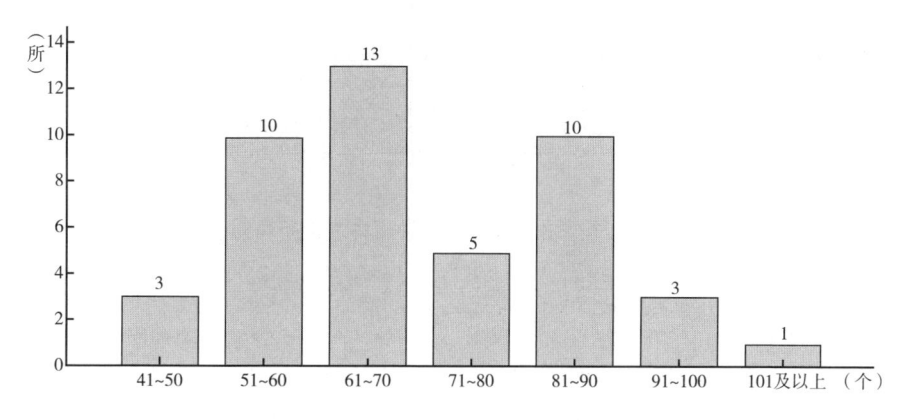

图5-5 师范大学本科专业数量分布

（三）师范大学的专科专业结构

根据教育部颁布的《普通高等学校高等职业教育专科（专业）目录（2015年）》，高职专科设有专业大类19个、专业类99个和专业747个。除个别重点师范大学只从事本科及其以上教育外，大多数师范大学通过合并、转型等途径，积极介入高职专科教育，从而增加了师范大学的综合性。

师范大学的专科专业覆盖了19个专业大类。如图5-6所示，师范大学的专科专业大类设置最多的是教育与体育类（21所师范大学），其余依次为电子信息类（16所师范大学）、旅游类（11所师范大学）、装备制造类和财经商贸类（各有10所师范大学）、医药卫生类（9所师范大学）、新闻传播类（8所师范大学）、食品药品与粮食（6所师范大学）、土木建筑类和公共管理与服务类（各有5所师范大学）、文化艺术类（4所师范大学）、农林牧渔类和能源动力与材料类（各有3所师范大学），设置其他专业类的师范大学为1所或2所。

从各个师范大学举办专科专业的情况来看，有21所师范大学没有举办

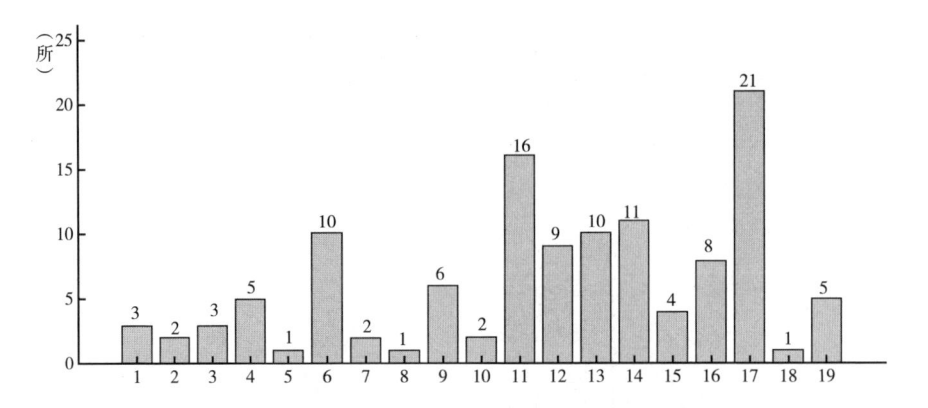

图 5-6　各专科专业大类在师范大学的布点情况

注：专科专业大类代码的含义：1 农林牧渔、2 资源环境与安全、3 能源动力与材料、4 土木建筑、5 水利、6 装备制造、7 生物与化工、8 轻工纺织、9 食品药品与粮食、10 交通运输、11 电子信息、12 医药卫生、13 财经商贸、14 旅游、15 文化艺术、16 新闻传播、17 教育与体育、18 公安与司法、19 公共管理与服务。

专科专业，师范大学举办专科专业最多的有 33 个专业，平均每所师范大学举办 5.33 个专科专业。这与师范大学本科专业数量均值（70.40）相差悬殊。从图 5-7 可以看出，设置 1~5 个专科专业的师范大学有 11 所，设置 6~10 个专科专业的师范大学有 5 所，设置 11~15 个、16~20 个、21~25 个专科专业的师范大学各有 2 所，设置 26~30 个和 31 个及以上专科专业的师范大学各有 1 所。显而易见，师范大学总体上以本科教育为主、以专科教育为辅。

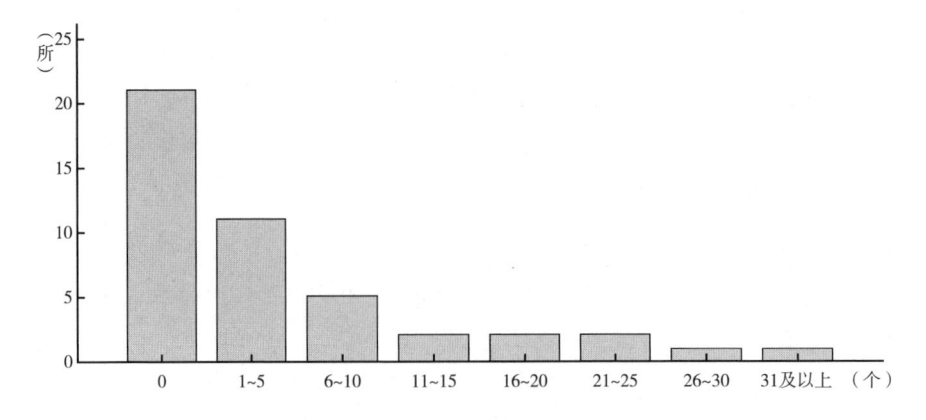

图 5-7　师范大学专科专业设置数量的分布情况

三 师范学院的组织结构

(一) 师范学院的教学院系结构

师范学院的教学院系以"院"为主、以"系"为辅。其中,有56所师范学院以学院设置教学院系,有11所师范学院是学院和教学系并设,有5所师范学院完全设置教学系而没有成立学院。在72所师范学院中,设置教学院系数量最少的有9个,最多的有24个,平均为16.01个,少于师范大学教学院系数量(均值为22.91)。从图5-8可以看出,设置10个、19个、22个、24个教学院系的师范学院各有1所,设置9个、11个、23个教学院系的师范学院各有3所,设置14个、21个教学院系的师范学院各有4所,设置12个和16个教学院系的师范学院各有5所,设置18个和20个教学院系的师范学院各有7所,有8所师范学院设置17个教学院系,有9所师范学院设置13个教学院系,有10所师范学院设置15个教学院系。

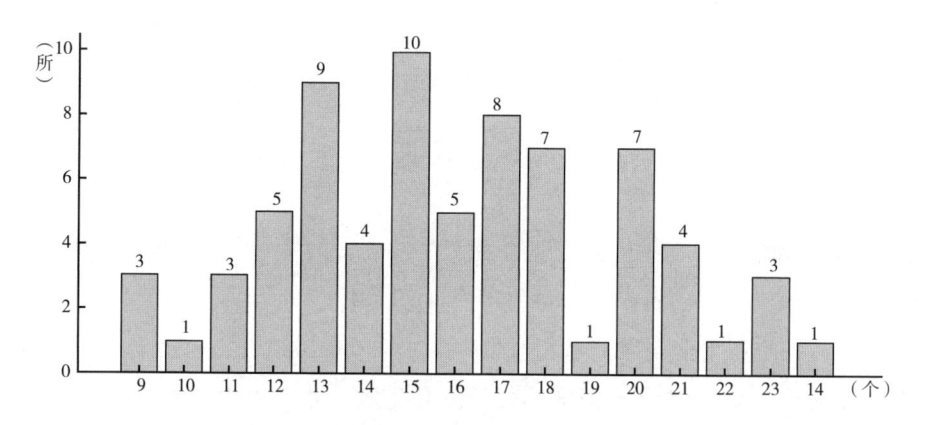

图5-8 师范学院教学院系设置数量分布

(二) 师范学院的本科专业结构

由于在数据采集当日学信网缺少2所师范学院的本科专业招生数据,在此,我们只对70所师范学院的本科招生专业进行了统计分析。从学科门类来看,师范学院的专业设置覆盖了经济学、法学、教育学、文学、历史学、理学、工学、农学、医学、管理学、艺术学11个学科门类。在70所师范学院中,学科规模最小的师范学院只有3个学科门类,而最多者有11个学科门类，均值为8.47。从图5-9可以看出，师范学院的优势学科主要集中在教育学、法学、文学、理学、工学、管理学和艺术学，超过60所师范学院的本科专业覆盖这7个学科。其中，教育学学科在师范学院中全面覆盖，各有68所师范学院建设有理学、工学和艺术学，文学学科有67所师范学院，管理学和法学分别有64所和63所师范学院。历史学、经济学这2个学科分别覆盖47所和45个师范学院。有29所师范学院设置农学学科的本科专业，只有4所师范学院设置医学学科的本科专业，哲学学科在师范学院属于空白。

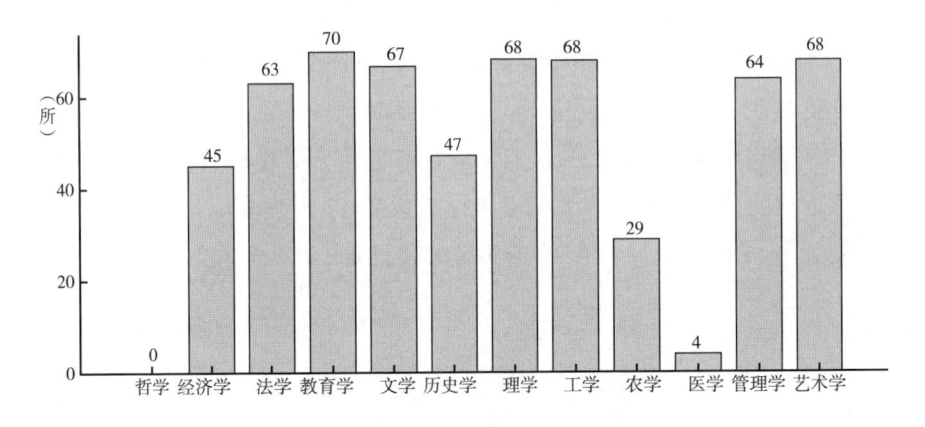

图5-9 各学科门类在师范学院的布点情况

师范学院设置本科专业最少的为5个，最多的为76个，均值为42.01个（师范大学设置本科专业数量的均值为70.40个）。从图5-10可以看出，师范学院的本科专业设置数量相对集中在41~60这个区间，有31所师范学院。设置11~20个本科专业的师范学院有7所，21~30个本科专业的师范学院有9所，31~40个本科专业的师范学院有10所，设置60个以上本科专业的师范学院有10所，设置10个以下本科专业的师范学院只有3所。

（三）师范学院的专科专业结构

由于在数据采集当日学信网缺少1所师范学院的专科专业招生数据，在此，我们只对71所师范学院的专科招生专业进行了统计。师范学院的专科专业覆盖了19个专业大类。如图5-11所示，师范学院的专科专业大类设置最多的是教育与体育类（53所师范学院），其余依次为电子信息类（45所师范学院）、旅游类（43所师范学院）、财经商贸类（37所师范学院）、

· 154 ·

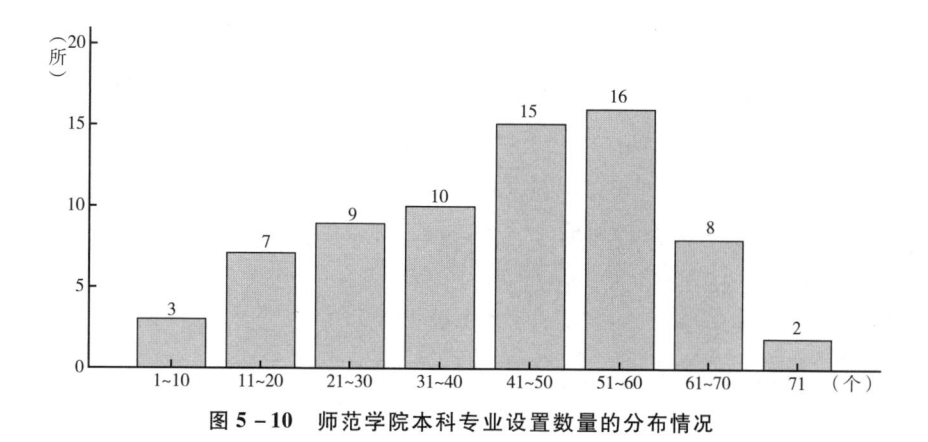

图 5-10 师范学院本科专业设置数量的分布情况

医药卫生类（32所师范学院）、文化艺术类（27所师范学院）、新闻传播类（26所师范学院）、食品药品与粮食类（23所师范学院）、装备制造类和土木建筑类（各有22所师范学院）、能源动力与材料类（20所师范学院）、公共管理与服务类（28所师范学院）、农林牧渔类和生物与化工类（各有13所师范学院）、公安与司法类（11所师范学院）、交通运输类（9所师范学院）、轻工纺织类（5所师范学院）、资源环境与安全类（4所师范学院）、水利类（1所师范学院）。

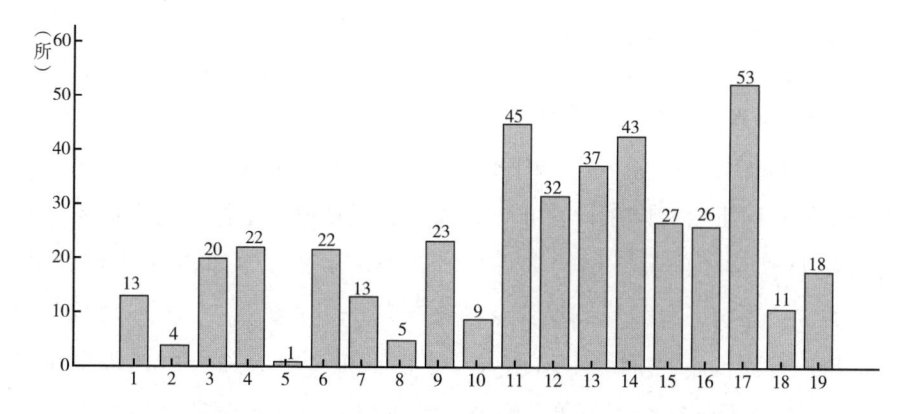

图 5-11 各专科专业大类在师范学院的布点情况

注：专科专业大类代码的含义同图 5-6。

从各个师范学院举办专科专业的情况来看，有14所师范学院没有设置专科专业，师范学院设置专科专业最多的有51个专业，平均每所师范学院设置15.45个专科专业（师范大学专科专业数量均值为5.33）。从图5-12可以看出，设置1~10个专科专业的师范学院有17所，设置11~20个专科专业的师范学院有19所，设置21~30个专科专业的师范学院有9所，设置31~40个专科专业的师范学院有6所，设置41个及以上专科专业的师范学院有6所。由此可见，与师范大学相比较，师范学院的专业层次结构向专科专业略微有所倾斜。

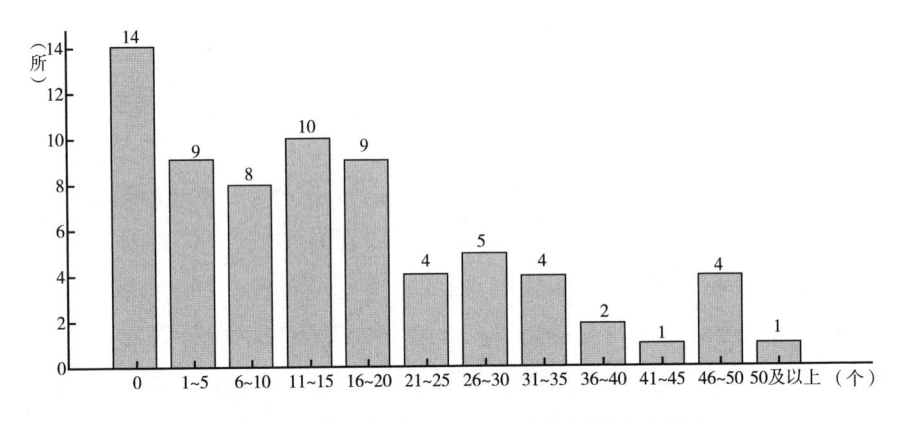

图5-12 师范学院专科专业设置数量的分布情况

四 师专学校的组织结构

（一）师专学校的教学院系结构

全国有师专学校65所。其中有12所学校或者是找不到学校官网，或者是学校官网上没有院系设置介绍，或者由于规模太小没有建立院系，我们只对53所学校的院系结构进行分析。师专学校以从事专科教育为主、以中职教育为辅，我们只考察其专科教育部分。一般来讲，师专学校仍然采用校——院（系）两级组织模式。大多数师专学校的校内二级单位是"系"；有10所学校将二级单位称作"学院"，如铁岭师范高专学校、连云港师范高专学校、盐城师范高专学校、宜春幼儿师范高专学校、江西师范高专学校、济南幼儿师范高专学校、焦作师范高专学校、陇南师范高专学校、和田师范专科学校、新疆师范高专学校；个别学校将"系""院"并用，如淄博师范高专学校和定西师范高专学校的学前教育学院、琼台师范高专的幼儿师范学院。

从院（系）数量上来分析，在53所师专学校中，设置的教学院系最少为3个，最多为13个，均值为6.72个（师范学院的院系数量均值为16.01个，师范大学院系数量均值为22.91个）。从图5-13可以看出，设置3~5个教学院系的师专学校有24所，设置6~10个教学院系的师专学校有23所，有6所师专学校的教学院系数量超过10所。由此可见，师专学校的院系规模相对较小。

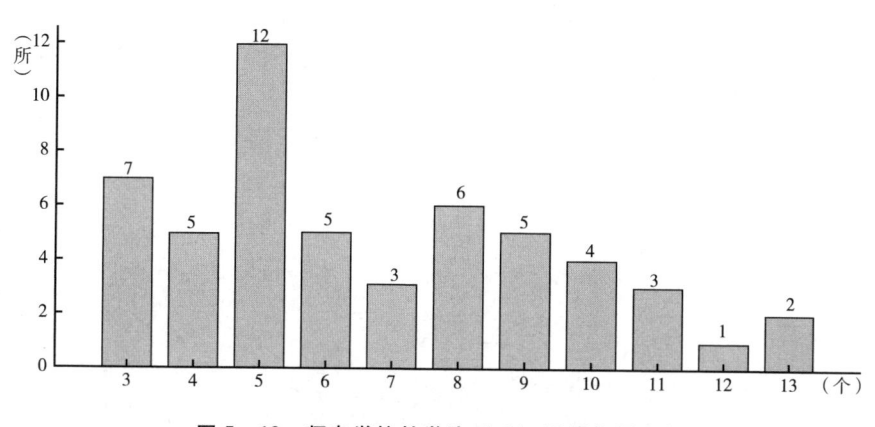

图5-13 师专学校教学院（系）设置数量分布

（二）师专学校的专科专业结构

从各个师专学校的专业情况来看，师专学校不具有本科招生资格，师专学校的专业设置一般分三个部分：高中起点三年制专科、初中起点五年制专科和中专。在此，我们只考察师专学校高中起点三年制专科专业的设置情况。师专学校举办专科专业最多的有62个专业，最少的专科专业数量为2个，平均每所师专学校举办17.55个专科专业（师范大学专科专业数量均值为5.33个，师范学校专科专业数量均值为15.45个）。从图5-14可以看出，设置1~10个专科专业的师专学校有22所，设置11~20个专科专业的师专学校有24所，设置20个以上专科专业的师专学校共有19所。

师专学校的专科专业结构包含两个部分：教育类专业和非教育类专业。从各个师专学校在这两类专业的构成来看，有11所师专学校的专科专业全是教育类专业；有17所师专学校的教育类专业占比超过60%；有19所师

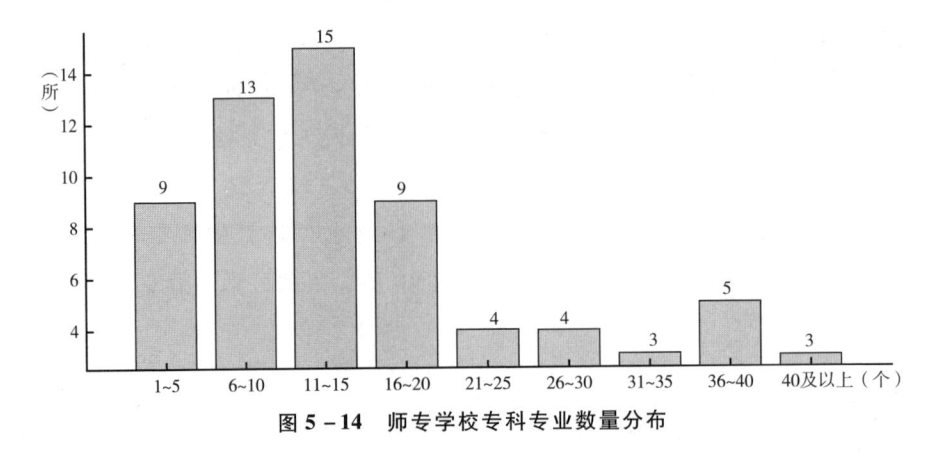

图 5-14 师专学校专科专业数量分布

专学校的教育类专业占比介于40%~59%；有18所师专学校的教育类专业占比低于39%（详见图5-15）。

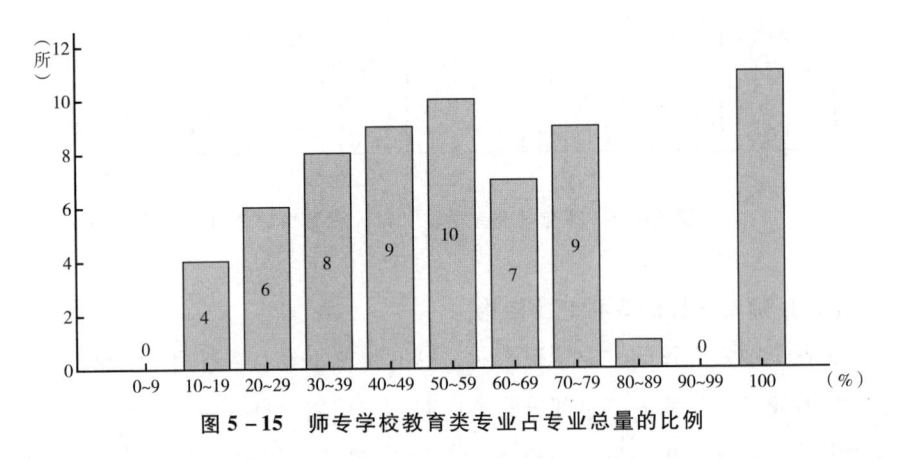

图 5-15 师专学校教育类专业占专业总量的比例

教育部颁布的《普通高等学校高等职业教育专科（专业）目录（2015年）》，高职专科的教育类专业包括21个专业：早期教育、学前教育、小学教育、语文教育、数学教育、英语教育、物理教育、化学教育、生物教育、历史教育、地理教育、音乐教育、美术教育、体育教育、思想政治教育、舞蹈教育、艺术教育、特殊教育、科学教育、现代教育技术和心理健康教育。统计表明，超过30所师专学校举办的教育类专业依次为：学前教育（63所）、音乐教育（57所）、美术教育（55所）、英语教育（52所）、语文教育（44所）、体育教育（36所）和数学教育（35所）。其余专业的举办学校数量都在 20 所以下，心理健康教育专业的举办学校最少（3 所），地理教育（4 所）和艺术教育（7 所）也相对较少（详见图 5-16）。

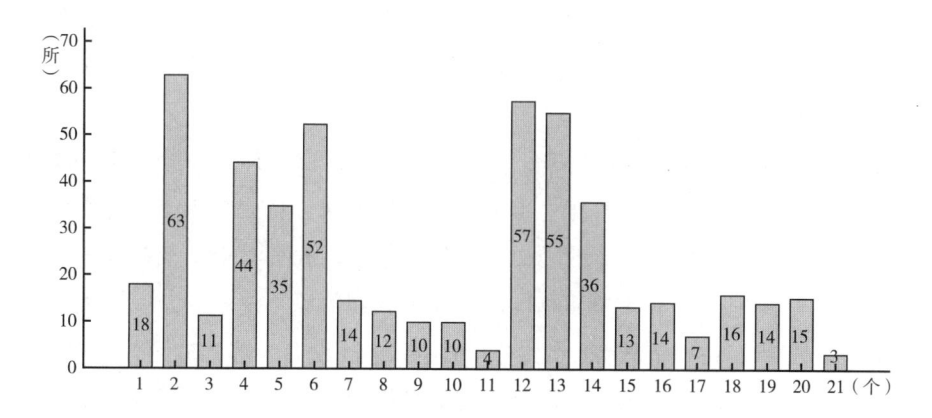

图 5-16 教育类专科专业在师专学校的布点情况

注：教育类专科专业编号含义：1 早期教育、2 学前教育、3 小学教育、4 语文教育、5 数学教育、6 英语教育、7 物理教育、8 化学教育、9 生物教育、10 历史教育、11 地理教育、12 音乐教育、13 美术教育、14 体育教育、15 思想政治教育、16 舞蹈教育、17 艺术教育、18 特殊教育、19 科学教育、20 现代教育技术、21 心理健康教育。

第三节 高师院校的教师教育组织

长期以来，在高等教育领域高师院校与教师教育组织这两个概念保持着同一关系。但是，自师范教育向教师教育转型以来，教师教育组织已经逐步退守为高师院校宏观组织的一个构成部分。教师教育在高师院校的生存空间受到显著挤压已是不争的事实。在这样一个转型期，教师教育面临的显著问题之一就是组织的模糊化，以及随之而来的教师教育功能弱化。我们并不认为高师院校应当回到纯粹教师教育组织的历史时期，但是，高师院校需要加强教师教育组织建设来保证教师教育质量与绩效。事实上，不少高师院校已经在这方面进行了一些有益的探索。

一 高师院校教师教育组织的转型

在师范教育时期，高师院校的专科和本科教育专门负责培养中小学教师，少数具有研究生培养资格的高师院校同时为中师学校、师专学校和师范学院培养师资。围绕着这一目标，高师院校的院系设置、专业学科都是以培养教师为中心来设计的，各种人力、物力、财力资源也都围绕着这一组织目标进行集聚。也就是说，在师范教育时期，全校共同培养教师，高师院校就是教师教育组织。

自20世纪90年代末期以来，师范教育逐步走向一体化和开放化，高师院校开始大举进军非师范教育，走上综合化的道路。自此，传统师范教育被教师教育取代，有学者把新的历史时期称作后师范教育时期，或教师教育时期。在这一时期，高师院校面临着以下几个方面的深刻变革。其一，人才培养目标的变革。在师范教育时期，高师院校专门负责为基础教育培养教师。如今为基础教育培养教师只是高师院校的目标之一，此外，还要服务于经济社会发展的非教育行业，为更广泛的领域培养更多的研究型或应用型人才。其二，学校院系结构的变革。在师范教育时期，高师院校的院系组织结构比较单一，主要是与基础教育课程相对应的专业教育院系。如今高师院校的院系结构除了专业教育院系，还有创新教育院系、教育管理院系和公共课程教学院系。在专业教育院系中，除了传统上以培养教师为主的院系，还增加了大量非师范教育院系。以A师范大学为例，在21个本科招生的专业学院中，有5个学院是非教师教育学院。其三，科研辅助机构的变革。在师范教育时期，高师院校主要是教学型院校。伴随着师范教育向教师教育的转型，高师院校的学校功能也在积极地拓展，以求取得与其他传统大学对话的资格。除教学以外，还承担着科学研究、社会服务和文化传承创新等现代大学功能。这就使高师院校增加了大量的非教学性机构，如各级各类科研机构和后勤保障服务机构，学校组织结构越来越巨型化。以C师范大学为例，该校现有各类学院32个，研究院所41个。其四，院系专业结构的变革。在师范教育时期，各个院系的专业设置与中小学学科教学相对应，如文学院的汉语言文学专业（培养语文教师）、数学学院的数学与应用数学专业（培养数学教师）、音乐学院的音乐学专业（培养音乐教师），等等。在那个时期，各学院的专业结构只有师范专业，全学院的整个教育资源都集中到教师培养上来。如今，高师院校的绝大多数专业学院都增设了大量非师范教育专业。在A师范大学16个师范专业本科招生学院中，只有少数几个学院的全部专业都是师范专业，绝大多数学院都是既有师范专业，也有非师范专业。其中，生命科学学院、计算机学院和美术学院的师范专业只占各自学院本科招生专业数量的1/5。

总之，从师范教育向教师教育的转型，高师院校的组织结构越来越呈现出综合化、巨型化的特征。高师院校已经不再等同于教师教育组织，它只是高师院校内部的一个构成部分，此外，还有大量非教师教育组织。这使我们需要在高师院校的宏观组织环境中重新定位教师教育组织（如图5-17所示）。

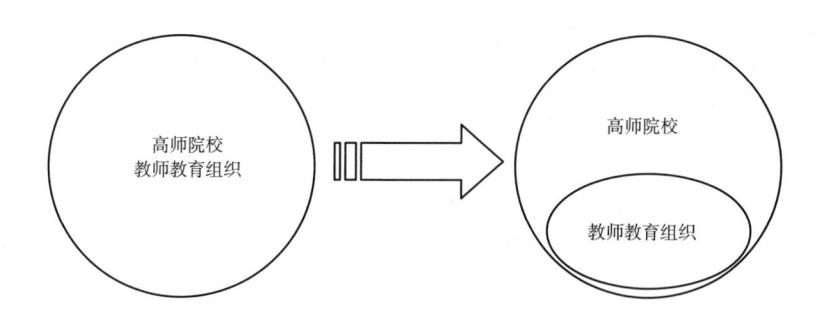

图5-17　高师院校教师教育组织的转型

二　高师院校教师教育组织的形式

教师教育组织的形式是由教师教育的内容决定的，教师教育的内容则是教师应当具备的素质结构，具体表现为专业培养方案中的课程结构。以D高师院校的人才培养方案为例，师范专业培养方案主要包括学科知识（约50%）、教育知识（约10%）、实践技能（约10%）和通识素养（约30%）四个方面（见表5-10）。这四个方面涵盖的课程群分属于不同的学科和学院，很难在现代大学制度体系中由一个机构来独立承担，它必然是需要多个学院协同配合。这是现代大学的优势，也是现代大学"学术部落"的顽疾。高师院校教师教育组织转型之后面临的一个基本矛盾就是，本专科师范生的培养既难以在一个学院（机构）内完成，又难以在多个学院（机构）之间形成协同效应。

表 5-10　D 高师院校本专科师范生培养方案的课程结构

教师素质结构		核心课程	课程比例	培养学院
A. 学科知识		学科基础课程群 学科核心课程群	约 50%	专业学院
B. 教育知识		教育学基础、心理学、教师职业道德、教育科研方法、心理健康教育	约 10%	教育科学学院
		学科教学论 教育技术		专业学院 数理学院
C. 实践技能		书写、普通话、礼仪、实习、见习、毕业论文	约 10%	教师技能中心 专业学院
D. 通识素养	身体素质	大学体育	约 30%	体育学院
	政治素质	中国近代史纲要、形势与政策、马克思主义基本原理、思想道德与法律基础、毛泽东思想和中国特色社会主义理论体系概论等		马克思主义学院
	语言素质	大学语文、大学英语		文学院、外国语学院
	创新素质	创新理论与实践课程群		创新学院
	其他	选修课程		开课学院

当我们明确教师教育组织形式由教师教育课程决定这一逻辑之后，需要厘清的是究竟由哪个组织（教师教育组织）来对教师培养承担主要责任？由于幼儿教师和小学教师对学科（课程）知识的要求没有中学教师那么高，他们更需要全面发展，属于全科型教师。通俗地讲，一名合格的高中毕业生所拥有的学科知识已经能够胜任幼儿园和小学生的教学工作，他们在大学期间的专业学习主要是需要获得教育教学知识、能力与理解，他们的学科知识和教育知识都来自教育学学科。这就使高师院校的教育（科学）学院承担幼儿教师和小学教师的培养成为可能。有的高师院校（一般是教学研究型高校）在教育学院之外单独设置基础教育学院（学前教育学院或初等教育学院），专门负责幼儿教师和小学教师的培养，而教育学院主要承担教育类本科课程教学和研究生培养任务。还有高师院校在教育学院之外单独设置教师教育学院，专门负责全校师范专业教师教育课程模块的教学任务和在职中小学教师的培训任务。因此，在高师院校教师教育组织转型之后，幼儿教师和小学教师的教师教育组织边界是比较清晰的。

问题的关键是，中学教师教育应当如何组织？在理论上，中学教师教育既然是由多个学院合作完成的，那么，任何一个学院都可以承担教师教育的组织职能。但是，一般由课程比例最大的学院来组织。从表5-10可以看出，学科知识（A）课程比例最大，师范生由专业学院来组织就是长期以来的一贯做法。这种组织形式的有效运转需要具备两个基本条件：其一，学科知识在教师知识体系中占有绝对优势。其二，教师教育是学科专业学院的唯一职能或中心任务。在师范教育向教师教育转型之后，这两个假设条件都逐步被否定，学科专业学院面临组织教师教育的合法性危机。在这样的形式下，高师院校的教师教育组织面临着空前的"战国"形势。对于各个教师教育相关学院或机构而言，凡于己有利者，则趋之若鹜；凡于己有弊者，则避之不急。因此，高师院校的教师教育组织体系需要有一个机构来扮演领导者角色，从而有效地统筹和整合高师院校内部与外部的教师教育资源，搭建教师教育对内对外交流平台。

三 高师院校教师教育学院的发展

在教师教育转型期，高师院校的传统教师教育组织形式面临着转型需求，一些高师院校开始组建教师教育学院。根据国家建立开放灵活的现代教师教育体系的要求，顺应教师专业化发展的客观趋势，为适应教师教育改革发展的需要，早在2005年，四川师范大学和南京师范大学就率先组建成立教师教育学院。截至目前，全国已有16所师范大学和18所师范学院成立教师教育学院，有的称教师专业发展学院，如沈阳师范大学；有的称免费师范生学院，如江西师范大学；有的称教师教育与心理学院，如四川师范大学。

从高师院校教师教育学院的功能定位情况来看，存在以下四种类型。其一，"在职培训"型学院。此类教师教育学院的主要职能是从事各级各类在职教师培训，学院不举办本专科专业，也不从事本专科生的教学工作，如广西师范学院。该校设有三个教育类学院：（1）教育科学学院拥有教育学原理、课程与教学论、高等教育学、职业技术教育学、教育经济与管理等5个学术型研究生硕士授权点，教育硕士（教育管理、心理健康教育）、公共管理硕士等3个研究生专业学位硕士授权点，开设教育学、公共事业管理（师范类）、学前教育、应用心理学等4个本科专业，设有教育学、心理学、教育管理、学前教育4个教学系。（2）初等教育学院的前身是广西南宁民族师范学校，2003年并入广西师范学院并组建初等教育学院，从2004年开始招收小学教育本科专业。（3）教师教育学院是广西师范学院教师培训工作统筹管理部门，是面向各级各类教师和干部开展在职培训、项目策划及培训研究的窗口单位。教师教育学院设有办公室（负责上传下达，协调教师教育学院内部结构、与其他二级学院间的关系。负责外联工作）、培训中心（负责培训的组织、实施与管理）、课程研究中心（负责培训政策研究、培训项目的规划，课程开发，培训特色的凝练，培训专家培育与专家库管理等）、教师职业技能检测中心（负责研究教师教育政策、教师教育发展规划、教师职业技能训练与测试等，服务教育厅对教师每5年的培训、验证政策）、信息中心（负责学校培训信息化管理、培训网络研修、网络培训的前期准备、网络培训发展规划，中小学信息技术能力提升等）等机构。① 其二，"课程教学+在职培训"型学院。此类教师教育学院主要承担在校师范生的教师教育课程教学和在职中小学教师培训两项工作，学院不举办本专科专业，如西华师范大学。该校设有教育学院负责教育学、心理学和教育技术学3个本科专业和教育学学科的研究生教育工作，学前与初等教育学院负责小学教育和学前教育两个本科专业和这两个专业的研究生教育工作。为了整合全校教师教育资源，强化职前培养和职后培训一体化功能，提升教师教育质量，彰显教师教育特色，西华师范大学于2011年3月成立教师教育学院。学院由教师教育学院和四川省教师继续教育西华师范大学培训中心两个部门组成，下设学院办公室、培训部、教育学教研室、心理学教研室和基础教育课程研究中心。② 其三，"课程教学+在职培训+专业教育"型学院。此类教师教育学院的职能包括全校师范生的教师教育课程教学、在职中小学教师培训、举办本专科专业，并从事研究生教育，如四川师范大学。2005年，由教育科学学院部分院领导

---

① 资料来源于广西师范学院网站。http://www.gxtc.edu.cn/Category_65/Index.aspx, 2016 - 08 - 30。
② 资料来源于西华师范大学网站。http://www.cwnu.edu.cn/jgshe_zhi/yxsz.htm, 2016 - 08 - 30。

和教师组建四川师范大学教师教育学院,并与四川省教师教育研究中心、四川省教师教育网络联盟中心办公室、四川省教师继续教育四川师范大学培训中心合署办公,成为一个以教师职前培养与职后培训一体化,集教学、研究、管理为一身的专业性教师教育机构,并招收发展与教育心理学、成人教育学、教育硕士(教育管理方向)研究生。2014年获得应用心理硕士专业学位授权,心理发展与应用研究中心入选校级研究中心,同年学院开始招收教师教育理论与实践硕士研究生。2016年1月,学校进行学科调整,原教育科学学院的心理学本科专业、心理学硕士点及在读学生全部并入教师教育学院。2016年1月11日,教师教育学院正式更名为教师教育与心理学院。[①] 其四,"教师专业教育"型学院。该类教师教育学院对现代大学制度下的教师教育组织进行了较为彻底的变革,全校各学科中学教师的招生、培养、就业都由教师教育学院负主要责任,并具有研究生培养资格,如南京师范大学。为切实提高教师教育专业人才培养质量和教师专业化水平,有效整合全校教师教育资源,实现各学科专业优势互补,南京师范大学于2010年起将汉语言文学(师范)、数学与应用数学(师范)、英语(师范)、历史学(师范)、思想政治教育(师范)、计算机科学与技术(师范)、物理学(师范)、化学(师范)、生物科学(师范)、地理科学(师范)等10个专业实行由教师教育学院统一招生和管理,教师教育学院和各相关专业学院共同培养、学科专业与教师教育双向强化的培养模式和机制。目前,教师教育学院有四届近2000名在读师范生,音乐、体育、美术、教育技术等其他专业在校师范生教师专业化培养工作和全校师范生教师资格证书管理工作也由教师教育学院负责,对符合教师资格申请及毕业条件的学生由教师教育学院统一办理教师资格认证。根据南京师范大学做优做强教师教育的要求,教师教育学院于2005年在教育学一级学科下在国内率先自主设置教师教育硕士学位点,面向基础教育开展"4+2"等模式研究生教育。在新一轮学位点调整和全日制专业学位综合改革试点过程,学校于2011年将中文、数学、英语、物理、化学、生物、思治、历史、地理等与教师

[①] 资料来源于四川师范大学教师教育学院网站。http://cote.sicnu.edu.cn/Second.asp?ID=120,2016-08-30。

教育相关的9个学科教学专业硕士学位点和课程与教学论学位点（9个学科方向）调整至教师教育学院，通过加大全日制推荐免试力度全力推进教育硕士"4+2"培养模式改革。①

教师教育学院是教师教育改革的新事物。一般来说，教育（科学）学院诞生在前，教师教育学院则在后。如果说教师教育改革需要一个新的机构（教师教育学院）来统筹全校教师教育，那么，它与教育学院的关系就成为首先要面对的问题。从高师院校教师教育学院与教育学院隶属关系来看，有以下五种类型。其一，合署办公型。该种类型的教师教育学院和教育学院秉持"两块牌子、一套班子"的建设思路，在原教育学院的基础上增加了统筹全校教师教育的职能，如曲阜师范大学和乐山师范学院。乐山师范学院的教育科学学院自2000年开始，历经教育系、教育与心理学系、教育科学学院到教育科学学院（教师教育学院）。学院有心理学、教育学、小学教育、学前教育4个本科专业和学前教育专科专业，同时承担全校教师教育专业人才培养相关工作。② 其二，分设并列Ⅰ型。该种类型的教师教育学院在教育学院之外独立设置，与教育学院为平行关系，直接接受学校党政领导，如西华师范大学、四川师范大学、淮阴师范学院、广西师范学院等。其三，分设并列Ⅱ型。与分设并列Ⅰ型类似，此种类型的教师教育学院在教育学院之外独立设置，不同之处在于，在教育学院、教师教育学院与学校管理层之间还有一个管理层——教育学部（如图5-18所示），如华东师范大学。

其四，取而代之型。此种类型的教师教育学院建设方式是用教师教育学院取代教育学院，也就是在原教育学院（系）的基础上进行重组和改革，将教育学院转型发展为教师教育学院，如齐鲁师范学院、曲靖师范学院、合肥师范学院等。合肥师范学院教师教育学院的前身是创建于1964年安徽教育学院教育行政干部培训部，1985年更名为教育管理系，2005年改为教育系，2011年改为现名，设置教育系、心理系、公共教学部、教育管理干部

---

① 资料来源于南京师范大学教师教育学院网站。http://jsjyxy.njnu.edu.cn/cn，2016-08-30。

② 资料来源于乐山师范学院教育科学学院网站。http://jiaokxy.lsnu.edu.cn/jiaokxy/#，2016-08-30。

培训部。现设教育学、应用心理学、学前教育学三个本科专业,另有心理学专升本与学前教育学专科。① 总之,高师院校教师教育组织变革已经成为必然趋势,不少高师院校为此进行了多样化的探索,但是,教师教育学院的建设和发展还有待于进一步加强。

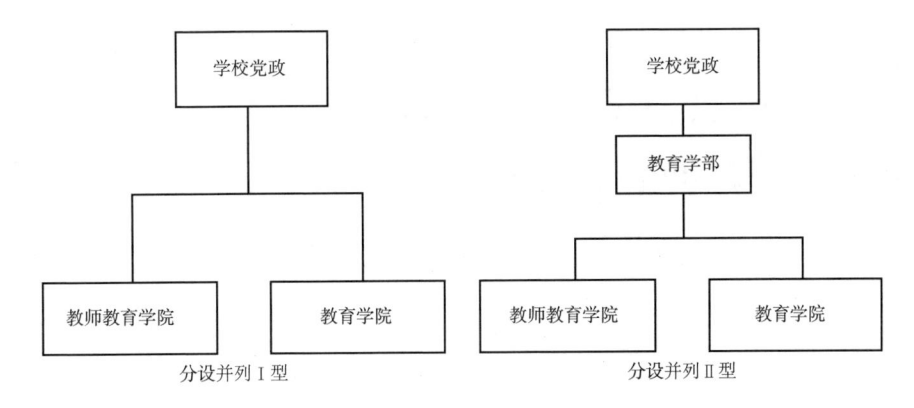

图 5-18 分设并列型教师教育学院设置方式的两种类型

---

① 资料来源于合肥师范学院教师教育学院。http://jyxy.hfnu.edu.cn/info/1012/1709.htm,2016-08-30。

第六章
综合、特色与效果：高师院校组织结构的适应分析

无论对"师范教育"向"教师教育"的话语转换持有何种立场，它都已经成为一种客观存在，而且也不要再奢望它能够再次退回到之前的状态。现实的问题是，当这种话语转换以及与其相伴随的教师教育大学化转型发生以后，在一个综合化的高师院校中如何提高教师教育绩效。反思20世纪90年代末期以来的高师院校转型历程，学校的办学实践在一定程度上偏离了教师教育绩效这一中心。教师教育在高师院校被不同程度地弱化，现有的高师院校组织结构与提高教师教育绩效之间存在适应性障碍。这至少可以从高师院校的教师教育特色和教师教育效果两个方面得到论证。

第一节　高师院校组织结构的综合化转型发展

当前我国教师教育领域正发生着深刻变革，原来"中师、专科、本科"分别培养"小学、初中、高中教师"的"三级师范教育体制"正在消失，"学士、硕士、博士"整合在基础教育各个学段的新教师教育体制正在形成。在教师教育大学化趋势的推动下，高师院校综合化进程快速推进，教师教育的生态环境发生了显著变化。教师教育大学化、高师院校综合化与教师教育绩效之间的关系需要得到更加理性的审视。

第六章 综合、特色与效果：高师院校组织结构的适应分析

一 教师教育的大学化转型

教师教育大学化的根本动因是基础教育事业发展对高质量教师的需求，它是教师教育响应这一需求的必然结果。教师教育大学化意味着中小学教师培养规格将逐步提高到本科层次以上，传统的中师、师专一类教师教育机构必定退出历史舞台；中小学教师培养机制将打破原先独立的师范教育体系而在大学制度环境中进行，大学必定在教师教育中发挥着更加重要的作用；教师教育作为一种专业将努力在大学学科体系中寻求自身的专业地位。朱旭东认为，"教师教育大学化的实质是大学教育学院的教师教育专业建制"[1]。谌启标提出，教师教育大学化要求在机构建制上实现"教师教育专业化"，在培养体制上实现"教师教育一体化"，在运作模式上实现"学科专业与教师专业分离"[2]。多数学者提倡教师教育大学化，如罗伯特·A. 罗斯（Robert A. Roth）、克利福特（Renee Tipton Clift）、沃那尔（Allen R. Warner）、爱德华·R. 迪夏曼（Edward R. Ducharlme）和朱旭东等。克利福特和沃那尔认为，与其他教师教育机构相比，大学承担教师教育职能具有独特的作用：大学能够给职前教师提供充分的时间和资源去反思教育问题；大学能够为教学过程提供多种视角；大学能够根据教育本质和目的提供多种智力模式；大学具有持续进行教育研究的优势[3]。我国学者朱旭东认为，"教师教育大学化是国际教师教育发展的基本趋势"，"实施教师教育大学化是我国师范教育发展的需求"[4]。当然，随着教师教育大学化日益受到关注，反对教师教育大学化的声音也不绝于耳，如马丁·海博曼（Martin Haberman）、卡里文·弗兰（Calivin Frazier）、詹姆斯·F. 诺兰（James F. Nolan）等。马丁·海博曼曾经论述了大学不适宜于承担教师教育职能23条理由[5]。詹姆斯·F. 诺兰通过对某大学教师教育课程改革计划的研究发现，大学进行教师教育面临

---

[1] 朱旭东：《如何理解教师教育大学化？》，《比较教育研究》2004年第1期。
[2] 谌启标：《教师教育大学化的国际比较研究》，福建教育出版社，2008，第10~11页。
[3] Renee Tipton Clift and Allen R. Warner, "Universities Contributions to the Education of Teachers," *Journal of Teacher Education* 37 (1986): 32–35.
[4] 朱旭东：《应当实施教师教育大学化战略》，《中国高等教育》2002年第19期。
[5] Martin Haberman, "Twenty-Three Reasons Universities can't Educate Teachers," *Journal of Teacher Education* 22 (1971): 133.

着诸多抑制性因素,如缺乏来自大学层面的奖励,大学教授间缺乏交流,课程制定者与教师教育者间缺乏争论,等等。①

虽然有关教师教育是否大学化的问题在学术上存在"大学化"与"反大学化"两种截然不同的立场,但是在政策和实践层面上全球教师教育大学化的改革步伐却在稳步推进。从英国来看,1888 年,克罗斯委员会发表《克罗斯报告》,建议在大学建立走读训练学院(Day Training College),培养小学教师。1944 年,《麦克内尔报告》的核心主张是加强大学与师范教育之间的联系,提议在每所大学都设立教育学院。1963 年,《罗宾斯报告》建议教育部改地方教师训练学院为教育学院,在教育学院开设四年制教育学士学位课程。自 1975 年后,地方教育学院经历了整顿和改组过程之后逐步消失,师范教育作为一个专业存在于大学和继续教育实施机构中。20 世纪 80 年代,英国已经不存在独立的专门培养教师的机构,采取的是非定向的教师教育制度。②

再以美国为例,1912 年,全国教育协会师范学校部提出教师培训机构改革原则,中等师范或逐渐被淘汰或升级为师范学院。1944 年,《退伍军人再适应法》刺激了不少师范院校转型为综合的州立大学。1958~1960 年,美国全国师范教育专业标准审定委员会连续三年召开各专业学者参加的联合会议,共同探讨师范教育改革,进一步强化了大学教师教育职能。20 世纪 80 年代以来,霍尔姆斯小组的一系列报告,提出了诸多教师教育改革措施。1998 年,美国教育咨询委员会组建了一个教师教育大学校长特别工作小组,制定的方案《把握未来:改变教育培养方式,大学校长行动方案》提出:大学校长必须担负起领导责任,促使教师教育成为大学的中心任务之一。在政策的指引下,美国教师教育大学化进程快速推进。1855 年,爱荷华州立大学最早建立师范教育系,1873 年设立永久教学法教授职位;1890 年,美国第一所具有研究生水平的纯粹培养教师的专业学校——教育学院,在纽约大学建立;1898 年,纽约教师学院并入哥伦比亚大学;1904 年,芝加哥师

---

① James F. Nolan, "Potential Obstacles to International Reform in Teacher Education: Findings from a Case Study," *Journal of Teacher Education* 36(1985): 12 – 16.
② 黄崴:《教师教育体制:国际比较研究》,广东高等教育出版社,2003,第 27 页。

第六章　综合、特色与效果：高师院校组织结构的适应分析

范学院并入芝加哥大学；哈佛大学于 1920 年设置了教育研究生院。① 在这些知名大学的带动下，一直持续到 20 世纪中期，美国大学不断参与教师教育。1960 年后三年制师范学校就变成了一个历史名词。② 到 1974 年，专门、独立的师范学院共 11 所，其中公立 3 所，私立 8 所。到 1984 年，只剩下 3 所私立师范学院。John Goodlad 认为，20 世纪 70 年代，师范学院向州立学院和州立大学的转变最终完成，标志着美国教师教育一个时代的终结。③ 世界上其他一些发达国家，如英国、德国、瑞典、挪威、日本、葡萄牙等，都经历了教师教育大学化这一历程。

1999 年 6 月 13 日，《中共中央国务院关于深化教育改革全面推进素质教育的决定》首次提出，调整师范学校的层次和布局，鼓励综合性高等学校和非师范类高等学校参与培养、培训中小学教师的工作，探索在有条件的综合性高等学校中试办师范学院。2001 年 5 月 29 日，《国务院关于基础教育改革与发展的决定》（国发〔2001〕21 号）要求，完善以现有师范院校为主体、其他高等学校共同参与、培养培训相衔接的开放的教师教育体系。加强师范院校的学科建设，鼓励综合性大学和其他非师范类高等学校举办教育院系或开设获得教师资格所需课程。2010 年 7 月 29 日正式发布的《国家中长期教育改革和发展规划纲要（2010—2020 年）》再次明确要求，加强教师教育，构建以师范院校为主体、综合大学参与、开放灵活的教师教育体系。

21 世纪初，在学术研究和政府政策两种力量的推动下，中国综合大学广泛参与到教师教育领域中来，如北京大学于 2000 年成立教育学院，华中科技大学于 2000 年成立教育科学研究院，厦门大学于 2001 年开始招收"3+1"模式的师范生，清华大学于 2001 年开办校长职业化研修中心，等等。2003 年，在"全国非师范院校教师教育工作研讨会"上，与会学校共同发表了《非师范院校积极参与教师教育的行动宣言》，成立了全国非师范院校教师教育协会。2010 年 73 所教育硕士招生单位中有 32 所综合大学，

---

① 刘静：《20 世纪美国教师教育思想的历史分析》，北京师范大学出版社，2009，第 44～45 页。
② 滕大春编《外国教育史和外国教育》，河北大学出版社，1998，第 437 页。
③ 祝怀新编著《封闭与开放——教师教育政策研究》，浙江教育出版社，2007，第 43 页。

15所教育博士招生单位中有7所综合大学。2011年具有教育学专业本科招生资格的综合性大学有30余所，其中包括浙江大学、厦门大学、广州大学、云南大学、山西大学、西南大学等。

总之，教师教育大学化已是全世界教师教育发展的基本趋势。部分综合大学会在不同程度上参与到教师教育领域中来，高师院校也不得不按照综合大学的运行机制来培养未来的教师。这构成了理解当前教师教育改革的基本背景。

二 高师院校的综合化转型

教师教育大学化的实质是教师培养规格在纵向上的层次提升，而它带来的直接影响是高师院校在横向上的综合化拓展。这突出地表现在高师院校的办学定位、学科专业、院系设置、组织机构、总体规模等方面。2001年底，北京师范大学在第十次党代会上就明确提出，"以教师教育、教育科学和文理基础科学为主要特色"，"要将北师大建设成为综合性、有特色、研究型的世界知名大学"。[①] 这表明，北京师范大学明确地释放出了综合化转型的信号，对国内其他高师院校具有重要的示范引领作用。有学者通过对43所师范大学办学定位的分析，其中，"把自身定位为综合性大学的有19所，定位为师范大学的有11所，定位为综合性师范大学的有5所"[②]。无论是否明确地将"综合性"列入学校办学定位，时至今日，各个层次的高师院校都不是单一的教师培养高校，而是教师教育与非教师教育共同发展的综合性高校。下面，我们分别从部属师范大学、省属师范大学、省属师范学院、师范专科学校各举一例来管窥当前高师院校的综合化程度。

以北京师范大学为代表的部属师范大学的综合化。从学校规模来看，北京师范大学现有全日制在校生约24700人，其中，本科生约10200人、研究生约12800人、长期留学生约1700人。现有校本部教职工近3100人，其中专任教师近2000人，具有高级职称、具有博士学位或具有海外学历的教师所占比例居于中国高校前位。现有两院院士8人、双聘院士13人，荣誉教

[①] 钟秉林主编《教师教育转型研究》，北京师范大学出版社，2009，第18页。
[②] 赵明仁：《新时期我国师范大学办学定位的话语分析》，《教师教育研究》2016年第1期。

第六章　综合、特色与效果：高师院校组织结构的适应分析

授 2 人、资深教授 4 人、长江学者特聘教授 36 人、讲座教授 3 人，国家杰出青年基金获得者 48 人，百千万人才工程国家级人选 20 人，国务院学位委员会委员 1 人、学科评议组成员 20 人，教育部跨世纪人才 16 人和新世纪人才 165 人，国家级高等学校教学名师 7 人，国家级创新研究群体 6 个、教育部和外专局高等学校学科创新引智群体 4 个。从学科专业来看，现有本科专业 64 个、硕士学位授权二级学科点 146 个、博士学位授权二级学科点 109 个、博士后流动站 25 个、博士学位授权一级学科 24 个、硕士学位授权一级学科 37 个。从院系设置来看，北京师范大学现设 1 个学部、26 个学院、2 个系和 40 个研究院。[①]

以西华师范大学为代表的省属师范大学的综合化。从学校规模来看，西华师范大学现有全日制本科生 30000 余人，硕士研究生 3000 余人。学校现有教职员工 2500 余人，具有高级专业技术职称的教师 1000 余人，具有博士、硕士学位的教师 1100 余人，入选中宣部文化名家暨"四个一批"人才工程 1 人，国家高层次特殊人才后备人选 1 人，四川省千人计划专家后备人选 1 人，四川省学术和技术带头人 16 人，四川省学术和技术带头人后备人选 26 人，享受国务院特殊津贴专家 17 人，四川省突出贡献的优秀专家 16 人，教育部新世纪优秀人才 5 人；有特聘中国工程院院士、国家级突出贡献中青年专家、教育部高等学校教学指导委员会委员、国家社会科学基金和国家自然科学基金项目评审专家 5 人；有全国师德先进个人 1 人，四川省教学名师 6 人。从学科专业来看，学校是一所以教师教育为特色的综合性大学，有文学、历史学、哲学、教育学、理学、工学、农学、管理学、经济学、法学、艺术学等 11 大学科门类，学科实力和优势突出。学校的生态学、政治学、中国语言文学、历史学、教育学、马克思主义理论、天文学、化学等特色优势学科在业内有重要影响。现有 69 个本科专业，15 个一级硕士授权学科（涵盖 106 个二级学科硕士点），拥有法律硕士、教育硕士、体育硕士、新闻与传播硕士、工程硕士、农业硕士、公共管理（MPA）硕士等 7 个专业硕士授权类别，6 个学科联合培养博士研究生。从院系设置来看，学校现

[①] 资料来源于北京师范大学官网。http://www.bnu.edu.cn/xxgk/xxjj/index.html，2016 - 12 - 23。

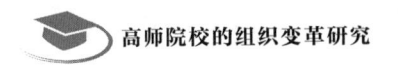

有28个二级教学学院。①

以绵阳师范学院为代表的省属师范学院的综合化。在学校规模方面，绵阳师范学院现有在校研究生、全日制本专科学生、留学生17000余人。现有在职教职工1210人，专任教师819人，其中具有正、副高职称教师416人，硕、博士学位教师595人。硕士导师29人，享受国务院特殊津贴专家1人，四川省学术和技术带头人1人，四川省有突出贡献的优秀专家1人，四川省学术和技术带头人后备人选4人，四川省教学名师1人，绵阳市有突出贡献的中青年拔尖人才1人，绵阳市文化艺术专业领军人才1人。在学科专业方面，涵盖十大学科门类71个全日制本专科专业。建设有7个省级特色专业，2个省级专业综合改革，3个省级"卓越计划"项目，2个四川省人才培养模式创新实验区，2个四川省高校实验教学示范中心，1个四川省教师继续教育培训中心，21门省级精品课程。在院系设置方面，学校设有16个二级学院，分别是信息工程学院、机电工程学院、文学与历史学院、数理学院、经济与管理学院、教育科学学院、体育与健康教育学院、传媒学院、外国语学院、音乐与表演艺术学院、美术与艺术设计学院、化学与化学工程学院、生命科学与技术学院、资源环境工程学院、城乡建设与规划学院、马克思主义学院、继续教育学院。② 近年来，绵阳师范学院在转型发展的理念指引下，对院系专业进行了诸多改革探索，举办了大量适应地方经济发展需求的应用型专业和学院，学校的综合化水平进一步提高。

以四川幼儿师范高等专科学校为代表的师范专科学校的综合化。在学校规模方面，学校在绵阳、江油设有三个校区，占地面积980亩，教学仪器设备值5600多万元，在校学生10000余人。学校拥有一支学术水平高、教学经验丰富、爱岗敬业的教师队伍。现有教职工495人，其中副教授以上职称96人，具有硕博士学历学位教师137人。在学科专业方面，学校设有学前教育、早期教育、小学教育、语文教育、数学教育、英语教育、音乐教育、美术教育、体育教育、舞蹈教育、舞蹈表演、音乐表演、服装与服饰设计、酒店管理、老年服务与管理、旅游管理、计算机信息管理、软件与信息服

---

① 资料来源于西华师范大学官网。http://www.cwnu.edu.cn/xxgk.html？1，2016-12-23。
② 资料来源于绵阳师范学院官网。http://www.mnu.cn/xxgk/xxjj.htm，2016-12-23。

务、电子商务技术、机械制造与自动化、工业分析技术共 21 个专业。在院系设置方面，学校设有学前教育一系、学前教育二系、艺术系、初等教育系、管理工程系、应用技术一系、应用技术二系、思想政治课教学部等系部。[①] 显而易见，四川幼儿师范高等专科学校并不只是承担教师教育职能的传统师范学校，而且是师范与非师范共同发展的综合性学校。

这些案例表明，当前的高师院校都具有不同程度的综合性。尽管高师院校在校名中仍然保留"师范"二字，但是，从它们的实质性来讲已经不同于传统师范院校，而是一个综合大学的基本架构。这已经成为不争的事实，也是思考教师教育组织变革的基本出发点。

三 高师院校综合化的逻辑

前文我们重点描述了在教师教育大学化浪潮之下高师院校的综合化进程。这属于"是什么"层面的陈述性问题。下面，我们要继续分析高师院校"为什么"要综合化的解释性问题和将会"怎么样"的推导性问题。

教师教育大学化是高师院校综合化转型的直接动因。教师教育大学化的重要出发点是解决"师范性"与"学术性"的矛盾问题，也就是要提高教师的学术水平。追根溯源，教师教育大学化是基础教育事业发展的必然要求。在基础教育事业还非常落后的阶段，教师教育主要属于中等教育层次。在很长一个历史时期，小学教师和初中教师都由中等师范学校培养，而高中教育本身不发达，对教师需求量比较小，大多由非师范毕业生充任高中教师。随着教育事业的不断发展，尤其是普及九年义务教育之后，教育发展的主要矛盾逐步从数量扩张转向质量提升，对中小学教师提出了更高的要求，将他们的学历层次提高到大学水平成为时代发展的必然趋势。在这样的形势之下，原有的以中等师范学校为主体的师范教育体系就不能适应教育事业发展的需要，逐步升格成为高等师范教育机构。这场巨变从 20 世纪 90 年代末逐步启动，原中等师范学校纷纷升格为师范专科学校，原师范专科学校大量升格为本科师范学院，原师范学院又大量升格为师范大学或转型为综合型大

---

① 资料来源于四川幼儿师范高等专科学校官网。http：//www.scyesz.com/2016/xxjj.aspx#，2016 - 12 - 23。

学,从而基本完成了我国教师教育的大学化历程。教师教育大学化必然推动高师院校的综合化,此二者在内涵上具有高度的一致性。"University"源自"Universal",其本义就是普遍的、通用的、宇宙的、全世界的、全体的,从而使"大学"一词从其诞生以来就具有多样性、综合性的内涵。这种多样性和综合性表现在学科专业、学生来源、教师构成、培养目标等多个方面,从而使现代大学逐步发展成为一种巨型组织。"现代大学本身是一种相对开放的系统,当各种非大学部门和专科学校发展起来时,开放的范围大大扩大,各种界线实际上变得不可能确定。现在高等教育已经变成了一个几乎是无限制的系统。"① 显而易见,大学就意味着综合性,这既是学术知识在大学发展的必然结果,也是社会经济对大学发展的必然要求。基于这样的理解,传统教师教育机构的大学化就必然会使其演化为一种综合性的高等教育机构。无论给予这种机构什么样的称谓,都不能改变其综合性高等教育机构的实质。

应用型转型发展是地方高师院校综合化转型的又一动因。除部属师范大学以外,其余高师院校都可归于地方高师院校之列。但是,在此,我们主要探讨的地方新建本科师范院校,这类学校在整个高师院校体系中占有较大的比例,而处境最为尴尬,可谓"上不沾天,下不挨地"。笔者曾经撰文指出,"在中小学教师需求数量萎缩、需求质量提升、综合大学广泛参与教师教育的综合作用下,地方师范学院正走在发展的'大学化'抑或'高职化'的十字路口"②。这类地方高师院校大学化思路下的综合化发展打破了学校原有的单一师范教育格局,但是没有达到预期目标,也很难获得与综合大学的同等地位。于是掉头转向,在现代职业教育领域寻求出路。在国家大力发展现代制造业和现代职业教育的时代背景下,2014年4月25日至26日,由应用技术大学(学院)联盟和中国教育国际交流协会主办的产教融合发展战略国际论坛在驻马店举行。在会议闭幕式上,参加论坛的178所高等学校共同发布了《驻马店共识》,共同落实国务院常务会议做出"引导部分普通本科高校向应用技术型高校转型"的战略部署,以产教融合发展为主题,

---

① 〔美〕伯顿·克拉克主编《高等教育新论:多学科的研究》(2版),第112~113页。
② 侯小兵:《教师教育大学化与地方师范学院转型》,《绵阳师范学院学报》2011年第4期。

探讨"部分地方本科高校转型发展"和"中国特色应用技术大学建设之路"①。这次会议拉开了地方本科高校转型发展的大幕,也迅速得到了部分地方师范院校的响应。它们开始走上应用型转型发展之路,从而开拓了一条应用型综合化的发展道路。比如,绵阳师范学院就把学校的办学定位为"努力把学校建设成为特色鲜明、优势突出,在西部地区有一定影响的应用型大学"②,内江师范学院提出"建设特色鲜明、优势突出的地方性应用型高水平大学"③,乐山师范学院也提出"为将学校建设成为人才培养特色和地方特色显著的多科性应用型大学而努力奋斗"的发展目标。④ 无论是教师教育大学化,还是应用型转型发展,它们的一个共性在于,要在传统高师院校的基础上发展非师范教育,差别只在于是走大学化的发展道路还是走应用型的发展道路。其最终的结果都必然是导致高师院校的综合化,即教师教育成为高师院校中的一个事业部。

接下来的问题是,高师院校的综合化转型会对教师教育产生什么样的影响?高师院校综合化转型就是要实现师范教育的层次提升、开放化和一体化,要利用大学综合化平台提高教师培养质量,尤其是学术水平。当这一转型过程启动之后,受到了高师院校的热烈追捧,转型激情高涨。但是,值得沉思的问题是,转型究竟能够在多大程度上促进教师教育发展?因为,无论是"旧型""新型"还是其他什么型,这只是形式问题,关键是能否提高教师培养质量,能否促进基础教育事业发展。高师院校转型的本质特征"不是培养机构的转变或者培养模式的变化,而是质量的提高"⑤。从20世纪90年代末至今,高师院校的综合化转型是否达到了提高教师教育质量的目标呢?高师院校综合化转型的焦点不在于搭建一个综合大学的空架子,而是要按照综合大学的模式来培养教师,也就是要"按照综合大学办师范的模式,先在一般学院修完基础学科课程,再到教育学院接受教师职业培训"⑥。事

---

① 佚名:《驻马店共识》,《中国教育报》2014年4月28日,第3版。
② 资料来源于绵阳师范学院官网。http://www.mnu.cn/xxgk/xxjj.htm,2016-12-23。
③ 资料来源于内江师范学院官网。http://www.njtc.edu.cn/channels/3.html,2016-12-23。
④ 资料来源于乐山师范学院官网。http://www.lstc.edu.cn/main.aspx?urlfl=00&urlid=01,2016-12-23。
⑤ 顾明远:《论教师教育的开放性》,《高等师范教育研究》2001年第4期。
⑥ 顾明远:《我国教师教育改革的反思》,《教师教育研究》2006年第6期。

实上，高师院校的综合化转型根本很少触及教师培养模式的改革，仍然是在综合大学化的制度框架下按照传统师范教育的模式来培养教师，这自然难以达到预期目标。"他们都热衷于扩大非师范专业，忙于升格，企图挤入高校名牌，因而有不少学校不是借用综合学科的优势来加强师范专业，而是抽调师范专业的教师去充实其他新建立的学科，这就反而削弱了师范专业。"①当教师教育大学化、开放化得到政策认可之后，高师院校综合化转型升级的强烈愿望远远超过了预期，而且也在一定程度上偏离了"提高教师教育质量"这一中心。"一方面是越来越多的非师范类高校开始介入'师范教育'领域，并极力争夺培养教师的份额，尽管其基础与实力都无法与师范院校匹敌；另一方面，手握'特权'的师范高校却在逐渐摒弃'师范'特色，一味地为摆脱'师范性'而朝综合性大学的方向发展。"②总之，高师院校综合化转型改变了教师教育生态，综合化转型（无论是大学化还是应用型）使高师院校将办学资源分散化，教师教育面临着被严重弱化的风险，教师教育质量没有受到与其应有地位相匹配的重视。虽然这并不意味着高师院校综合化转型的失败，但是，理性地正视这一转型中的问题无疑是更为明智的选择。后文还将进一步从教师教育特色和教师教育效果两个角度来论证当前高师院校综合化的组织结构与教师教育绩效间的适应性问题，从而奠定探讨高师院校组织变革问题的坚实基础。

第二节 高师院校转型发展中的教师教育特色

高等教育在进入大众化阶段之后，表现出鲜明的市场竞争特征。高等教育市场不仅存在考生之间争取优质教育资源的竞争，同样存在高等院校之间争夺优质生源的竞争。自20世纪90年代末期以来，教师教育机构纷纷经历了一场声势浩大的撤销、合并、升格、转型的大调整，一个高师院校与综合大学共同参与的开放性教师教育体系基本形成。传统高师院校对教师教育的垄断优势被彻底打破，普遍成为高等教育市场的平等竞争者。要想在高手如

---

① 顾明远：《我国教师教育改革的反思》，《教师教育研究》2006年第6期。
② 吴遵民、张松铃、秦洁：《强化还是削弱——略论"师范教育"向"教师教育"转换的问题与弊端》，《杭州师范大学学报》（社会科学版）2010年第3期。

云的高等教育领域立于不败之地,高师院校必须打造自身的核心竞争力,而核心竞争力的重要体现就在于学校的办学特色。一般来讲,高师院校的传统优势和主要特色在于教师教育。

一 高师院校教师教育特色的实践危机

高校办学特色是教育研究、教育政策、办学实践等共同关注的热点问题,并且在"为什么要有办学特色"的价值论层面上基本达成共识,而不需要再进行特别的论证。问题的关键是一所高校究竟"有没有办学特色"和"如何才能办出特色"。"办学特色是高校核心竞争力的主导因素。高校办学没有特色,就没有个性,就没有创新,也就没有高等教育整体水平的提升。确立和实践特色发展战略,走特色强校之路,应当成为大学发展的本质追求和必然选择。"[1] 自1999年启动我国教师教育大学化、高师院校综合化转型以来,高师院校就在"综合"与"特色"的矛盾中步履蹒跚。所谓"特色",就是教师教育机构"在促进教师发展的长期办学实践中所形成的独特的、持久稳定的办学模式和学校文化"[2]。有学者主张,"为适应我国教师教育的根本性转变,师范院校必须同时做好综合与特色两篇大文章"[3]。事实上,要"同时"做好这"两篇大文章"绝非易事。在相当大程度上,高师院校的"转型"被理解成模仿综合大学的办学模式。如何处理好"综合"与"特色"这一矛盾,真正提高教师教育质量是师范院校面临的现实课题。有学者通过对地方师范大学的研究得出结论:"地方师范大学并没有完全履行好、实践好自己应该为所在区域社会之基础教育培养更多更好教师的职责","地方师范大学并没有牢固树立安于教师教育本位的办学理念"[4]。也就是说,在高师院校综合化转型过程中,教师教育特色存在被弱化甚至被取消的风险。

---

[1] 张元龙:《高校办学特色研究的现状与趋势》,《国家教育行政学院学报》2011年第4期。
[2] 武海顺、闫建璋、程茹、赵英:《论教师教育特色》,《教师教育研究》2011年第6期。
[3] 刘湘溶:《综合与特色——关于师范院校改革与发展的思考》,《教师教育研究》2004年第3期。
[4] 眭依凡、俞婷婕、汪征:《教师教育:地方师范大学必须安于本位的使命》,《教育发展研究》2013年第7期。

二 高师院校办学定位的教师教育特色

办学定位是一所学校对未来发展的总体规划。教师教育是高师院校的传统优势,教师教育特色是高师院校打造自身核心竞争力的重要途径。在此,我们以全国 107 所本科高师院校为研究对象,其中,5 所部属师范大学、35 所省属师范大学和 67 所地方师范学院。研究所用数据来源于 107 所本科高师院校官方网站的"学校简介"。某些学校将学校简介栏目称作"校情简介""学校概况"或"学校概览"等,此处统一称作"学校简介"。"学校简介"集中反映了一所学校的办学定位和办学特色,具有相当高的权威性和可信度。我们以"学校简介"为数据来源,在忠实于文本内容的前提下,深入挖掘其蕴含的意义。"学校简介"一般会对学校的办学历史、学科专业结构、人才培养质量、科学研究成果和社会服务效益等进行全方面的简要介绍。我们紧紧围绕研究主题、聚焦学校办学特色,提炼出总体办学定位、特色办学思想、教师教育特色、教师教育特色院校特征四个维度。107 所本科高师院校根据所属教育主管部门的不同分为部属师范大学、省属师范大学和地方师范学院三类,根据学校所处地理位置的不同分为东部(11 省市)、中部(8 省)、西部(12 省市区)高师院校三类,从而便于对不同类型本科院校进行比较分析。

(一) 本科高师院校的总体办学定位

总体办学定位是一所学校发展方向和目标的集中体现,它直接决定了一所学校要办成什么样的学校以及培养什么样的人才。对本科高师院校总体办学定位的考察可以从办学水平、核心功能和学校规格三个维度进行考察。办学水平有世界一流、国内一流、区内一流三种不同提法。在统计分析的时候,将"先进""知名""领先""高水平"等类似表述均作为"一流"对待。学校核心功能定位分为教学型、教学研究型和研究型三类。学校规格分为师范学院、师范大学和综合性大学三种。师范学院是指办学定位立足于当前的办学层次,着力于提升教育教学质量而没有表现出急于升格愿望的地方师范学院。所有统计指标中的"其他"均指在该校的"学校简介"中没有明确提及此问题。

从办学水平的定位来看,有 4 所部属师范大学提出要争创世界一流大学或师范大学；在省属师范大学中，有12所提出国内一流的目标，有11所定位于区内一流；就地方师范学院而言，有1所提出要追求国内一流，有15所定位于区内一流（见表6-1）。

表6-1 本科高师院校办学水平的总体定位

单位：所

	学校数	世界一流	国内一流	区内一流	其他
部属师范大学	5	4	0	0	1
省属师范大学	35	0	12	11	12
地方师范学院	67	0	1	15	51

总体上讲，部属师范大学主要定位于世界一流，省属师范大学主要定位在国内一流和区内一流，地方师范学院主要定位于区内一流，这基本符合中国高师院校布局的总体要求和各类院校的实际情况。107所本科高师院校中，有43所提出不同层次的"一流"办学目标，占比达到40.18%。将目标定得高远一些当然有其可取之处，但学校必须对自身的实力与状况进行实事求是的分析和评估。否则，目标就容易沦落为口号。

在学校核心功能的发展定位方面，有2所部属师范大学定位于研究型，其余3所没有在"学校简介"中明确提及此问题；有17所省属师范大学定位于教学研究型，占省属师范大学总数的48.57%，而该类学校中没有哪所定位于教学型或研究型；地方师范学院中，有12所定位于教学型，有2所定位于教学研究型，而有53所学校没有在"学校简介"中明确提及该问题（见表6-2）。由此可见，部属师范大学主要定位于研究型，省属师范大学主要定位于教学研究型，而地方师范学院主要定位于教学型。

表6-2 本科高师院校核心功能的总体定位

单位：所

	学校数	教学型	教学研究型	研究型	其他
部属师范大学	5	0	0	2	3
省属师范大学	35	0	17	0	18
地方师范学院	67	12	2	0	53

从学校规格的办学定位来看,在全部本科高师院校中有 46 所定位于综合性大学,占 42.99%(见表 6-3)。

表 6-3 本科师范学院学校规格的总体定位

单位:所

	学校数	师范学院	师范大学	综合性大学	其他
部属师范大学	5	0	1	4	0
省属师范大学	35	0	12	19	4
地方师范学院	67	9	8	23	27

只有 1 所部属师范大学定位于发展成为"世界一流的师范大学",其余 4 所则定位于"世界一流大学""世界知名的高水平研究型大学""高水平大学""综合性研究型大学"。在 35 所省属师范大学中,只有 12 所明确提出办好师范大学,有 19 所定位于综合性大学,占 54.29%,另有 4 所没有明确。从一定程度上讲,部属师范大学一般办学历史悠久、实力雄厚,定位于综合性大学尚可理解。省属师范大学一般是该省份的教师教育龙头,是否应当一味追求综合性大学模式应当慎重考虑。

对于地方师范学院而言,则应当立足于办好教师教育而不能盲目地追求综合性大学。可现实的情况是,在地方师范学院中,有 23 所学校定位于发展成为综合性大学,占 34.33%;有 8 所学校的办学目标是升格为师范大学,占 11.94%;只有 9 所执着于办好目前的本科层次教师教育;另有 27 所没有明确提及。2000 年后新升格的某地方师范学院,目前尚无学术学位硕士点,已将博士点零的突破写进了时间表。还有数所新建地方师范学院将"强本、申硕、创建××大学"作为发展目标。可以看出,在地方师范学院中依然存在升格为师范大学或转型为综合性大学的思潮。

(二)本科高师院校特色办学思想的具体体现

特色是一所学校的灵魂,是衡量一所学校办学水平高低的重要尺度。在全国 107 所本科高师院校中,有 86 所院校的"学校简介"在不同程度上体现出了特色办学的思想观念,占全部院校的 80.37%;只有 2 所省属师范大学和 19 所地方师范学院没有提到特色办学的思想观念(见表 6-4)。

表6-4 本科高师院校特色办学思想的具体体现

单位：所

	学校数	将特色作为学校发展目标	将特色列入办学理念或战略	将特色列入工作方针或重点工程	仅仅介绍了学校办学特色	未提到办学特色
部属师范大学	5	2	1	1	1	0
省属师范大学	35	24	4	1	7	2
地方师范学院	67	31	10	7	7	19

在部属师范大学中，陕西师范大学提出"以教师教育为主要特色的综合性研究型大学"奋斗目标，华中师范大学提出"为争取把学校建设成为教师教育特色鲜明的高水平大学而努力奋斗"，东北师范大学将"充分彰显为基础教育服务的办学特色，走强校之路，走开放之路，走和谐之路"作为学校的办学思路，北京师范大学提出贯彻"以人为本、改革创新、优化结构、强化特色、提升质量"的工作方针，华东师范大学则在"校情简介"中介绍了该校的教师教育特色优势。

在省属师范大学中，有24所学校将办学特色作为学校的发展目标，占全部省属高校的68.57%，如首都师范大学提出"有特色、高水平的师范大学"的目标，华南师范大学提出"特色鲜明的高水平教学研究型大学"的目标，四川师范大学提出"特色鲜明的教学研究型大学"的目标；有4所学校将特色办学列入办学理念或战略，如海南师范大学将"特色树校"列入办学理念的重要内容之一；有1所学校将特色办学作为学校的工作方针和重点工程，如闽南师范大学坚持"育人为本、提升内涵、改革创新、强化特色、协调发展"的工作方针，着力推进"质量立校、学术兴校、人才强校、特色办校"四大工程；有7所学校只介绍了学校的办学特色而没有更鲜明地体现出特色办学思想；有2所学校在"学校简介"中没有提及办学特色。

在地方师范学院中，有31所学校将办学特色作为学校的发展目标，占全部省属高校的47.69%，如洛阳师范学院确立"以教师教育和应用型人才培养为特色的综合性师范大学"的目标，湛江师范学院确立了"特色鲜明的高水平高师院校"的目标；有10所学校将特色办学作为办学理念或战略，如黄冈师范学院提出"攀层次、上水平、创特色"九字发展观，"彰显特色"是韩山师范学院四大战略之一,宁夏师范学院实施"质量立校、人才强校、服务兴校、特色名校"的战略;有7所学校将特色办学作为工作方针;另有7所学校对学校的办学特色做了简要介绍;有19所学校没有提及学校办学特色。

上述分析表明,本科高师院校普遍具有较为强烈的特色办学思想观念,但不同层次的高师院校之间存在差别。总体而言,地方师范学院的特色办学观念亟待加强。

(三) 本科高师院校办学定位的教师教育特色

教师教育大学化转型启动之后,高师院校纷纷开启了综合化发展的历程。但是,高师院校具有教师教育的优良传统和历史积淀,是高师院校转型的重要前提和基础,是形成学校办学特色最可靠的资源。

调查表明,5所部属本科师范大学中有4所明确提出教师教育办学特色,另有1所提出"为基础教育服务的办学特色"。在提及办学特色的33所省属师范大学中,有18所将学校的办学特色定位于教师教育特色,占54.55%;另有3所院校虽然没提"教师教育特色",但提出了"以教师教育为优势"。在提及办学特色的48所地方师范学院中,有18所院校明确将办学特色定位于教师教育,占37.50%;有5所院校表述为"师范教育特色",另有8所学校的提法是以教师教育为优势。在没有提及办学特色的19所地方师范学院中,有2所学校提到以师范教育为主,有5所学校提到"以教师教育为主""教师教育为主体"或"教师教育为主导"(见表6-5)。

表6-5 本科高师院校办学定位中教师教育特色的具体体现

单位:所

	学校数	提及办学特色(86)					未提及办学特色(21)		
		教师教育特色	师范教育特色	服务基础教育为特色	以教师教育为优势	未明确提出何种特色	师范教育为主	教师教育为主	其他
部属师范大学	5	4	0	1	0	0	0	0	0
省属师范大学	35	18	0	0	3	12	0	0	2
地方师范学院	67	18	5	0	8	17	2	5	12

在高师院校综合化转型过程中,教师教育不再是高师院校的唯一职能,高师院校的办学定位发生了分化。部分高师院校旗帜鲜明地将学校

的办学特色定位于教师教育，如北京师范大学定位于一所"以教师教育、教育科学和文理基础学科为主要特色的著名学府"。部分高师院校在培育教师教育特色的同时，也在着力发展其他方面的特色和优势，如山西师范大学"浓郁的地方文化和教师教育、基础研究、服务区域发展构成了学校的四大办学特色"。从调查结果来看，在107所高师院校中，明确提出教师教育办学特色的只有40所，占37.38%，教师教育特色的办学理念并没有在高师院校的管理者中达成共识。大量高师院校尤其是地方师范学院或者没有特色办学理念，或者没有将教师教育作为需要打造的办学特色。

（四）坚持教师教育办学特色院校的学校特征

在107所本科高师院校中，有40所院校的"学校简介"中明确提出了教师教育是学校的办学特色，另有东北师范大学提出"为基础教育服务的办学特色"，其义与教师教育办学特色基本相同，故将其纳入教师教育特色办学的高师院校之列。这41所坚持教师教育办学特色的高师院校在学校类型（按学校所归属的教育主管部门分类）和区域分布（全国高师院校分属东、中、西部）两个方面表现出不同特征。

从不同类型的高师院校来看，5所部属师范大学尽管是率先启动教师教育大学化、综合化的高师院校，其学校综合化、国际化水平已远远高出其他高师院校，但它们无不在其办学定位中将教师教育特色置于核心地位。35所省师范大学中坚持办学定位教师教育特色的学校数为18所，占省属师范大学总数的51.43%。67所地方师范学院中有18所学校在办学定位中明确提出坚持教师教育特色，只占全部地方师范学院的26.87%（见表6-6）。这反映出，部属师范大学对办学定位的教师教育特色认同度最高，省属师范大学其次，地方师范学院最低。

表6-6 不同类型本科高师院校坚持办学定位教师教育特色的比例

	学校数（所）	坚持办学定位教师教育特色的院校数（所）	所占比例（%）
部属师范大学	5	5	100.00
省属师范大学	35	18	51.43
地方师范学院	67	18	26.87

从不同区域高师院校来看，东部地区有本科高师院校33所，其中有12所学校提出坚持办学定位的教师教育特色，占东部地区高师院校总数的36.36%；中部地区有37所本科高师院校，其中，坚持办学定位教师教育特色的学校有16所，占中部地区高师院校总数的43.24%；西部地区有37所本科高师院校，其中，有13所学校提出坚持办学定位的教师教育特色，占西部地区高师院校总数的35.14%（如表6-7所示）。由此可见，东部和西部地区高师院校对教师教育特色办学定位的认同度比较接近，均低于中部地区高师院校。

表6-7 东、中、西部地区本科高师院校坚持办学定位教师教育特色的比例

	学校数（所）	坚持教师教育特色办学的院校数（所）	所占比例（%）
东部	33	12	36.36
中部	37	16	43.24
西部	37	13	35.14

从不同类型、不同区域本科高师院校来看，东、中、西部地区的部属师范大学均坚持办学定位的教师教育特色；东、中、西部地区省属师范大学坚持教师教育特色办学定位的比例分别为37.50%、55.56%和70.00%；东、中、西部分别有26.67%、34.62%和19.23%的地方师范学院坚持办学定位的教师教育特色（见表6-8）。

表6-8 不同类型、不同区域本科高师院校坚持办学定位教师教育特色的比例

	区域	学校数（所）	坚持办学定位教师教育特色的院校数（所）	所占比例（%）
部属师范大学	东部	2	2	100.00
	中部	2	2	100.00
	西部	1	1	100.00
省属师范大学	东部	16	6	37.50
	中部	9	5	55.56
	西部	10	7	70.00
地方师范学院	东部	15	5	26.67
	中部	26	9	34.62
	西部	26	5	19.23

总之，从这107所本科高师院校的办学定位来看，部属师范大学一般定位于世界一流、研究型、综合大学，省属师范大学大多定位于国内一流、教学研究型、综合大学，地方师范学院主要定位于区内一流、教学型、综合大学。教师教育是师范院校的传统优势，教师教育特色是师范院校打造自身核心竞争力的重要途径。部属师范大学坚持教师教育特色办学的比例最高，省属师范大学次之，地方师范学院最低；中部地区师范院校坚持教师教育特色办学的比例最高，东部地区师范院校次之，西部地区师范院校最低。

三 高师院校办学实践的教师教育特色

自"转型"以来，高师院校一方面努力追求学术性，另一方面又要兼顾适应经济社会发展的应用性。从不同类型的高师院校来看，新建地方本科高师院校在高等教育体系中的处境最为尴尬。在学术研究方面，对综合大学的追逐并没有取得什么实质性的成果；在实践应用方面，甚至还不如高职院校的办学优势。处在这种"夹缝"中的新建地方本科高师院校简直有点无所适从，"建设—推倒—再建设"的恶性循环不断上演。在反复折腾之后，本身具有的教师教育特色与优势逐步丧失。目前，在教师教育特色这一领域的研究主要集中在"是什么"的内涵研究、"为什么"的价值研究和"怎么办"的规范研究，而缺少"怎么样"的实证研究。在本部分，我们通过调查新建地方本科高师院校师范生（也称"职前教师"或"未来教师"）对学校教师教育特色评价来反映高师院校办学实践的教师教育特色。

从理论上讲，新建地方本科高师院校的所有利益相关者都应当纳入研究对象的范畴，如学校管理者、教育者、学习者、校友、当地中小学教师、社区居民等。限于研究的可行性要求，我们只能选择最重要的对象——师范生。他们是教师教育服务产品的购买者，并且直接参与教师教育过程，对学校教师教育特色的评价最有发言权。这也是"以学生为中心"教育理念的生动体现。基于文献研究和前期调研的成果，我们建构了由"学校管理－学校环境－教学设施－课程设置－教师教学－教学实践－社会影响"组成的教师教育特色评价的"七因子模型"。根据该模型设计了由32个问题组成的《新建地方本科高师院校教师教育特色的学生评价问卷》。运用相关分析法对初次调查结果的项目分析，将项目得分与其问卷总分的相关系数在

0.3以下的淘汰，最终形成了由22个题目构成的正式问卷（见附录2）。本次调查共发放问卷680份，收回问卷637份，回收率93.68%。在剔除回答严重不全的无效问卷以后，有效问卷615份，有效率96.55%。在615名调查对象中，男生占24.60%，女生占75.40%；老校区的调查对象占55.9%，新校区的调查对象占44.1%；这些调查对象来自汉语言文学、数学与应用数学、思想政治教育、英语、学前教育、小学教育等15个学科专业，大一、大二、大三和大四的调查对象分别占42.10%、24.10%、28.60%和5.20%。在问卷信度方面，一般要求内部一致性系数即α系数达到0.7以上。通过信度分析，问卷的总体α系数为0.739，剔除某个项目之后的α系数位于0.723~0.741，符合问卷信度要求。运用SPSS17.0完成数据分析。

（一）新建地方本科高师院校教师教育特色评价的因素分析

首先，因素分析适应性检验。在因素分析前，运用KMO样本适应性检验（Kaiser-Meyer-Olkin Measure of Sampling Adequacy）和巴利特球形检验（Bartlett Test Sphericity）对数据的适合性进行检验。本研究的KMO值为0.784，巴利特球形检验的卡方值为1896.344（自由度231，$p = 0.000$）达到显著性水平要求。这表明，数据群的相关矩阵间存在共同因素，适合进行因素分析。

其次，运用主成分分析法提取公共因素。在初始解的22个共同因素中，前6个因素的特征值为3.571、2.221、1.533、1.279、1.140和1.072，它们共同解释了49.163%的原始变量总方差。按照特征值大于1的标准，这6个因素为提取的共同因素（详见表6-9）。

表6-9　共同因素解释总方差的贡献率

成分	初始特征值 合计	方差贡献率（%）	累积方差贡献率（%）	提取平方和载入 合计	方差贡献率（%）	累积方差贡献率（%）	旋转平方和载入 合计	方差贡献率（%）	累积方差贡献率（%）
1	3.571	16.232	16.232	3.571	16.232	16.232	2.605	11.841	11.841
2	2.221	10.096	26.328	2.221	10.096	26.328	2.048	9.307	21.148
3	1.533	6.966	33.294	1.533	6.966	33.294	2.012	9.143	30.291
4	1.279	5.816	39.110	1.279	5.816	39.110	1.583	7.196	37.488

续表

成分	初始特征值			提取平方和载入			旋转平方和载入		
	合计	方差贡献率(%)	累积方差贡献率(%)	合计	方差贡献率(%)	累积方差贡献率(%)	合计	方差贡献率(%)	累积方差贡献率(%)
5	1.140	5.180	44.290	1.140	5.180	44.290	1.308	5.945	43.433
6	1.072	4.873	49.163	1.072	4.873	49.163	1.261	5.731	49.163
7	0.968	4.399	53.562	—	—	—	—	—	—
8	0.922	4.193	57.755	—	—	—	—	—	—
…	…	…	…	—	—	—	—	—	—
22	0.495	2.251	100	—	—	—	—	—	—

注：主成分分析法提取公共因素。第9~21个成分的特征值均小于1，故省略。

再次，公共因素载荷矩阵旋转。在提取6个公共因素之后，进一步得到公共因素载荷矩阵。由于初始因素解与很多观测变量都相关，为了使公共因素的意义更加明显，运用正交旋转法对公共因素载荷矩阵进行旋转。旋转之后的公共因素载荷矩阵，如表6-10所示。

表6-10 旋转后的公共因素载荷矩阵

观测变量	公共因素					
	1	2	3	4	5	6
GCBL7	0.500	—	—	—	—	—
GCBL8	0.712	—	—	—	—	—
GCBL9	0.508	—	—	—	—	—
GCBL10	0.695	—	—	—	—	—
GCBL11	0.424	—	—	—	—	—
GCBL14	0.495	—	—	—	—	—
GCBL18	0.532	—	—	—	—	—
GCBL12	—	0.615	—	—	—	—
GCBL13	—	0.528	—	—	—	—
GCBL20	—	0.649	—	—	—	—
GCBL22	—	0.618	—	—	—	—
GCBL1	—	—	0.540	—	—	—
GCBL2	—	—	0.645	—	—	—
GCBL3	—	—	0.655	—	—	—
GCBL4	—	—	0.588	—	—	—

续表

观测变量	公共因素					
	1	2	3	4	5	6
GCBL6	—	—	—	0.455	—	—
GCBL16	—	—	—	0.595	—	—
GCBL17	—	—	—	0.594	—	—
GCBL19	—	—	—	0.518	—	—
GCBL15	—	—	—	—	0.758	—
GCBL21	—	—	—	—	0.507	—
GCBL5	—	—	—	—	—	0.722

注：主成分分析法提取公共因素；Kaiser 标准化的正交旋转法；旋转在 9 次迭代后收敛；GCBL 表示观测变量。

最后，公共因素命名。公共因素命名一般有两个原则：一是参照理论模型的构想命名，二是参照因子负荷值命名。第一个公共因素的特征值为 3.571，有 7 个项目在该公共因素上的载荷较高。这 7 个项目主要来自理论模型构想中的课程设置和教师教学两个维度，故命名为"课程教学"。第二个公共因素的特征值为 2.221，有 4 个项目在该公共因素上的载荷较高，其中在观测变量 20 上的载荷最高，而这一变量主要测量的是学校的社会影响。其他 3 个观察变量与人才培养有关，故命名为"办学成效"。第三个公共因素的特征值为 1.533，有 4 个项目在该公共因素上的载荷较高。这 4 个项目主要来自理论模型构想中的学校管理和学校环境两个维度，故命名为"办学环境"。办学环境既包括物理形态的硬环境，也包括社会形成的软环境。第四个公共因素的特征值为 1.279，有 4 个项目在该公共因素上的载荷较高。这 4 个项目主要来自理论模型构想中的教学实践维度，除教学实践维度以外，还涵盖了师范生的教育教学理念，故命名为"专业素养"。第五个维度的特征值为 1.140，有 2 个项目在该公共因素上的载荷较高。这 2 个维度主要表征的是师范生在社会活动和学术活动上的评价，故命名为"实践活动"。第六个维度的特征值为 1.072，有 1 个项目在该公共因素上的载荷较高。这个维度主要来自理论模型构想中的教学设施维度，故命名为"教学设施"。因此，原理论构想的"七因子模型"修正为"六因子模型"。

（二）新建地方本科高师院校教师教育特色评价的比较分析

师范生对新建地方本科高师院校教师教育特色的总体评价较低。615 份有效调查数据在22个项目的平均得分为2.988,低于临界值3。在"课程教学"因子上的平均值为2.850,在"办学成效"因子上的平均值为2.753,在"学校环境"因子上的平均值为3.477,在"专业素养"因子上的平均值为3.124,在"实践活动"因子上的平均值为2.968,在"教学设施"因子上的平均值为2.442(详见表6-11)。除"办学环境"和"专业素养"两个因子上的均值略高于临界值3以外,其他均低于临界值3。

表6-11 师范生对新建地方高师院校教师教育特色及其各因子的评价

	课程教学	办学成效	办学环境	专业素养	实践活动	教学设施	总体评价
M	2.850	2.753	3.477	3.124	2.968	2.442	2.988
SD	0.606	0.707	0.694	0.639	0.848	1.009	0.413

为考察不同性别、年级和校区的师范生对新建地方本科高师院校教师教育特色评价的差异性,对教师教育特色总体评价及其各因子在此三个因素上的差异性进行多元方差分析。结果表明,教师教育特色总体评价在性别、年级和校区主效应上没有显著差异,不同性别的师范生在"课程教学"和"办学成效"的评价上差异显著,不同年级的师范生在"办学成效"的评价上差异显著,不同校区的师范生在"学校环境"的评价上差异显著,在"办学成效"因子上"年级*校区"存在显著的二阶交互作用(详见表6-12)。

表6-12 不同性别、年级和校区的师范生对新建地方本科高师院校
　　　　 教师教育特色及其各因子的方差分析结果

变异来源	课程教学	办学成效	学校环境	专业素养	实践活动	教学设施	总体评价
性别	6.822**	8.472**	0.003	0.377	0.000	0.909	0.311
年级	1.441	5.983**	0.486	2.569	1.647	1.643	1.206
校区	0.944	0.887	3.932*	0.835	0.000	2.586	3.271
性别*年级	0.961	1.087	1.438	0.118	0.141	0.398	0.502
性别*校区	1.446	0.290	0.531	0.000	0.698	0.091	0.639
年级*校区	1.680	3.601*	0.302	1.562	0.043	0.105	2.215
性别*年级*校区	1.828	0.205	0.668	1.837	0.126	0.443	0.507

注:*表示$p<0.05$,**表示$p<0.01$,***表示$p<0.001$。下文同。

在"课程教学"因子上，男生评价的均值为 2.658，女生评价的均值为 2.913，男生评价低于女生评价。单因素方差分析的 F 值为 20.982，相伴概率 0.000，差异显著。在"办学成效"因子上，男生评价的均值为 2.873，女生评价的均值为 2.714，男生评价略高于女生评价。单因素方差分析的 F 值为 5.774，相伴概率 0.017，差异显著。在"办学成效"因子上，大一师范生评价的均值为 2.689，大二师范生评价的均值为 2.960，大三师范生评价的均值为 2.712，大四师范生评价的均值为 2.500，大二师范生评价最高，大四师范生评价最低。单因素方差分析的 F 值为 6.583，相伴概率 0.000，差异显著。在"办学环境"因子上，老校区师范生评价的均值为 3.556，新校区师范生评价的均值为 3.377，新校区师范生对学校办学环境的评价低于老校区师范生。单因素方差分析的 F 值为 10.206，相伴概率 0.001，差异显著。

不同学科专业的师范生对新建地方本科高师院校教师教育特色总体评价方差检验的 F 值为 2.489，相伴概率 0.002。这表明，15 个学科专业的师范生对学校教师教育特色的总体评价之间存在显著的差异。

通过对不同学科专业师范生对新建地方本科高师院校教师教育特色的总体评价及各因子上的多元方差分析，可以看出，不同学科专业的师范生对学校教师教育特色总体评价上差异显著，在"课程教学"和"办学成效"两个公共因素上的差异显著，在"办学环境"公共因素上的差异显著，在"教学设施"公共因素上的差异显著（详见表 6-13）。

表 6-13　不同学科专业的师范生对新建地方本科高师院校教师教育特色及其各因子的方差分析结果

	Df.	F	p
课程教学	14	4.012***	0.000
办学成效	14	4.928***	0.000
办学环境	14	2.400**	0.003
专业素养	14	0.728	0.747
实践活动	14	1.464	0.119
教学设施	14	2.086*	0.011
总体评价	14	2.489**	0.002

在所有学科专业中,英语专业师范生总体评价水平最低,为 2.771。化学、生物科学、音乐学、体育教育、学前教育、小学教育和其他学科专业师范生对学校教师教育特色总体评价水平高于临界值 3,其中,学前教育专业最高,为 3.133(详见表 6-14)。

表 6-14　不同学科专业的师范生对新建地方本科高师院校
教师教育特色总体评价的描述统计

学科专业(师范)	N	M	SD	均值的95%置信区间 下限	均值的95%置信区间 上限
汉语言文学	84	2.912	0.427	2.819	3.004
数学与应用数学	22	2.997	0.350	2.842	3.152
英语	30	2.771	0.394	2.624	2.918
思想政治教育	29	2.886	0.547	2.678	3.094
历史学	28	2.913	0.470	2.731	3.096
地理科学	40	2.923	0.376	2.803	3.043
物理学	53	2.907	0.389	2.799	3.014
化学	124	3.106	0.410	3.033	3.179
生物科学	41	3.097	0.376	2.978	3.216
音乐学	75	3.044	0.401	2.952	3.136
体育教育	34	3.001	0.298	2.897	3.104
美术学	26	2.928	0.466	2.740	3.116
学前教育	13	3.133	0.331	2.933	3.333
小学教育	11	3.036	0.244	2.873	3.200
其他	5	3.054	0.347	2.623	3.485

研究表明,原理论构想模型的 7 个因子修正为 6 个维度:"课程教学"主要考察教师教育课程设置的合理性和充足度,以及课程实施、教师教学的有效性和满意度。课程教学是师范生对学校教师教育特色评价最主要的维度,在因素旋转前的方差贡献率为 16.232%,在因素旋转后的方差贡献率为 11.841%。"办学成效"主要指学校教师教育的人才培养质量和毕业生在地方中小学校的社会影响度。该维度在因素旋转前的方差贡献率为 10.096%,在因素旋转后的方差贡献率为 9.307%。"办学环境"主要包括学校基础设施建设所塑造的物理环境和学校各级管理所营造的文化环境对教师教育的支持程度。该维度在因素旋转前的方差贡献率为 6.966%,在因素

旋转后的方差贡献率为9.143%。"专业素养"指经过教师教育阶段的学习之后，师范生在教学实践能力和教育教学理念方面的专业发展水平。该维度在因素旋转前的方差贡献率为5.816%，在因素旋转后的方差贡献率为7.196%。"实践活动"主要考察学习期间，学校的社团活动和学术活动对师范生专业发展的支持程度。该维度在因素旋转前的方差贡献率为5.180%，在因素旋转后的方差贡献率为5.945%。"教学设施"主要指在课程学习过程中，实验实践教学设施设备的充足度。该维度在因素旋转前的方差贡献率为4.873%，在因素旋转后的方差贡献率为5.731%。这6个维度是师范生评价新建地方本科高师院校教师教育特色的基本内容，也是学校建设和强化教师教育特色的基本切入点。

研究表明，师范生对新建地方本科高师院校教师教育特色的总体评价为2.988，低于临界值3。在6个评价维度上，只有"办学环境"和"专业素养"分别为3.477和3.124，其他维度均低于3。从总体评价水平上看，不同性别、不同年级、不同校区的师范生对新建地方本科高师院校教师教育特色的评价不存在显著差异。这表明，师范生对学校教师教育特色的评价基本达成一致，普遍认为，学校缺乏教师教育特色，或者说，学校的教师教育特色没有得到彰显。从年级上看，大一、大二、大三、大四师范生的总体评价均值分别为2.970、3.012、3.018和2.864。这反映出，从大一到大二，师范生对新建地方本科高师院校教师教育特色的评价水平逐步提高，到大三时趋于稳定，到大四时却显著下降。从不同校区来看，老校区师范生的总体评价均值为3.058，新校区师范生的总体评价均值为2.900。运用单因素方差分析，F值为22.804，相伴概率0.000，二者之间的差异显著。

总之，教师教育是新建地方本科高师院校的核心业务，甚至在历史上的相当长时期内是其唯一业务。但是，自高师院校综合化转型以来，学校的业务不断扩张，教师教育在一定程度上被忽视，甚至有放弃教师教育特色的冲动和危险。当前的师范生正在经历这一转型过程，对学校的建设和发展具有当然的发言权。随着年级的上升，当师范生的专业理念更加成熟、专业能力显著提高时，却表现出对学校教师教育特色的不认可。这无疑是对教师教育机构的一个警醒。新建地方本科高师院校在扩大学校业务、拓展校区范围的过程中，新校区硬件和软件建设既跟不上综合大学也跟不上自身的老校区，新校区师范生对学校教师教育特色的评价低于老校区师范生。对于新建地方本科高师院校而言，能否坚持、如何坚持教师教育特色关系到学校发展的未来方向。特色不是舶来品，而是办学历史的产物，放弃特色就是与学校历史的割裂，坚持教师教育特色是新建地方本科高师院校必须坚守的生命线。

第三节　高师院校师范生的教师专业学习效果

毫无疑问，当前的高师院校已经初步实现了教师教育大学化、组织结构综合化的转型。事实上，已经很难找到一所纯粹的、传统意义上的、只培养教师的高师院校。前文已经对发生如此转型之后的高师院校教师教育特色进行了考察，在此，我们要对转型之后的高师院校教师教育效果进行调研。无论转型与否，要不要更名，这些都只是手段或形式。最根本的目标是，要提高教师教育效果，要能够创造条件让高师院校培养出高质量的教师。目前的教师教育效果如何？这本身可以从多个视角展开实证研究，经过反复斟酌，我们选择从师范生的立场展开这一研究，就是要让师范生来评估自己的专业学习效果。

一　师范生对教师专业学习效果评估的研究设计

运用自编《师范生对教师专业学习效果的自评问卷》（见附录3）测量师范生的教师专业学习效果。问卷编制采用李克特五点计分法，分别给"非常差""比较差""一般""比较好""非常好"五个选项赋值1、2、3、4、5。得分越高，表示被调查者在项目上的学习效果越好；反之，学习效果则越差。在对试调查数据进行项目分析、因子分析和专家论证之后，正式问卷由27个项目构成，这些项目涵盖学生理解、教学实施、教学设计、教学反思、教育科研、实践指导、课程开发7个维度。"学生理解"主要反映师范生在认识学生发展水平、需求和障碍，以及引导和帮助学生健康成长方面的学习效果；"教学实践"主要反映师范生在有效组织教学过程方面的学习效果；"教学设计"主要反映师范生在合理设计教学目标、材料、程序和方法方面的学习效果；"教学反思"主要反映师范生通过学生反馈和自我反思促进专业发展方面的学习效果;"教育科研"主要反映师范生在运用科学方法探究教育问题并形成研究成果方面的学习效果;"实践指导"主要反映师范生在指导学生开展科技创新实践活动方面的学习效果;"课程开发"主要反映师范生在自主开发课程方面的学习效果。

正式调查在天津、吉林、湖北和四川的6所师范院校进行,共发放问卷1450份,收回1438份,其中,有效问卷1385份,有效回收率95.52%。在问卷信度方面,一般要求内部一致性系数(α系数)达到0.70以上。通过信度分析,问卷总体的α系数为0.931,剔除某个项目后的α系数为0.928～0.930。学生理解、教学实施、教学设计、教学反思、教育科研、实践指导、课程开发7个分量表的α系数分别为0.740、0.687、0.711、0.597、0.741、0.660和0.717。

二 师范生对教师专业学习效果评估的基本概况

师范生对教师专业学习效果的自我评估涵盖了27项指标,每个项目得分的均值反映师范生在该项目的学习效果。从1385名师范生的调查结果来看,师范生在这27个项目上的得分均值介于3.376与3.718之间。其中,有1个项目的得分均值低于3.40,有6个项目的得分均值为3.40～3.50,有8个项目的得分均值为3.51～3.60,有11个项目的得分均值为3.61～3.70,有1个项目的得分均值大于3.70。从项目具体内容上看,师范生在"围绕特定主题建立跨学科课程"项目上的评价最低,在"准确把握教学内容的重点和难点"项目上的评价最高(如表6-15所示)。

表6-15 师范生对教师专业学习效果自我评估的维度、项目及水平

维度	项目编号	评估内容	M
	X03	与家长进行有效沟通	3.457
	X22	帮助新同学融入班集体	3.624
D1:学生理解	X09	识别不同学生的学习需求	3.583
	X14	对学生进行心理疏导	3.610
	X11	如何给学生写评语	3.548

第六章 综合、特色与效果：高师院校组织结构的适应分析

续表

维　度	项目编号	评估内容	M
D2：教学实施	X04	维持良好的课堂教学秩序	3.617
	X10	在教学过程中培养学生的综合能力	3.570
	X02	合理运用现代教育技术辅助教学	3.672
	X16	在教学过程中引导学生的注意力	3.668
	X18	机智地应对教学过程中的突发情况	3.594
D3：教学设计	X01	设置合理的教学目标	3.541
	X17	准确把握教学内容的重点和难点	3.718
	X19	判断教学材料对学生学习的有效性	3.632
	X23	在教材之外去寻找教学材料	3.654
	X27	以新颖的方式组织教学材料	3.552
D4：教学反思	X05	根据学生的反馈意见改进教学方案	3.637
	X15	通过自我教学反思改进教学工作	3.679
	X25	通过与学生的有效沟通认识自己	3.690
D5：教育科研	X07	合理地设计教育科研课题	3.465
	X08	规范地运用教育科研方法	3.510
	X24	撰写学术论文或调查报告	3.474
D6：实践指导	X06	组织学生参加班级活动	3.647
	X13	指导学生开展研究性学习	3.438
	X20	指导学生开展科技创新实践	3.450
D7：课程开发	X26	根据特定主题设计微型课程	3.518
	X21	根据学生需要开设选修课程	3.412
	X12	围绕特定主题建立跨学科课程	3.376

运用被调查者在各维度指标项目的得分均值表示师范生对教师专业学习效果自我评估的维度水平。分析表明，师范生对教师专业学习效果自我评估的总体水平一般，均值为3.568。在"学生理解""教学实施""教学设计""教学反思""教育科研""实践指导""课程开发"维度的效果评估均值分别为3.564、3.624、3.620、3.669、3.483、3.512和3.435（如表6-15所示）。从这7个维度来看，师范生对教师教育传统项目的评价较好，如"教学设计""教学实施""教学反思""学生理解"4个维度，这反映出他们的基本功比较扎实。但是，他们对教师教育创新项目的评价较差，如"教育科研""实践指导""课程开发"，这反映出他们的创新教育能力相对不足。

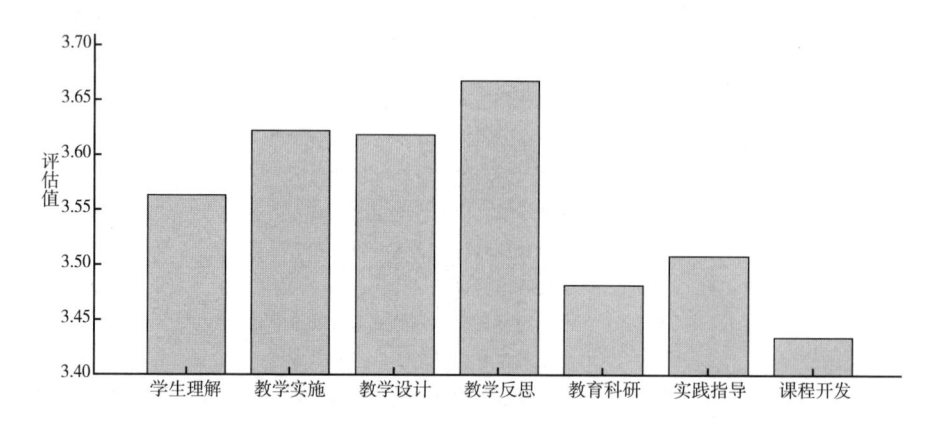

图 6-1 师范生对教师专业学习效果各维度的评估

三 师范生对教师专业学习效果评估的群体差异

(一) 师范生对教师专业学习效果评估的年级特征

在1385名调查对象中,有大一师范生190人,大二师范生576人,大三师范生491人,大四师范生128人。大一师范生对教师专业学习效果评估的总体水平为3.595,大二师范生为3.503,大三师范生为3.705,大四师范生为3.297。这使四个年级的师范生表现出了"高—低—更高—更低"的变化趋势。F检验表明,这四个年级的师范生对教师专业学习效果评估总体水平间的差异显著 ($F_{(3,1381)}=25.199$, $p<0.001$)。多重比较表明,任意两个年级师范生对教师专业学习效果评估总体水平间都存在显著差异(详见表6-16)。

表 6-16 不同年级师范生对教师专业学习效果评估的比较

	年级①	M ②③	SD	F	p
D1:学生理解	1	3.591[3*,4***]	0.632	21.391	0.000
	2	3.509[3***,4***]	0.614		
	3	3.706[1*,2***,4***]	0.627		
	4	3.233[1***,2***,3***]	0.752		

第六章 综合、特色与效果：高师院校组织结构的适应分析

续表

	年级①	M ②③	SD	F	p
D2:教学实施	1	3.663^{2*,4***}	0.611	15.864	0.000
	2	3.559^{1*,3***,4**}	0.538		
	3	3.741^{2***,4***}	0.592		
	4	3.411^{1***,2**,3***}	0.531		
D3:教学设计	1	3.609^{3*,4**}	0.622	12.414	0.000
	2	3.578^{3***,4**}	0.569		
	3	3.728^{1*,2***,4***}	0.591		
	4	3.403^{1**,2**,3***}	0.590		
D4:教学反思	1	3.695^{4*}	0.639	10.824	0.000
	2	3.593^{3***}	0.622		
	3	3.786^{2***,4***}	0.631		
	4	3.523^{1*,3***}	0.661		
D5:教育科研	1	3.519^{4***}	0.801	16.505	0.000
	2	3.418^{3***,4***}	0.732		
	3	3.631^{2***,4***}	0.730		
	4	3.154^{1***,2***,3***}	0.740		
D6:实践指导	1	3.572^{2**,4***}	0.724	22.092	0.000
	2	3.414^{1**,3***,4**}	0.709		
	3	3.684^{2***,4***}	0.699		
	4	3.198^{1***,2**,3***}	0.733		
D7:课程开发	1	3.461^{3*,4***}	0.807	21.730	0.000
	2	3.359^{3***,4***}	0.738		
	3	3.612^{1*,2***,4***}	0.757		
	4	3.057^{1***,2***,3***}	0.741		
总体水平	1	3.595^{2*,3*,4***}	0.570	25.199	0.000
	2	3.503^{1*,3***,4***}	0.507		
	3	3.705^{1*,2***,4***}	0.538		
	4	3.297^{1***,2***,3***}	0.520		

注：①"1"代表大一，"2"代表大二，"3"代表大三，"4"代表大四。②上标表示该年级与上标数字所代表年级的师范生对专业学习效果评估均值的 LSD 检验结果。

如表 6-16 所示，不同年级师范生在学生理解（$F_{(3,1381)} = 21.391$，$p < 0.001$）、教学实施（$F_{(3,1381)} = 15.864$，$p < 0.001$）、教学设计（$F_{(3,1381)} = 12.414$，$p < 0.001$）、教学反思（$F_{(3,1381)} = 10.824$，$p < 0.001$）、教育科研（$F_{(3,1381)} = 16.505$，$p < 0.001$）、实践指导（$F_{(3,1381)} =$

22.092，$p<0.001$）、课程开发（$F_{(3,1381)}=21.730$，$p<0.001$）七个维度上都存在显著的差异。在每个维度上，四个年级师范生的效果评估水平都无一例外地反映出"高—低—更高—更低"的变化趋势。从大四师范生来看，他们只有在"教学反思"维度上与大二师范生没有显著差异，而在其他所有维度上都是显著地低于大一、大二和大三师范生（如图6-2所示）。

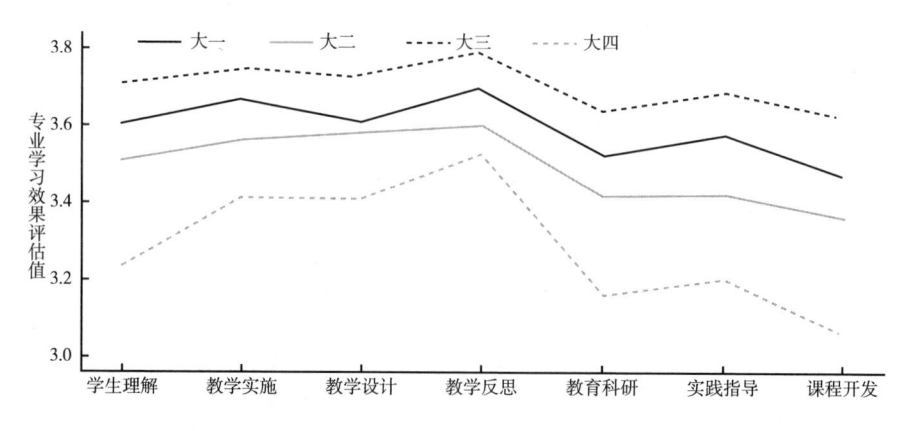

图6-2 四个年级师范生从七个维度对教师专业学习效果的评估

按照常理来讲，随着年级的增高，师范生的教师专业知识与能力都应当逐步提升。但是，他们在经过教学实习之后，为何对自身的专业学习效果评价更低？这值得深思。如果说师范生在大一时的"高"带有明显的非理性，那么，大二的"低"则体现出一种理性的回归，大三的"更高"则是高校教师教育之后的逻辑生成。这似乎能够理解为教师教育的"成功"，但是，当他们在遭遇教学实践之后，则对自身专业学习效果秉持一种负向的评价。这或许能够成为反映当前教师教育实践性缺失的一个证据。

（二）师范生对教师专业学习效果评估的专业特征

在1385名调查对象中，有415人就读于文科师范专业，有476人就读于理科师范专业，有232人就读于艺体师范专业，有262人就读于其他师范专业。文科专业师范生对教师专业学习效果评估的总体水平为3.512，理科专业师范生为3.640，艺体专业师范生为3.563，其他专业师范生为3.530。

F 检验表明，不同专业师范生对教师专业学习效果评估间存在显著差异（$F_{(3,1381)}=4.757$，$p<0.01$）。其中，理科专业师范生对教师专业学习效果评估的总体水平显著高于文科专业和其他专业，与艺体专业的差异不显著（如表 6-17 所示）。

表 6-17　不同专业师范生对教师专业学习效果评估的比较

	专业①	M②	SD	F	p
D1:学生理解	1	3.510^{2**}	0.655	2.821	0.038
	2	3.632^{1**}	0.683		
	3	3.547	0.617		
	4	3.545	0.595		
D2:教学实施	1	3.565^{2***}	0.534	5.883	0.001
	2	3.701^{1***,4***}	0.626		
	3	3.653^{4*}	0.518		
	4	3.552^{2***,3*}	0.580		
D3:教学设计	1	3.590^{2*}	0.572	3.267	0.021
	2	3.688^{1*,3*,4**}	0.636		
	3	3.588^{2*}	0.528		
	4	3.571^{2**}	0.594		
D4:教学反思	1	3.635^{2*}	0.611	2.456	0.062
	2	3.732^{1*,3*}	0.676		
	3	3.625^{2*}	0.607		
	4	3.645	0.630		
D5:教育科研	1	3.437^{2*}	0.719	2.669	0.046
	2	3.560^{1*,4*}	0.815		
	3	3.473	0.709		
	4	3.426^{2*}	0.724		
D6:实践指导	1	3.435^{2***}	0.682	3.516	0.015
	2	3.590^{1***}	0.788		
	3	3.511	0.699		
	4	3.491	0.686		
D7:课程开发	1	3.333^{2***,3*}	0.752	4.340	0.005
	2	3.513^{1***}	0.808		
	3	3.477^{1*}	0.701		
	4	3.420	0.778		

续表

	专业①	M②	SD	F	p
总体水平	1	3.512²***	0.510	4.757	0.003
	2	3.640¹***,⁴**	0.603		
	3	3.563	0.467		
	4	3.530²**	0.524		

注：①"1"代表文科师范专业（含中文、英语、政治、历史、地理），"2"代表理科师范专业（含数学、物理、化学、生物），"3"代表艺体师范专业（含音乐、体育、美术），"4"代表其他师范专业（含科学教育、艺术教育、学前教育、小学教育、教育技术、教育学等）。②上标表示该专业与上标数字所代表专业的师范生对专业学习效果评估均值的LSD检验结果。

如表6-17所示，不同专业师范生在学生理解（$F_{(3,1381)} = 2.821$，$p < 0.05$）、教学设计（$F_{(3,1381)} = 3.267$，$p < 0.021$）、教育科研（$F_{(3,1381)} = 2.669$，$p < 0.05$）、实践指导（$F_{(3,1381)} = 3.516$，$p < 0.05$）四个维度上的差异比较显著，在教学实施（$F_{(3,1381)} = 5.883$，$p < 0.01$）、课程开发（$F_{(3,1381)} = 4.340$，$p < 0.01$）两个维度上的差异显著，在教学反思（$F_{(3,1381)} = 2.456$，$p > 0.05$）方面的差异不显著。从不同专业师范生在七个基本维度自我评估值的多重比较结果来看，理科专业师范生在所有维度上的评估值都高于其他专业师范生。其中，理科专业师范生在"学生理解"维度上显著高于文科专业，在"教学实施"维度上显著高于文科和其他专业，在"教学设计"维度上显著高于文科、艺体和其他专业，在"教学反思"维度上显著高于文科和艺体专业，在"教育科研"维度上显著高于文科和其他专业，在"实践指导"维度上显著高于文科专业，在"课程开发"维度上显著高于文科专业。文科、艺术和其他专业师范生对教师专业学习效果各维度的评估值多有交叉，但总体上，文科专业师范生相对处于劣势（如图6-3所示）。

（三）师范生对教师专业学习效果评估的地区特征

在1385名调查对象中，有381人在东部地区学习，有469人在中部地区学习，有535人在西部地区学习。东部地区师范生对教师专业学习效果评估的总体水平为3.820，中部地区师范生为3.715，西部地区师范生为3.260。F检验表明，不同地区师范生对教师专业学习效果评估间存在显著的差异（$F_{(2,1382)} = 183.173$，$p < 0.001$）。其中，东部地区师范生对教师专

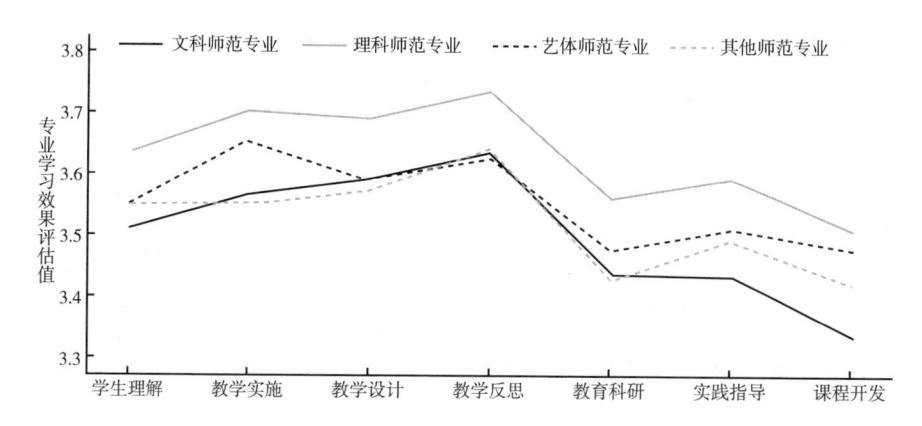

第六章 综合、特色与效果:高师院校组织结构的适应分析

图 6-3 不同专业师范生从七个维度对教师专业学习效果的评估

业学习效果评估的总体水平显著高于中部地区和西部地区,中部地区师范生对教师专业学习效果的总体水平显著高于西部地区(如表 6-18 所示)。

表 6-18 不同地区师范生对教师专业学习效果评估的比较

	地区①	M ②	SD	F	p
D1:学生理解	1	3.808[2**,3***]	0.526	96.139	0.000
	2	3.685[1**,3***]	0.613		
	3	3.285[1***,2***]	0.657		
D2:教学实施	1	3.803[3***]	0.522	85.862	0.000
	2	3.753[3***]	0.551		
	3	3.384[1***,2***]	0.553		
D3:教学设计	1	3.839[2**,3***]	0.539	87.660	0.000
	2	3.720[1**,3***]	0.540		
	3	3.376[1***,2***]	0.589		
D4:教学反思	1	3.837[3***]	0.545	49.995	0.000
	2	3.767[3***]	0.613		
	3	3.463[1***,2***]	0.665		
D5:教育科研	1	3.819[2**,3***]	0.670	173.239	0.000
	2	3.690[1**,3***]	0.635		
	3	3.062[1***,2***]	0.711		
D6:实践指导	1	3.851[2**,3***]	0.556	177.248	0.000
	2	3.699[1***,3***]	0.641		
	3	3.105[1***,2***]	0.711		

续表

	地区①	M②	SD	F	p
D7:课程开发	1	3.794^{2*,3***}	0.637	212.673	0.000
	2	3.678^{1*,3***}	0.676		
	3	2.967^{1***,2***}	0.700		
总体水平	1	3.820^{2***,3***}	0.421	183.173	0.000
	2	3.715^{1***,3***}	0.492		
	3	3.260^{1***,2***}	0.513		

注：①"1"代表东部地区，"2"代表中部地区，"3"代表西部地区。②上标表示该地区与上标数字所代表地区的师范生对专业学习效果评估均值的 LSD 检验结果。

如表6-18所示，不同地区师范生在学生理解（$F_{(2,1382)}=96.139$，$p<0.001$）、教学实施（$F_{(2,1382)}=85.862$，$p<0.001$）、教学设计（$F_{(2,1382)}=87.660$，$p<0.001$）、教学反思（$F_{(2,1382)}=49.995$，$p<0.001$）、教育科研（$F_{(2,1382)}=173.239$，$p<0.001$）、实践指导（$F_{(2,1382)}=177.248$，$p<0.001$）、课程开发（$F_{(2,1382)}=212.674$，$p<0.001$）七个维度上的差异显著。从不同专业师范生在七个基本维度自我评估值的多重比较结果来看，东部地区师范生在所有维度上的评估值都高于中部地区，而中部地区师范生在全部维度上的评估值又高于西部地区（如图6-4所示）。其中，西部地区师范生在这七个维度上的评估值同时显著低于东部地区和中部地区师范生；中部地区师范生在"学生理解""教学设计""教育科研""实践指导""课程开发"五个维度上的评估值显著低于东部地区，而在"教学实施"和"教学反思"两个维度上的差异不显著。总而言之，在师范生对教师专业学习效果的自我评估方面，西部地区与东部地区、中部地区存在较大差距。尽管中部地区也落后于东部地区，然而东、西差距远远大于东、中差距。

（四）师范生对教师专业学习效果评估的学校特征

在1385名调查对象中，有79人来自部属师范大学，有1076人来自省属师范大学，有230人来自省属师范学院。部属师范大学师范生对教师专业学习效果评估的总体水平为3.953，省属师范大学师范生为3.612，省属师范学院师范生为3.232。F检验表明，不同高校师范生对教师专业学习效果评估间存在显著的差异（$F_{(2,1382)}=75.066$，$p<0.001$）。其中，部属师范大学师范生对教师专业学习效果评估的总体水平显著高于省属师范大学和省属

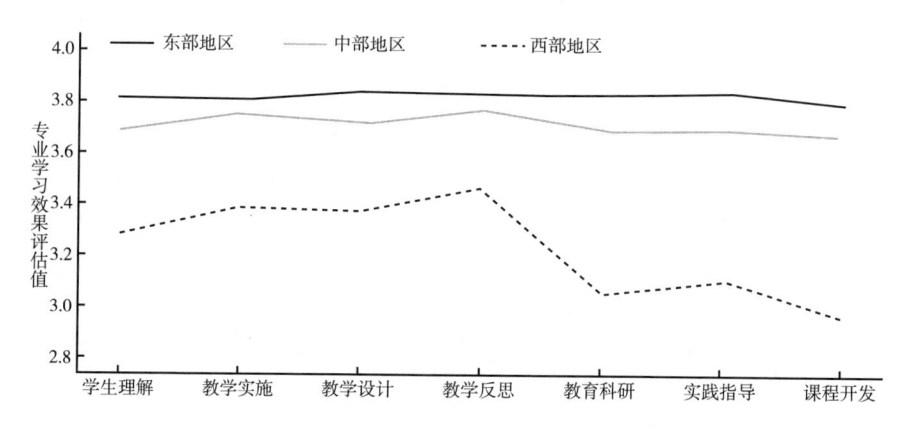

第六章 综合、特色与效果:高师院校组织结构的适应分析

图 6-4 不同地区师范生从七个维度对教师专业学习效果的评估

师范学院,省属师范大学师范生对教师专业学习效果的总体水平显著高于省属师范学院(如表6-19所示)。

表6-19 不同高师院校师范生对教师专业学习效果评估的比较

	高校①	M ②	SD	F	p
D1:学生理解	1	4.010^{2***,3***}	0.773	60.141	0.000
	2	3.608^{1***,3***}	0.595		
	3	3.210^{1***,2***}	0.690		
D2:教学实施	1	4.013^{2***,3***}	0.728	45.390	0.000
	2	3.651^{1***,3***}	0.540		
	3	3.363^{1***,2***}	0.578		
D3:教学设计	1	3.927^{2***,3***}	0.732	40.011	0.000
	2	3.657^{1***,3***}	0.554		
	3	3.342^{1***,2***}	0.623		
D4:教学反思	1	4.030^{2***,3***}	0.792	27.632	0.000
	2	3.689^{1***,3***}	0.606		
	3	3.451^{1***,2***}	0.653		
D5:教育科研	1	3.789^{2***,3***}	0.801	51.212	0.000
	2	3.552^{1***,3***}	0.721		
	3	3.057^{1***,2***}	0.735		
D6:实践指导	1	4.030^{2***,3***}	0.805	59.821	0.000
	2	3.557^{1***,3***}	0.678		
	3	3.123^{1***,2***}	0.743		

续表

	高校[①]	M[②]	SD	F	p
D7:课程开发	1	3.814[2***,3***]	0.813	71.088	0.000
	2	3.515[1***,3***]	0.725		
	3	2.930[1***,2***]	0.753		
总体水平	1	3.953[2***,3***]	0.719	75.066	0.000
	2	3.612[1***,3***]	0.491		
	3	3.232[1***,2***]	0.542		

注：①"1"代表部属师范大学，"2"代表省属师范大学，"3"代表省属师范学院。②上标表示该高校与上标数字所代表高校的师范生对专业学习效果评估均值的LSD检验结果。

如表6-19所示，不同地区师范生在学生理解（$F_{(2,1382)}=60.141$，$p<0.001$）、教学实施（$F_{(2,1382)}=45.390$，$p<0.001$）、教学设计（$F_{(2,1382)}=40.011$，$p<0.001$）、教学反思（$F_{(2,1382)}=27.632$，$p<0.001$）、教育科研（$F_{(2,1382)}=51.212$，$p<0.001$）、实践指导（$F_{(2,1382)}=59.821$，$p<0.001$）、课程开发（$F_{(2,1382)}=71.088$，$p<0.001$）七个维度上的差异显著。从不同专业师范生在七个基本维度自我评估值的多重比较结果来看，部属师范大学师范生在所有维度上的评估值都高于省属师范大学，而省属师范大学师范生在全部维度上的评估值又高于省属师范学院（如图6-5所示）。在这三类高校之间，任意两类高校的师范生在七个维度上的评估值都存在着显著的差异。

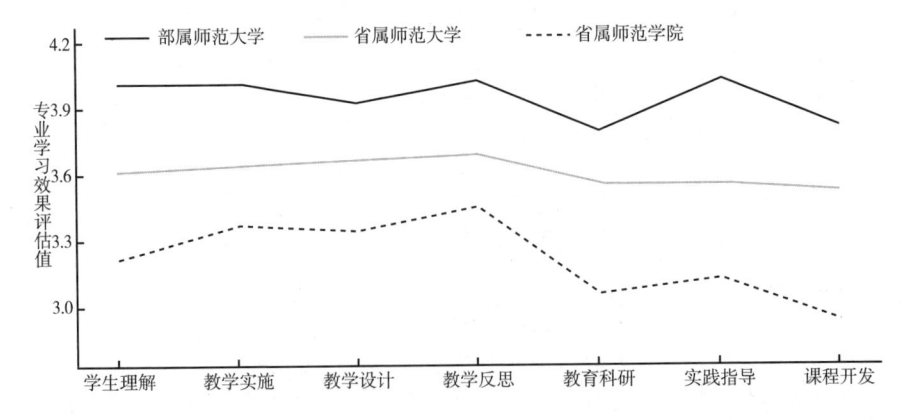

图6-5 不同高师院校师范生从七个维度对教师专业学习效果的评估

第六章　综合、特色与效果：高师院校组织结构的适应分析

综上所述，教师教育大学化浪潮推动了高师院校组织结构的综合化转型。如此转型究竟能够在多大程度上促进教师教育的发展，值得深思。因为无论什么样的转型发展，最终需要由人才培养质量来作为评价其成功与否的标尺。我们通过对学校教师教育特色和师范生的教师专业学习效果两个方面来进行实证考察发现，高师院校的组织结构还与改革目标存在一定差距，高师院校的组织变革还任重而道远。

第七章
价值、原则与范畴：高师院校组织变革的理想之境

高师院校需要通过组织变革来重新整合教师教育资源，提高教师教育的质量和绩效。这是教师教育大学化转型的必然要求，也是高师院校转型发展的现实需要。接下来的问题是，高师院校的组织变革走向何方？根据研究目的，我们只探讨高师院校的教师教育组织变革，基本不涉及其他方面。显然，面对整个高师院校体系上百所高校的多样性，可能不存在一个标准范式供所有高校复制，而需要因地制宜。在此，我们主要探讨那些具有共性的重要主题，如组织变革的价值追求、行动原则和基本范畴。我们主张，从实现教师教育结果有效性、过程专业化和系统组织化的目标出发，坚持组织变革与培养模式切合、职前教育与职后教育一体、教师教育与学科教育协同、教师教育与创造教育融合、理论教学与实践教学统一、高师院校与中小学校联合的原则，努力建设教师教育学科、专业、课程、队伍、学院和共同体，从而塑造良好的教师教育组织环境。

第一节 高师院校组织变革的价值追求

基础教育改革风起云涌，教师教育的人才培养规格要求越来越高。然而，教师教育大学化转型使高师院校的教师教育生态发生了急剧变化，这主要体现在教师教育资源的分散化。也就是说，教师教育供给侧与需求侧的矛盾越来越尖锐。根据组织分析的三角模型，高师院校只有主动进行组织变

革,才能找到组织与目标、环境的最佳匹配。既然必须要变,那么,首要的问题是厘清高师院校组织变革的价值追求。就各个高师院校来讲,其组织变革的具体做法可以因地制宜,而其价值追求应当是一致的。

一 教师教育结果的有效性

试问,谁能接受一种没有效果的教育呢?"学习者接受教育之后身心发展水平的提高是教育过程的根本出发点和落脚点,是教育本身存在合理性的根本辩护。"[1] 无论从多么浪漫主义的立场去审视教育,最终都必须回到现实。在现实性上,"对教育而言,最重要的事情不是教师教了,而是学生学了并且学会了,也就是教育的有效性问题"。[2] 如果某人去学驾驶,那么,他断然不会缴了费、领个驾驶证就走人了,而是要学会开车才算结束。因为其学习效果是容易观察到的——就是会不会开车。师范生经过三到四年的学习之后,自然是要毕业的。他们究竟有没有学会当教师呢?这在外行是难以做出判断的。在本书第六章的调研表明,师范生的学习效果是不尽如人意的。在国家教师资格考试的背景下,有效教师教育的外在表现是师范生能够取得教师资格,而其内在实质是师范生在教师情感、知识和能力各维度的和谐发展。否则,即使他们能够取得教师资格,也算不上真正的有效教师教育。

教师情感维度要求师范生能够认同教师职业,热爱教师工作,立志终身从教,即"爱教"。教师职业是需要情感投入的,要用一颗心去温暖另一颗心。只有发自内心地喜欢教书育人,才能体会到自我实现带来的成就感。教师教育需要对师范生进行教师情感的培养和熏陶,把那些不爱教的师范生培养得爱教,把那些原本爱教的师范生培养得更加爱教。否则,教师教育就是无效的。教师知识维度要求师范生能够准确、熟练地掌握教学内容,保证给学生提供正确的知识和指导,即"能教"。无论培养学生的实践能力和综合素质有多么重要,它们都是以知识学习为基础的,谁也不能否认知识教学在学校教育中的重要地位。如果教师给学生传递了错误的知识,那么,这必然是误人子弟,也没有谁能接受这样的教师走上工作岗位。教师教育需要指导

---

[1] 张学敏、侯小兵:《教育是效果之道也是结果之道——与郭思乐先生商榷》,《教育研究》2013年第6期。
[2] 侯小兵:《学科教学论教师的专业身份研究》,科学出版社,2016,第21页。

师范生进行教师知识的系统学习与研究，以保证教学内容的正确性。否则，教师教育也是无效的。教师能力维度要求师范生能够以适合学生接受水平的有效方式传递教学内容，并促进学生身心和谐发展，即"会教"。教育教学是一门科学，也是一种艺术。它有章可循，又教无定法。"能教"者精通学问，却未必真正"会教"。教师教育需要指导师范生练习教学技能、分析儿童学情、反思教学经验、实践因材施教，用正确的方法开展有效的教学，真正促进儿童的身心发展。否则，教师教育还是无效的。在"爱教""能教""会教"的三维框架中，"爱教"是前提，它决定方向正确与否；"能教"是基础，它决定材料充足与否；"会教"是核心，它决定方法有效与否。因此，有效教师教育要在教师情感、知识和能力三方面促进师范生的和谐发展，尤其是要着力培养师范生的教师专业能力。

有效教师教育不仅体现在帮助师范生入职，更要为他们的教师生涯发展提供持续支持。它需要学科教育、教师教育与生涯教育的有机融合。学科教育主要解决"教什么"的问题，从而实现"能教"的目标。所谓"学高为师"，有学问未必就能称师，但无学问断然不能为师。教师教育[①]主要解决"怎么教"的问题，从而实现"会教"的目标。基于教育活动主体的复杂性，教育教学并非只是教学技法的简单移植与复制，更不只是那些"三笔一话"（毛笔、钢笔、粉笔、普通话）的师范技能，而是教师的教育理念、学生理解、课程理解、交往策略等方面的综合运用。那种将教师教育理解为师范技能训练的观点是狭隘的、有害的，也注定是无效的。生涯教育主要解决"为什么教"的问题，从而实现"爱教"的目标。盲目的教育爱可能会充满激情，但终究是难以长久的。生涯教育要引领师范生不断地反思教师工作的目的、价值与意义，从而寻求自我实现和自我满足。只有从认知方面理解了教师，从心理方面认可了教师，才能从情感方面热爱教师。

从现行混合式本科或专科教师教育的实际情形来看，在师范专业培养方案中，学科教育占据绝对主导地位，教师教育始终难以摆脱非专业课的附属

---

① 广义的教师教育涵盖教什么、怎么教、为什么教三方面内容，旨在培养能教、会教、爱教的未来教师，即师范专业教育，本节的"有效教师教育"概念在这个意义上使用。狭义的教师教育指教会师范生怎么教的培养过程，旨在培养会教的未来教师，此处的"教师教育"概念在这个意义上使用。

地位，而生涯教育则与其他专业的就业教育并无二致。如此培养出来的师范毕业生即使称得上"能教"，但还算不上"会教"，也谈不上"爱教"。这样的教师教育自然也就难以算得上有效教师教育。如何将学科教育、教师教育和生涯教育有机地衔接与融合起来，让师范生们真正做到能教、会教和爱教？这是有效教师教育需要关注的焦点问题，也是教师教育改革过程中的难点问题。无论高师院校的组织结构如何变革，都要服务于为师范生提供更加有效的教育，有利于学科教育、教师教育与生涯教育的衔接，让他们真正能教、会教、爱教。

二 教师教育过程的专业化

就今日中国之教育国情来讲，与改革开放之初相比，确实取得了显著进步。教育规模显著扩大，教师数量需求下降了，而质量要求上升了。在这"一降一升"之间，对教师素质结构的要求随之发生了巨变。在以前教育相对落后、教师供给紧张的时候，有学问基本上就是教师职业的充分条件。懂点数学就能当数学教师，懂点物理就能教物理，依此类推，中小学教师往往被认同为学科专家。"'教师作为学科专家'的身份认同反映了社会对理想教师形象的共识，折射出社会对教师知识与教师身份之间关系的信念。这种信念表达了社会文化传统对教师及教师工作的期望，即学问高深之于教师身份具有决定的意义。理想的教师具有博大精深的知识，传统话语中'学为人师'、'学高为师'的论述所强调的'师'之所以为'师'所依赖的是学问基础。这种'师'的概念经过沉淀，已然获得了某种权威地位，成为人们构建理想教师形象的文化脚本。"[1] 这种"有学问就能当教师"的教师观是一种非专业的立场，它或许是教育落后时期的无奈选择，但在我国基础教育从外延式增长向内涵式发展的进程中，"有学问"只是"当教师"的必要条件而非充分条件。正如 2014 年教师节习近平总书记在北京师范大学指出的那样，作为一个好老师应当有四个标准："理想信念""道德情操""扎实学识"和"仁爱之心"。[2] 2016 年教师节，习近平总书记在与八

---

[1] 张玉荣、陈向明：《何以为师？——实习生的知识转化与身份获得》，《教师教育研究》2014 年第 3 期。

[2] 习近平：《做党和人民满意的好老师——同北京师范大学师生代表座谈时的讲话》，《人民日报》2014 年 9 月 10 日，第 2 版。

一学校师生座谈时强调:"广大教师要做学生锤炼品格的引路人,做学生学习知识的引路人,做学生创新思维的引路人,做学生奉献祖国的引路人。"①显而易见,时代在进步,教育在发展,对教师素质的要求越来越高。教师不能只是普通职业的从业人员,而应是专业工作者,是教育家型的专业化教师。

教师作为专业工作者,这一理念逐步得到教育研究和教育政策的认可。与普通职业不同,专业是"一群人在从事一种必须经过专门教育或训练,具有较高深和独特的专门知识和技术,按照一定的专业标准进行的活动,通过这种活动将解决人生和社会问题,促进社会进步并获得相应的报酬待遇和社会地位"②。专业的确立需要满足专业标准。有学者在文献梳理的基础上,提出成熟专业需要满足六项标准:"一个正式的全日制职业"(A Full-Time Calling)、"专业组织和伦理法规"(Professional Organization & Ethical Codes)、"知识和教育"(Knowledge & Education)、"服务和社会利益定向"(Service & Social Interests Orientation)、"社区的支持和认可"(Community Enforcement & Sanction)、"自治"(Autonomy)。③ 依据专业标准对教师职业进行判断,至今还没有达成一致。有学者认为,教师与医生、律师、神甫职业并称为"四个伟大的传统专业",也有学者认为教师职业只是一种"准专业"或"边际专业",还有学者将教师、护士和社会工作者划归为"半专业"人员。④ 无论社会对教师职业的专业性是否已经达成公认,它至少是处在专业化进程中,算得上是个"形成中的专业"。⑤ 正如有学者指出的那样,"现代社会中小学教师从事的教育教学工作是一种要求从业者具有较高深独特的专门知识、技能和修养的专业"。⑥ 教师职业观的转换直接体现在教育政策上的变化。美国教师教育认可委员会(National Council for the

---

① 习近平:《全面贯彻落实党的教育方针 努力把我国基础教育越办越好》,《人民日报》2016年9月10日,第1版。
② 教育部师范教育司编《教师专业化的理论与实践》(2版),第9页。
③ 赵康:《专业、专业属性及判断成熟专业的六条标准——一个社会学角度的分析》,《社会学研究》2000年第5期。
④ 教育部师范教育司编《教师专业化的理论与实践》(2版),第38页。
⑤ 教育部师范教育司编《教师专业化的理论与实践》(2版),第44页。
⑥ 刘捷:《专业化:挑战21世纪的教师》,第79页。

第七章 价值、原则与范畴：高师院校组织变革的理想之境

Accreditation of Teacher Education，NCATE）1957 年颁布的《认可标准》第三条中使用了"教学是一个专业"的概念，该委员会一直致力于推进教师专业化。有学者通过对 NCATE 的研究，将其教师专业认可标准分为目标本位、课程本位、知识基础本位和绩效本位四个发展阶段。[①] 1966 年国际劳工组织和联合国教科文组织提出的《关于教师地位的建议》，首次以官方的名义对教师专业化做出明确说明，"应把教育工作视为专门的职业，这种职业要求教师经过严格地、持续地学习，获得并保持专门的知识和特别的技术。"[②]《中华人民共和国教师法》第三条规定："教师是履行教育教学职责的专业人员"。《国家中长期教育改革和发展规划纲要（2010—2020 年）》要求，"严格教师资质，提升教师素质，努力造就一支师德高尚、业务精湛、结构合理、充满活力的高素质专业化教师队伍。"从当前基础教育事业发展的现实需求来看，它需要的是"教育家，而不只是学问家或技艺家"，"中小学教师的核心任务是促进儿童发展"，而教师教育的核心任务是为中小学教师的专业发展提供职前职后一体化的持续性专业支持。[③]

既然中小学教师需要专业发展，那么，培养中小学教师的教师教育者也应当是专业的。否则，由非专业化的教师教育培养出专业化的中小学教师，这样的逻辑不但不能成立，更是荒诞不经。无论是从专业标准的哪一个维度来审视，目前的教师教育都难以称得上专业的。教师教育者往往还从事着其他领域的工作，特定的知识基础、伦理规范、自治权利尚且缺乏，他们的专业发展也还没有一个成熟的机制。教师教育者面临着深刻的专业身份认同危机，其中，改革压力及其对本体性安全感的破坏以及"教师教育"在大学学术架构中的边缘地位与"夹缝求生"的生存状态是影响教师教育者自我身份认同的重要因素。[④] 可以说，教师教育大学化和师范院校综合化严重地加剧了高师院校教师教育者的专业身份危机，教师教育者的去专业化与中小学教师专业化之间存在尖锐矛盾。专业化的教师教育就是要由专业的人（教师教育者）来做专业的事情（教师教育），唯有专业的教师教育才能保

---

① 周钧：《美国教师教育认可标准的变革与发展》，北京师范大学出版社，2009，第 6 页。
② 教育部师范教育司编《教师专业化的理论与实践》（2 版），第 3 页。
③ 侯小兵：《学科教学论教师的专业身份研究》，第 7 页。
④ 杨跃：《教师教育者身份认同困境的社会学分析》，《当代教师教育》2011 年第 1 期。

障有效的教师教育。因此，高师院校组织变革要有利于促进教师教育者专业发展，进而塑造更加专业化的教师教育过程。

三 教师教育系统的组织化

个体与组织具有密不可分的关系。"人依赖于组织就像依赖于空气、阳光和水一样。没有空气、阳光和水，人的自然生命就会丧失，没有组织，人也就没有了社会生命。"① 组织是个体的集合，个体需要在组织中找到归属感和认同感，并且借助组织平台获得个人发展。"组织不仅成为现代人最为主要的存在方式与发展形态，而且也是社会良性发展和有机团结得以可能的重要载体。"② 失去了组织依靠，个体就不知道"我是谁""我在哪里""我究竟应该做些什么"，也就是身份认同危机。这从个体与组织关系的角度论证了组织的价值。与此同时，组织本身是一个庞大的生态系统，具有不同的层次和结构。只有当组织系统的各级子系统有序配合、协调运行时，才能保障组织功能和绩效的实现。否则，组织就会在内部各子系统的内耗中降低运行效率，也会与外部系统产生诸多矛盾。尽管任何组织都具有一定的自组织功能，但是，当一些外力超过一定的阈限时，组织的自组织能力就会受到严重破坏，进而陷入无序状态。当这种无序状态超过了组织可以接受的限值时，组织将无法实现其既有的功能和目标，甚至走向毁灭。如此一来，整个组织体系都会面临深刻的危机，因为没有哪个组织是孤立存在的，而是必定处在网络体系之中。

在教师教育大学化和高师院校综合化转型的过程中，高师院校以大学为效法的标杆，其组织结构已经高度复杂化和巨型化。"现代大学本身是一个相对开放的系统，当各种非大学部门和专科学校发展起来时，开放的范围大大扩大了，各种界线实际上变得不可能确定。现在高等教育已经变成一个几乎是无限制的系统。"③ 随着高师院校内部各种新部门机构、学科专业、院系中心的增加，它已经从一个传统意义上的师范教育机构演变成一个综合

---

① 张康之：《论组织化社会中的信任》，《河南社会科学》2008 年第 4 期。
② 蒋玉、刘绛华：《从组织伦理能力到国家软实力——组织化社会中的国家软实力之核心问题探究》，《求实》2011 年第 8 期。
③ 〔美〕伯顿·克拉克主编《高等教育新论：多学科的研究》（2 版），第 112~113 页。

性的高等教育机构。无论在名称上是保留还是去掉"师范"二字,都不能改变它已经综合化的事实。高师院校已经从一个纯粹的教师培养机构演变为具有多重功能的机构,其内部组织、人员配备、设施设备都发生了显著变化。从这种转型的动因来看,政策的重要初衷是提高教师教育质量。然而,其结果却似是背道而驰。顾明远先生曾指出:"师范院校综合化的目的是提高师范专业的学术水平。但是目前的事实是有多少转型的院校把力量加强在师范专业上?他们都热衷于扩大非师范专业,忙于升格,企图挤入高校名牌,因而有不少学校不是借用综合学科的优势来加强师范专业,而是抽调师范专业的教师去充实其他新建立的学科,这就反而削弱了师范专业。这与改革的宗旨背道而驰。"[1] 也就是说,高师院校综合化转型导致了教师教育资源的分散化,原本发展教师教育的力量被非教师教育事业占用。"师范院校从所有教师都关注师范生的成长,到只有一些教师关注,或只有一些教师只是以部分的精力关注师范生的成长。"[2] 高师院校综合化改变了教师培养的生态环境,教师教育的原有组织有序状态被破坏,教师教育资源被严重分散和挪用,并且没有建立起一个更加有效的协调机制。

教师教育的有效性和专业化需要建立组织化水平更高的教师教育机构和模式。就组织化的内涵来讲,它是"系统内各部分之间联系的可能性空间从大变小的过程,或者说是从混乱无序发展到有序的过程,是一个建立联系的过程"[3],也是"社会利益的协调与调整,目的是促使社会个体或社会群体结合成为人类社会生活共同体的过程,简言之,就是人类社会一体化的过程"[4]。在高师院校综合化之后,教师教育资源分散在教育科学学院、学科专业学院、教学技能训练中心、中小学校等,各种教师教育主体彼此之间联系的"可能性空间"变得非常大,而实际联系却是非常小,各自为政而相互孤立,教师教育系统无序化程度空前。诸如专业学院、教育科学学院等不

---

[1] 顾明远:《我国教师教育改革的反思》,《教师教育研究》2006 年第 6 期。
[2] 李学农:《论教师教育者》,《当代教师教育》2008 年第 1 期。
[3] 金观涛、华国凡:《控制论和科学方法论》,科学普及出版社,1983,第 68 页。
[4] 郑杭生等:《社会运行导论——有中国特色的社会学基本理论的一种探索》,中国人民大学出版社,1993,第 15 页。

同主体都会基于团体利益的自我衡量做出行为抉择，使得整个教师教育系统被严重割裂，从而陷入无序化状态。组织化的本质是"为了使社会系统达到并充分发挥其预期的功能，是系统从组织无序、效率低下到组织有序、功能充分发挥的过程"①。教师教育系统的组织化并非要将教师教育的各个环节合并到一个组织机构之中，事实上也没有任何类型的组织能够完成这样的使命，因为教师教育需要基础教育与高等教育、理论教学与实践教学等多维度的协调配合。但是，它确实需要有一个专业的机构，拥有一支专业的队伍，来完成教师教育这项专业的工作。无组织则无秩序，绝对组织则绝对僵化。无秩序，不可；僵化，亦不可。因此，高师院校组织变革重要价值追求之一是提高教师教育的组织化水平，使其过程更加专业化，结果更具有效性。

第二节 高师院校组织变革的行动原则

高师院校的组织变革就是要基于高校内、外部环境分析，对教师教育资源（人员、物质、制度、信息）进行优化整合，从而实现教师教育结果的有效性、过程的专业化和系统的组织化，最终实现教师教育绩效目标。高师院校在学校历史与特色、办学目标与定位、资源总量与优势、学校制度与机制、学校规模与结构等诸多方面存在显著差异，学校组织变革的路径也就不能套用一个统一的模式，而是要实事求是、因地制宜，促进学校的特色发展和科学发展。但是，既然高师院校组织变革的大环境是相同的、基本目标是一致的，那么，其组织变革也应当遵循一些共同的基本原则。

一 组织变革与培养模式切合

教师培养模式是"教师职前培养过程中各种要素的整体组合。这些基本要素包括教师培养的目标、教师培养的场所、教师培养的主体、教师培养的课程设置以及教师培养的主要环节，等等"②。它通过教师教育要素的不

---

① 高军、赵黎明：《社会系统组织化研究》，《系统辩证学学报》2002年第4期。
② 张斌贤：《教师培养模式改革若干问题的思考》，《教育研究》2005年第12期。

第七章 价值、原则与范畴：高师院校组织变革的理想之境

同组合对教师培养过程做出总体设计，从而形成了具有一定稳定性的教师培养范式。从不同的视角审视这些要素组合，或者从不同要素去考察整个教师教育过程，便形成了不同的教师培养模式。

教师培养模式最典型的含义是在学制方面的设置情况。传统做法就是四年制本科教育模式，该模式将学科教育与教师教育混在一起，一般只是在最后一年安排教学实习，中途偶尔也会去中小学见习。虽然此类模式也有"4+0""3+1""2.5+0.5""2+2"等不同尝试，但均在四年制本科范围内进行的探索。目前，大量的高师院校仍然属于这种教师教育模式，尤其是地方师范院校，由于尚没有硕士授权资格，只能培养专科和本科层次的职前教师。从国际上看，教师培养主要采用学士后培养模式，如美国"4+2"本硕连读模式、英国"3+1"学士后教育模式、法国的"3+2"模式、日本的"4+1"和"4+2"模式。① 进入21世纪之后，一些师范大学开始探索学士后教师培养新模式，如北京师范大学的"4+2"模式（4年本科专业教育+2年教师专业教育）、华东师范大学的"4+1+2"模式（4年本科教育+1年中学教育实践+2年硕士培养）、上海师范大学的"3+3"模式（3年本科专业教育+3年教师专业教育）等。② 此外，教师培养模式还可以从其他视角去理解，如有学者发现国外教师教育模式存在几种转型："教师教育和培养的空间模式由以大学为本的模式向以大学为本和学校为本相结合空间模式转型，由以行为科学为基础的教师教育转变为以认知科学和质量研究、建构主义、反思性研究为基础的教师教育，教师由过去'作为技术员的教师'转变为'作为专家的教师'，教师教育的教学模式由'训练模式'向'发展模式'转变。"③

无论是从哪个层面上探讨教师培养模式，它关注的核心问题都是如何组织教师教育的各种要素，使它们能够形成最佳的配置状态，从而实现最佳绩效。各高师院校在教师教育发展过程中，形成了不同的历史积淀、特色优势和培养模式。每个具体的培养模式并不存在绝对的优劣之分，高师院校要从

---

① 王健：《我国高校学士后教师培养模式的现状分析》，《教师教育研究》2009第11期。
② 王健：《教师教育模式改革的国际比较》，《外国中小学教育》2007年第4期；教苑：《上海师范大学"3+3"教师教育模式》，《外国中小学教育》2007年第4期。
③ 朱旭东：《国外教师教育模式的转型研究》，《外国教育研究》2001年第5期。

各自的教师培养模式出发推进组织变革。高师院校组织变革要以教师培养模式为导向,适应教师培养模式的要求,落实教师培养模式的预期目标,最终提升学校的教师教育绩效。

二 职前教育与职后教育一体

根据教师生涯理论,教师专业发展是持续教师职业生涯始终的永恒主题,众多学者对此有过深入研究。费斯勒(R. Fessler)从个人环境和组织环境的双重影响来考察教师职业周期,分为八个阶段:职前阶段(pre-service)、入职阶段(induction)、形成能力阶段(competency building)、热心和成长阶段(enthusiastic and growing)、职业受挫阶段(career frustration)、稳定和停滞阶段(stable and stagnant)、职业泄劲阶段(career wind down)和职业退出阶段(career exit)。休伯曼(M. Huberman)等人通过对瑞士教师的调查研究提出,教师职业周期有五个时期:入职期(career entry,入职1~3年)、稳定期(stabilization phase,入职后4~6年)、实验和重估期(experimentation and reassessment,入职后7~25年)、平静和保守期(serenity and relational distance,入职后26~33年)、退休期(disengagement,入职后34~40年)。斯特菲(Steffy)依据自我实现理论建立的教师生涯包括预备生涯阶段、专家生涯阶段、退缩生涯阶段、更新生涯阶段和退出生涯阶段。[1] 无论对教师生涯阶段从哪个角度进行划分,也不管将其划分为几个具体阶段,它都必然包含职前、入职、在职三个基本环节,而且对任何一个个体来讲这些环节都是一个连续性的整体。从终身教育的理念来审视,"从纵向来看,主张教育应贯穿人的一生,而不只局限于儿童和青少年;从横向来看,即指通过各类教育资源的整合,形成开放的教育体系"。[2] 在终身教育的视野中,教师不仅是终身教育者,更是终身学习者。高师院校的责任不再局限于教师的职前培养,而是要在教师生涯的每一个阶段为他们提供持续性的教育机会。教师发展是连续性的,为他们设计的教育方案也应当是连续性的。这就要求高师院校的教师教育要从一体化的视角来

---

[1] 连榕主编《教师专业发展》,高等教育出版社,2007,第179~185页。
[2] 吴遵民:《终身教育的基本概念》,《江苏开放大学学报》2016年第1期。

统筹规划。从教师教育资源配置来看，它需要将教师职前教育和在职培训一体化。传统上，中国的教师教育体系由两大部分构成，"一是普通性质的师范院校负责教师的职前培养，即中师培养小学教师，师专培养初中教师，师院和师大培养高中教师。一是成人性质的教育学院负责教师的职后培训，即县级进修学校培训小学教师，地市级教育学院培训初中教师，省级教育学院培训高中教师"[①]。自20世纪90年代末以来，教师职前培养和在职培训两大体系已经逐步融合，大量教育学院合并到高师院校，部分成人性质的教育学院转型为普通师范院校，教师教育一体化初见成效。总之，传统教师教育模式将职前与职后割裂开来，其弊端已逐步显现。教师教育一体化是教师生涯发展之需要，是教师终身教育之需要，也是教师教育资源优化配置之需要。

何谓教师教育一体化？教师教育一体化试图弥合职前教育和在职培训之间的鸿沟，就是"基于教师终身学习的理念，有机整合教师职前培养和职后培训，使之成为一个延续不断又相互支持的整体。教师教育一体化的实质是构建教师的终身教育体系，为教师终身学习和专业发展提供制度保障"[②]。教师职前教育和在职培训双轨转向单轨，这走出了教师教育一体化的第一步。但是，这并不意味着教师教育一体化已经完成。从高师院校内部来看，教师职前培养和在职培训这两条线还远远没有实现真正的融合，只是把教师培训从高师院校外部移入内部而已。教师职前教育和在职培训往往由学校的不同部门分管，部分高校教师成为"培训专业户"，另有一部分则始终是承担职前教育任务。要真正实现教师教育一体化，这需要从教师教育者、教师教育理念、教师教育课程、教师教育机构等多方面进行深彻变革。这自然不能沿用高师院校原有的组织模式，而是要通过组织变革为教师教育一体化提供强有力的组织保障。

三 教师教育与学科教育协同

如本章第一节所论，教师是专业工作者，至少应该成为专业工作者。那

[①] 周洪宇：《教师教育论》，北京师范大学出版社，2010，第262~263页。

[②] 肖瑶、陈时见：《教师教育一体化的内涵与实现路径》，《教育研究》2013年第8期。

问题是，教师的专业是什么？如果说，教师的专业就是当教师，那么，需要进一步追问：如何才能当一名教师？即，何以称师？有学者认为，教师专业具有"双专业性"，属于"边际性专业"（marginal professional）。① 这就意味着，一名教师不仅要知道教什么，还要知道如何教。"教师教育必须包括学科专业和教育专业两种专业性教育，体现'双专业'的特性"。② 前者是学科教育，后者是教师教育，这两样东西都必不可少。

从教师培养的历史和现实来看，教师专业的"双专业性"并没有得到很好的协调。在漫长的人类历史上，以长者为师、以吏为师是教师队伍的显著特征。教师工作是任何有知识的人都可担任的工作，教师的"学科专业"（传统意义上的"学术性"）完全遮蔽了"教育专业"（传统意义上的"师范性"）。自师范学校产生以来，教师培养越来越重视教育专业，强调对师范生的教学态度和能力培养。可以说，在这一时期的教师培养过程中，"教育专业"的培养内容占据了上风。但是，"学者必为良师"的观念依旧根深蒂固。事实上，这一观念蕴含着这样的逻辑：物理学家是天然的物理教师、生物学家是最好的生物教师，依此类推。尤其是进入20世纪之后，社会对教师学术水平的要求越来越高，教师教育机构走上了大学化发展道路。进入大学制度体系之后，教师培养方案中的"学科专业"逐渐占据了绝对优势地位。直到今天，在中国的教师教育体系中，教师教育仍然是基本等同于学科教育，物理专业师范生学物理学、生物专业师范生学生物学，等等。尽管在当前的教师培养方案中也有教师教育课程，但是，其课程比例和课程有效性都还远远不够。也就是说，学科教育与教师教育、学术性与师范性之间的矛盾至今未能得到妥善的处理。一个解决方案是实行分段式教师教育，将学科教育与教师教育分开，本科专门从事学科教育，教师教育被放在本科之后。这是欧美国家主流的教师教育模式。在我国，仍然以混合式教师教育为主，即本科或专科期间将学科教育和教师教育混合在一起。尽管学科教育严重挤压教师教育，但一般还是会认为师范生的"学术性"没法与综合大学同类专业相提并论。就教师教育而言，在学科教育的羁绊下，终归是不尽人

---

① 黄崴：《教师教育专业化与教师教育课程改革》，《课程·教材·教法》2002年第1期。
② 陈时见、王雪：《教师教育一体化课程体系的构建与实施》，《教育研究》2015年第8期。

意。当然，混合式教师教育模式在培养师范生的专业认知、专业情感、专业技能等方面也有其天然的优势。

分段也好，混合也罢，这只是途径而已，而其最终目的是要将学科教育与教师教育在教师培养过程中有效协调起来，从而真正实现教师专业的"双专业性"。弱化这"双专业"的任何一方面都无法培养出合格的教师，问题的关键是如何组织这两类教育。或者是探索宏观层面的教师教育制度整体变革，或者是在院校层面寻求既有制度体系下的组织变革。总之，高师院校的组织变革要坚持促进学科教育与教师教育有效协同的基本原则。

四 教师教育与创造教育融合

教育从来都不是孤立存在的，而是与社会唇齿相依，需要对社会发展的客观需求做出响应。就当今中国来讲，建设创新型国家已经提到了国家发展战略的高度。所谓创新型国家，就是"把科技进步和创新作为经济社会发展的首要推动力量，把提高自主创新能力作为调整经济结构、转变增长方式、提高国家竞争力的中心环节"，从而"大幅度提高科技创新能力，以形成日益强大的竞争优势"的国家。[1] 建设创新型国家战略的根本依靠是人，是人才，是创新人才。中国是一个人力资源大国，但是，具有创新精神、创新思维和创新能力的创新人才仍然非常稀缺，而创新人才的成长离不开教师的培养。我们把能够完成培养创新人才使命的教师称作创造型教师，他们"自身具有一定创造力，并能够培养学生创造力"[2]。"创造型教师这一称谓具有概念的准确性、概括性、可接受性与流行性，用这一术语可以准确反映当今社会及教育对教师素养提出的新要求。"[3] 如果我们的教师教育体系培养出来的是经验依赖型教师，那么，这样的教师是难以培养出富有创造力的学生的。因为这样的教师不但无助于学生创造力开发，反而会设置若干约束条件压制学生创造力的发展。如此的教师培养出来的学生断然难以成为创新人才，又谈何服务于创新型国家发展战略？因此，师范院校培养创造型教师

---

[1] 卢裕家：《什么是"创新型国家"》，《四川统一战线》2006年第2期。
[2] 侯小兵、谭小宏：《师范院校培养创造型教师的价值、困境及对策》，《当代教师教育》2014年第4期。
[3] 季诚钧：《创造型教师：一个值得推广的概念》，《教师教育研究》2006年第2期。

是创新型国家发展战略的需要，是教师履行自身责任的需要，也是促进人的全面发展的需要。

高师院校组织变革要利于理顺学科教育、教师教育和创造教育的关系，为培养师范生的创造性教育能力提供支持。一方面，创造教育需要融入学科教育和教师教育过程。人的创造力并不必然是一种普遍性的、可广泛迁移的能力。这正如美国创造学家索耶（R. Keith Sawyer）所说："我们不能期待一位具有创造性的科学家同时还是一位具有天赋的画家，一位具有创造性的小提琴手也可能并不是一位具有创造性的指挥，而一位具有创造性的指挥或许并不擅长创作新的曲子。大量的证据表明，众多的创造力都具有领域特殊性。"① 从这个意义上讲，创造教育需要分散到各个专业和学院。另一方面，创造教育需要从学校层面统筹规划。作为一种新事物，创造教育并没有受到普遍认可，创造力开发的价值性和可行性也没有得到正确的认识。因此，创造教育和教师教育的有机融合还需要有个专门的组织机构来统筹规划。究竟是成立专门的创造教育机构，还是附设于教师教育机构？这取决于各高校的实际情况。可以肯定的是，创造教育需要融入师范专业的人才培养过程之中，从而培养出优秀的创造型教师。

五 理论教学与实践教学统一

教育理论与教育实践是教师教育领域的一对基本矛盾，也是一个历久弥新的话题。叶澜先生曾说："教育理论与教育实践脱离的问题是一个多年煮不烂的老问题。"② 教育理论是人们对教育的理性认识，教育实践是人们从事的教育活动。长期以来，人们对此指责最多的是它们相互间的脱离。既然有当下的脱离，那必然有原初的关联。如果教育理论与实践的原初状态是相互关联，那么，它们为什么要走向脱离？这种脱离是不是恰当的？在前专业化时期，教育认识尚属感性认识，教育实践属于经验性实践，它们处于一种原初的混沌状态。在专业化时期，教育理论与教育实践出现了主体的分工，

---

① 〔美〕索耶：《创造性：人类创新的科学》，师保国等译，华东师范大学出版社，2013，第69页。
② 叶澜：《思维在断裂处穿行——教育理论与教育实践关系的再寻找》，《中国教育学刊》2001年第4期。

第七章　价值、原则与范畴：高师院校组织变革的理想之境

二者开始走向分离。可以说，这种分离是教育专业化的逻辑结果，它并非意味着二者的完全割裂，而是要将经验性实践上升到理论性实践。教育理论与教育实践是共同存在的，它们之间的对立是"虚假的二元对立"。[①] 有学者提出，教育理论与教育实践之间的矛盾是"本质主义视域中教育研究难以规避的矛盾"，而后现代主义视角能够为二者的结合提供多种思路。[②] 还有学者主张，教育理论属于实践哲学的范畴，"作为实践的理论形态，完成并实现于教育实践活动之中，它并不与教育实践相对立、相分离，而是具有不可分割的本然联系"。[③] 无论教育理论与教育实践之间的分离是不是可以解释的，将它们关联起来终归是合理的，而且是专业工作者的必然选择。

教育理论具有为教育实践提供指导的潜在可能性，但不能直接控制和指挥教育实践。教育实践充满复杂性，从教育理论到教育实践的道路从来都不是线性的。"在真实的实践工作中，问题并不以实践者假设的模样出现，它们是由令人困惑、苦恼及未确定的问题情境中的林林总总所建构的。"[④] 在这样的专业实践中，专业工作者应当是反思性实践者，他们需要在行动过程之中和之后对行动进行反思（Reflecting-in-action 和 Reflecting-on-action），理论与实践统一在鲜活的实践之中。基于此，教师的教育教学实践就不只是简单地移植高师院校的教育理论，当发现理论"无用"时就仅凭经验开展教师专业工作。"教师即使可以轻易作出解释，也不能认为他们过去的经验足以解释一切。"[⑤] 教师工作需要在教育理论的严谨性和教育实践需要的适切性之间寻求平衡，而这需要"行动中反映"。因此，教师应当是"反思性实践家"（Reflective Practitioner），而非"技术熟练者"（Technical Expert），教师专业成长的性质是"在复杂情境的问题解决过程中所形成的'实践性认识'（Practical Epistemology）的发展"。[⑥]

[①] 宋钰、朱晓宏：《实践、实践哲学与教育——全国教育哲学专业委员会第十六届学术年会综述》，《教育研究》2013 年第 3 期。
[②] 罗祖兵：《教育理论与实践：后现代的检视》，《高等教育研究》2006 年第 4 期。
[③] 宁虹、胡萨：《教育理论与实践的本然统一》，《教育研究》2006 年第 5 期。
[④] 〔美〕唐纳德·A. 舍恩：《反映的实践者：专业工作者如何在行动中思考》，夏林清译，教育科学出版社，2007，第 33 页。
[⑤] 〔美〕唐纳德·A. 舍恩：《反映的实践者：专业工作者如何在行动中思考》，第 53 页。
[⑥] 〔日〕佐藤学：《课程与教师》，第 240~244 页。

教师是反思性实践者，它需要教育理论与教育实践的统一。教师的教育实践是在理论引领下的实践，他们所需要的教育理论又是根植于实践的理论。高师院校的组织变革需要坚持教育理论与教育实践相统一的原则，为沟通教师的理论与实践搭建桥梁。

六　高师院校与中小学校合作

在哪儿培养教师？这是高师院校组织变革要回答的一个关键问题，它主要解决教师教育的空间布局问题。从唯物史观的视角来考察，在人类历史的早期，显然是没有专门的教师培养机构。教师是一种社会兼职，其培养过程与其他人才的培养没有区别。1681年，法国"基督教兄弟会"神甫拉萨尔（La Salle）在兰斯创立了世界上第一所独立的师资训练学校。19世纪末，中国开始出现专门的教师培养机构。[①] 到20世纪，世界教师教育又经历了一场大学化转型，教师培养逐步提高到大学层次，教师教育进入高等教育范畴。这一转型拉大了教师教育机构与中小学校的距离，"在哪儿培养教师"的问题凸显出来。

从世界范围内来看，在教师培养的空间问题上主要有三种取向：其一，基于中小学校的教师培养。在英国主要有两种教师教育形式：以教育学士学位课程（Bachelor of Education，即BEd）为代表的学科专业学习与教育专业学习同时进行的"4+0"模式，以研究生教育证书课程（Postgraduate Certificate of Education，即PGCE）为代表学科专业与教育专业先后分段进行的"3+1"模式。前者主要培养小学教师，后者主要培养中学教师。这两种形式共同的特点是在课程结构和内容上非常重视中小学教育教学实际，有的甚至以中小学的实际问题为线索来组织，形成了"以中小学为基地"的教师教育模式。[②] 其二，基于大学的教师培养。教师培养被纳入综合大学的制度框架和学术环境，成为综合大学中的一个项目。到20世纪60年代，在美国已没有师范学校，本科层次的师范学院也所剩无几。"美国教师教育机构的转型大致完成于20世纪六七十年代，因而，目前已基本形成了一个相

[①] 侯小兵：《学校—大学—联盟：教师教育机构转型的基本轨迹》，《中国高教研究》2013年第7期。

[②] 徐娟：《以中小学为基地：英国教师培训模式及其启示》，《大学教育科学》2007年第1期。

对稳定的、完全开放型教师培养体系。所有教师教育都由综合大学来承担，教师培养趋于高层次化，这种特点应该说基本反映了世界教师教育发展的大势。"[1] 自 20 世纪末以来，中国的师范院校也进入了一个综合化转型的跨越式发展阶段。时至今日，"以学校为单位的教师教育机构逐步成为历史，教师教育机构成为大学内的机构"。[2] 无论在学校名称上是否保留"师范"，高师院校已然成为综合性高校。其三，基于大学与中小学合作的教师培养。传统做法是高师院校都附设有中小学校，为师范生提供教学实践场所。如今师范生规模较之过往增加了，部分地方高师院校的附属学校逐步萎缩甚至被撤销，高师院校需要从社会范围内寻求教学实践的合作伙伴。如东北师范大学提出并实施了"师范大学—地方政府—中小学校"（"U—G—S"）合作教师教育新模式，[3] 首都师范大学探索"教师发展学校"以促进大学与中小学的合作。[4]

在教师教育大学化和高师院校综合化的时代背景下，我们来探讨高师院校的组织变革，无论如何都无法绕开高校与中小学校的关系问题。从高师院校与中小学校合作的现状来看，"中小学校主要提供给职前教师一个练习教学的场所，而较少给予他们所需要的培养和支持，未能实现积极的、赋有教育理念的指导；大学授课教师则未能有意识地从教师教育研究中支持职前教师的学习和教学，往往只重视研究带来的知识创新，忽视教师的专业发展"。[5] 教育教学是一项实践性的工作，封闭性的高校理论教学永远不能取代中小学课堂的实践教学，纯粹的教学经验累积又无法让中小学教师得到有效的理论引领和提升。高师院校组织变革要有利于搭建高师院校与中小学校的合作平台，让高校的理论优势和中小学校的实践优势能够有效衔接起来，以促进职前教师和在职教师的专业发展。

---

[1] 阎光才：《美国教师教育机构转型的历史经验及其启示》，《教师教育研究》2003 年第 6 期。
[2] 李学农：《论我国教师教育机构改革的路径选择》，《黑龙江高教研究》2007 年第 9 期。
[3] 刘益春、李广、高夯：《"U—G—S"教师教育模式实践探索》，《教育研究》2014 年第 8 期。
[4] 宁虹：《教师教育：教师专业意识品质的养成——教师发展学校的理论建设》，《教育研究》2009 年第 7 期。
[5] 戴伟芬：《职前教师教育理论与实践融合的第三空间研究》，《教育研究》2014 年第 7 期。

第三节　高师院校组织变革的基本范畴

高师院校组织变革的总体目标是推进教师教育专业化，以支持教师专业发展。当教师教育大学化转型之后，高师院校已经具备了综合大学的组织架构。高师院校组织变革要按照现代大学制度的框架和逻辑来系统化地谋划教师教育学科、专业和学院建设。唯有如此，才算真正实现了教师教育大学化转型。否则，只能算是徒有其表。基于教师教育的实践性特征，教师培养过程又不能局限于大学"象牙塔"之中，而要系统化地整合高校内部和外部资源，建立以高校教师教育管理者、教师教育者、教师学习者和中小学教师为主体的教师教育共同体。

一　教师教育学科

教师教育大学化是提出教师教育学科建设问题的逻辑前提。教师教育大学化是欧洲教师教育联合会在1991年提出的一个概念，其中心思想是大学应该在教师培养和培训中扮演重要角色，它要求"将教师教育纳入到大学的空间，并按大学的运行规律办事"[①]。目前来看，"教师教育大学化是国际教师教育发展的基本趋势"，"实施教师教育大学化是我国师范教育发展的需求"[②]。从学术、政策和实践不同角度来审视，"教师教育大学化已是全世界教师教育发展的基本趋势，综合大学必定会更加广泛参与到教师教育领域中来，师范院校不得不按照大学的运行机制来培养未来的教师"[③]。因此，如今的教师教育改革只能在现代大学制度的前提下进行探索，高师院校组织变革也只能以现代大学的制度逻辑为基本依据。

现代大学是一种学术机构，大学教师是以学术为志业的教育工作者，知识的生产、传播与应用是现代大学的核心使命。从人类知识的发展来看，"学术已达到了空前专业化的阶段，而且这种局面会一直继续下去……个人

[①] 郄海霞:《西方"教师教育大学化"研究述评》,《外国教育研究》2004年第2期。
[②] 朱旭东:《应当实施教师教育大学化战略》,《中国高等教育》2002年第19期。
[③] 侯小兵:《教师教育大学化与地方师范学院转型》,《绵阳师范学院学报》2011年第4期。

第七章 价值、原则与范畴：高师院校组织变革的理想之境

只有通过最彻底的专业化，才有可能具备信心在知识领域取得一些真正完美的成就……任何真正明确而有价值的成就，肯定也是一项专业成就"。[①] 也就是说，学术知识总量激增导致了学术活动的专业分工，于是就有了学科。"学科（Discipline）是将巨型化的知识总体按照某种标准进行划分后形成的知识单元。"[②] 学科不仅对知识体系进行了划分，而且是规范学术活动的重要制度安排。"学科规训从来都负载着教育上难解的谜团，也就是既要生产及传授最佳的知识，又需要建立一个权力结构，以期可以控制学习者及令该种知识有效地被内化。"[③] 学科体系构成了现代大学组织结构的基本依据，学科建设是现代大学的重要任务。"学科建设是大学各项建设的核心，也是提高学校教学、科研及社会服务能力和水平的重要基础。没有一流的学科，就不会有一流的大学，也就无法培养高质量的人才，更不可能有高水平的科研成果。"[④] 因此，加强教师教育学科建设是高师院校组织变革的基础性工程。

教师教育学科建设早在十年前就进入了学者们的视野。2006 年 12 月 8~9 日，由中央教育科学研究所、南京师范大学和江苏省高教学会教师教育研究委员会主办的首届"全国教师教育学科建设研讨会"在南京师范大学召开。2008 年 12 月 13 日，由中国教育报、浙江师范大学共同主办的"中国教师教育改革开放 30 年：回顾与展望"高端论坛在浙江师范大学举行。这两次会议对教师教育学科建设进行了深入而广泛的探讨，涌现出了一批研究成果，对推动教师教育学科建设发挥了重要作用。[⑤]

在教师教育学科建设方面，有一些必须思考和回答的基本问题。其一，教师教育学科的价值。教师教育学科制度建设是"教师教育大学化的必然选择，也是我国教师教育改革和发展的必由之路"[⑥]。有学者提出教师

[①] 〔德〕韦伯：《学术与政治：韦伯的两篇演说》（2 版），冯克利译，三联书店，2005，第 23 页。
[②] 侯小兵、张继华：《理解与行动：高等教育质量建设研究》，第 202 页。
[③] 〔美〕华勒斯坦等：《学科·知识·权力》，第 79 页。
[④] 李化树：《论大学学科建设》，《教育研究》2006 年第 4 期。
[⑤] 王健：《我国教师教育学科的逻辑起点研究及学科体系构建》，博士学位论文，华东师范大学，2009，第 8 页。
[⑥] 朱旭东、周钧：《论我国教师教育学科建设——教师教育大学化的必然选择》，《教师教育研究》2007 年第 1 期。

教育学科建设的原因有三，即"教师教育大学化的引发""教师专业化发展的需要""教育学自身发展的推动"。① 其二，教师教育学科的内涵。基于教师教育大学化的视角，教师教育学是"教师教育知识体系或教育学术中的一个分支，它是指培养教师而设立的教学科目。在教师教育学科建设意义上，是指高等学校（教师教育院校）或研究部门（教师教育研究所等）为培养教师专门人才而设立的教师教育教学科目"②。基于教师专业发展的视角，教师教育学是"以教师专业发展理论为基础的一门有关教师教育活动的基本原理或是方法论的学问，是以教师教育活动一般规律及其实际运作为己任的"③。其三，教师教育学科的对象。有学者提出，教师教育学的研究对象是"教师培养与成长中的特殊规律与矛盾，核心问题是如何依据教师成长规律促进教师成长"④。其四，教师教育学科的性质。在前文我们对教育理论与实践的关系有过探讨，二者的分离有其存在的合理性，二者的统一也是现实的客观要求，但这种统一却不是线性式地发生的。在教育学科理论与教师教育实践之间存在的一个过渡区域，"教师教育学科领域地带在教育学科与教师教育实践之间，教师教育学科是一种应用型的学科"。⑤ 教师教育学科是"多学科整合的结晶……是介于宏观理论学科与微观应用学科间的一门中观学科，一门具有综合性和边缘性的'实践教育学'"⑥。其五，教师教育学科的谱系。教师教育学科建设问题的提出是师范教育向教师教育转型过程中的新事物。在此之前，可能也有大量有关教师的知识生产活动，他们均依附于教育学一级学科下的其他分支学科。如今，教师培养目标、环境、组织都发生了显著变化，需要建立教师教育学科。显然，教师教育学科脱胎于教育学母体学科，属于教育学下的二级学科。"教师教育学科视为教育学科群中一个重要组成部分，是一个亚学科

---

① 李润洲：《教师教育学：一门有待具象的学科》，《上海教育科研》2014年第2期。
② 朱旭东、周钧：《论我国教师教育学科建设——教师教育大学化的必然选择》，《教师教育研究》2007年第1期。
③ 王健：《我国教师教育学科的逻辑起点研究及学科体系构建》，第86页。
④ 杨跃：《关于教师教育学科构建的理性思考》，《教师教育研究》2007年第1期。
⑤ 李学农：《教师专业化实践的困境与教师教育学科理论的生长》，《教育理论与实践》2007年第4期。
⑥ 杨跃：《关于教师教育学科构建的理性思考》，《教师教育研究》2007年第1期。

或二级学科"。①其六，教师教育学科的队伍。教师教育学科建设需要一支专兼结合的队伍。"在学科这种建制化的组织体系中，同一知识领域内各有所司所长的教学、研究和管理人员集聚在一起，可以协调合作，进行知识的探索、发现和传输等专业化耕耘，并通过自己特有的方式实现知识的专门化"。②事实上，当前教师教育学科队伍还相当薄弱。其七，教师教育学科的标准。有学者提出，教师教育学科制度的成立需要具备以下八个特征："在大学建立学科专业""在大学设置了学科课程""在大学设置了教席""可以颁发学位证书""建立了专业或学科组织或协会""建立了学术研究的专门机构或研究所、学科系""编辑了学术刊物""图书馆以学科作为书籍分类的系统"。③从教师教育学科建设的现状来看，个别特征已经实现，但是，还没完全满足，也没有在所有高师院校实现，教师教育学还是"一门有待具象的学科"④。只有真正确立起教师教育的学科地位，教师教育的专业制度、学位制度、课程制度、学院制度等才能拥有基本的依托。如果说没有一流的学科就没有一流的大学，那么，在教师教育大学化转型背景下，没有一流的教师教育学科就没有教师教育的专业化，也就没有一流的教师教育。

二 教师教育专业

"专业"一词往往在多个场合都有运用，并且表达着不同的概念。大致来看，汉语中的"专业"与三大领域有关：学术领域、职业领域和教育领域。学术领域的"专业"指特定知识内容在人类知识总体中所属的疆域，它为知识的生产划定边界，相当于在前文所说的"学科"（Discipline）。职业领域的"专业"指特定从业者在社会分工体系中所从事的具体业务类型，它为知识的应用划定边界，相当于"职业"（Occupation, Vocation, Profession）。教育领域的"专业"是为了适应工作领域需要，对

---

① 朱旭东、周钧：《论我国教师教育学科建设——教师教育大学化的必然选择》，《教师教育研究》2007年第1期。
② 陈永明、王健：《"教师教育学"学科建立之思考》，《教育研究》2009年第1期。
③ 朱旭东、周钧：《论我国教师教育学科建设——教师教育大学化的必然选择》，《教师教育研究》2007年第1期。
④ 李润洲：《教师教育学：一门有待具象的学科》，《上海教育科研》2014年第2期。

学术知识进行重组之后确定的人才培养方案，或称课程方案，它为知识的传播划定边界，相当于"主修"（Specialty, Specialized Subject, Major）。[1] 在此，我们在教育领域"专业"的意义上讨论教师教育专业问题。

高等院校不但有从事知识生产的学科划分，还有以知识传播为主从而沟通知识生产与应用的教育专业划分。"与基础教育相比，高等教育的显著特征是专业教育，即专业教育是高等教育的基本使命。不论高等教育中的哪个层次、哪种类型的教育均实施专业教育。"[2] 依据《中华人民共和国高等教育法》，高等教育的任务是"培养具有创新精神和实践能力的高级专门人才"，我国高等教育属于典型的专业教育模式，专业在人才培养过程中具有中心地位。1949年以前，我国大学基本上仿照欧美模式，一般只设院系，不设专业。新中国成立后，我们依照苏联的高等教育模式建立了以专业为主的高等教育体系，专业划分越来越细。1953年，全国有本科专业215个，到1980年增长到1039个。之后，开始逐步下降。1988年，全国有本科专业870个，到1998年，减少到249个。[3] 20世纪末期，本科专业数量逐步减少的事实表明，专业教育之弊端日益显露，从而需要扩大专业覆盖面以更好地适应经济社会发展的需要。在专业教育与通识教育之间存在诸多争论，但谁也无法取得绝对优势，专业教育模式的地位终究是难以动摇的。"专业教育与通识教育之间存在着功利与理性、现实与可能、必需与理想的辩证统一关系，它们是可以互补并存的。"[4] 高等教育不但要重视其"内在适切性"以培养人，也要重视其"外在适切性"以服务社会。"中国大学教育改革必须坚持专业教育的路线，必须坚持需求决定论，必须坚持大学教育的外部适切性。"[5] 我们必须接受现代高等教育的专业教育特征，遵循专业教育的模式来培养人。尽管专业教育模式有其内存的缺陷，但这是可以通过加强通识教育来弥补的。至此，我们已经获得了这样一个理解：高等教育属于专业教育，高师院校进入了高等教育体系之后，需要按照高等教育的专业教育模式

---

[1] 侯小兵：《学科教学论教师的专业身份研究》，第62~63页。
[2] 康凯：《对高等教育专业教育理念的思考》，《国家行政学院学报》2016年第5期。
[3] 文辅相：《我国大学的专业教育模式及其改革》，《高等教育研究》2000年第2期。
[4] 鲍宇科：《专业教育与通识教育：一种哲学的视角》，《浙江社会科学》2007年第4期。
[5] 周光礼：《论高等教育的适切性——通识教育与专业教育的分歧与融合研究》，《高等工程教育研究》2015年第2期。

第七章 价值、原则与范畴：高师院校组织变革的理想之境

来运行。

接下来的问题是，我们现在有没有教师教育专业？依据教育部《普通高等学校本科专业目录（2012年）》，分设哲学、经济学、法学、教育学、文学、历史学、理学、工学、农学、医学、管理学、艺术学12个学科门类。专业类由修订前的73个增加到92个，专业由修订前的635种调减到506种。整个专业目录文本自始至终未出现"教师"字眼。其中，与教师教育最为相关的就是教育学学科，教育学学科门类下设2个专业类和16种专业（如表7-1所示）。

表7-1 教育学学科门类的专业设置（2012年版）

专业代码	专业类与专业名称	专业代码	专业类与专业名称
401	教育学类	402	体育学类
40101	教育学	40201	体育教育
40102	科学教育	040202K	运动训练
40103	人文教育	40203	社会体育指导与管理
40104	教育技术学	040204K	武术与民族传统体育
40105	艺术教育	40205	运动人体科学
40106	学前教育	040206T	运动康复
40107	小学教育	040207T	休闲体育
40108	特殊教育		
040109T*	华文教育		

注："T"和"K"分别表示特设专业和国家控制布点专业。

根据《普通高等学校本科专业目录（2012年）》，幼儿教师可由学前教育专业培养，小学教师可由小学教育专业培养，体育教师可由体育教育专业培养，科学教师可由科学教育专业培养，特殊教育教师可由特殊教育专业培养，而表7-1所列其他专业则没有明确的教师培养目标。此外，政治教师由法学（03）马克思主义理论类（0305）的思想政治教育专业（030503）培养。这五个专业在名称上至少含有"教育"二字，而培养中学教师的其他大多数专业名称则没有"教育"或"教师"的字眼，如语文教师由文学（05）中国语言文学（0501）的汉语言文学专业（050101）培养，英语教师由文学（05）外国语言文学（0502）的英语专业（050201）培养，历史教

· 231 ·

师由历史学（06）历史学类（0601）的历史学专业（060101）培养，数学教师由理学（07）数学类（0701）的数学与应用数学专业（070101）培养，化学教师由理学（07）化学类（0703）的化学专业（070302）培养，地理教师由理学（07）地理科学类（0705）的地理科学专业（070501）培养，生物教师由理学（07）生物科学类（0710）的生物科学专业（071001）培养，中学音乐教师由艺术学（13）音乐与舞蹈学类（1302）的音乐学专业（130202）培养，中学美术教师由艺术学（13）美术学类（1302）的美术学专业（130202）培养。然而，就高师院校的师范专业而言，无论对其专业内涵如何进行规定性定义，它们与综合大学或其他专科院校专业设置名称和最终依据是相同的，与教师教育似无明显关联。"如果把中文专业视为师范专业的时候，它同时还是一个非师范专业，而且中文专业不是在教师教育学科制度下的专业，相反它是在文学学科下的一个专业。依此类推，其它专业都是一样的。"① 因此，我们可以得出结论，在当前高等院校本科专业目录中，没有教师教育专业。这与当今时代强调教师专业发展和推进教师教育专业化的客观现实是相背离的。

基于上面的分析，从国家高等教育本科专业制度来看，目前高师院校并没有严格意义上的、独立的教师教育专业，而不得不在招生专业名称后面括注"师范"二字来表明其专业性质。在这样的专业设置模式下，"教师教育专业和其它专业相互融入，同时展开，除在课程设置上必修教育学、心理学、学科教法等教育类课程外，教育内容与培养方式与非师专业并无多大区别，难以凸显教师教育专业的师范特色"。② 专业是课程的基本依托，没有独立的教师教育专业，教师教育课程就没有稳固的根据地。为了培养专业的教师，为了实现教师教育的专业化，高师院校组织变革应当加强教师教育专业组织建设。

三 教师教育课程

如前文所述，高师院校组织变革需要加强教师教育学科和专业建设。但

---

① 周钧、朱旭东：《我国教师教育专业设置研究》，《教师教育研究》2008年第3期。
② 李群、朱松涛：《我国高校教师教育专业面临的挑战与对策》，《江苏高教》2012年第2期。

是，教师培养过程最终需要落实到课程教学环节，教师教育学科和专业建设的根本在于教师教育课程。从世界教师教育课程改革的趋势来看，"新世纪以来，国外的教师教育在国内外形势对教师专业发展要求的背景下，都展开了以学习者为中心、着眼于教师终身专业发展的教师教育课程改革。各国都非常重视教师教育课程的前沿性、灵活性和实用性；注重模块式课程的开发，注重教育临床研究，注重以学生为中心的课程实施方法，注重质的评价和淘汰制的严格把关相结合"。[①] 反观我国教师教育课程现状，与世界教师教育课程改革趋势尚存差距，与基础教育课程改革对师资的要求还不完全适应。十年前就有学者指出，"我国现行的教师教育课程存在着基础课程相对薄弱、教育类课程比例偏低、实践课程明显不足、学科课程有待精化等问题"。[②] 时至今日，此种状况并没有发生实质性的改变。有学者在30所院校抽取了192份本科层次的教师教育专业人才培养方案，通过课程学分结构分析发现，"学科专业课程占据了约一半的学分（47.1%~52.0%），公共课程学分占据了很高的比例（25.6%~29.5%），教师教育课程和实践课程所占的学分比例很低，分别为8.6%~10.5%和11.3%~14.6%。由于教育实习与见习的学分只占实践课程学分的一部分，因此，教育见习与实习占总学分的比例更低，仅为2.2%~10.7%。这种培养模式注重培养师范生的学科专业素养，呈现出'学科本位'的特点"[③]。面对这样一个客观现实，教师教育课程危机之严重可见一斑。在四年制混合式教师培养方案中，模块化的课程组织模式即使是有其合理性，但也不能无视其弊端。一个合格的中小学教师需要建构一个复杂的知识结构，这其中主要包括学科专业知识和教育专业知识。在不同类型的知识被建构到主体的知识结构的过程中，会产生交易成本，从而降低学习的质量和效率。模块化的知识体系需要教师教育课程来引领学习者实现学科专业知识、教育专业知识、情境性知识等的有机融合，进而生成学习者的教师知识。显然，当前的教师教育课程体系还没有在教师专业发展过程中发挥出应有的作用。也就是说，基础教育课程改革对教

---

① 张文军、钟启泉：《教师教育课程改革的国际趋势》，《教育发展研究》2012年第10期。
② 杜静：《我国教师教育课程存在的问题与改革路向》，《教育研究》2007年第9期。
③ 周钧、唐义燕、龚爱芋：《我国本科层次教师教育课程设置研究》，《教师教育研究》2011年第4期。

师素质提出了新要求,然而,教师教育课程改革并没有与基础教育课程改革协调一致,最终导致高师院校培养的未来教师在中小学岗位上胜任不力。

随着教师教育的大学化转型和教师专业化理念的不断深入,教师教育课程的价值理念从知识本位取向和能力本位取向逐步发展到标准本位取向。① 2004年10月,12所高等师范院校竞标教育部师范司的"教师教育课程标准研制"项目,正式拉开了教师教育课程标准建设的序幕。2011年10月8日,教育部公布了《教师教育课程标准(试行)》(下文简称《标准》)。《标准》是教师教育机构课程设置、实施与评估的基本依据。从《标准》所规定的课程设置来看,中小学教师的课程有六大学习领域:"儿童发展与学习""中学(小学)教育基础""中学(小学)学科教育与活动指导""心理健康与道德教育""职业道德与专业发展"和"教育实践"。围绕《标准》规定的六大学习领域,需要有一系列的相关课程来支撑和具体落实。《标准》的颁布意味着,原有教师教育课程的"老三门"模式即将打破,一场教师教育课程的深刻变革悄然拉开序幕。然而,要真正将《标准》的改革意图变为现实,还有很长的路要走,还有很多事要做。当务之急是要落实教师教育课程建设的责任主体,要把教师教育课程建设这样的专业工作交给专业人员来做。

四 教师教育者

教师教育者(Teacher Educator),即"教师的教师"(Teachers' Teacher),就是指那些把支持中小学教师专业发展作为自己专业工作和根本任务的教师。这一群体包括在大学教师教育机构中承担职前教师培养任务的指导教师、中小学校(含幼儿园)参与职前教师实习指导的合作教师、辅助初任教师实现职业适应的指导教师,以及为在职教师提供继续教育的教师。② 在高师院校综合化转型之前,高师院校承担着单一的培养教师的职能,高师院校的所有教师都可视作当然的教师教育者。但是,在教师教育大学化的现实环境中,传统意义上的高师院校承担着多种社会职能,"谁是教

---

① 李海英:《教师教育课程设置的价值取向》,《全球教育展望》2005年第1期。
② 杨秀玉、孙启林:《教师的教师:西方的教师教育者研究》,《外国教育研究》2007年第10期。

师教育者"就成了一个现实的问题。

与《标准》六大学习领域相对应,需要有四类教师教育者:(1)心理学教师,主要承担"儿童发展与学习"和"心理健康与道德教育"两个领域的课程教学任务;(2)教育学教师,主要负责"中学(小学)教育基础"和"职业道德与专业发展"两个领域的理论指导;(3)学科教学论教师,主要承担"中学(小学)学科教育与活动指导"学习领域的教学指导;(4)中小学资深教师,主要在"教育实践"学习领域提供实习指导。与中小学教师相比,幼儿教师所需要的学科专业知识要求较低,而教育专业知识与能力要求较高,教师教育课程比重较大,课程要求具有自身特点。"儿童发展与学习""幼儿教育基础""职业道德与专业发展""教育实践"四个领域与中小学教师相同,另有"幼儿活动与指导"和"幼儿园与家庭、社会"两个幼儿教师的专门学习领域。这里的分析仅从学习领域的名称出发的,即使在同一个学习领域,幼儿园、小学和中学教师的具体要求也存在差别。这种差别对各类教师教育者的知识、能力、教法提出了不同要求,但不影响需要上述四类教师教育者的结论。四类教师教育者分属不同组织机构,具有不同的组织身份:a. 心理学教师,归属于心理学院;b. 教育学教师,归属于教育学院,也有称作教育科学学院、教育研究院;c. 学科教学论教师,归属于各学科专业学院;d. 幼儿园和中小学教师,分别归属于幼儿园和中小学校。a、b、c 三类教师教育者同属于大学组织机构,d 类教师教育者则来自幼儿园和中小学。大学与幼儿园中小学是存在巨大差别的两类组织机构。不同的组织机构具有不同的组织目标、组织结构和组织功能,并且分享不同的组织文化。承担教师教育课程执行任务的教师教育者是一个分裂的群体,而没有形成一个强有力的共同体。这样的状况至少存在以下弊端:其一,交易成本的增加。教师教育是一项系统工程,需要各子系统之间的合作。不同子系统之间的组织壁垒导致彼此之间的信息不对称,从而增加了交易成本、产生了对组织治理的需要。"在交易内在固有的信息问题上,市场和组织使用的是不同的解决方法。从经济学的观点来看,他们具有不同的效率特性。对于不同情况的交易他们是不是有效的协调机制,依赖于涉及到的信息需求是怎样的。"[1] 教师

---

[1] 〔荷〕杜玛、斯赖德:《组织经济学》,原磊等译,华夏出版社,2006,第15页。

教育者群体的分散特性增加了组织过程中的交易成本，使彼此之间的协调配合非常困难。其二，组织资本的缺失。组织资本是在组织经营管理过程中，通过组织制度的安排使组织成员拥有的知识、技能和经验转化为组织特有的、共享的资源或资产。[①] 组织资本以特定的组织机构和制度为依托，它以知识资本、人力资本和社会资本为核心，但又具有自身独立性的资本形式。组织资本的存在能够形成组织特有的竞争力，教师教育者的松散组织形式使组织资本的形成失去了依托。其三，组织文化的缺位。组织文化是组织力量形成过程中的润滑剂和催化剂，是组织的核心灵魂。被分散在各个组织中的教师教育者不但无法形成具有教师教育特色的组织文化，而且还常常陷入组织文化的冲突之中找不到身份认同。

基于此，当前教师教育者面临的群体危机是组织的缺位导致的认同困境。有学者认为，"改革压力及其对本体性安全感的破坏以及'教师教育'在大学学术架构中的边缘地位与'夹缝求生'的生存状态是影响教师教育者自我身份认同的重要因素"。[②] "一方面，教师教育被'淹没'到众多的学科专业中，另一方面又要求教师教育的专业化。在这一矛盾中，人们必然要呼唤专业化的教师教育者，没有这样的专业化的教师教育者，不要说更高质量的专业化的教师培养，恐怕连教师教育的存在都成问题了。"[③] 因此，教师教育者群体需要找到属于自己的组织，从而搭建起自身专业发展的平台，才能真正履行好培养教师的专业职责。

五　教师教育学院

教师教育大学化和高师院校综合化直接导致了教师教育资源的分散化。教师教育大学化打破了高师院校对教师教育的垄断地位，非师范院校可以参与教师培养，一个师范院校与非师范院校共同参与教师教育的开放化格局初步形成。这就给高师院校带来了生存和发展的挑战与危机。尽管长期以来高师院校以文理学科专业为主，大量非师范学科专业属于零起点，但是，为了

---

① 邸强、郭俊华：《组织资本与组织绩效：理论分析与实证检验》，上海交通大学出版社，2010，第48页。
② 杨跃：《教师教育者身份认同困境的社会学分析》，《当代教师教育》2011年第1期。
③ 李学农：《论教师教育者》，《当代教师教育》2008年第1期。

第七章　价值、原则与范畴：高师院校组织变革的理想之境

应对新形势不得不大力发展研究型或应用型的学科专业。教师教育大学化将师范院校抛入了一个两难的境地。从高师院校发展来讲，大力发展非师范专业学科以提高学校综合化水平是学校在激烈的高等教育市场竞争中立于不败之地的不二选择。但从教师教育来讲，提高学校综合化水平就不得不将有限的教育资源向非师范专业学科倾斜。在综合化转型以前，高师院校是举全校之力从事教师培养，如今资源分散化导致的后果是"看似人人都在管、实则无人管"。更准确地说，有利则争，无利则躲。总之，教师教育资源分散化已经严重影响到教师教育质量。

高师院校亟须搭建一个平台来整合教师教育者，促进教师教育学科、专业和课程建设。从高师院校的现有组织架构来看，没有一个合适的机构可以担此重任。前文分析表明，师范专业名称实则学科专业，他们入校以后，即进入学科专业学院学习。"学科为王"的组织文化强化了师范生对学科专业的认同，而疏远了对教师专业的认同。在他们看来，由教育学院（或教育科学学院）承担的教师教育课程是空洞而无用的"豆芽课程"。这必然使教师培养继续走在"教学常识观"的老路上，而无法真正培养出专业化的教师。在学科专业学院里，学科教学论教师也属于学科组织文化的弱势群体，难以对教师培养发挥实质性的影响力。从教育学院方面来看，他们更关注教育学学科建设，因为这个学科的学术地位从来都没有完全稳定。自教育学诞生以来，各个分支学科层出不穷，其学科体系日益庞大。在教育学一片"繁荣"景象的背后，事实上却是教育学的"贫瘠"。"教育学两个世纪来一定程度良性发展的同时，诸如教育学子学科与母学科内容重复、交叉边缘学科干扰、教育学学科丧失独立性、理论与实践脱节等问题仍然比比皆是，教育学的'躁动、迷惘、困境、危机、解体、终结'以及'教育学成为别的学科领地、殖民地'之类惊呼依旧不绝于耳。"[1] 学术界的同行也并没有将教育学看作一门具有同等地位的学科。"在科学发展的历史与现实中，在科学及学科的范畴与门类中，教育学不被视为一个名副其实的称谓，更没有一个名正言顺的位置。更多的时候，它被排除在科学的大雅之堂之外，即使是

---

[1] 林丹：《学科性质、学科体系抑或学科功能？——理性审思教育学学科地位的独立原点》，《教育学报》2007年第6期。

偶尔被提及，也不过被视为一种附属性的存在，并不时地遭遇鄙视与怀疑的目光。"① 即使是在社会科学领域中，教育学也被认为是次等学科，而得不到重视。"'教育学'不是一门学科，今天，即使是把教育视为一门学科的想法，也会使人感到不安和难堪。'教育学'是一种次等学科（Subdiscipline），把其他'真正'的学科共冶一炉，所以在其他严谨的学术同僚眼中，根本不屑一顾。在讨论学科问题的真正学术著作当中，你不会找到'教育学'这一项目。"② 在这样一个形势下，无论教育学者们的研究在理论建构或教育政策方面能够产生多大的影响力，他们往往都对教学实践缺乏足够的兴趣。在这里，我们看到了教育学院的学科专业文化也是偏重教育理论、疏离教育实践的。教师教育者也很难在教育学院找到专业认同，"教学法老师去了教育学院，还是没有归属感！教育学院的人会认为'他是物理的'、'她是化学的'，这里有很重要的文化融合问题……会有一种编外的感觉，像个外来户被收编，自我就很不认同！收编的主体也自觉不自觉地流露出这种思想"。③ 也就是说，无论是学科专业学院还是教育专业学院都难以承担教师教育职能。它需要一个专门机构来完成教师教育任务，可以称之为"教师教育学院"。有调查表明，"72.30%的学科教学论教师、52.70%的学科专业教师、61.70%的职前教师和45.00%的中小学教师都表示比较赞成或非常赞成将学科教学论教师队伍整合到教师教育学院，表示非常不赞成的比例分别仅有1.20%、2.00%、2.00%和4.4%"。④ 因此，我们主张通过建立教师教育学院来支持教师教育者的专业发展，以促进教师教育学科、专业和课程建设。

六 教师教育共同体

"教师教育机构"这个原本清晰的概念，其边界变得越来越模糊。在独立师范教育体系时期，教师教育机构就是高师院校，它们的唯一职能就是培养教师。进入开放化教师教育阶段，当我们把"教师教育机构"这一概念

---

① 郝德永：《教育学面临的困境与思考》，《高等教育研究》2002年第7期。
② 〔美〕华勒斯坦等：《学科·知识·权力》，第43页。
③ 杨跃：《谁是教师教育者——教师教育改革主体身份建构的社会学分析》，《南京师大学报》（社会科学版）2011年第6期。
④ 侯小兵：《学科教学论教师的专业身份研究》，2016，第208页。

第七章 价值、原则与范畴：高师院校组织变革的理想之境

的所指归结为大学的时候，实际上问题不但没有变得清楚反而更加复杂。因为教师教育机构不再是一个独立的社会组织，而只是大学这样的社会组织中的某个部门或者是某些部门，但究竟大学中的哪些部门称得上教师教育机构，这个问题是不明确的。如前文所述，我们主张通过建立教师教育学院来推进高师院校的组织变革，但这并不意味着就能解决所有问题。因为教师教育资源不但分散在大学之内，也分散在大学之外。

大学素以"象牙塔"自居，往往以理论学术水平来衡量一所大学的办学水平。将教师教育机构纳入大学之中不但使教师教育责任主体不明，而且在教师教育机构与中小学校之间的鸿沟越来越深。教师教育原本是一项实践性的事业，其培养目标、过程与组织形式都离不开与中小学课堂教学之间的紧密联系。当教师教育者同时具有大学教师的专业身份之后，他们不得不深受普通大学教师专业发展的学术范式的影响，从而日益重视理论学术、轻视教学学术、远离中小学课堂。毫无疑问，大学天然地具有理论优势，但是，离开了中小学课堂，教师教育者们的理论说教必定是苍白无力的。教师教育质量高低的评价标准不应是职前教师的学科专业学术水平，而在于他们走进中小学教育现场之后能够在多大程度上促进中小学生的发展。中小学教师也是重要的教师教育者，中小学课堂是重要的教师教育现场。大学不但要整合内部的教师教育资源，而且要发挥各方面力量整合大学之外尤其是中小学校的教师教育资源，这也是世界教师教育发展的基本趋势。美国自20世纪80年代开始建设教师专业发展学校，以加强大学与中小学之间合作关系。近年来，欧盟国家将发展大学与中小学之间的伙伴关系作为教师教育改革的重要举措。"伙伴关系不仅将职前教师教育、入职教育和教师持续专业发展作为一个统一整体联系起来，它还在教师教育创新、教师专业发展和教育研究之间建立起了更为密切的联系。"[①] 充分肯定中小学校的教师教育职能和资源优势是提高教师教育的必然要求，加强中小学校与大学之间的合作不但是大学开展教师教育的需要，也是中小学校促进中小学教师专业发展的需要。如果回归到教学促进人的发展这一本真，那么，教学现场还不仅仅局限于课堂

[①] 许立新：《欧盟国家教师教育机构与中小学伙伴关系的探索与实践》，《外国教育研究》2010年第10期。

的边界之内。除中小学课堂之外，少年宫、博物馆、科技馆、学生家庭等中小学生活动的场景中都蕴藏着丰富的教师教育资源。通过在这些现场中与孩子们的亲密互动，有助于职前教师理解教学促进人发展的本质。高师院校与中小学校等社会机构具有不同的利益诉求，在某些情况下甚至还会存在利益冲突。没有有效的协调机制，教师教育合作机制就难以建立，地方政府应当在教师教育共同体中发挥应有的作用。总之，在开放化的教师教育体系中，高师院校的组织变革并不仅仅是建立教师教育学院，而且需要创建包含高师院校、中小学校、地方政府和其他社会机构在内的教师教育共同体。在教师教育共同体的框架下，建设教师教育学科、专业和课程，让教师教育者、职前教师和在职教师都能在共同体中获得专业发展的有效支持。

第八章
知识、制度与文化：高师院校组织变革的实践之困

应该说，自高师院校诞生以来，其组织结构和组织模式一直处在不断的变革过程中。在历史上的不同阶段，高师院校组织变革的差别只在于向哪个方向变，以及按照何种方式和程度变。这也就决定了，高师院校组织变革在不同历史时期具有不同的任务和特点。当前高师院校组织变革的时代背景是教师教育大学化和高师院校综合化，以及随之而来的教师教育资源分散化和虚空化。从根本上讲，高师院校组织变革就是要通过组织结构和组织模式的优化来整合教师教育资源，从而提高教师教育绩效。但是，高师院校组织变革举步维艰。究其原因，我们可以从教师知识、路径依赖、理性选择和文化冲突四个视角来进行深入分析。

第一节 教师知识视角下的高师院校组织变革

能够生产、传播和应用某个领域的专门知识是在大学获得一席之地的根本。我们主张通过高师院校的组织变革来实现教师教育专业化，那么，根本性的问题是，教师教育能否给教师学习者（职前和在职中小学教师）提供专门知识（即教师知识）？对教师知识的理解方式决定着高师院校组织变革的方向。传统师范教育模式将教师知识等同于学科知识，这一理解至今还相当盛行，因而高师院校的教师教育组织模式还继续走在老路上。

一 教师知识算得上高深知识吗

教育活动肯定是离不开知识的。尽管"要回答'什么是知识'的问题不仅在教育学中是一个难题，就是在哲学中也是一个难题"①，但是，"当我们使用'知道'或'知识'一词时，我们都有一主张，即我们拥有真理"。② 也就是说，知识意味着我们对客观事物有一种理解，这种理解是经过论证的，并且我们相信它是真的。这就让知识超越了感性经验，从而获得了一种理性认识。教育活动正是通过对知识的传承让学习者获得对世界更加理性的认识，但不同阶段也有所差别。基础教育主要从事知识传播，而高等教育则涵盖知识生产、传播与应用的全过程。

大学是以知识为中心的学术机构，它的全部活动都围绕着知识而展开。大学就是"一个将以献身科学真理的探索和传播为志业的人们联合起来的机构"③，其存在有"认识论"和"政治论"两种哲学基础，但是，"它的职责不是行政管理，而是发现、发表和讲授高深学问。它的管理不是根据人数或少数服从多数的原则，而是以知识为基础"。④ 在大学，知识具有崇高的地位，"知识本身即为目的"，"知识之所以真正高贵，之所以有价值，之所以值得追求，其原因不在于它的结果，而是因为知识内部含有一种科学或哲学的胚芽"。⑤ 就知识层次来讲，大学的知识不是浅显知识而是高深知识，"只要高等教育仍然是正规的组织，它就是控制高深知识和方法的社会机构"，⑥ "高深知识是流淌在高等教育机体中的血脉，是高等教育之所以为高等教育的根本标识"。⑦ 从大学发展的历史视角来看，"无论是从具有典范形式的大学发展起点——中世纪大学加以考察，还是从近现代大学活动来分

---

① 石中英：《知识转型与教育改革》，教育科学出版社，2001，第12页。
② 〔美〕波伊曼：《知识论导论：我们能知道什么？》（2版），洪汉鼎译，中国人民大学出版社，2008，第5页。
③ 〔德〕雅斯贝尔斯：《大学之理念》，邱立波译，上海人民出版社，2006，第22页。
④ 〔美〕布鲁贝克：《高等教育哲学》（3版），第42页。
⑤ 〔英〕纽曼：《大学的理想》，徐辉、顾建新、何曙荣译，浙江教育出版社，2001，第33页。
⑥ 〔美〕伯顿·克拉克：《高等教育系统》，王承绪等译，杭州大学出版社，1994，第11页。
⑦ 林杰、苏永建：《高深知识是高等教育特殊性的来源》，《高等教育研究》2015年第12期。

第八章 知识、制度与文化：高师院校组织变革的实践之困

析，传播与发展高深知识都是大学最基本、最普遍、最常见的现象和活动形式"。[①] 总之，大学是一个从事高深知识生产、传播和应用的学术机构。

何谓高深知识？要对"高深知识"下个精确的定义是非常困难的。陈洪捷认为，高深知识"是知识中比较高深和深奥的部分，是建立在一般性知识基础之上的，掌握一般性知识是学习和掌握高深知识的前提"；"是专门化和系统化的知识，需要专门的学习和训练才能掌握"；"有专门的传播、发表和认可制度"；"有特定的机构和组织来进行高深知识的加工、传授和创新"；"在不同的历史时期和不同的文化之中，高深知识的内涵是不同的"。[②] 赵蒙成提出，高深知识"以复杂系统为对象，是专家长期的实践结果，蕴涵着权力、利益等社会因素，其表达形式是专业化的、深奥的、缄默的，具有复杂性、实践性、创新性等特点"[③]。通过这些定义能够发现，高深知识不同于一般性知识，它是知识体系中层次最高、难度最大的那个部分。高深知识具有独立的、复杂性的构成体系（体现为学科），它处在不断向前发展的过程中，学习者需要接受专门教育才能获得高深知识。接下来的问题是，教师知识算得上高深知识吗？如果教师知识是高深知识，那么，为什么高师院校没有专门制度来保障教师知识的生产与传播活动呢？如果教师知识不算高深知识，那么，为什么非要把教师培养纳入高等教育体系呢？既然要推动教师教育大学化，那么，教师知识就应当拥有高深知识的地位。事实上，教师知识难以称得上高深知识，连高师院校自身也没有承认教师知识是高深知识。最糟糕的是，对于教师知识的内涵和价值都还没有达成共识。因此，我们也就不难理解，高师院校组织变革为何如此这般困难。

二 教师知识等同于学科知识吗

当我们在高等教育的话语体系中谈论教师知识的时候，其中必然暗含一个前提：教师专业。在前文已经有分析，教师职业应当是一个专门性职业。教师专业化要求教师教育专业化，然而，教师教育专业成立的逻辑前提必然是教师知识获得高深知识的地位。我们非常有必要对"教师知识"这个概

---

① 宣勇：《大学变革的逻辑》，人民出版社，2009，第 65 页。
② 陈洪捷：《论高深知识与高等教育》，《北京大学教育评论》2006 年第 4 期。
③ 赵蒙成：《复杂性思维与"高深知识"》，《现代大学教育》2005 年第 5 期。

· 243 ·

念进行梳理。只有弄清楚教师知识是什么，才能探讨其是否够得上高深知识。

"教师知识"是什么？从广义的角度来理解，就是要回答从事教师专业工作需要一个什么样的知识体系。也就是说，为了从事教师工作，需要具备哪些方面的知识。根据赵康对专业知识的研究，一个专业的知识体系由两大部分构成："关于这一专业的知识和为这一专业的知识"。[①] 按照这样的理解，教师知识就包括"关于教师专业的知识"（knowledge about teacher）和"为教师专业的知识"（knowledge for teacher）。前者如教师专业道德、教师专业情感、教师专业发展、课程开发、教学策略、教学评价、师生沟通、心理辅导、班级管理、社团指导、家校合作等，后者如学科知识、通识知识、地方知识等。基于此，在目前四年混合式的本科教师教育课程中，一般包括四类课程：通识教育课程、学科教育课程、教师教育课程和实践教学课程。如果说这四类课程都是教师知识，那么，通识教育课程和学科教育课程属于"为教师专业的知识"，教师教育课程和实践教学课程属于"关于教师专业的知识"。这两类知识在专业知识体系中是什么样的关系？"关于这一专业的知识是从事该专业实践的核心知识，落入与该专业同名的单一科学领域；为这一专业的知识是从事该专业实践的辅助知识，可以包括和落入许多科学领域。"[②] 这就可以合乎逻辑地得出结论，教师知识的主体是"关于教师专业的知识"，而"为教师专业的知识"是辅助性知识或条件性知识。从严格定义上讲，教师专业知识主要是指"关于教师专业的知识"。

客观现实是，以学科知识为代表的"为教师专业的知识"严重僭越了"关于教师专业的知识"。教师知识被狭隘化地理解为学科知识，教师教育体现出"学科为王"的鲜明特点。此种现象之根源在于，社会普遍认同"教师作为学科专家"的身份而不是"教师作为教育专家"的身份。"这种信念表达了社会文化传统对教师及教师工作的期望，即学问高深之于教师身

[①] 赵康：《专业、专业属性及判断成熟专业的六条标准——一个社会学角度的分析》，《社会学研究》2000年第5期。

[②] 赵康：《专业、专业属性及判断成熟专业的六条标准——一个社会学角度的分析》，《社会学研究》2000年第5期。

份具有决定的意义"。[1] 这种理解从根本上否认了教师的专业性，教师工作成为任何一个有学问的人都可以从事的职业。就教师工作本身而言，只需要凭借常识就能完成。如此一来，教师培养过程就自然以教授师范生的学科知识为要务。师范生所认同的专业身份往往是学科专业而不是教师专业，"师范专业"往往只具有名义上的意义，而没有实质性的内容。高师院校将师范生归属于学科专业学院，而学科专业学院已经高度综合化。这样的教师教育组织模式更强化了师范生对学科专业的身份认同。这在相当大的程度上削弱甚至取消了教师知识的专业性，教师专业被学科专业取代。如果这样的逻辑是成立的，那么，教师教育专业化在现代大学制度中便失去了立足之本，以推进教师教育专业化为旨归的高师院校组织变革也就失去了坚实的基础。看起来，当前的状况陷入了一种冲突的逻辑：只有改变教师知识观，高师院校才能顺利推进组织变革；抑或，只有通过高师院校组织变革，才能改变教师知识观。

三 实践性教师知识能够教会吗

即使我们不能否认"为教师专业的知识"在教师知识中的重要价值，但必须承认"关于教师专业的知识"才是教师知识的本体。接下来，我们在"关于教师专业的知识"的意义上讨论教师知识的学习问题。

教师专业需要的教师知识是一种实践性知识。在技术理性的范式中，实践意味着专业理论在实践情境中的运用。在教师职业情境中，由于教师的工作对象是发展中的儿童，教育教学实践不是单纯的理论知识或技术方法的运用过程，而是"师生的文化、社会实践的过程"，"是在复杂的语境中展开的实践性的问题解决过程"。[2] 这就意味着，教师不能只是"技术熟练者"，而要成为"反思性实践家"，教师的专业成长就是要"在复杂情境的问题解决过程中所形成的'实践性认识'的发展"[3]。或者如美国著名学者达琳翰蒙德（Linda Darling-Hammond）的主张：由于教师的工作"不仅仅是教一

---

[1] 张玉荣、陈向明：《何以为师？——实习生的知识转化与身份获得》，《教师教育研究》2014年第3期。
[2] 〔日〕佐藤学：《课程与教师》，第224~225页。
[3] 〔日〕佐藤学：《课程与教师》，第240页。

点内容，而是用多样化的教学方法来促进学生的学习"，教学应由"传送式教学"（transmission teaching）向"调试型教学"（adaptive teaching）转变，从而要求教师成为"调试型专家"（adaptive expert）。[①] 这些观点反映出，教师不能仅仅是某种知识的传递者，也不能只是熟练教学技术的运用者，而是要能够处理复杂性教育过程中的实际问题。他需要的不是一种僵化的、学科化、体系化的知识，而是实践性知识。

在知识论领域，波兰尼（Michael Polanyi）提出"个体知识"（personal knowledge）和"缄默知识"（tacit knowledge）对我们理解教师知识的实践性具有重要的意义。[②] 教师在教学活动中所需要的知识正是属于个体知识和缄默知识的范畴。有学者指出，教师实践性知识是"教师对自己的教育教学经验进行反思和提炼后形成的，并通过自己行动做出来的对教育教学的认识"[③]。还有学者提出，教师实践性知识是"教师建立在对个人生活史的评估和反思基础上的，被教师认可并在日常教育和教学活动中实际使用的、与情境相适应的动态的知识体系"[④]。虽然这样的理解并不排斥教师需要公共性和外显性的知识，但是，教师知识的个体性和缄默性是显而易见的，因为这些知识直接影响到教师在复杂性教育情境中的行为决策。理论化知识若不能转化为实践性知识，对教师的教育教学工作而言，终究是无用的。

基于对教师知识实践性特质的认识，进一步需要追问的是，教师知识是如何获得的？由于教师实践性知识具有典型的个人性、情境性和意会性，这就难以通过惯用的讲授法来从外部灌输，而是需要教师学习者在真实情境中通过实践性反思完成主体性建构。"实践性知识必然是以'人'为中心的，是以'我'为主体建构起来的，每一个教师的经历、个性、悟性等各不相同，各种因素对他们的作用方式也就呈现出明显的差异"[⑤]。尽管理论性知

[①] 周钧、李小薇：《关于高质量教师教育的阐释——评〈有效教师教育〉》，《高等教育研究》2008 年第 1 期。

[②] 石中英：《波兰尼的知识理论及其教育意义》，《华东师范大学学报》（教育科学版）2001 年第 2 期。

[③] 陈向明等：《搭建实践与理论之桥：教师实践性知识研究》，教育科学出版社，2011，第 64 页。

[④] 陈静静：《教师实践性知识论：中日比较研究》，华东师范大学出版社，2011，第 35 页。

[⑤] 陈静静：《教师实践性知识论：中日比较研究》，第 118 页。

第八章　知识、制度与文化：高师院校组织变革的实践之困

识的学习是重要的，但它的作用仅在于帮助教师建构其实践性知识。教师的理论性知识是通过实践性知识真正发挥出作用的。陈向明等提出教师实践性知识的"四要素模型"："主体、问题情境、行动中反思、信念"，四要素的不同作用方式形成了教师实践性知识的不同生成方式。[①] 反观当前的教师教育，高师院校是否完全有条件为教师知识的生成提供这四个要素呢？其中，最为核心的要素——问题情境，恐怕也是最困难的要素。这一点在教师教育纳入大学体制之后，变得更加严峻。大学是以高深学问为中心的学术机构，教师知识是否算高深学问还没有达成共识，其实践性取向与高深学问似乎又大相径庭。看起来，高师院校要帮助师范生发展实践性教师知识是困难的。因为在脱离中小学课堂教学这一真实的"问题情境"的情况下去发展师范生的实践性知识，应该是不太现实的。既然实践性知识是教不会的，高师院校就选择强化理论性知识学习的培养模式，从而忽视了实践性知识的学习。结果是，师范生即使知道教学方法，终究还是不会教学。因此，教师教育专业化需要培养师范生的实践性教师知识，但高师院校避重就轻的做法阻碍了组织变革的进程。

第二节　路径依赖视角下的高师院校组织变革

当一个特定的组织诞生以后，它就获得了独立的生命存在，其形成、发展与蜕变遵循着独特的历史路径。惯性的力量与变革的力量之间构成了某种张力，任何偏离历史轨迹的变革都会面临着回归正统的压力，从而使组织制度变迁表现出路径依赖的特征。高师院校百余年来的历史路径与政治因素深度融合，任何组织变革都要在政治设定的阈限之内。为避免触碰政治阈限的模糊边界，进一步强化了高师院校的组织惰性，组织变革之路也就变得更加艰难。

一　高师院校组织变革的历史依赖

历史是理解高师院校组织变革的重要视角，它使高师院校组织变革的每

---

① 陈向明等：《搭建实践与理论之桥：教师实践性知识研究》，第148页。

一次突破都趋向于回归传统。所谓的历史"并不是一味按照年代顺序挖掘整理史实材料",而是"向现实世界提出种种问题,并努力探寻问题的答案",它关注的是"变革与稳定"。① 从一个相对宏大的历史视野来讲,高师院校处在一个连续性的组织变革过程中。当我们将视角聚焦于一个特定的历史节点上,高师院校组织变革却是相对稳定的,它在相当大的程度上被组织历史上的一系列随机事件决定,此即"路径依赖"。正如道格拉斯·诺斯(Douglass C. North)所说:"你的起点与你所走过的道路,将决定你未来的选择。"② 作为一种有机体,高师院校始终处在从昨天、今天到明天的连续性历史变迁过程中。如果没有对高师院校组织变革的历史路径有所把握,也就难以恰当地理解其当前的组织变革。路径依赖反映了先在事件对组织继发状态的影响作用,组织发展过程中众多随机事件的持续自我强化使组织路径突破变得更加困难。有学者在对"路径依赖"的众多定义进行考察后提出,路径依赖不是组织演化的历史决定论,而是"一个随机的、情境的过程:在历史的每一个时点上,技术、制度、企业、产业的可能的未来演化轨迹(路径)都是由历史和当前状态所决定的。过去的状态设定了可能性,而当前的状态控制了哪种可能性是可以被勘探的,这只能进行事后解释"。③ "路径依赖"给组织发展带来了双重影响,一方面"有助于提高组织运营效率",另一方面则"导致组织对环境变化反应迟钝"④。这也正好能够解释高师院校组织变革的现实之难。

  历史的最初选择对组织的未来发展具有深远的影响力。尽管组织历史路径的起点选择具有偶然性,但偶然性中又蕴含着必然性。中国高师院校组织的初创是以日本为模板的,这和整个学制都是学习日本模式是一致的。1904年,《癸卯学制》的颁布实施标志中国历史上第一个新学制的正式诞生。"《癸卯学制》在总体上是以日本明治时期学制为蓝本,这一历史事实已为中日教育史研究者所公认。"⑤ 根据这一学制,师范教育自成体系,并分为

---

① 〔美〕伯顿·克拉克主编《高等教育新论:多学科的研究》(2版),第23~24页。
② 张军:《书里书外的经济学》,上海三联书店,2002,第128页。
③ 曹瑄玮、席酉民、陈雪莲:《路径依赖研究综述》,《经济社会体制比较》2008年第3期。
④ 林志扬、李海东:《组织结构变革中的路径依赖与路径突破》,《厦门大学学报》(哲学社会科学版)2012年第1期。
⑤ 田正平主编《中国教育史研究·近代分卷》,华东师范大学出版社,2001,第258页。

优级师范学堂和初级师范学堂。1902年,京师大学堂成立,设师范馆和仕学馆。1904年,京师大学堂师范馆改为优级师范科。1908年,京师大学堂优级师范科改为京师优级师范学堂,开创了独立的高师院校组织结构(详见本书图4-4)。"这个自监督以下三长三级的行政组织机构,就是旧中国的高等学校延续多年的校长以下由教务长、训导长、总务长分别领导各部门的行政组织系统的滥觞",从而构成了我国高师院校的组织结构的重要底本。[①] 之后,高师院校的每一次组织突破都会不同程度地向惯性方向回归,否则,师范教育就要受到一定程度的破坏。1912年"壬子癸丑学制"与"癸卯学制"保持了较好的连贯性,"1912—1922年间,中国教师教育的独立地位是稳定的,处于稳步发展的状态"。[②] 然而,1922年学制严重脱离了高师院校组织发展的历史路径,独立的高师院校组织受到严重破坏。到20世纪30年代初,北京师范大学成为硕果仅存的高师院校。1922年学制"模糊了教师教育与普通教育的界限,忽视了教师教育的特色,对于20世纪二三十年代中国教师教育的衰落,负有不可推卸的责任"[③]。1932年,国民党政府颁布《师范学校法》,独立设置的教师教育体制逐步恢复。1938年,国民党教育部颁布《师范学院规程》,一批独立设置的师范学院成立,高师院校的组织变革重新步入正轨。新中国成立后,重建了独立的高师院校组织体系。20世纪90年代末期,独立的高师院校组织体系逐步被打破,重新走向开放化,组织突破带来了诸多新问题。我们正是在这一背景下探讨高师院校组织变革的现实困难。因此,在路径依赖的作用机制之下,高师院校组织变革的任何一次突破都是困难的,总有一种力量会趋向于回归传统路径。

二 高师院校组织变革的政治依赖

政治是理解高师院校组织变革的重要视角,它为高师院校组织变革设定了基本的约束条件。布鲁贝克(John S. Brubacher)提出,20世纪大学确立其地位有两种哲学基础:一是"认识论",二是"政治论"。"政治论"观

[①] 北京师范大学校史编写组编《北京师范大学校史 1902—1982》,第17页。
[②] 周洪宇:《教师教育论》,第19页。
[③] 周洪宇:《教师教育论》,第20页。

点认为,"人们探讨深奥的知识不仅出于闲逸的好奇,而且还因为它对国家有着深远的影响"。① 如今,教师教育大学化推动高师院校综合化,高师院校要按照现代大学制度的逻辑来举办教师教育,它必然要求具备大学的一般特性。在政治论的视角下,"大学和其他高等教育机构确实是复杂的政治组织。在这些组织中,权力与影响交错,这些组织又形成决策的结构和固定的关系,这些结构与关系又反过来产生交互作用"。② 政治视角主要关注权力,这既包括高师院校内部的权力运行,也包括外部主体与高师院校之间的权力运行。"微观政治主要指大学内部的政治,往上逐渐变为整个高等教育系统的内部政治;而宏观政治则主要指国家级的政治,往下逐渐变为国家官员与大学和学院之间的关系。"③ 在此,我们主要关注的是"宏观政治",即政府对高师院校的权力作用。自现代教师教育制度产生以来,政府对高师院校的控制都是非常明显的。有学者对1898~1937年中国师范学校展开研究后提出,"在中国的环境下,国家向师范学校指定的任务之一就是协助国家政权对地方社会进行控制,将国家权力的触角深入到地方社区,甚至还负责执行某些国家权力和政府的职能"。④ 事实上确实如此,高师院校的每一步发展都离不开政府的作用。"癸卯学制""壬子癸丑学制""戊戌学制"以及《师范学院规程》无不反映出政府在师范教育中的主导作用,如"壬子癸丑学制"后的师范区改革、《师范学院规程》后师范学院辅导中等教育等举措都体现出政府对高师院校的权力作用。政府对高师院校的控制具有特殊意义,因为高师院校培养的教师在未来的工作岗位上,能够把政府的理念带给更多的人,从而表现出更强的意识形态控制力。

新中国成立后,高师院校与政府之间的关系仍然是非常紧密的。政府是高师院校的举办者、管理者和监督者。从高等学校(高师院校)的领导体制来看,党的领导地位不可动摇。1950年8月,教育部《高等学校暂行规程》规定"大学及专门学院采校(院)长负责制"⑤,校长对外代表学校,

---

① 〔美〕布鲁贝克:《高等教育哲学》(3版),第15页。
② 〔美〕伯顿·克拉克:《高等教育系统》,第71页。
③ 〔美〕伯顿·克拉克:《高等教育系统》,第10页。
④ 丛小平:《师范学校与中国的现代化:民族国家的形成与社会转型1897—1937》,第17页。
⑤ 何东昌主编《中华人民共和国重要教育文献》,第45页。

第八章 知识、制度与文化：高师院校组织变革的实践之困

对内领导全校教学研究、行政管理、后勤等全部事宜，具有相对较大的自由裁量权和办学自主性。1958年9月，中共中央、国务院发出《关于教育工作的指示》，要求所有高等学校实行"学校党委领导下的校务委员会负责制"①，以规避校长负责制的"一长制"弊端。在"政治挂帅"的思想指导下，校长权力受到相当程度的限制。1961年9月，中共中央印发《高教六十条》规定，高等学校的领导制度采用"党委领导下的以校长为首的校务委员会负责制"，校长职责有所增强。在"文化大革命"期间，政治对高师院校的影响力空前强化，甚至构成了对教育事业的严重破坏，致使教育机构蜕变为政治机构。1978年，教育部《全国重点高等学校暂行工作条例（草案）》规定，高等学校的领导体制是"党委领导下的校长分工负责制"②。1996年，《中国共产党普通高等学校基层组织工作条例》规定"高等学校实行党委领导下的校长负责制"③，这一领导体制最终在1998年的《中华人民共和国高等教育法》中得以正式确立。在长期的计划经济体制下，政府对高师院校严格监控，高师院校对政府严重依赖。改革开放以来，高师院校办学自主权受到越来越多的关注，试图在政府、市场与高校之间寻求新的均衡状态。但是，基于路径依赖的制度变迁原理，高师院校的依赖性仍然十分突出。"面对政府的干预或侵权，学校相对于公司的反应通常要温和许多。在它们看来，自己受到侵害的仅仅是自由而非利益，即使是利益也是长远的、隐性的、公共的而非即时的、外显的、个人的利益，为了继续与政府合作、获得经费，宁愿退让妥协。"④高师院校办学自主权与政府监管之间并不矛盾。即使在高等教育改革过程中强调政事分开、简政放权、赋予高校办学自主权，这也丝毫不能动摇党的领导和政府的监管。在这样的情形之下，高师院校组织变革就不仅仅是学校自身能够决定的事情，而且要面临着政府方面设定的诸多约束条件。在高师院校与政府的博弈中，高师院校往往会做出保守的选择，而不是激进的突破。

---

① 何东昌主编《中华人民共和国重要教育文献》，第859页。
② 何东昌主编《中华人民共和国重要教育文献》，第1646页。
③ 何东昌主编《中华人民共和国重要教育文献》，第3957页。
④ 李剑萍：《中国现代教育问题史论》，人民出版社，2005，第156页。

三 高师院校组织变革的惰性依赖

"组织惰性"是组织理论中的一个重要概念，开启了组织变革研究的一个新视角。有学者用"结构惯性"（structural inertia）概念来表征"组织保持现存结构状态不变的特性"[①]。也有学者用"认知惰性"（cognitive inertia）概念来表示"可能完全依赖于曾使企业在市场上取得竞争能力的思维模式从而失去适应变化的能力"[②]。还有学者用"行动惯性"（action inertia）概念来表示"组织面对周围环境的巨大变化时仍按照已确立的行为方式行事的倾向"[③]。由此可见，在最初的研究中，人们往往把"惰性"与"惯性"相混淆。事实上，惯性是产生惰性的前提，或者说，惰性是惯性的逻辑生成。然而，惰性并不只是惯性的作用，它还包括其他一些生成机制。如今，人们倾向于使用"组织惰性"这一概念。基于不同的视角，对组织惰性的认识也存在一些分歧。从总体看，"早期的定义主要基于环境选择视角（如结构方面）和组织适应视角（如战略方面和资源与能力方面等），但近年来的研究倾向于基于融合的视角进行一般意见的界定"[④]，如表8-1所示。从这些定义可以看出，组织惰性反映了组织在面对环境变化时主观上不愿改变、客观上消极应对的保守性特征。

表8-1 组织惰性概念的各种定义

概念	定义	提出者及时间
结构方面	结构惰性指组织维持现有结构状态不变的特性	Hannan 和 Freeman（1977,1984）
	威胁惰性指在有威胁的环境中占主导地位的个人反应被强化的现象	Staw 等（1981）

[①] Michael T. Hannan and John Freeman, "The Population Ecology of Organizations," *American Journal of Sociology* 82 (1977): 929–964.
[②] Gerard P. Hodgkinson, "Cognitive Inertia in a Turbulent Market: the Case of UK Residential Estate Agents," *Journal of Manage Study* 34 (1997): 921–945.
[③] Donald Sull, "Why Good Companies Go Bad," *Harvard Business Review* 77 (1999): 42–52.
[④] 白景坤、荀婷、张贞贞：《组织惰性：成功的副产品，抑或组织病症——基于系统性审查方法的述评与展望》，《外国经济与管理》2016年第12期。

第八章 知识、制度与文化：高师院校组织变革的实践之困

续表

概念	定义	提出者及时间
战略方面	竞争惰性指公司转变竞争策略时采取的活动水平，反映企业为吸引顾客击败竞争对手而进行变革的强度	Miller 和 Chen(1994)
	战略惰性指组织对当前战略的承诺水平，包括个体的承诺、金融投资和支持当前做法的体制机制	Huff 等（1992）；Herrman 和 Lence (2011)
	认知惰性指管理者借助于以往赖以成功的知识和经验解决当前问题的倾向	Hambrick 和 Mason(1984)；Staw 和 Ross (1987)；Hodgkinson(1997)
资源与能力方面	知识惰性指企业过于依赖现有知识资源和先前经验，并惯例性地采用现有流程解决各类问题的现象	Liao 等人（2008）；Fang 和 Chang (2011)
	核心惰性指组织赖以形成竞争优势的核心能力不能对新的创新做出回应的现象	Leonard-Barton(1992)
	惯例惰性指当惯例嵌入组织时，可能会基于过去的经验自动响应并对根本变革带来强大内部阻力的特性	Nelson 和 Winter(1982)
一般意义	组织惰性指在外部环境发生极大改变时，组织没有能力发起组织变革	Miller 和 Friesen（1980）；Tushman 和 Romanelli(1985)；Gilbert(2005)
	行动惰性指组织面临巨大环境变化时，仍然坚持原有行为模式不变；或无力采取适当的行为	Sull(1999)；Morgan 和 Page(2008)
	组织惰性指一种固化内存于组织之中的保持或维护现有工作活动模式与习惯的工作行为倾向	许小东(2000)；白景坤(2006)
	组织惰性指结构和行为保持一致的趋势，它可能表现为静止不动，还可表现为重复以前采取的行动	靳云汇和贾昌杰(2003)；简兆权和刘益(2001)

资料来源：白景坤、荀婷、张贞贞：《组织惰性：成功的副产品，抑或组织病症——基于系统性审查方法的述评与展望》，《外国经济与管理》2016 年第 12 期。

组织惰性是组织过去成功模式的惯性思维与当前理性选择的耦合。组织惰性不仅是"组织有序运行的结果"，对其克服也是"组织得以存续的基本前提"。[①]

---

① 白景坤：《基于组织惰性视角的组织理论演进路径研究》，《改革与战略》2008 年第 3 期。

"在一个相对稳定的情形中，组织结构与文化上的惰性也许会有助于取得一定的成功，因为这种惰性有助于强化管理控制系统，保持组织内部的一致性，有效地控制协调组织成员的行为。然而，一旦组织面临变故，这种曾经培育了组织成功的结构与文化将会迅速地形成变革中的障碍，从而使组织成为自己光荣过去的牺牲品。"[1] 组织惰性客观存在于任何类型的组织之中，这自然包括大学（高师院校）。陈运超认为，大学具有鲜明的组织惰性特征。这主要缘于"组织文化、学术传统形成显著的文化惰性"，"超稳定的组织形成固化了大学的结构性惰性"，"垄断性组织的存在内生出明显的组织惰性"，"缺乏权威决策与强势推动的组织特征滋生机制性惰性"。[2] 尽管惰性不等于惯性，但惯性始终是形成惰性的重要机制。在大学，存在"学校结构惯性""学校文化惯性""教师组织惯性""行政管理惯性""作业运作惯性"。[3] 在这些惯性力量的作用下，组织惰性得到凸显，组织变革也就非常不易。

高师院校可以称得上是高等教育领域的一块"特区"。在教师培养与培训自成体系的时代，高师院校的唯一任务就是培养中小学教师。在学校招生指标、教育成本分担、毕业生分配等诸多方面实施有别于其他类型高等教育机构的特殊政策。在这些政策照顾之下，高师院校"盛极一时"，"成功经验"得到不断的复制。久而久之，养成了一种"养尊处优"的组织心态。然而，随着传统师范教育向现代教师教育的转换，高师院校所面临的组织生态发生了急剧变化。教师培养体系的开放化迫使高师院校大力举办非师范教育，组织管理幅度和层级显著增加，不同机构与部门之间协调配合的交易成本也显著增加。一方面，高师院校整个组织结构变得更加复杂化；另一方面，高师院校的教师教育组织在惰性作用下仍然沿袭着传统模式。因此，高师院校迫于环境所做出的组织变革与组织惰性之间构成了尖锐矛盾。

---

[1] 许小东：《组织惰性行为初研》，《科研管理》2000年第4期。
[2] 陈运超：《组织惰性超越与大学校长治校》，《教育发展研究》2009年第12期。
[3] 郑丽娜、张丽珍：《大学变革中的组织惯性分析》，《浙江师范大学学报》（社会科学版）2007年第6期。

第三节　理性选择视角下的高师院校组织变革

归根结底,组织变革是组织成员行为选择的结果。高师院校的组织结构要向哪个方向变革、以何种方式变革,决定性的因素在于其内部利益相关者在变革过程中的行为选择。利益相关者个体行为选择的集合构成了组织行为选择,也就直接影响到了整个组织变革的进程。在此,我们以校长、院长和教授为代表的三类利益相关者为分析对象展开讨论。

一　以校长为代表的学校选择

校长是高校的法定代表人,对外代表学校,对内全面负责本学校的教学、科学研究和其他行政管理工作。《中华人民共和国高等教育法》第30条规定:"高等学校自批准设立之日起取得法人资格。高等学校的校长为高等学校的法定代表人。"相应地,校长可以行使组织领导权、决策权、人事权、管理权和监督权。[①] 从中世纪大学、近代大学到现代大学的发展历程来看,校长对学校发展都具有至关重要的影响力。"大学校长的作用随着大学的发展日显重要,在近代,一所大学的崛起和发展常常伴随着一位或数位著名的校长,大学校长的治校理念和能力对大学的发展起着关键的作用。"[②] 但是,从我国高校领导和管理体制运行的现实情况来看,不能忽视校长职权及其影响力的限度。校长职权的前提之一是高校的法人地位。因为高校法人地位目前的"有名无实"及其存在的争议,所以,"作为高校法定代表人的大学校长应当承担何种责任,在目前还不甚清楚"。[③] 校长职权的前提之二是要坚持党委领导。《中华人民共和国高等教育法》规定,国家举办的高等学校实行中国共产党高等学校基层委员会领导下的校长负责制。中国共产党高等学校基层委员会统一领导学校工作,支持校长独立负责地行使职权。教育法规对高校党委职责的这一规定"在一定程度上混淆了和大学校长职能

[①] 陈金圣:《大学校长之法定权责、履职路径与保障机制》,《教育发展研究》2016年第23期。
[②] 贺国庆:《大学校长与大学发展》,《教育研究》2013年第3期。
[③] 李庆豪:《我国公立大学校长地位的法学审视》,《清华大学教育研究》2005年第2期。

的边界,二者的分工显得模糊不清……高校校长在多大程度上行使其权力要取决于学校党委的'领导'与'支持'"①。

基于这样的认识,校长的法定代表人地位还没有落到实处,校长与党委两个权力中心的交叉重叠还存在很多牵绊,校长的行政任命机制也明显增加了委托代理色彩,这些因素都会显著影响校长行为的理性选择。在政治上,校长要坚持党委领导和监督;在行政上,校长要服从教育行政主管部门的管理和考核。从高校内部来讲,校长要能够领导师生员工不断走向卓越;从高校外部来看,校长要能够得到各种社会资源的配合与支持。校长行为选择需要在这些维度构成的网络空间中反复权衡,其行为的最高追求是价值实现,而其底线则是保住自身的代理人地位。鉴于教师教育生态环境已经发生了显著变化,高师院校组织变革可能是追求卓越教师教育的不二选择,但也蕴藏着潜在的失败风险。因为任何组织变革都首先意味着对现有组织结构和模式不同程度的破坏。将原有组织结构打破之后,新的组织结构是否就一定是成功的。这里存在不确定性带来的风险。基于风险厌恶的本能,高师院校的校长们不愿意轻易迈出这一步。在行政化色彩较浓的高校管理体制中,"不变"尚可稳定,"变"则可能有风险,这种风险又会直接影响到校长的代理人地位和切身利益。高师院校组织变革必然处在"变"与"不变"的矛盾中步履蹒跚。在高师院校综合化之后,校长要考虑两件大事:一是通过加强学科建设,以提升学校学术水平;二是通过应用型转型,以服务地方经济社会发展。从高师院校的发展历史来看,其唯一职能是培养教师,其主要是任务是传递中小学课程教学所需要的那部分学科知识,科学研究和社会服务都不是优势项目。如今要把高师院校办得像个大学的样子,那就不得不按照大学四大功能来重新定位。当我们还没有真正确立起教师教育的专业地位时,一般认为科学研究、社会服务与教师教育还没有什么清晰的内在联系。因此,当前高师院校的组织变革体现在两个方面:设置科研院所以加强科学研究,举办应用型非师范专业以服务地方发展。然而,以促进教师教育为目标的组织变革举步维艰。

---

① 李庆豪:《我国公立大学校长地位的法学审视》,《清华大学教育研究》2005年第2期。

第八章 知识、制度与文化：高师院校组织变革的实践之困

二 以院长为代表的学院选择

自20世纪90年代以来，包括高师院校在内的中国高校陆续实施学院制改革，实行校院两级管理体制。与美国大学一般设置8~10个学院相比，我国高校的学院设置数量整体偏多。我国有学者做过统计，"985工程"大学是20个左右，而"211工程"大学是16个左右，地方院校是17个左右。从本科高师院校来看，在45所师范大学中，设置教学院系数量最少的有12个，最多的有32个，平均为22.91个。在72所师范学院中，设置教学院系数量最少的有9个，最多的有24个，平均为16.01个，少于师范大学教学院系数量（详见本书第五章）。从学校与学院权力配置的模式来看，主要有科层制、事业部制和联邦制三种。"我国大学的校院关系基本还处在直线型的阶段，就是科层制的，在大学的权力配置上，对于横向权力配置关注得比较多，比较关注政党权力、行政权力。但是对纵向权力的配置，从学校到学院到基层组织关注得比较少。"[1] 科层制模式强调直线领导、权力集中和下级对上级的服从。它适应了工业化初期的生产活动，但对于高校这类学术机构却未必是恰当的，尤其是如今的高校已经变得巨型化和复杂化。学院制改革的一个重要目标是权力下放，调动二级学院的办学自主性。但是，就现实来讲，科层制的特点仍然非常明显。有调查结果表明，"我国校院两级管理的改革基本处于'事权下移，财权、人权和重大事权仍然集中在校级'的状态，呈现出管理中的'职能分权'特征，仍然是一种集权状态"。[2] 在高校普遍采用学院制的背景下，校院两级权力配置模式的直线制特征构成了理解院长行为选择的基本底色。院长是校长在学院的代理人，院长职权实则是校长职权的延伸。

在综合化转型之后，高师院校的学院主要有师范学院和非师范学院。前者往往既有师范专业，也有非师范专业；后者则完全举办非师范专业，根本不参与教师教育。显然，非师范学院的院长们是不会考虑教师培养的，我们这里所讨论的院长行为选择主要是师范学院的院长。既然高师院校跻身于大

---

[1] 宣勇：《论大学的校院关系与二级学院治理》，《现代教育管理》2016年第7期。
[2] 刘亚荣、高建广等：《我国高校实行校院两级管理体制改革的调研报告》，《国家教育行政学院学报》2008年第3期。

学之列,那么,院长首先就要考虑学院的科研水平。高师院校大多属于地方新建本科院校,在学校应用型转型发展的进程中,师范学院又要花大力气进行应用型转型。就普通高师院校的院长来讲,无论科学研究还是应用转型,都表现出起点低、底子薄的基本院情,因而聚集大量资源加强学科建设和应用型专业建设。新的问题也就随之而来——教师教育怎么办呢?在科层制的校院二级管理体制中,院长能够控制的资源是非常有限的。当校长层面对组织变革的态度模棱两可时,院长层面是不可能自主推进组织变革的,忠实于校长的委托是院长作为代理人的最佳选择。从院长的处境来看,向上要对学校管理层负责,向下要能够领导全院师生。学校给了院长事权,但是人权、财权和物权难以匹配,往往陷入左右为难的境地。作为一个学院的领头人,从学校和社会挖掘资源是其重要的责任,如此方能得到师生员工的信服和支持。学校考核的指挥棒就是院长行为选择的重要准绳。近些年,一些高师院校不顾自身师资、设施的实际情况,盲目申办各种时髦的应用型专业,甚至还等不到一届学生毕业专业即告停止招生。究其原因,当初的专业申报也是不得已而为之。举办一个新专业,学校就会或多或少地对学院进行资源方面的投入。如果没有这个新专业,学校就不会对学院增加资源投入。面对这样一种情境,院长即使明知专业条件薄弱,也不得不勉力为之。但最终也只能证明,此举只是竹篮打水一场空,白白造成资源的浪费。这清晰地表明,个体的理性选择可能会导致组织的非理性结果。现在的问题是,学校没有有效的制度激励院长将教师教育作为学院组织变革的重心,有限的教师教育资源在各方角力之下被严重的分散化。

三 以教授为代表的教师选择

"大学者,研究高深学问者也",大学在本质上就是一个从事学术活动的场所。原清华大学校长梅贻琦先生精辟地指出:"所谓大学者,非谓有大楼之谓也,有大师之谓也。"大学教师就是一群以系统性知识的创造、传播与应用为核心使命的学术人。大学发展的中坚力量是大学教授,教授职称是所有大学教师专业发展最重要的目标。高师院校组织变革的核心是人员调配,组织变革也就必然涉及教师调整。教师教育大学化和高师院校综合化之后,最迫切的问题是:谁是教师教育者?教师教育者的发展平台在哪里?教

第八章 知识、制度与文化：高师院校组织变革的实践之困

授们的专业兴趣点在哪里？

美国学者博耶（E. L. Boyer）认为，大学的学术活动主要有四种，发现的学术、综合的学术、应用的学术和教学的学术。[①] 事实上，人们往往只盯住"发现的学术"，无限拔高科学研究在大学中的地位，而相对轻视其他类型的学术活动。这直接反映在高校对教师的评价标准方面，往往只看重外在职称的高低、科研成果的多寡，严重忽视教师的实际教育教学水平。"提高和发展教师胜任力无疑对于提高教育教学质量有积极的意义，但是在目前实践领域，我们考察、评价教师队伍状况，往往把教师质量的考察重点放在教师队伍的学历、职称、年龄以及科研项目多少、科研成果获奖等内容上，把这些作为衡量教师队伍质量建设优劣的核心指标。"[②] 无论这一现实的合理性如何，它都是客观存在的，而且真实地影响到教师们的行为选择。这一评价机制对高师院校组织变革的直接影响是教师教育者的"集体逃逸"。历来形成的大学学术传统是，被传递的知识即教学内容是学术，而传递知识的过程即教学不被认可为学术。如果教学本身不是学术，教师的专业性就不能成立，培养教师的教师教育就不是专业教育，教师教育者的专业地位也必然受到质疑。也就是说，在教学不被认为具有学术性的情况下，教师教育者的专业地位是不被大学同行认可的。但是，这些培养教师的人现在又活动在现代大学制度的场景之中，他们如何才能被其他专业的大学教师认可，从而获得自身的本体安全，为自己的存在做出合理性辩护呢？一个最简便的途径是从邻近专业去开垦，而不是建立教学的专业地位。心理学教师发展心理学、教育学教师发展教育学、学科教学论教师发展学科专业，其结果是各类主体缺乏对教学和教师教育专业地位的认同，教师教育者的专业身份被虚空化。[③] 当大学教师们把"发现的学术"作为专业发展的核心以后，科学研究就是他们获得发展的唯一路径。就教师教育而言，其专业性又没有得到完全确立，系统化的知识体系尚未建立。高师院校教师们对教师教育的"集体逃

---

① 〔美〕博耶：《关于美国教育改革的演讲》，涂艳国、方彤译，教育科学出版社，2003，第78页。
② 高永惠、黄文龙、刘洁：《高校教师人才胜任力品质因子模型实证研究》，《湖南科技大学学报》（社会科学版）2011年第9期。
③ 侯小兵：《学科教学论教师的专业身份研究》，第51页。

逸"就是情理之中的。

从现实来看,高师院校的教授们对教师教育缺乏兴趣,他们关注的是学科建设和学科发展的最前沿。在任何一个高师院校中,占据绝大多数的学科教师不会有教师教育者的身份认同,而只有学科教学论教师偶尔会有这种身份认同的困惑。他们一般都是青年教师或低职称教师,长期经历学科专业和教学专业、高等教育与基础教育、教育理论与教育实践之间的"两难",其职业身份非常尴尬。[1] 有学者从"'我'是谁？——身份认同问题；'我'的队伍在哪儿？——学术归属问题；'我'该干什么？——研究方向问题；'我'的路在何方？——出路问题"四个方面对高师院校学科教学论教师的"生存困境"进行了深入的考察。[2] "从事学科教学论教学与研究的学者,不得不用两条不协调的腿艰难跋涉在学科学术和教学论学术两条路上,结果是取得的成果多半是量的积累而缺少质的学术层次的提升"。[3] 他们在各个学科专业学院往往处于被边缘化的地位上,如何通过高师院校组织变革来为他们搭建专业发展平台仍然是个棘手的问题。因为任何一个个体都是风险厌恶和损失厌恶的。只有当组织变革能够显著增进个人预期收益时,才会得到教师们的极力拥护。否则,任何变革都会面临严重的阻力。

第四节 文化冲突视角下的高师院校组织变革

文化是"历史地凝结成的稳定的生存方式",是"内在于人的一切活动之中,影响人、制约人、左右人的行为方式的深层的、机理性的东西"[4]。文化是在个体之间的互动过程中形成的,内隐于共同体成员的社会关系之中的约束力量。每个社会成员都是特定文化形成的重要参与者,但每个具体的

---

[1] 庞丽娟、齐强、刘亚男:《学科教学论教师的职业尴尬与发展契机》,《教育与职业》2010年第26期。
[2] 史晖:《"我"将何去何从——高师院校学科教学论教师的生存困境》,《教师教育研究》2009年第7期。
[3] 陆国志:《高师学科教学论中"教学论"的弱化及扭转对策》,《课程·教材·教法》2006年第6期。
[4] 衣俊卿:《文化哲学:理论理性和实践理性交汇处的文化批判》,云南人民出版社,2001,第4~6页。

第八章 知识、制度与文化：高师院校组织变革的实践之困

个体又不得不接受文化力量对个人行为方式的规约。不同的社会群体分享着不同的文化范式和价值观念，从而构成了不同的群体规范。在群体交往过程中，不同群体文化之间的冲突在所难免。这也就构成了理解高师院校组织变革的一个重要视角。

一 学院本位与协同育人的文化冲突

尽管高等教育属于专业教育，但人才培养过程仍然需要多方面力量的配合以形成协同效应，而不是专业学院就能够独自完成的。因为人的生活世界是完整的，人的发展也应该是全面的。专业只是人完整的生活世界的一部分，而不是全部。"唯我独尊"式的过度专业化只会导致人的片面发展，而与教育的根本目的相去甚远。"专业教育的主流化导致工具理性或技术理性盛行，从而使人受占有性主体性所支配而导致人的异化"。[①] 这就要求高等教育要妥善处理好专业教育与通识教育的关系，实现专业基础上的跨专业、学科基础上的跨学科，最终达到人的全面发展。毫无疑问，这需要借助高校的综合化平台，也符合现代大学的本义。如今，教师教育大学化和高师院校综合化的实质并不是形式上地将教师培养放到大学中来，而是要借助现代大学的综合化学科优势和资源优势来提高教师培养质量。教师教育的这一转型适应了教育事业发展对教师规格的新要求，也对教师培养过程提出了新要求，其核心就是要求高校内外部各种力量的协同配合。这不仅仅是理论层面的逻辑推演，而且是实践层面的客观要求。根据教育部《教师教育课程标准（试行）》，教师教育课程至少包括教育学课程、心理学课程、学科教学论课程和教育实践课程四类。这四类教师教育课程归属于不同的学科知识体系，其实施需要教育学教师、心理学教师、学科教学论教师和实践指导教师（含高校和中小学的实践指导教师）来共同完成。这些教师又隶属于不同的专业学院，有的还处于高师院校之外。此处的"教师教育课程"只是关于"如何教"的教育课程，而一个完整的师范专业培养方案还包括"教什么"的学科课程，以及任何专业都必须修习的通识课程。如此看来，教师培养必然要求高师院校内部和外部各种教育力量的协同配合。协同育人在理论上是

[①] 鲍宇科：《专业教育与通识教育：一种哲学的视角》，《浙江社会科学》2007年第4期。

能够成立的，但是，在实践上却是非常困难的。基于大学相对松散的组织结构特征，不同专业学院或机构构成了事实上的交易主体，这从总体上增加了高师院校内部的交易成本。

如果说协同育人是困难的，那么，出路就在于通过组织变革来提高教师教育组织的一体化程度，以节省交易成本。但是，这一变革过程也是阻碍重重。表面上，它的障碍在于对各利益主体既得利益的重新分配带来的阻力，其深层次的变革阻力在于各利益相关者的文化范式冲突。高校是学术机构，学科是高校组织设计的基本依据。前文提到，现代大学普遍实行学院制组织模式。也就是，一所高校设置若干学院，学院是具体完成人才培养、科学研究、社会服务和文化传承创新四大功能的实体性机构，也有部分高校在学院和学校之间增设一个虚拟性的学部。即使如此，也不会影响校院二级组织体系。学科是知识体系，专业是人才培养体系，此二者需要在学院找到结合点。最终，学科建设和专业建设的实体机构还是学院。有的学院是依据一级学科设立，如教育学院、心理学院；有的学院是依据二级学科设立，如教师教育学院、初等教育学院。学院立足其依托的学科、结合经济社会发展需求，举办相应专业。如此一来，知识发现（学科）与知识应用（专业）两种逻辑在学院平台实现结合，从而形成了"一个个独立自主、相互区分的'学术部落'"[1]。一个学院就是一个"学术部落"，知识是其运转的核心，整个高校也就构成了一个包含基于知识中心的"学术丛林"。各个专业学院或机构具有不同的知识体系（概念、原理、定律、规则、方法、程序，等等），形成了不同的文化范式，分享着不同的价值观、方法论和利益主张。他们之间的文化差异超出了一般人的理解。盖夫和威尔逊（Gaff & Wilson）将学科文化分为人文学科、社会科学、自然科学和专业学科，在调查研究的基础上得出结论："各学科领域的学者教授在教育价值、教学方向和生活方式等文化问题上有重大差别。这些差别之大足以把上述四个部分看做不同的学科文化。"[2] 不同学科文化的大学教师都会从自身的文化本位出发审视高师院校的组织变革，彼此之间可能会存在分歧、矛盾甚或冲突。如今想要通

---

[1] 胡春光：《大学学科的"学术部落化"及知识危机》，《教育评论》2012年第2期。
[2] 〔美〕伯顿·克拉克主编《高等教育新论：多学科的研究》（2版），第179页。

第八章　知识、制度与文化：高师院校组织变革的实践之困

过一体化的组织变革思路来促进高师院校教师教育资源整合，这种文化冲突层面的阻力远远甚于企业或政府组织。总之，在培养教师的过程中，高师院校不同专业学院之间的协同配合是困难的，将综合化转型后的各种教师教育力量进行整合也是困难的。这背后的深层原因就是基于不同知识体系形成的不同专业学院的文化范式之间的冲突。

二 科学研究与教育教学的文化冲突

现代大学的文化取向是以知识发现、理论建构为导向，教育教学至少在现实性上是居于次要地位的。从历史观点来看，最初的大学是以知识传播即教学为主的。纽曼（J. H. Newman）在《大学的理想》一书中就主张大学是个传授普遍知识的地方，科研与教学应当是分离的。他说："发现和教学是两种迥异的职能，也是迥异的才能，并且同一个人兼备这两种才能的情形并不多见。整天忙于把自己现有知识传授给学生的人，也不可能有闲暇和精力去获取新的知识。探寻真理需要离群索居，心无二用，这是人类的常识。"[1] 自19世纪初德国柏林大学改革之后，科学研究与大学进行了成功的结合，之后又被美国高等教育借鉴，在全世界范围内产生了广泛的影响。"19世纪最主要的高教系统——德国的高等教育和20世纪最主要的高教系统——美国的高等教育，根据教学和科研应密切结合的信念，科学集中在高教系统内部。"[2] 以至今日，"人们普遍认为，科学研究与高等教育必定是联系在一起的。许多国家都把科学研究与高等教育的联系，视为制定教育政策时必须考虑的基本关系"[3]。在大学教师的职业生涯中，科学研究成为最重要的内容。"每个大学教师都应从事研究，并应有足够的余暇和精力去了解各国在自己学科领域的进展。在大学里教书，教学技能已不再重要，重要的是对所执教学科的知识的掌握，以及对该学科的动态的关心。这对于一个为教学操劳过度且精疲力竭的人来说是不可能做到的。"[4] 在现代大学文化里，科学研究获得了绝对的垄断地位，主宰着大学教师的专业行为选择。他们对科学研究

---

[1] 〔英〕纽曼：《大学的理想》，第4页。
[2] 〔美〕伯顿·克拉克主编《高等教育新论：多学科的研究》（2版），第280页。
[3] 〔美〕伯顿·克拉克主编《高等教育新论：多学科的研究》（2版），第208页。
[4] 〔英〕罗素：《罗素论教育》，第203页。

的兴趣超过了其他所有的方面,无论这种"兴趣"是不是真正的兴趣。即使他们是迫不得已的,其结果也是会把几乎全部的精力投注到科学研究上。在美国,大学对教师评价"重科研轻教学","不出版则出局"(Publish or perish)成为大学教师的生存状态的真实写照。大学教授们的"教学大逃亡"(Flight from Teaching)所带来的必然后果是"用在教学上的时间和提高教学质量的努力得不到学校真正的重视和认可,只有在大学中承担科研课题的教师才能够获得较高的地位"[①]。这何尝不是当今中国大学教师所面临的客观现实呢?

教师教育的文化取向是以知识传承、教学实践为导向,科学研究并没有成为其文化建构的首要元素。教师教育大学化要求教师培养过程从文化内核到组织形式都要向现代大学看齐,既具有大学之形,更要具有大学之神。在此,我们就能看到这种融入在文化层面的障碍。现代大学文化以科学研究为导向,然而,教师教育并没有这样的传统。长期以来,教师并没有取得专业地位。到目前为止,各种教师专业化的努力也还没有取得实质性的进展。按照一般性的理解,教师职业的任务就是将某种按特定标准和程序组织起来的知识传授给学生,教师教育也不过是让这些未来教师能够熟练地掌握这些知识而已。将来要成为生物教师,教师教育就是要让师范生掌握好生物科学;将来要成为数学教师,教师教育就是要让师范生掌握好数学知识……以此类推。在这样的逻辑中,教师职业本身并没有什么专业性可言,学科专业完全僭越了教师专业,教师职业只是普通职业,教师工作所需要的知识除学科知识之外,其他的只是常识。在古代社会,就存在"长者为师""以吏为师""教士为师"的传统,教师职业没有固定的存在边界,也不需要专门的学识。到了近现代社会,这种教师观依然持续地影响着教师的存在状态。有学者对美国教师质量保障体系的历史研究指出,到19世纪20年代师范学校在美国产生以前,"在实践中几乎只要是'活着的人'(warm body)都能当教师"。[②] 美国密歇根州立大学学者 Scott Alan Metzger 在其研究报告中将这种教师观概括为"聪明、受过良好教育者"假设论("bright, well educated

---

[①] 王玉衡:《美国大学教学学术运动》,北京师范大学出版社,2012,第51页。
[②] 洪明:《美国教师质量保障体系历史演进研究》,北京师范大学出版社,2010,第10页。

第八章 知识、制度与文化：高师院校组织变革的实践之困

person" hypothesis）。基于常识教师观，自 20 世纪 80 年代以来，解制倾向构成了美国教师教育改革的重要方向之一，各种替代性的教师教育方案对教师专业化努力构成了严峻挑战。"解制派否认了教育学知识的价值，认为教师是天生的，不是培养的，继而否定了教育学院的作用。"[①] 在中国，这种教师常识观的一个重要体现就在于"学高为师，身正为范"的教师理念在实践中产生的显著影响。当我们在实践上将教师教育体系的开放化蜕变为放开化之后，这种常识教学观似乎还有被不断放大的潜在危险。如今，我们非常重视教师专业观的理论与实践价值。但是，文化层面的转换绝非朝夕之间，而是一个漫长的过程。在当前的教师教育文化理解中，教师专业的知识体系尚未得到确立，教师教育知识被学科教育知识僭越，教学沦为一种凡有知识的人都能胜任的常识。在专业知识领域，教师教育充其量只是一个"消费者"，它消费学科专业领域的知识生产成果；而不是"生产者"，它还没有发现自身的知识生产领域。这也就不难理解，教师教育与知识生产是没什么关系的，科学研究在教师教育中没有什么地位可言。如今，通过强制性制度变迁，教师教育被纳入现代大学制度之中。在高师院校里，教师教育和现代大学对待科学研究与教育教学的价值冲突使他们对"什么是最重要的"这一问题的思考和回答遵循着不同的文化范式，从而获得了不同的答案。因而，将教师教育真正融入现代大学组织中的困难超出了常人的想象。

三 高等教育与基础教育的文化冲突

教师教育是连接高等教育与基础教育的桥梁。教师教育大学化之后，教师教育获得了高等教育的身份，这让他们因"高"而欣喜和满足。但是，教师教育与基础教育应有的天然联系也在某种程度上被削弱，从而伤害了教师教育事业本身。事实上，高等教育与基础教育具有不同的特性。这种性质上的差异使各自群体获得了独特的文化理解，他们的价值观念、行为方式、约定成规等方面也就不尽相同。当教师教育与基础教育渐行渐远之后，其回归之路愈发艰难，教师教育的实践性矛盾也就变得更加突出。

---

① 周钧：《解制：当代美国教师教育改革的另一种声音》，《外国教育研究》2004 年第 5 期。

高等教育与基础教育的文化冲突表现在以下三个方面。首先，高等教育的精英性与基础教育的普及性。整个教育体系包括基础教育、中等教育和高等教育，高等教育属于最高层次，涵盖了整个中学后教育，如专科教育、本科教育、研究生教育。从教育体系的规模来看，呈现出宝塔型结构，基础教育规模最为庞大，而高等教育规模相对较小。这就意味着，并不是所有的人都能够完成高等教育。即使是在高等教育大众化甚至是普及化之后，仍然不能抹杀高等教育的精英性特质。这并不是否定高等教育的机会公平，而恰恰是公平的体现，因为并非每个人都拥有接受高等教育的智力水平或其他条件。从高等教育供给来看，给每位公民提供相同水平的高等教育也是不可能实现的。因而，高等教育的精英性决定了高等教育机会的稀缺性和竞争性。这与基础教育形成了鲜明的对比，基础教育需要追求最大限度的教育机会平等。尤其是，义务教育要求保障每位儿童公平接受教育的权利。其次，高等教育的专业性与基础教育的普通性。"与基础教育相比，高等教育的显著特征是专业教育，即专业教育是高等教育的基本使命。"① 这种专业性既表现在知识领域的划分，也表现在高校组织结构设计。高校知识的发现、传播与应用都是围绕着专业而展开，相应地，高校的人才资源、物质资源、财力资源等都是围绕着专业而聚集。专业体现着知识理论逻辑与社会实践逻辑的统一。正是因为有了专业的划分，大学教师和学生就自动地归属于某个特定的领域。在这个特定领域学习和研究的要求是达到高深程度，而不能停留在普通水平。与此相对应，基础教育的教学活动则是面向完整的知识体系和丰富的生活世界，教学难度要求则与高等教育的高深知识形成鲜明对比。基础教育为人的终身发展奠基，它要求在所有方面都能够为儿童今后的发展打下基础。最后，高等教育的应用性与基础教育的应试性。高等教育的出口就是职业领域，高等教育人才培养的基本面向是为特定行业领域输送高级专门人才。无论这样的人才是以理论研究为主，还是以实践操作为主，他们都是专门人才，人才培养过程需要以职业领域为导向。就基础教育而言，它本身没有对接经济社会发展的现实需求，教育内容和教学过程不需要考虑将来的行业领域需要，而只要培养儿童作为一个人所需要的那些基本知识、方法、能

---

① 康凯：《对高等教育专业教育理念的思考》，《国家教育行政学院学报》2016 年第 5 期。

力和价值观。在其现实性上，基础教育迫于社会各方面的压力，在他们的价值体系中，学生在出口上能够获得一个较好的升学机会是他们最现实的追求。尽管国家在教育政策方面强力推行素质教育，但是，现实情况就是"素质教育轰轰烈烈，应试教育扎扎实实"。基于上述三个方面的矛盾，高等教育与基础教育具有不同的特点，大学教师与中小学教师具有不同的价值观和思维方式。

教师教育的科学发展需要高等教育与基础教育的携手合作。教师教育被纳入高等教育范畴之后，逐渐认同高等教育文化而疏远基础教育文化，二者之间的鸿沟越来越深。这就在相当大的程度上违背了教师教育的实践特性。教师教育的目标是为基础教育培养教师，其培养质量的根本性衡量标准在于师范生能否从事教育教学工作。教师是专业工作者，专业工作者的行动并不是简单地应用理论和原理，而是需要在实践中不断地反思和建构主体性的教育哲学和教学风格。教师学习者（师范生）不能在职前学习阶段只学理论，而待到毕业后再在工作岗位上去应用教育理论。"把教育过程视为科学原理与技术的阐释与控制，乃是现代的诱惑和欲望。"[1] 那样的话，教学专业必然沦为教学常识。"在真实的实践工作中，问题并不以实践者假设的模样出现，它们是由令人困惑、苦恼及未确定的问题情境中的林林总总所建构的"。[2] 教师专业发展涵盖职前教育、入职教育和在职教育的全过程，职前教师教育需要将教育理论与教育实践紧密结合起来。教师专业成长的性质就是要"在复杂情境的问题解决过程中所形成的'实践性认识'（Practical Epistemology）的发展"，进而成为"反思性实践家"而非"技术熟练者"。[3] 教师专业的实践性特质决定了教师教育过程的实践性取向，需要为教师学习者提供真实的教学情境而不仅是模拟的教学情境。这就要求高师院校与中小学校紧密合作。这在理论上是必要的，在实践中却充满了障碍。这既有高师院校方面的因素，如"大学的结构惯性、评价机制以及组织边界等制约着教师教育 U—S 合作"[4]，也有中小学方面的因素，如"中小学的路径依赖、

---

[1] 〔日〕佐藤学：《课程与教师》，第 240 页。
[2] 〔美〕唐纳德·A. 舍恩：《反映的实践者：专业工作者如何在行动中思考》，第 33 页。
[3] 〔日〕佐藤学：《课程与教师》，第 240 页。
[4] 张翔：《教师教育 U—S 合作中的大学困境与出路》，《当代教师教育》2013 年第 3 期。

评价机制以及组织边界等制约着 U—S 合作实效"[①]。但是，高师院校所代表的高等教育文化与中小学所代表的基础教育文化之间的冲突无疑是最为根本的。在这两个不同文化圈的合作过程中，"大学教师的研究致力于纯粹的学术研究，目的是发表学术成果，其与中小学校合作带有明显的研究取向；中小学邀请大学教师参与的'学术'研究则带有功利性，希望通过合作搞科研兴校，申报课题和从事研究也是为教学服务"[②]。这种文化层面的冲突使他们各自的价值诉求不同，对人才培养的理解不同，合作往往停留在表面而难以深入。

---

① 张翔：《教师教育 U—S 合作中的中小学困境与出路》，《当代教师教育》2014 年第 1 期。
② 彭虹斌：《U—S 合作的困境、原因与对策》，《教育科学研究》2012 年第 2 期。

第九章
管理、治理与协同：高师院校组织变革的行动之策

教师教育大学化打破了教师培养的原有秩序，新的秩序又没有找到一个更加合理的范式，因而显得有些混乱，最终制约了教师教育绩效。高师院校组织变革的根本目标就是要在现代大学制度环境中建立起有效的教师教育新秩序，使诸多利益相关者能够有序地交往与合作，从而保障教师教育绩效。在实现这一目标的过程中，既需要内在制度的演化，也需要外在制度的变迁；既需要强制性的管理手段，也需要契约性的治理策略；既需要内部治理，也需要外部治理。正是基于这样的思路，我们从党委政府、中小学校、第三方机构和高师院校构成的外部治理结构、高师院校和专业学院构成两级内部治理体系、教师教育机构建设三个方面探索高师院校组织变革的行动策略。

第一节 高师院校组织变革的外部治理

任何一种社会存在都不是孤立的，而是处在一个巨大的社会网络之中。在教师教育所处的社会网络中，不仅有高师院校，还有党委政府、中小学校和第三方机构等重要的利益相关者。这些组织之间交往行为的发生，有的需要行政命令，如党委政府与高师院校；有的需要谈判协商，如中小学校与高师院校、第三方机构与高师院校。即使是党委政府与高师院校之间，仅仅是行政命令式的管理还不够，契约性的治理仍然是必要的。所谓治理，就是

"网络化的公共行为,一种非预先设定的和常历常新的关于合作的关系实践",它的实现需要"通过互动的程序和系统的谈判来确定"①。高师院校组织变革的一个重要前提就是理顺其外部治理结构。

一 坚持政治导向,在党委政府领导下推进改革

政治与教育之间具有紧密的联系,教育必定处在政治的领导之下。领导和控制是要有所区分的,领导意味着对办学方向的把握,而控制则意味着对办学行为的指挥。在不同国家或者同一国家的不同历史阶段,领导和控制的均衡点都会有所差异。从本质上讲,政治不同于教育,按政治的思维和行为方式来管理教育是肯定会有冲突之处的。这就要求党委政府注重领导艺术,把握领导方向,既给高师院校制定基本秩序,又要赋予充分的办学自主权。

(一) 强化党的领导,在党的领导下推动高师院校组织变革

中国共产党是代表广大人民根本利益、全心全意为人民服务的政党,党全面领导社会主义建设事业,对高等教育事业的领导具有充分的法律依据。《中华人民共和国宪法》充分肯定了中国共产党领导全国各族人民在民族解放和国家建设取得的伟大成就,并明确规定,"中国共产党领导的多党合作和政治协商制度将长期存在和发展"。《中华人民共和国高等教育法》规定,"中国共产党高等学校基层委员会按照中国共产党章程和有关规定,统一领导学校工作,支持校长独立负责地行使职权"。只有坚持党的领导,用党的理论、路线、方针指导高师院校组织变革,才能对办什么样的学、育什么样的人、如何培养人等一系列根本性的问题做出正确的回答。

高师院校落实党的领导要特别做好以下工作:其一,加强领导干部的政治教育和专业教育。领导干部的理论素养、政策水平、政治觉悟、党性原则对学校组织变革起着决定性的作用,其影响力必定显著大于高师院校的"局外人"和普通师生员工。随着师范教育向教师教育的转型,高师院校的内外部环境发生显著变化,学校的改革发展如何将教师教育优势特色与现代大学制度有机结合、如何在学科专业综合化之后继续为基础教育培养高素质教师。这不是领导干部"拍脑袋"就能决定的事情,而是需要通过终身学

---

① 〔法〕戈丹:《何谓治理》,钟震宇译,社会科学文献出版社,2010,第26页。

习和教育,掌握高等教育和教师教育规律,切实实践教育家办学。其二,完善领导干部的监督和问责制度。领导干部(代理人)受党和人民(委托人)的委托负责高师院校的具体工作,这就构成了事实上的委托代理关系。在委托人和代理人之间,显然会存在严重的信息不对称。倘若没有对代理人的有效监督,代理人就会机会主义地行事而发生"败德行为"。[①] 如何防止领导干部的败德行为？这不仅需要加强领导干部教育,更需要有完善的领导干部监督和问责制度。其三,加强师范生的思想教育和政治教育。不能否认教育的经济基础属性,也不能否认教育的上层建筑属性。社会主义的教育就是要"培养社会主义事业建设者和接班人",教师肩负着为社会主义事业培养人才的重任。这不是一个价值无涉的问题,而是具有明确的价值诉求。教师要有坚定的政治立场,并且要培养一代又一代的接班人,把社会主义建设事业不断推向前进。高师院校组织变革要统筹兼顾学科专业教育、教师专业教育和教师思想教育,三者不可偏废。

(二) 优化政府行政,以善政善治来助推高师院校组织变革

在各种社会主体中,政府最大的特点是拥有其他社会主体无法比拟的权力,因而在各种社会事务中发挥着绝对主导性的影响力。事实上,政府的权力最终来自人民,受人民的委托管理社会事务。毋庸置疑,政府在实现社会良性运行的过程中扮演着重要角色,但其他社会主体的地位也不容忽视。说到底,社会的健康发展需要各类社会主体的协同配合,政府只是其中一员。尽管政府的权力是非常大的,但是,政府的作用也是有限的,"政府失灵"也是一种客观存在。从社会公共管理来讲,政府及其他社会主体最终的共同目标是实现社会的善治。善治就是"公共利益最大化的治理过程,其本质特征就是国家与社会处于最佳状态,是政府与公民对社会政治事务的协同治理,或称官民共治"[②]。善治体现了政府治理与社会治理的统一。当然,善治要以善政为前提,善政就是要有好的政府,即古代所称"仁政"。没有好的政府,就没有好的治理。俞可平提出,在全球化背景下,一个社会主义民主共和国的好政府应当是"民主政府""责任政府""服务政府""质量政

---

① 〔德〕柯武刚、史漫飞:《制度经济学:社会秩序与公共政策》,韩朝华译,商务印书馆,2000,第78页。
② 俞可平:《论国家治理现代化》社会科学文献出版社,2014,第3页。

府""效益政府""专业政府""透明政府""廉洁政府"。[①] 政府是高师院校的举办者、投资者和管理者。校长接受政府任命而履行教育管理职责，接受政府的管理和监督。在相当大的程度上，高师院校的内部管理是政府管理在学校的延伸。在服从政府领导和自主办学这对矛盾关系之中，理性的天平往往倾向于选择放弃自主性以保证对政府（委托人）的绝对服从。政府对高师院校控制得越严密，高校管理的行政色彩和官僚主义气息就越浓烈，学校的改革发展就越倾向于路径依赖。因此，高师院校组织变革的"善治"要以政府的"善政"为前提。

"善政"要求政府既不缺位，也不越位。对于那些可以由高师院校自行完成的事情，政府不要越位，要尽可能地给高师院校下放办学自主权；对于那些不能由高师院校自行完成的事情，政府不能缺位，要为高师院校划定规则边界、提供公共资源、降低交易成本。就高师院校组织变革而言，政府要抓好以下几个方面的工作：（1）建设全国基础教育信息网络。教育市场是一个非完全的市场，高师院校与中小学校之间存在着严重的信息不对称。这需要政府建设一个开放、共享的基础教育信息网络，来实现教师教育市场的供需对接。（2）建设全国教师教育信息网络。从治理的思路来看，政府对高师院校的管理要减少直接行政干预，更多地吸引其他社会主体参与教师教育治理。在教师教育行政评价、专业评价之外，再引入社会评价，从而为高师院校创造公开公平的竞争性环境。其他社会主体参与教师教育评价的前提条件是拥有充分的评价信息，高师院校自身缺少将信息公开的内在动机，这需要政府来完成。（3）建设教师教育标准体系。教师教育标准化是国际趋势和未来方向。朱旭东提出，我国教师教育改革应当建立九大标准体系。[②] 这些标准就是高师院校组织变革的指挥棒，是保证教师教育质量的重要底线，组织制定标准是政府的任务。（4）制定专业有效的教师教育政策。政府管理高师院校的重要手段是制定和发布有关政策。好的政府要保证每一项政策的科学性、专业性和有效性。这要求在政策制定之前要做好充分的调研，在政策制定之中要充分吸收专

[①] 俞可平：《论国家治理现代化》，第61~64页。
[②] 朱旭东：《教师教育标准体系的建立：未来教师教育的方向》，《教育研究》2010年第6期。

家力量和公众参与,在政策发布之后要及时做好政策评估以便进一步改进和完善。

二 面向基础教育,加强与中小学校的深度合作

基于教师作为反思性实践家的特质,教师教育具有鲜明的实践性特征,高师院校与中小学校的合作是提高教师教育质量的内在要求。对此,教师教育理论界和实践界都能够基本达成共识。但是,合作只能发生在平等的主体之间,而且各方存在互补的利益诉求,"大学与中小学作为不同的利益主体,其共生性合作必须基于双方的共同利益"。[①] 高师院校具有寻求中小学校合作的现实需求,同样,我们也完全能够从纯粹理论的视角去论证中小学校需要高师院校的专业支持。但是,现实的合作却是困难重重。这主要是由于中小学校在主观上缺乏现实的合作需求,在客观上受到诸多体制性因素的约束,并且高师院校的教师教育专业化水平也还不能有效地满足中小学校的需求。

(一) 科学评价中小学生的学业水平,回归素质发展的教育本质

评价是诊断教育问题的工具,是促进学生发展的手段,但它在实践中更重要的是发挥"指挥棒"的作用。在 20 世纪 90 年代末,国家就开始大力推行素质教育改革。正是由于评价机制未能有效跟进,基础教育改革的现实状况往往被形象地描述为"素质教育轰轰烈烈、应试教育扎扎实实"。应试教育之弊端在于将校长、教师、学生、家长紧紧地捆绑在应试之上而不能自主,从而导致教师和学生的片面发展、扭曲发展,也使教育远离了本真。教育不应为了分数,而要促进人的发展。虚假的教育发展以考试为中心,将考查知识记忆程度的分数奉为圭臬,教师理解的专业发展和学校理解的效能改进只是学生的考试能力提升。如此一来,高师院校的教师教育者们对中小学校就没有什么作用,真实的合作自然无从谈起。学业评价亟待突破,异化的教育亟须回归。2014 年,国务院《关于深化考试招生制度改革的实施意见》要求,"到 2020 年基本建立中国特色现代教育考试招生制度,形成分类考

[①] 张翔、张学敏:《教师教育 U—S 共生性合作的发生机制探究》,《教师教育研究》2012 年第 1 期。

试、综合评价、多元录取的考试招生模式"。学业评价的破冰之旅已经起航，但政策的真正落地还任重而道远。只有攻克了学生学业评价这道难题，让教育真正以促进学生发展为核心，教师职业的专业性才能显现出来，中小学与高师院校的合作才可能变成现实。

（二） 完善中小学校和教师评价制度，激发中小学校的合作需求

什么样的学校是好学校？什么样的教师是好老师？这是教育改革的基本问题。在应试教育的模式下，好学校和好老师这两个概念的丰富内涵都被严重地扭曲，把考试分数作为衡量好学校和好老师的唯一准绳。这样的教育观念违背了教育本真，也掐断了高师院校与中小学校合作的纽带。2014年教师节，习近平同志提出，好老师要"有理想信念、有道德情操、有扎实知识、有仁爱之心"[①]。2016年教师节，习近平再次提出，广大教师要"做学生锤炼品格的引路人，做学生学习知识的引路人，做学生创新思维的引路人，做学生奉献祖国的引路人"[②]。好学校和好老师不但要给学生传递知识，更要锻炼学生发现问题、分析问题和解决问题的能力。好学校和好老师不但要教授显性课程内容，更重要的是，激发学生观察世界的兴趣、追求真理的热情、关注社会的情怀。显然，好老师和好学校与应试教育是存在严重冲突和分歧的。只有丰满的学校和教师才能培养出丰满的人。丰满的人不但能为社会创造物质财物，也能创造精神财富。教育分数把关注的焦点锁定在学生物质能力的发展，而相对轻视学生精神能力的发展，用一个扭曲的分数来代表学生的全面发展。这在理论上是违背逻辑的，在实践也是贻害无穷的。我们并不是完全地反对分数，而是要认识到分数的局限性，要扩展分数的指标体系，将量化评价与质化评价相结合，最终实现发展性评价。在学校和教师评价中，应当改变目光一味向上的行政评价，更加注重同行评价、学生评价和社会评价。只有当教育评价这个指挥棒回归正轨，教育才能回归其本真，中小学才能真正产生与高师院校合作的现实需求。否则，即使有政府的强力推动，恐怕也只会是徒有其表。

---

① 李斌、霍小光：《习近平在北京师范大学考察时号召全国广大教师做党和人民满意的好老师》，《光明日报》2014年9月10日，第1版。

② 霍小光、张晓松：《习近平在北京市八一学校考察时强调全国贯彻落实党的教育方针 努力把我国基础教育越办越好》，《光明日报》2016年9月10日，第1版。

（三）促进高师院校教师教育专业化，保障高师院校的有效供给

如果学生评价、教师评价和学校评价能如前述建议回归教育本真，那么，教育就是一项充满复杂性的专业工作。学校和教师要做好教育，仅凭学科知识、教学经验和教育常识是远远不够的，而是需要持续性地专业学习和终身发展。如此一来，中小学校和教师就对高师院校产生了寻求教师教育专业支持的需求，而高师院校与中小学校合作的需求历来是强烈的。接下来需要考虑的是，合作的供给侧问题。如表9-1所示，中小学校的优势在于能够为高师院校的教师教育提供教学实践机会，而这正是高师院校的利益诉求点。当中小学校具有强烈的教师教育需求之后，就直接考验高师院校的教师教育供给能力。高师院校能否为中小学教师的专业发展和中小学校的效能改进提供专业支持，将是决定高师院校与中小学校能否深度合作的关键因素。

表9-1 高师院校与中小学校合作的需求与供给格局

	需求	供给
中小学校	教师教育(弱)	教学实践(强)
高师院校	教学实践(强)	教师教育(弱)

高师院校的供给侧改革主要体现在对基础教育有效的专业支持。这需要让教师的教育教学成为一门专业，需要推进教师教育的专业化。从专业主义的视角出发，教师教育专业化是按照专业教育的思维和规律来举办教师教育的演进过程，最终以促进教师专业发展为目标。尽管我国高师院校改革已经实现了大学化和综合化，但是，教师教育专业化才刚刚起步。从现实情况来看，高师院校的教育理论与中小学校的教育实践还普遍存在严重脱节的问题，中小学校的校长和教师对高师院校教育理论还存在不认可、不接受的现象。这似乎存在一个悖论：如果高师院校与中小学校不合作，那么，高师院校的教育理论就接不了地气；如果高师院校的教育理论接不了地气，那么，中小学校就不愿意与高师院校合作。从高师院校组织变革的立场来讲，高师院校与中小学校合作的主要矛盾是中小学校的现实需求不旺、高师院校的有效供给不多。只要能够在高师院校和中小学校各自的利益诉求方面找到契合点，那么，双方的合作就能够可持续地发展下去。

三 挖掘社会资源，借助第三方机构的资源优势

所谓"第三方机构"，指当事双方之外的独立机构。它与当事双方没有直接的行政隶属关系，也就没有直接的利害关系，能够保持一种相对客观、公正的中立地位，从而做出更具专业性的判断。在此，高师院校作为第一方机构，它一方面需要接受政府教育主管部门（第二方机构）的监管，另一方面需要与中小学校（第二方机构）开展合作。第三方机构则是指政府部门和中小学校之外的其他独立性机构，如教育协会团体、第三方评估机构。从结构洞理论来看，社会网络中存在的结构洞可以为处于"中间人"位置的组织或个人至少获得三种网络优势：资源优势、信息操控力及联结对象的选择权。[①] 因此，第三方机构具有第一方机构和第二方机构无可比拟的独特优势，能够更加有效地填补社会网络中的"空隙"，从而促进当事双方的深度合作。

（一）加强与教育协会组织的联系，以交流学习推动学校组织变革

政府、市场和社会是影响高等教育的三股重要力量。从我国高等教育的实际情况来看，政府对高等学校具有强有力的行政控制，市场的影响力较小，社会的影响力就更小。这在相当大的程度上强化了高等教育机构的行政色彩和官僚主义，也使得市场化和专业化黯然失色。高等教育去行政化也正是要改变这三股力量的配置均衡状态。教育协会组织是政府和市场之外的第三部门，对教育改革与发展具有重要的影响力，它"有效弥补了'政府失灵'或'市场失灵'"[②]。在美国的高等教育体系中，美国高等教育协会组织是"美国高等教育治理的一支重要力量"[③]。美国高等教育协会组织对内协调高等教育系统的内部矛盾，对外与政府等其他组织进行有效沟通，有力地保障了高等教育的有序运行。这主要体现在："促进高等教育跨州区域协作，实现区域教育资源共享；传递高校和社会呼声，影响政府高等教育政策

---

① 〔美〕伯特：《结构洞：竞争的社会结构》，任敏、李璐、林虹译，格致出版社、上海人民出版社，2008，第31~32页。
② 杨克瑞：《美国高等教育协会及其评析》，《高等教育研究》2005年第2期。
③ 周世厚、孙启林：《美国高等教育协会组织的内部协调机制解析》，《外国教育研究》2010年第5期。

制定；接受政府委托，协助政府调控高等教育发展；规范高校及其专业办学行为，评估和保障高等教育质量；制定高教领域职业活动规范，捍卫活动主体权益；参与院校决策和建设，发挥监管和协同作用。"[1]

就我国教育协会组织的发展来看，有两个最具有影响的组织：中国教育学会和中国高等教育学会。这两个组织分别属于基础教育和高等教育领域，它们各自都在横向上设置有各类专业委员会，在纵向上有全国学会和省级学会，对中国教育改革发挥着重要影响作用。高师院校属于高等教育范畴，又要面向基础教育举办教师教育，因而与这两个教育协会组织都有着密切关系。当然，除了这两个协会组织之外，还有很多其他的教育协会组织，如陶行知研究会、行业教育协会，等等。高师院校管理者应当充分尊重教育规律，努力开拓教育改革资源，积极与各类相关教育协会组织建立紧密联系，充分借助教育协会组织平台为学校改革发展提供有效思路。

（二）借助第三方评估机构的力量，以科学评估推动学校组织变革

如何能够更全面地把握高师院校改革发展的实际情况，是有力推进高师院校组织变革面临的首要问题。任何组织变革都不会是空穴来风，而要有的放矢，因而总要以问题诊断为前提条件。评估是诊断问题的有效手段。从高等教育的评估主体来看，有政府评估、高校评估和第三方评估，高校评估又可分为教育者评估、学习者评估和管理者评估。[2] 无论政府评估还是高校评估都属于系统内部评估，第三方评估属于系统外部评估。内部评估虽然有信息掌握优势，但也有先入之见的劣势，尤其是行政评估往往对正常的教育教学造成不必要的干扰。基于行政评估强烈的政府背景所带来的强制性特质，一般会受到学校师生员工的"高度重视"，大有毕其功于一役的壮士断腕之豪情和决心。因为通过这类行政评估之后，学校各方面的资源投入才能得到保障，否则，学校可能就会面临巨大的困境。正是在这种巨大的压力之下，高校往往会选择全力以赴，甚至不惜破坏正常的教育教学秩序。这样的评估不是为学校发展诊断问题，而是制造问题。就高校来讲，它们在政府评

---

[1] 黄敏、杨凤英：《第三方治理：美国高等教育协会组织的管理职能》，《河北师范大学学报》（教育科学版）2014年第3期。

[2] 侯小兵、张继华：《理解与行动：高等教育质量建设研究》，第181页。

估面前非但不愿意正视问题，反而努力遮掩问题。2003~2008年全国本科教学水平评估就是一个例证。"教育部、各省教育厅等教育主管部门是评估的实施者，掌握着评估、反馈、发布的主动权，同时，作为教育主管部门，同样掌握着行政上的主动权，这样，教育部的角色既是管理者又是评估实施者，会出现责权利不分的状况；同样，从上到下的、纵向的行政评估体系，显得空间狭窄，没有给评估留下更多更广阔的发展空间。"[1] 与政府评估相比，学校评估具有相对较小的强制性，但是，在中国高等教育管理体制之下，高校缺少开展评估的主动性，并且学校评估显著的利益相关性也大大降低了评估的有效性。相对而言，外部评估则能有效克服内部评估之弊端。因此，高师院校组织变革需要积极借助第三方评估机构的力量。

第三方评估指"由与政府部门无直接行政隶属关系的中介组织（包括各类社会专业机构、大学科研院所等）参与或主导，对项目实施的过程和结果进行监督和考核，因此也称之为'非官方评估'"[2]。"第三方"是相对于由第一方和第二方构成的当事双方而言的，"第三方"与当事双方并没有行政隶属关系，也没有直接的利益关系。"在发达国家，第三方一般是由专业评估公司或者非政府组织担任，具有很强的专业性，其评估活动独立于评估对象，具有很强的独立性。"[3] 正是这种相对于当事双方的"独立性"能够有效地保障评估的客观性和权威性。"在第三方评估中，'第三方'的'独立性'被认为是保证评估结果公正的起点，而'第三方'的专业性和权威性则被认为是保证评估结果的公正的基础。"[4] 尽管高师院校组织变革离不开政府的领导和管理，但是，高师院校不是行政机构，也不是行政机构的附属物，政府不应该也不能够通过行政手段直接控制高师院校的教育活动。这就给第三方机构留下了一个存在空间。来自第三方机构的评估，其权威性

---

[1] 章鸣：《高等教育评估中"第三方评估"的历史与发展模式分析》，《科技与管理》2008年第3期。
[2] 王征、蒋笑莉：《关于在专业学位研究生教育中开展第三方评估的探讨》，《中国高教研究》2010年第9期。
[3] 孟惠南：《第三方评估在我国政府绩效评估中的应用》，《领导科学》2012年第8期。
[4] 徐双敏：《政府绩效管理中的"第三方评估"模式及其完善》，《中国行政管理》2011年第1期。

不在于强制性，而是其专业性。高师院校组织变革需要借助第三方机构的力量，以科学评估诊断问题、推动改革。

第二节 高师院校组织变革的内部治理

高师院校内部是一个复杂性的社会建构，具有多种权力类型和权力主体。在纵向上，有学校、学部、学院、专业、教研室等多层次划分。在横向上，有党委领导、行政权力、学术权力、教职工代表大会、群团组织等多种权力的分工与联系。在传统管理思维中，行政权力占据主导性地位，行政原则所强调的权威、服从、直线制等特点使高校俨然官僚学府。但是，高校毕竟不是官僚机构，行政权力应该给其他权力主体留下空间。因而治理的视角正好顺应了高等教育改革之需要。"治理是一个上下互动的管理过程，使开放系统中的任何一方，在制约另外一方的同时也受到制约，是双向的'相互监管'，强调权力运行的方式是双向的。"[①] 因此，高师院校组织变革要突破传统行政管理的思维范式，从内部治理的视角做好学校组织变革的顶层设计。

一 强化战略管理，坚持教师教育的特色发展

战略是对组织发展做出的具有长远性和全局性的谋划。它要求高师院校管理者要有战略眼光和战略思维，它是对"想办成一所什么水平的大学，怎样去办成这样的大学，即目标定位和实现目标的途径"的思考。[②] 高师院校的战略管理首先体现在管理者如何对待综合化转型与教师教育特色的关系。也就是，在综合化转型之后，把教师教育传统放在一个什么样的位置上。这是关系到高师院校组织变革方向的问题。不解决这个问题，高师院校的组织变革就永远停留在对旧有组织结构和模式的枝节修补。一所学校要走什么样的路径，这需要结合学校发展的历史积淀和传统优势来统筹谋划。高师院校一般具有长期从事教师教育的优良传统，应当在综合化转型过程中进一步强化和突出教师教育特色发展战略。

---

① 李福华：《大学治理与大学管理》，人民出版社，2012，第119页。
② 李铁生：《战略思维与高校的核心竞争力》，《经济师》2007年第10期。

（一）在顶层设计中聚焦教师教育特色

综合大学处于高等教育的顶端，也处在整个教育体系的顶端。它往往成了高等教育体系中所有成员追求的标杆，好像一所高校如果不是综合的就必定是不入流的。教师教育大学化开启了高师院校综合化的历程，给高师院校的管理者们提供了一个满足综合化冲动的大好契机。大量高师院校尤其是地方师范学院纷纷宣称自己是综合性或多科性高等学校，甚至不顾自身条件，将有限的教师教育资源分配到新专业、新学科的建设上去，积极投身升格大学、申报硕士点甚至博士点的洪流之中。其结果是，非教师教育专业和学科建设反反复复、举步维艰，而具有传统优势的教师教育专业又受到严重拖累。长此以往，高师院校仅有的教师教育特色就会逐渐消散在综合化的烟雾之中而没有特色可言。这显然是不利于高师院校的健康发展，也不利于教师教育的发展。在开放化的教师教育体系中，原综合大学可以参与教师教育，但它们往往涉足了高端层次的教师教育，如硕士和博士层次的教师培养。高师院校承担教师教育职能的主体地位没有改变，也不应当改变。高师院校"无论向什么方向发展，都应始终坚持教师教育的办学特色。这是师范大学在教师教育体系中的独特地位、历史使命所决定的，也是师范大学安身立命、抓住机遇、谋求发展的需要"[①]。如果高师院校放弃或者淡化了自身的教师教育使命，这对于中国教师教育而言，至少目前是太过于冒进的做法。"百年大计，教育为本；教育大计，教师为本。"保持教师教育体系的稳定性是教师教育发展之需。从整个高等教育来看，一流高校并非一种模式，所有高校都按照综合大学模式来建设是不理智的冲动行为。只有办出特色的高校才可能发展为一流高校，盲目地追求综合、追求一流而放弃自身的办学特色，是不可能发展成为高水平大学的。因此，高师院校的顶层设计应当把教师教育特色提升到战略高度。

（二）在综合转型中坚守教师教育特色

办学特色是"一所大学在发展历程中形成的比较持久稳定的发展方式和被社会公认的、独特的、优良的办学特征"[②]。它是学校办学理念、精神

---

① 宋永忠：《师范大学转型不能丢掉教师教育特色》，《中国高等教育》2006年第5期。
② 2002年中外大学校长课题组：《大学办学特色的形成发展战略》，《国家教育行政学院学报》2003年第3期。

第九章　管理、治理与协同：高师院校组织变革的行动之策

和灵魂的集中体现，特色的培育过程是长期的。尽管充足的教育经费可以在短期内修建一座漂亮的校园、一幢高档的实验大楼，也可以引进高层次人才，但绝对不能在短期内塑造出一所学校的特色。高师院校综合化之后，非师范专业的迅猛发展需要大量的经费，这成为学校管理者工作的重心。他们一方面四处找项目、拉资金，增加学校经费总量，另一方面将教师教育经费大幅挤压。回顾十多年的发展历程，大量高师院校的新区建设"轰轰烈烈"、学科专业"门类齐全"，但是教师教育特色"日渐式微"。

如果我们将特色的培育看作连续性的过程，教师教育大学化以来的高师院校综合化即使不是造成高师院校教师教育办学特色连续性生长的中断，至少也带来了严重的干扰和摇摆。这严重违背了高师院校的发展规律，也阻碍了教师教育的科学发展。大量地方高师院校感到了教师教育大学化对自身的冲击，在办学定位的教师教育特色方面失去了自信，而想"另起炉灶"、培育新的办学特色和发展方向。对于高师院校的院系管理者和部分教师来讲，当前的教师教育成为"食之无肉、弃之有味的鸡肋"。就高师院校而言，他们具有长期的教师教育历史、传统和优势，这就是培育学校特色的重要资源，漠视历史、割裂历史的学校发展不但成本巨大，而且难以成功。当然，并不是要反对高师院校立足地方经济社会发展需要培养应用型人才，这同样是时代对高师院校尤其是地方师范学院提出的要求。但是，教师教育特色是高师院校综合化发展的根据地和立足点，舍此，学校的发展就会失去根本。北京师范大学在转向综合性大学的过程中就反复强调："转向综合性大学本身不是目的，目的是藉综合性学科新平台的支撑，进一步发展百年形成的教师教育的优势与特色，构建核心竞争力，促进学校综合多元和高水平发展。"[1] 因此，高师院校在综合化转型过程中，不能割裂历史，而要充分发挥传统优势和历史积淀，把教师教育特色打造得更好。

（三）在改革发展中创新教师教育特色

学校的特色发展是个相对的动态过程。从整个高等教育体系来看，所有高师院校都应当具有教师教育特色。但是，就高师院校这个总体来讲，只停

---

[1] 郑师渠、方增泉：《师范大学的特色发展战略和高师改革趋向》，《教师教育研究》2006年第6期。

留在"坚持教师教育特色"显然不够明晰。进一步的追问是，该校的教师教育特色体现在哪里？与 A 校相比，B 校的教师教育特色"特"在什么地方？高师院校办学定位的教师教育特色实际上体现了差异化发展战略，不同高师院校之间应当相互学习、借鉴，但又要有自身的创新、发展与特色。只有坚持特色化发展、差异化发展，高师院校才能在日益开放化的高等教育市场竞争中培育出自身的核心竞争力。按照这样的思路，每所高师院校都不得不思考自身教师教育特色的生长点在哪里——是人才培养规格、人才培养模式，还是学科专业建设，等等。按照常规的研究思路，研究者总是应当要提出一套关于如何促进高师院校办出教师教育特色的对策与建议。但实际上，这样的"处方"从来就很少有灵验的。既然是特色办学，那么，就没有所谓普遍最优的策略。因此，高师院校只有立足自身的发展历史和现实状况，在科学分析研究的基础上寻找适合自身的教师教育特色的生长点，最终才能真正让教师教育特色生长出来、繁荣起来。

二 分析教情校史，探索教师教育的有效模式

教师教育模式就是教师教育系统中核心要素的不同组合之后形成的相对稳定的结构。在分析教师教育模式时关注的焦点不同，也就产生了不同的模式划分。在此，我们重点关注的是学制、课程和实践三个核心要素，因而有了多种教师教育模式的区分。高师院校采用不同的教师教育模式，也就要求有相应的组织变革与之配合。就某个具体的高师院校而言，究竟选取何种模式？这需要考虑到政策、趋势和历史等多方面因素进行综合决策。

（一）教师教育学制模式与高师院校组织变革

从学制方面来看，教师教育有本专科教育模式和学士后教育模式。本专科教育模式的学制年限为本科四年或专科三年，以完成本专科学历教育目标。在该模式下，学科专业教育和教师专业教育完全融为一体，而在实践中往往是学科专业教育居于统治地位，而教师专业教育则备受冷落。这是我国传统师范教育的基本做法。学士后教育模式指"对已具有学士学位的学生进行教师专业教育使其取得教师资格的一种教师教育模式"[①]。在该模式下，

[①] 王宇翔：《学士后教师教育模式实施的必要性探究》，《中国教育学刊》2010 年第 1 期。

第九章 管理、治理与协同：高师院校组织变革的行动之策

学科专业教育和教师专业教育相对分离，更有助于真正实现教师教育专业化，但又有学制延长之弊。从国际上看，美国主要有"4+1""4+2"两种模式，"学生在接受普通教育与任教学科教育的基础上，到教育学院或教育研究生院进行为期一年或两年的教育专业训练"。英国以"研究生教育证书"课程为主，要求学生"在本科基础上接受一年的教育专业理论课程学习和现场实践"。法国初、中等教师的培养采取大学和教师培训学院合作的"3+2"方式，所有师范生的职前学科教育在大学完成，教师培训学院负责2年的专业培训。日本从1988年开始实行对具有硕士学位的教师颁发比学士学位的教师高一级别的"专修资格证"制度，2006年正式颁布"教师专业研究生院"创建方案。[①] 从我国重点师范大学的改革情况来看，也有北京师范大学的"4+2"模式、华东师范大学的"4+1+1"模式和上海师范大学的"3+3"模式。[②]

无论是从基础教育对中小学教师规格的要求，还是教师教育本身的发展逻辑来审视，学士后教师教育是教师教育改革的主要发展方向。但这并不意味着，本专科教师教育在短期就已经没有生存空间了，尤其是大量的地方高师院校还是专科学校、本科学院而没有获得硕士研究生教育的授权。这表明，本专科模式和学士后模式还会长期共存。高师院校组织变革首先要在这两种模式上做出选择。对于地方师范院校而言，需要作决策的头等大事是要不要突破教育硕士授权点，从而打开教师教育学历层次的上升空间。目前，师范大学可以以学士后教师教育模式为主，师范学院和师范专科学校可以以本专科教师教育模式为主。与这两种模式相适应，高师院校组织模式也应做出变革。本专科教师教育可以在教育学院平台上进行教师教育资源整合，如在教育学院成立教师教育教研室，实现"教育学院+学科学院"的协同育人。学士后教师教育已经将学科专业教育与教师教育脱离开来，完全可以成立教师教育学院来独立完成教师培养，整个教师教育资源完全聚集在教师教育学院，如南京师范大学的教师教育改革。

---

① 徐今雅：《发达国家学士后教师教育及对我国的启示》，《浙江师范大学学报》（社会科学版）2008年第3期。

② 王健：《我国高校学士后教师培养模式的现状分析》，《教师教育研究》2009年第6期。

（二） 教师教育课程模式与高师院校组织变革

从课程方面来看，教师教育有混合模式和分离模式。长期以来，教师教育课程主要由四类构成：通识教育课程，这是所有大学生的公共必修课程；学科教育课程，该部分课程与同学院其他专业大体相同；教师教育课程，这是真正体现教师专业性的课程，其中，大部分内容在各个专业间并无差异，唯有学科教学论一类课程有别；教学实践课程，包括教学见习和教学实习。应该说，这四类课程体现了教师知识的基本结构，其主体是学科教育课程和教师教育课程。混合模式将这四类课程混合编排于教师教育全过程，学科教育与教师教育同步实施。教师教育师范性与学术性之争由是而生。一般认为，教师教育的学术性不足。其理由是，同为本科学历，师范专业如何能够在相同时间内既学好教师教育课程，又能够在学科教育方面与同专业的非师范生媲美？这确实是混合模式难以克服的内在缺陷。

分离模式则在本科完成学科专业教育的基础上学习教师教育课程，以此来解决教师教育的学术性之困，也进一步突出了教师教育的专业性。显而易见，要实施彻底的分离模式，教师教育的学制模式也必然是学士后教育模式。然而，对于大量不具备实行学士后教育模式的高师院校来讲，混合式仍然是无奈的选择。高师院校组织变革应当充分考虑到学校的教师教育课程组织特性，将课程模式与学制模式紧密结合起来综合衡量，进而探索有效的组织变革路径。与混合模式相适应，高师院校组织变革当以虚拟组织为主，再以有效的协调机制配合之。与分离模式相适应，高师院校组织变革当以实体组织为主，将教师教育资源进行有力的聚集和整合。

（三） 教师教育实践模式与高师院校组织变革

从实践方面来看，教师教育有应用性模式和共生性模式。该模式的划分主要取决于如何看待理论与实践的关系，应用性模式将教育理论和教学实践视为两个具有不同逻辑的过程，教学实践就是在课堂教学中运用教育理论的过程，师范生先掌握了理论再到课堂上去应用理论。共生性模式将教学实践与教育理论视为同一过程的两个不同维度，教育理论诞生于教学实践并且指导教学实践，理论与实践在持续性地相互生成。对于教育理论与实践的这两种不同的理解，也就诞生了两种不同教师教育实践模式。传统做法属于应用性模式，一般在本科教学的第四学年上学期安排2~3个月的教学实习，其余时间因学校和专业的差异可能会偶尔有些见习机会但也实属寥寥。在这种模式下，教育理论与教学实践的脱节是严重的，教学实习往往流于形式而难以发挥出实质性的教育作用。但是，历史路径依赖的效应是非常显著的，要改变这种状况也并非易事。

共生性的教师教育实践模式是培养反思性实践家的必然要求，它要求高师院校与中小学校之间建立起深度的合作关系，双方能够对彼此的业务工作深度介入。教师教育实践的场景和资源在中小学校，如何突破高师院校与中小学校的壁垒是教师教育改革的一道难题。从管理的视角似乎找不到出路，因为中小学校和高师院校没有行政上的隶属关系。在高师院校与中小学校的合作过程中，存在着严重的"结构洞"，这是需要政府或第三方机构去发挥作用的空间。从高师院校内部来看，在综合化转型以前，高师院校是与中小学校合作的主体。但是，如今高师院校学科综合化、职能多元化，教师教育重心下移，举办师范专业的学院成为与中小学开展合作的主体，而缺乏一个统一的、与中小学校进行合作对接的专业机构，势必严重增加合作的交易成本而造成不必要的资源耗费。因此，在教师教育的应用性实践教学模式下，高师院校可由一个行政性部门来完成与中小学校的合作对接。但是，在共生性实践教学模式下，高师院校需要有一个专业机构来对师范生的教学实践课程进行整体谋划。

三 创新管理机制，促进教师教育的机构协同

教师素质结构的复杂多元性决定了教师教育机构的多元性，教师培养过程需要多个部门或学院的协同配合。在师范教育时期，高师院校是一个纯粹的教师教育机构，其内部机构具有非常高的组织化程度，也就容易保持整个机构的行动一致性，从而减少了大量的交易费用。如今，高师院校综合化以后，学校及其内部机构都面临着教师教育与非教师教育两类事业的利益权衡。在校院二级治理模式下，学院获得了更大的办学自主权，成了一个重要的利益主体。对于院长而言，自然也就存在部门利益和学校利益之间的博弈。高师院校教师教育的原有整体一致性被严重割裂开来。在此背景下，学校管理者的重要责任是从制度层面促进不同机构之间的协同。

(一) 面向教师素质结构的教师教育机构改革

时代究竟需要一个什么样的教师教育机构？这是近年来令人非常迷茫的一个问题。自20世纪90年代末以来，教育界怀着极大的热情推进教师教育大学化，其直接表现就是高师院校的合并升格热潮，大量的高师院校忙于"脱帽""更名"。十余年后，教育行政管理部门似乎感觉到有些不对劲。于是乎，又开始建立一些师范学院，还有教育部官员提出："'十三五'期间，我国181所师范院校一律不更名、不脱帽，聚焦教师培养主业。"[①] 问题是，改不改名只是一纸文件的事情，而实际上高师院校都是综合性的院校，教师教育成为高师院校的一个事业部。当组织功能和核心业务发生巨变以后，组织机构还是明显滞后且不相适应的。从可能性上考虑，高师院校有两个选择：一是重新退回到20年前，继续走独立封闭的师范教育传统道路；二是在现代大学制度的前提下探索教师教育组织变革。历史的车轮必然是滚滚向前的，即使是退回也不可能是原样。现在，最切实的选择是在现代大学制度下实现教师教育的组织变革。

教师教育可不可能由高师院校的某一个机构来独立完成？如果是可能的，那么，经历的这场转型就相当于把一个独立的师范院校搬进大学里来了，其封闭性依然显而易见。现代大学的制度环境究竟能够在多大程度上促进教师教育的绩效改进呢？值得商榷。如果幼儿教师和小学教师尚可由一个学院来独立完成，那么，中学教师在"学术性"与"师范性"之间的矛盾如何解决？尤其是，随着基础教育事业的发展，教师素质要求的规格大幅拓展和提升，知识本位的教师教育必然要向素质本位的教师教育转变。一个独立的学院能否满足教师素质结构的全部要求？恐怕很难。这自然需要多个学院、部门和机构的协同配合。围绕教师教育主业，高师院校可以鼓励建设一批跨学科的教师教育研究机构和课程开发团队。凡是未来教师需要的，高师院校就有责任去研究它，并将研究成果课程化，最终服务于教师教育质量提升。当然，这会增加高师院校内部的机构数量，从而在管理上增加了管理的跨度和层级，也自然会增加不同主体间的交易费用。然而，只要是围绕教师

[①] 赵婀娜：《"十三五"期间181所师范院校一律不更名》，《人民日报》2017年1月17日，第12版。

教育中心的改革，其潜在的问题都可以通过制度创新来解决。

（二）以协同育人为导向界定校院二级管理权

当前，高师院校内部的教师教育资源严重地分散，并且各种关系错综复杂、非常混乱。通识课程教学学院、学科课程教学学院、教师课程教学学院、实践教学机构等各自为政，各种教育模块在形成教师教育合力方面缺少有效的衔接。由于师范生归属于学科专业学院，其在学科文化的熏染下自然容易获得学科的身份认同，而不是教师的身份认同。只要教师教育没有彻底地实现学士后教育，那么，这个难题就很难有个彻底的解决之道。在目前的形势下，只有回归大学精神的本真，通过高校内部机构的协同育人来培养高质量教师。

在校院二级治理模式下，学校获得了相对较大的管理权。这有利于调动学院的办学积极性和主动性，但也强化了学院的部门利益与学校利益之间的矛盾。教育在本质上面对的是完整的人，其目的是促进人的全面发展。学校的学科分化只是为了教育实施的便利性，彼此之间原本不是泾渭分明的。如今，物理学院的物理学师范生根本不关心生物学师范生在学什么，更不要说历史学师范生了。高师院校被割裂为一个个的"学术部落"，院长成了行政性的"部落首领"。高校在人事管理上的封闭性和强制性更加强化了这一趋势。因为每位教师都在人事上归属于学校的某一个学院或部门，教师个体的劳动收入与所在部门的利益息息相关。教师教育所要求的协同育人在实践上就是相当困难的。一般来说，不同主体之间合作行为的发生，要么是交易性的，要么是命令性的。前者基于谈判协商，后者基于行政命令。谈判协商的前提是要有需求和筹码，行政命令的前提是制度上要合理合法。因此，学校管理者可以做好三件事：一是完善院长考核机制，刺激协同育人的需求。二是保障院长管理权限，增加协同育人的筹码。三是完善学校制度体系，打破部门本位主义，让协同育人合理合法。

（三）建立不同教师教育部门的沟通衔接机制

如果教师教育要成为一个专业，那么，它必定有一个共同的知识基础，这个基础联结了语文、数学、物理、化学、生物等不同学科领域，也联结了幼儿教师、小学教师和中学教师。因为教师专业化和教师教育专业化都还没有达到预期的目标，这个共同的知识基础也没有稳固地建立起来，所以，教师教育者们的对话总是困难的，而且往往是由学科话语僭越了教师话语，高师院校的教师教育表现出明显的散乱状态。事实上，出现这种状况的原因还与大学文化有关。自中世纪大学诞生之初，大学原本是开放性的。如今，大学的各个学科之间大有"小国寡民""老死不相往来"之势。这或许与学科分化的知识高深性有关，也可能与文化上的封闭性脱不了干系。如果真的是这样，高师院校当初的综合化冲动对教师教育的价值就值得反思。因此，从根本上讲，高师院校需要营造一种开放性的大学文化氛围。

文化之病，成之也渐，医之也缓，需循序渐进。高师院校可着手之处在于建立共享交流机制，实现学科、学院、专业的沟通衔接，从而为教师教育搭建起综合化、开放性的平台。简单地说，就是物理学院的师范生为什么就不能是历史学院的师范生？难道一个物理学教师就可以对历史学一无所知吗？现在最严重的问题就在于，这种"界线"太泾渭分明了，与培养全面发展的人不相符，与大学开放性本质不相符。高师院校在这方面的改革：一是可以从学籍管理、课程管理、人事管理等环节把师生的学院本位思想解放出来，真正实现在大学培养教师。二是搭建学校层面的教师教育交流平台，让不同学科专业的教师教育者能够找到"圈子"的共同体归属感。三是实施更加科学合理的教师绩效管理，充分调动教师在跨部门、跨学科、跨专业工作中的参与积极性。因此，高师院校要真正发挥出综合化转型对教师教育的正向功能，就需要把不同类型的教师教育机构整合起来，让学校在灵魂上实现开放化，在实践上实现协同化。

第三节　高师院校的教师教育机构建设

在理顺高师院校外部和内部治理关系之后，要考虑的是，具体由谁来组织实施，即机构建设问题。这是高师院校组织变革在组织实体方面的体现。在高师院校综合化之后，学校层面的功能多元化，学院和职能部门的功能同样多元化，教师教育并非他们的全部职能。在这样的形势下，高师院校内部的教师教育机构建设滞后将显著阻碍教师教育的发展，直接影响师范生的教育质量，并最终损害了基础教育事业。基于现代大学制度环境，我们提出从领导机构、专业机构、支持机构三个方面加强教师教育机构建设。

一 加强学校顶层设计，建设教师教育领导机构

校长是学校的顶层设计者，对学校改革发展具有重要的影响力。如果要由一个不研究教师教育的校长来领导高师院校的组织变革，那么，真不知道他要把教师教育放到什么位置上去。因为一个人的学科背景和学术经历决定了一个人的思想广度、高度和深度。

（一）校长应是教师教育领域专家

校长是大学的灵魂和核心，校长的视野和境界决定着学校发展的方向和高度。"大学校长的作用随着大学的发展日显重要，在近代达到高峰。一所大学的崛起和发展常常伴随着一位或数位著名的校长。大学校长的治校理念和能力对大学发展起着至关重要的作用"。[①] 既然大学校长有如此重要的影响力，那么，由什么样的人来担任校长就对学校具有决定性的影响力。目前大家的共识是校长应当成为教育家。"如果说到称得上教育家的校长，那么，他除了专门的学科背景外，还需要在教育理论上有所建树，这已经是表现了对校长宽阔学术视野的要求，又同时是他因应校长工作之需要而使视野得到了拓宽"。[②] 也就是说，任何一所大学的校长无论他具有什么样的学科背景，他都应该是懂得教育规律的人，并能在教育实践中实现教育理论与教育改革的和谐共生。

既然所有的大学校长都应该成为教育家，那么，高师院校校长是没有什么理由不研究教育问题的，他们最具有条件将教育理论与教育实践有机结合起来。有学者通过对36所师范大学校长的实证调查表明，其中，22位是理科出身，占总数的61.1%；14位师范大学校长是文科出身，占总数的38.9%；有6位没有发表过高等教育研究论文，占总数的16.7%；24位师范大学校长发表过1~10篇高等教育研究论文，占总数的66.6%。[③] 这一调查结果并不能让人特别满意。学科背景和学术经历对一个人的眼界具有至关重要的影响。作为高师院校的校长，如果既没有教育学学科背景，也没有教

[①] 贺国庆：《大学校长与大学发展》，《教育研究》2013年第3期。
[②] 张楚廷：《论大学校长》，《高等教育研究》2009年第7期。
[③] 柏美屹、朱萃：《中国师范大学校长群体特征研究——以36所师范大学校长为例》，《江汉大学学报》（社会科学版）2013年第4期。

育学学术经历，很难想象他会有什么教育家的胸怀和眼界。现实问题是，大学校长的这种行政任命体制在选拔和任命校长时还没有充分考虑到不同类型高校的特殊性。作为高师院校，长期以来的师范教育传统在教师培养方面具有深厚的历史积淀，如今以综合化转型为名盲目扩张非师范专业、削弱教师教育，最终必然得不偿失。如果校长及其班子成员都没有教育学科背景、没有研究基础教育和教师教育的专家，那么，这所高师院校的组织变革将很可能误入歧途。因此，我们建议：其一，高师院校校长应当将成为教师教育专家作为自身的职业生涯发展目标；其二，上级主管部门应当为高师院校校长成为教师教育专家提出考核要求和发展条件；其三，上级主管部门在组建高师院校校级领导班子时，应当安排适当比例的具有教师教育学科背景和学术经历的专家进入校级领导班子。

（二）成立教师教育改革领导小组

高师院校综合化之后的严峻现实是教师教育力量的分散化，学院或部门之间的协同存在诸多障碍，而在学校层面又缺乏强有力的统筹协调机制。如前文所述，校长的学科背景和学术经历也还难以适应教师教育变革的新形势。在这样的情况下，我们建议在学校层面成立教师教育改革领导小组。

教师教育改革领导小组的成员。教师教育改革领导小组应由校长任组长，分管教学的副校长、教师教育专业机构负责人和教务处处长任副组长，小组成员应包括举办教师教育的专业学院院长、教师教育支持机构负责人。

教师教育改革领导小组的职能。（1）制定学校教师教育改革发展的中长期规划。（2）制定教师教育者专业发展规划。（3）根据国家教师教育改革政策，组织制定学校的应对举措。（4）组织制定立足学校的教师教育课程标准。（5）组织实施教师教育课程评估。（6）组织开展教师教育人才培养质量评估。

教师教育改革领导小组的常设机构。教师教育改革领导小组的常设机构为办公室，设主任一名、职员若干。没有设置教师教育专业机构的高师院校可以将教师教育改革领导小组办公室设在教务处。设置有教师教育学院的高师院校可以将教师教育改革领导小组办公室设在教师教育学院。

教师教育改革领导小组的直属机构。教师教育专业化要求按照专业逻辑而非行政逻辑来举办教师教育，因而需要有专门力量来研究教师教育。教师教育改革领导小组的决策也需要借助专家的力量。因此，我们有两条建议：（1）成立学校教师教育改革专家咨询委员会。委员会成员不限于校内校外，也不限于任何行政职务，而是要真正研究教师教育、熟悉教师教育改革动态的专业人士。（2）成立教师教育研究机构。该研究机构定位于院校研究，主要将教师教育理论、教师教育政策和学校教师教育实际相结合，为学校教师教育改革提供可行方案。

二　整合教师教育资源，建设教师教育专业机构

既然教师教育面临的教育生态发生了显著变化，教师教育机构的调整就是必然的。在现代大学制度下，教师教育专业化是必由之路，教师教育专业化要求教师教育机构的专业化。高师院校内部需要有一个专业机构来组织实施教师教育。这并不意味着由这个专业机构来承担全部的教师教育任务，它同样需要与其他部门的协同配合。但是，这个教师教育专业机构是从教师专业的立场出发对教师教育进行整体谋划的。从近年来的发展情况看，机构改革必然要求打破原有的利益分配格局，因而阻力重重，实践中主要有以下两个思路。

（一）在教育科学学院之外新建教师教育学院

20世纪90年代末，师范大学纷纷在教育系的基础上建立教育科学学院。新升格的新建本科师范学院在学校转型中重新建立校院二级治理结构，也纷纷建立教育科学学院。在名称上各有差异，如教育科学学院、教育技术学院、教育科学与技术学院、教育学院、初等教育学院、基础教育学院、职业技术教育学院，等等。进入21世纪之后，在教师教育改革新形势下，教师教育学院又应运而生。如2005年，四川师范大学和南京师范大学率先在教育科学学院之外新建教师教育学院。随后，不少高师院校也纷纷行动起来组建教师教育学院。

为什么要在教育科学学院之外新建教师教育学院？这必然是教育科学学院不能或者不愿接手教师教育职能。一般来讲，教育专业领域的学术活动围绕着三个方向：教育学科建设、教育政策咨询、教育人才培养。虽然教育学学科的学术地位颇受争议，但是，它本身是一个庞大的学科体系，学科建设任重而道远。从理性选择的视角来看，教育政策咨询往往能够获得更多的科

研基金。人才培养至少包含教育学术型人才和教师专业人才。教育科学学院的传统优势领域是教育基本理论和教育心理学，对教师教育的其他领域尤其是学科教学涉及不多。在这种情况下，教育科学学院或者不愿意或者不能够承担起教师教育职能。由于高师院校内部构成的多样性，在教育科学学院之外新建教师教育学院主要适用于研究型的重点高师院校。在这类院校，教育科学学院和教师教育学院的基本职能才能稍微比较清晰地区分开来，即教育科学学院以教育学科建设、教育政策咨询、教育学术人才培养为主，教师教育学院以教师专业人才培养为主。

在教育科学学院之外新建教师教育学院的基本思路：（1）学科教育与教师教育分离，本科是纯粹的学科教育，教师教育属于研究生教育。（2）各学科教师教育者集中到教师教育学院，专门负责教师教育学科、专业和课程建设。（3）负责全校各学科专业的在职中小学教师培训任务。在这种建设模式下，教师教育才有可能真正地实现专业化。但是，限于改革进程中各方主体的利益博弈和基础教育对教师的供需平衡，也很难一步完成。高师院校的组织变革不宜一刀切，应当鼓励部分高水平的高师院校先行改革试点。

（二）在教育科学学院之内组建教师教育学院

在教学型高师院校，尤其是没有教育硕士点或者硕士点规模非常小的高师院校，应当在教育科学学院之内组建教师教育学院，实行所谓"两块牌子一套班子"。在这类高师院校中，教育科学学院的学科支撑是教育学和心理学。教育学需要有心理学的支撑，但心理学往往又在偏离教育学的方向寻求新的发展机会。这类高师院校一般设置有应用心理学、小学教育、学前教育三个专业。就这类高师院校来讲，教育学学科建设、教育政策咨询、教育学术人才培养方面的力量相对薄弱。在教育科学学院之外新建教师教育学院阻力较大，更切实可行的方案是在教育科学学院之内组建教师教育学院，如乐山师范学院。

在教育科学学院内组建教师教育学院的基本思路：（1）学科教育与教师教育混合进行，教师教育学院与学科专业学院协同配合。（2）教师教育学院主要在学校教师教育改革领导小组的直接领导下开展工作，组织教师教育改革专家委员会和教师教育研究机构的工作。（3）各学科教师教育者仍然在各学科专业学院，以学科教师教育者为骨干建立学科教师教育教研室，负责本学科教师教育课程建设。（4）从教师管理体制上，明确学科教师教育者的双重身份，在人事编制上归属学科专业学院，但专业身份上归属教师教育学院。这种模式的显著弊端是需要多机构协同配合，内部交易成本增加，与教师教育专业化还有一段距离。但是，这在当前时期还是必要和可行的。如果完全把教师教育提升到硕士层次而取消本科师范专业，那么，很有可能造成教师供求失衡。在该模式下，教师教育学院的工作重点是教师教育课程建设和教师教育者专业发展平台建设。

总而言之，面对教师教育新形势和教师教育专业化新要求，无论是在教育科学学院之外新建教师教育学院，还是在教育科学学院之内组建教师教育学院，高师院校需要行动起来，需要有专门机构、专门人员来推进这一工作，而不能囿于师范教育的传统做法停滞不前。

三　立足学校特色优势，建设教师教育支持机构

特色是学校之魂，也是学校核心竞争力的重要体现。高师院校当然要以教师教育为特色，但还需要进一步打造教师教育本身的特色。通俗地说，这所高师院校培养的教师和另一所高师院校培养的教师有什么显著的特点。可能的选择路径当然很多，但需要结合学校的校情校史、地方文化等多方面因素综合考虑。在此，我们以绵阳师范学院为例，剖析通过开展创新教育支持学校教师教育改革的成功经验。

（一）教师要有开发儿童创造力的教学能力

进入21世纪以来，党中央明确提出了建设创新型国家的宏伟战略。这是实现中国经济社会转型升级的必然要求，也是实现中华民族伟大复兴的必由之路。建设创新型国家是一项宏大的系统工程，毋庸置疑，创新型人才是所有因素中最重要的因素。创新型人才的突出特征高创造力，而高创造力的核心是创新思维。尽管创新型人才的成长以及创新思维的培养受到多方面因素的影响，但是，学校教育肯定应当勇于承担重任。从创新型人才成长的规律来看，基础教育对儿童的创造力开发具有特别重要的价值，创新型人才的培养需要"从娃娃抓起"。在儿童的成长过程中，教师的言传身教具有重要的示范引领作用。正如习近平同志所讲的，教师要当好学生"创新思维引

路人"①。从现实来看,大多数中小学教师主要扮演知识传授者的角色,他们还缺乏担当学生创新思维引路人的意识、能力和情感。高师院校理应顺势而为,肩负起这份时代责任,为基础教育培养出更多的"创新思维引路人"。

实际上,创造并不神秘,人人都有创造潜力,并且这种潜力能够通过教育与训练得到开发。"创造神秘论者把创造看成是高不可攀的事,认为只有少量天才人物才有创造力;不赞成创造神秘论者认为,创造力是一个多层次的思维心理现象"②。国内外的大量实证研究都论证了创造力开发的有效性。国外学者的实验研究表明,通过教师有意识的培养与环境创设,能够有效地提高学生的创造力。有中国学者的实验研究结果表明,"无论是结合学科教学的还是专门的创造策略训练都能有效地培养学生的创造思维能力、创造态度及创造性解决问题的能力"③。诚然,现实中,学校教育与创造力开发之间的关系是非常微妙的。在历史上,也不乏一些极富创造力的天才人物却是学校教育的逃避者。这表明,在实然状态上,学校教育往往会损害创造力开发。但是,在应然状态上,学校教育理应肩负起开发学生创造力的责任。美国当代著名创造学家索耶给出的建议是"创造性研究并不认为,只要摆脱学校教育,每个人都将更具有创造性!但是,如果学校教育能进行调整,以便更好地与创造性研究相一致,学校教育将能更好地培养创造性"④。毫无疑问,学校教育的这种"调整"需要创造型教师。如果教师教育者们对创造力开发没有形成正确的理念,创造型教师的成长就只能依靠教师们自主发展,而这势必是对教师教育的极大讽刺。因此,高师院校应当在国家创新体系建设中肩负起应有之重任,成立创新教育支持机构,为教师教育者和教师学习者搭建创新教育能力发展平台。

(二) 成立创造教育机构以培养创造型教师

我们建议有条件的高师院校应当成立创新(教育)学院,或者在教育

---

① 霍小光、张晓松:《习近平在北京市八一学校考察时强调全国贯彻落实党的教育方针 努力把我国基础教育越办越好》,《光明日报》2016年9月10日,第1版。
② 刘道玉:《创造教育概论》(第3版),武汉大学出版社,2009,第39页。
③ 张景焕、申燕:《创造型教师的心理素质与课堂教学行为》,《山东师范大学学报》(人文社会科学版)2008年第2期。
④ 〔美〕索耶:《创造性:人类创新的科学》,第103页。

科学学院/教师教育学院内部成立创造教育教研室。早在21世纪初，绵阳师范学院就开始开展师范生科技创新教学实习工作。2008年，绵阳师范学院成立创新学院，专门负责组织创造教育工作。该机构以打造创造教育课程为核心，面向全校大学生开展创造教育与实践指导。创造教育课程体系应当包括以下三个主要部分：其一，普通创造学课程。该类课程主要介绍创造过程、创造环境、创造心理、创造思维、创造技法等创造学的基本理论。其二，教育创造学课程。该类课程主要是运用创造学理论改造传统的教育学课程，对原有教育学的理论体系中的教育目的、教育功能、教育价值、教育原则、教育方法等进行创造学的阐释。其三，学科教育创造学课程。该类课程主要结合具体学科如语文、数学、物理、化学、生物等的实际教学问题，引导师范生从开发学生创造力、培养创新人才的立场，进行教学目标、教学方案和教学策略的重新设计，从而提高师范生的创造性教育教学能力。

除创造教育课程以外，创新学院还应当着力打造以下四类实践平台：一是院系创新实践班平台。各个学科院系应当设立创新实践班，将创新实践与学科专业教育紧密结合，以提供更好的创新实践指导和更多的学生实践机会。二是创新创业训练项目平台。构建"校级—省级—国家级"三级创新创业训练体系，大力提倡和鼓励师范生参与创新创业训练，以提高自身的创新意识、创新思维和创新能力。三是学科创新竞赛平台。学校应当为学生提供更多的展示机会，使学生的创新实践成果能够在更宽广的舞台上得到展示和认可。四是高校与中小学合作平台。中小学校是培养创造型教师的服务面向，教师教育全过程都应当与中小学课堂教学紧密结合，让师范生通过见习、实习等途径亲身参与中小学教学实践。在实践现场发现真实的教育问题，从而在分析问题和解决问题的过程中不断提高自身的创造性教育教学能力。

参考文献

〔比〕普里戈金、斯唐热：《确定性的终结：时间、混沌与新自然法则》，湛敏译，上海科技教育出版社，2009。

〔德〕柯武刚、史漫飞：《制度经济学：社会秩序与公共政策》，韩朝华译，商务印书馆，2000。

〔德〕马丁·布伯：《我与你》，陈维钢译，三联书店，1986。

〔德〕韦伯：《学术与政治：韦伯的两篇演说》（2版），冯克利译，三联书店，2005。

〔德〕雅斯贝尔斯：《大学之理念》，邱立波译，上海人民出版社，2006。

〔德〕雅斯贝尔斯：《什么是教育》，邹进译，三联书店，1991。

〔法〕戈丹：《何谓治理》，钟震宇译，社会科学文献出版社，2010。

〔法〕卢梭：《爱弥尔》，李平沤译，商务印书馆，2003。

〔法〕莫兰：《复杂性理论与教育问题》，陈一壮译，北京大学出版社，2004。

〔荷〕杜玛、斯赖德：《组织经济学》，原磊等译，华夏出版社，2006。

〔美〕波伊曼：《知识论导论：我们能知道什么？》（2版），洪汉鼎译，中国人民大学出版社，2008。

〔美〕伯顿·克拉克主编《高等教育新论：多学科的研究》（2版），王承绪、徐辉等译，浙江教育出版社，2001。

〔美〕伯顿·克拉克：《高等教育系统》，王承绪等译，杭州大学出版社，1994。

〔美〕伯特：《结构洞：竞争的社会结构》，任敏、李璐、林虹译，格致出版社、上海人民出版社，2008。

〔美〕博耶：《关于美国教育改革的演讲》，涂艳国、方彤译，教育科学出版社，2003。

〔美〕布鲁贝克：《高等教育哲学》（3版），王承绪等译，浙江教育出版社，2001。

〔美〕杜威：《民主主义与教育》，王承绪译，人民教育出版社，1990。

〔美〕盖托：《上学真的有用吗？》，汪小英译，三联书店，1991。

〔美〕古德莱德：《学校的职能》，赵晓燕编译，甘肃文化出版社，2005。

〔美〕华勒斯坦等：《学科·知识·权力》，刘健芝等编译，三联书店，1999。

〔美〕吉特洛等：《质量管理》，张杰等译，机械工业出版社，2008。

〔美〕杰克森：《什么是教育》，吴春雷、马林梅译，安徽人民出版社，2012。

〔美〕理查德·威廉姆斯：《组织绩效管理》，蓝天星翻译公司译，清华大学出版社，2002。

〔美〕马奇、西蒙：《组织》，邵冲译，机械工业出版社，2008。

〔美〕诺思：《经济史上的结构和变革》，厉以平译，商务印书馆，1992。

〔美〕诺思：《制度、制度变迁与经济绩效》，杭行译，格致出版社，2008。

〔美〕欧文斯：《教育组织行为学》，孙绵涛等译，华中师范大学出版社，1987。

〔美〕索耶：《创造性：人类创新的科学》，师保国等译，华东师范大学出版社，2013。

〔美〕唐纳德·A.舍恩：《反映的实践者：专业工作者如何在行动中思考》，夏林清译，教育科学出版社，2007。

〔美〕约瑟夫·M.朱兰、A.布兰顿·戈弗雷：《朱兰质量手册》（5版），焦叔斌译，中国人民大学出版社，2003。

〔日〕佐藤学：《教师的挑战》，钟启泉、陈静静译，华东师范大学出版社，2012。

〔日〕佐藤学：《课程与教师》，钟启泉译，教育科学出版社，2003。

〔西〕萨瓦特尔：《教育的价值》，李丽、孙颖屏译，北京大学出版社，

2012。

〔英〕波普尔：《猜想与反驳：科学知识的增长》，傅季重等译，中国美术学院出版社，2003。

〔英〕怀特海：《教育的目的》，庄莲平、王立中译，文汇出版社，2012。

〔英〕罗素：《罗素论教育》，杨汉麟译，人民教育出版社，2009。

〔英〕洛克：《教育漫话》，傅任敢译，教育科学出版社，1999。

〔英〕玛丽·道格拉斯：《制度如何思考》，张晨曲译，经济管理出版社，2013。

〔英〕蒙克：《维特根斯坦传：天才之为责任》，王宇光译，浙江大学出版社，2011。

〔英〕纽曼：《大学的理想》，徐辉、顾建辉、何曙荣译，浙江教育出版社，2001。

2002年中外大学校长课题组：《大学办学特色的形成发展战略》，《国家教育行政学院学报》2003年第3期。

安徽师范大学校史编写组编《安徽师范大学校史1928—2008》，安徽人民出版社，2008。

白景坤、荀婷、张贞贞：《组织惰性：成功的副产品，抑或组织病症——基于系统性审查方法的述评与展望》，《外国经济与管理》2016年第12期。

白景坤：《基于组织惰性视角的组织理论演进路径研究》，《改革与战略》2008年第3期。

柏美屹、朱萃：《中国师范大学校长群体特征研究——以36所师范大学校长为例》，《江汉大学学报》（社会科学版）2013年第4期。

鲍宇科：《专业教育与通识教育：一种哲学的视角》，《浙江社会科学》2007年第4期。

北京师范大学校史编写组编《北京师范大学校史1902—1982》，北京师范大学出版社，1984。

柴邦衡：《ISO900质量管理体系》（2版），机械工业出版社，2010。

蔡永红、林崇德：《教师绩效评价的理论与实践》，《教师教育研究》2005年第1期。

曹瑄玮、席酉民、陈雪莲：《路径依赖研究综述》，《经济社会体制比较》2008年第3期。

陈桂生：《常用教育概念辨析》，华东师范大学出版社，2008。

陈洪捷：《论高深知识与高等教育》，《北京大学教育评论》2006年第4期。

陈金圣：《大学校长之法定权责、履职路径与保障机制》，《教育发展研究》2016年第23期。

陈静静：《教师实践性知识论：中日比较研究》，华东师范大学出版社，2011。

陈克娥：《关于新教师资格考试政策反响的调查报告》，《上海教育科研》2013年第4期。

陈时见、王雪：《教师教育一体化课程体系的构建与实施》，《教育研究》2015年第8期。

陈向明等：《搭建实践与理论之桥：教师实践性知识研究》，教育科学出版社，2011。

陈永明、王健：《"教师教育学"学科建立之思考》，《教育研究》2009年第1期。

陈元晖编《中国近代教育史资料汇编 戊戌时期教育》，上海教育出版社，2007。

陈元晖编《中国近代教育史资料汇编 洋务运动时期教育》，上海教育出版社，2007。

陈运超：《组织惰性超越与大学校长治校》，《教育发展研究》2009年第12期。

陈运涛编著《质量管理》，清华大学出版社、北京交通大学出版社，2008。

谌启标：《教师教育大学化的国际比较研究》，福建教育出版社，2008。

丛小平：《师范学校与中国的现代化：民族国家的形成与社会转型1897—1937》，商务印书馆，2014。

戴伟芬：《美国绩效标准本位教师教育课程理念与实践探析》，《教育发展研究》2012年第10期。

戴伟芬：《职前教师教育理论与实践融合的第三空间研究》，《教育研究》2014年第7期。

邸强、郭俊华:《组织资本与组织绩效:理论分析与实证检验》,上海交通大学出版社,2010。

丁守和:《实业救国、教育救国、科学救国思想的再认识》,《文史哲》1993年第5期。

董云川:《论中国大学与政府和社会的关系》,云南大学出版社,2004。

杜静:《我国教师教育课程存在的问题与改革路向》,《教育研究》2007年第9期。

付亚和、许玉林主编《绩效考核与绩效管理》,电子工业出版社,2003。

高军、赵黎明:《社会系统组织化研究》,《系统辩证学学报》2002年第4期。

高永惠、黄文龙、刘洁:《高校教师人才胜任力品质因子模型实证研究》,《湖南科技大学学报》(社会科学版)2011年第9期。

顾明远主编《教育大辞典》增订合编本(上),上海教育出版社,1998。

顾明远:《论教师教育的开放性》,《高等师范教育研究》2001年第4期。

顾明远:《我国教师教育改革的反思》,《教师教育研究》2006年第6期。

郝德永:《教育学面临的困境与思考》,《高等教育研究》2002年第7期。

何东昌主编《中华人民共和国重要教育文献》(共三册),海南出版社,1998。

河南师范大学校史编写修订组编《河南师范大学校史》,吉林人民出版社,2003。

贺国庆:《大学校长与大学发展》,《教育研究》2013年第3期。

贺巷超主编《洛阳师范学院校史》,河南大学出版社,2006。

洪明:《美国教师质量保障体系历史演进研究》,北京师范大学出版社,2010。

洪秀敏、庞丽娟:《论教师自我效能感的本质、结构与特征》,《教育科学》2006年第4期。

洪真栽：《绩效管理在高校运行过程中的价值引导》，《科学学与科学技术管理》2004年第6期。

侯小兵、谭小宏：《师范院校培养创造型教师的价值、困境及对策》，《当代教师教育》2014年第4期。

侯小兵、张继华：《理解与行动：高等教育质量建设研究》，四川人民出版社，2015。

侯小兵：《教师教育大学化与地方师范学院转型》，《绵阳师范学院学报》2011年第4期。

侯小兵：《学科教学论教师的专业身份研究》，科学出版社，2016。

侯小兵：《学校—大学—联盟：教师教育机构转型的基本轨迹》，《中国高教研究》2013年第7期。

胡春光：《大学学科的"学术部落化"及知识危机》，《教育评论》2012年第2期。

黄敏、杨凤英：《第三方治理：美国高等教育协会组织的管理职能》，《河北师范大学学报》（教育科学版）2014年第3期。

黄崴：《教师教育体制：国际比较研究》，广东高等教育出版社，2003。

黄崴：《教师教育专业化与教师教育课程改革》，《课程·教材·教法》2002年第1期。

霍小光、张晓松：《习近平在北京市八一学校考察时强调全国贯彻落实党的教育方针 努力把我国基础教育越办越好》，《光明日报》2016年9月10日，第1版。

季诚钧：《创造型教师：一个值得推广的概念》，《教师教育研究》2006年第2期。

蒋玉、刘绛华：《从组织伦理能力到国家软实力——组织化社会中的国家软实力之核心问题探究》，《求实》2011年第8期。

教育部计划财务司编《中国教育成就统计资料（1949—1983）》，人民教育出版社，1984。

教育部师范教育司编《教师专业化的理论与实践》（2版），人民教育出版社，2003。

教苑：《上海师范大学"3+3"教师教育模式》，《外国中小学教育》

2007年第4期。

金观涛、华国凡：《控制论和科学方法论》，科学普及出版社，1983。

金长泽、张贵新主编《师范教育史》，海南出版社，2002。

康凯：《对高等教育专业教育理念的思考》，《国家教育行政学院学报》2016年第5期。

康永久：《教育制度的生成与变革：新制度教育学论纲》，教育科学出版社，2003。

康震、陶群英、付谧：《以专家型教师为目标——谈免费师范生的培养理念与质量保障》，《中国大学教学》2013年第6期。

雷忠、侯小兵：《教师资格新政对师范生不利吗》，《光明日报》2015年7月14日，第13版。

李斌、霍小光：《习近平在北京师范大学考察时号召全国广大教师做党和人民满意的好老师》，《光明日报》2014年9月10日，第1版。

李福华：《大学治理与大学管理》，人民出版社，2012。

李桂林、戚名琇、钱曼倩编《中国近代教育史资料汇编 普通教育》，上海教育出版社，2007。

李海英：《教师教育课程设置的价值取向》，《全球教育展望》2005年第1期。

李化树：《论大学学科建设》，《教育研究》2006年第4期。

李剑萍：《中国现代教育问题史论》，人民出版社，2005。

李奇勇：《教师资格，为何而考》，《中国教师报》2014年4月2日，第5版。

李庆豪：《我国公立大学校长地位的法学审视》，《清华大学教育研究》2005年第2期。

李群、朱松涛：《我国高校教师教育专业面临的挑战与对策》，《江苏高教》2012年第2期。

李润洲：《教师教育学：一门有待具象的学科》，《上海教育科研》2014年第2期。

李铁生：《战略思维与高校的核心竞争力》，《经济师》2007年第10期。

李学农：《教师专业化实践的困境与教师教育学科理论的生长》，《教育理论与实践》2007年第4期。

李学农：《论教师教育者》，《当代教师教育》2008年第1期。

李学农：《论我国教师教育机构改革的路径选择》，《黑龙江高教研究》2007年第9期。

李友芝、李春年、柳传欣、葛嘉训编《中国近现代师范教育史资料》第二册，内部资料，1983。

连榕主编《教师专业发展》，高等教育出版社，2007。

林丹：《学科性质、学科体系抑或学科功能？——理性审思教育学学科地位的独立原点》，《教育学报》2007年第6期。

林杰、苏永建：《高深知识是高等教育特殊性的来源》，《高等教育研究》2015年第12期。

林筠主编《绩效管理》，西安交通大学出版社，2006。

林志扬、李海东：《组织结构变革中的路径依赖与路径突破》，《厦门大学学报》（哲学社会科学版）2012年第1期。

刘宝剑：《教师资格国考：师范生的认识、态度与诉求——基于浙江省万名师范生的调查研究》，《教育发展研究》2014年第22期。

刘道玉：《创造教育概论》（第3版），武汉大学出版社，2009。

刘捷、谢维和：《栅栏内外：中国高等师范教育百年省思》，北京师范大学出版社，2002。

刘捷：《专业化：挑战21世纪的教师》，教育科学出版社，2002。

刘静：《20世纪美国教师教育思想的历史分析》，北京师范大学出版社，2009。

刘涛、陶媛：《芬兰中小学教师教育硕士化制度探析》，《教育探索》2012年第12期。

刘问岫：《当代中国师范教育》，教育科学出版社，1993。

刘湘溶：《综合与特色——关于师范院校改革与发展的思考》，《教师教育研究》2004年第3期。

刘亚荣、高建广、梅强、张金刚、李华、计建炳、孙毅：《我国高校实行校院两级管理体制改革的调研报告》，《国家教育行政学院学报》2008年第3期。

刘益春、李广、高夯：《"U—G—S"教师教育模式实践探索》，《教育研究》2014年第8期。

刘英杰主编《中国教育大事典（1949—1990）》（上），浙江教育出版社，1993。

卢现祥：《西方新制度经济学》，中国发展出版社，1996。

卢裕家：《什么是"创新型国家"》，《四川统一战线》2006年第2期。

陆国志：《高师学科教学论中"教学论"的弱化及扭转对策》，《课程·教材·教法》2006年第6期。

罗祖兵：《教育理论与实践：后现代的检视》，《高等教育研究》2006年第4期。

孟惠南：《第三方评估在我国政府绩效评估中的应用》，《领导科学》2012年第8期。

宁虹、胡萨：《教育理论与实践的本然统一》，《教育研究》2006年第5期。

宁虹：《教师教育：教师专业意识品质的养成——教师发展学校的理论建设》，《教育研究》2009年第7期。

潘懋元、刘海峰编《中国近代教育史资料汇编 高等教育》，上海教育出版社，1993。

庞丽娟、洪秀敏：《教师自我效能感：教师自主发展的重要内在动力机制》，《教师教育研究》2005年第4期。

庞丽娟、齐强、刘亚男：《学科教学论教师的职业尴尬与发展契机》，《教育与职业》2010年第26期。

彭虹斌：《U—S合作的困境、原因与对策》，《教育科学研究》2012年第2期。

郗海霞：《西方"教师教育大学化"研究述评》，《外国教育研究》2004年第2期。

秦国民：《政治稳定视角下制度认同的建构》，《河南社会科学》2010年第1期。

秦立霞：《美国教师资格认证制度研究》，教育科学出版社，2010。

璩鑫圭、唐良炎编《中国近代教育史资料汇编 学制演变》，上海教育出版社，2007。

璩鑫圭、童富勇、张守智编《中国近代教育史资料汇编 实业教育 师范教育》，上海教育出版社，2007。

商务印书馆编辑部：《辞源》（合订本），商务印书馆，1988。

沈玉顺主编《现代教育评价》，华东师范大学出版社，2002。

石中英：《波兰尼的知识理论及其教育意义》，《华东师范大学学报》（教育科学版）2001年第2期。

石中英：《知识转型与教育改革》，教育科学出版社，2001。

史晖：《"我"将何去何从——高师院校学科教学论教师的生存困境》，《教师教育研究》2009年第7期。

舒新城编《中国近代教育史资料》，人民教育出版社，1981。

宋永忠：《师范大学转型不能丢掉教师教育特色》，《中国高等教育》2006年第5期。

宋钰、朱晓宏：《实践、实践哲学与教育——全国教育哲学专业委员会第十六届学术年会综述》，《教育研究》2013年第3期。

眭依凡、俞婷婕、汪征：《教师教育：地方师范大学必须安于本位的使命》，《教育发展研究》2013年第7期。

孙培青主编《中国教育史》，华东师范大学出版社，2000。

陶行知：《陶行知全集》第1卷（2版），四川教育出版社，2005。

滕大春编《外国教育史和外国教育》，河北大学出版社，1998。

田正平主编《中国教育史研究》（近代分卷），华东师范大学出版社，2001。

王飞、车丽娜：《美国教育硕士专业学位的特色及其启示》，《高等教育研究》2014年第12期。

王健：《教师教育模式改革的国际比较》，《外国中小学教育》2007年第4期。

王健：《我国高校学士后教师培养模式的现状分析》，《教师教育研究》2009第11期。

王健：《我国教师教育学科的逻辑起点研究及学科体系构建》，博士学位论文，华东师范大学，2009。

王结发：《论制度认同》，《兰州学刊》2009 年第 12 期。

王军红、周志刚：《教育质量的内涵及特征》，《河北大学学报》（哲学社会科学版）2012 年第 9 期。

王维新、陈金林、戴建国：《中国百年师范教育图志》，上海辞书出版社，2008。

王宪平、唐玉光：《教师资格制度与教师教育制度关系研究》，《教师教育研究》2004 年第 5 期。

王宇翔：《学士后教师教育模式实施的必要性探究》，《中国教育学刊》2010 年第 1 期。

王玉衡：《美国大学教学学术运动》，北京师范大学出版社，2012。

王征、蒋笑莉：《关于在专业学位研究生教育中开展第三方评估的探讨》，《中国高教研究》2010 年第 9 期。

王卓君、赵顺龙、陈同扬等：《中国大学外部经济关系研究》，北京大学出版社，2005。

韦森：《经济学与哲学：制度分析的哲学基础》，上海人民出版社，2004。

魏志春、鲍春艳：《上海市中小学教师学历提升教育状况调查与分析》，《教育发展研究》2009 年第 15~16 期。

文辅相：《我国大学的专业教育模式及其改革》，《高等教育研究》2000 年第 2 期。

吴民祥：《教师成长状况调查研究——以浙江金华地区 617 位中师学历背景教师为样本》，《教育发展研究》2011 年第 12 期。

吴志宏、冯大鸣、周嘉方主编《新编教育管理学》，华东师范大学出版社，2000。

吴遵民、张松铃、秦洁：《强化还是削弱——略论"师范教育"向"教师教育"转换的问题与弊端》，《杭州师范大学学报》（社会科学版）2010 年第 3 期。

吴遵民：《终身教育的基本概念》，《江苏开放大学学报》2016 年第 1 期。

武海顺、闫建璋、程茹、赵英：《论教师教育特色》，《教师教育研究》2011 年第 6 期。

习近平：《全面贯彻落实党的教育方针 努力把我国基础教育越办越好》，《人民日报》2016年9月10日，第1版。

习近平：《做党和人民满意的好老师——同北京师范大学师生代表座谈时的讲话》，《人民日报》2014年9月10日，第2版。

肖瑶、陈时见：《教师教育一体化的内涵与实现路径》，《教育研究》2013年第8期。

谢和平主编《世纪弦歌 百年传响：四川大学校史展》，四川大学出版社，2007。

辛鸣：《制度论》，人民出版社，2005。

徐今雅：《发达国家学士后教师教育及对我国的启示》，《浙江师范大学学报》（社会科学版）2008年第3期。

徐娟：《以中小学为基地：英国教师培训模式及其启示》，《大学教育科学》2007年第1期。

徐双敏：《政府绩效管理中的"第三方评估"模式及其完善》，《中国行政管理》2011年第1期。

许杰：《试析高等教育领域的绩效管理——管理主义的研究视角》，《教育与经济》2008年第2期。

许立新：《欧盟国家教师教育机构与中小学伙伴关系的探索与实践》，《外国教育研究》2010年第10期。

许小东：《组织惰性行为初研》，《科研管理》2000年第4期。

宣勇：《大学变革的逻辑》，人民出版社，2009。

宣勇：《论大学的校院关系与二级学院治理》，《现代教育管理》2016年第7期。

阎光才：《美国教师教育机构转型的历史经验及其启示》，《教师教育研究》2003年第6期。

颜泽贤主编《华南师范大学校史》，广东高等教育出版社，2003。

杨德才：《新制度经济学》，南京大学出版社，2007。

杨克瑞：《美国高等教育协会及其评析》，《高等教育研究》2005年第2期。

杨善林主编《企业管理学》，高等教育出版社，2004。

杨秀玉、孙启林：《教师的教师：西方的教师教育者研究》，《外国教育研究》2007 年第 10 期。

杨跃：《关于教师教育学科构建的理性思考》，《教师教育研究》2007 年第 1 期。

杨跃：《教师教育者身份认同困境的社会学分析》，《当代教师教育》2011 年第 1 期。

杨跃：《谁是教师教育者——教师教育改革主体身份建构的社会学分析》，《南京师大学报》（社会科学版）2011 年第 6 期。

叶澜：《教育概论》，人民教育出版社，1999。

叶澜：《思维在断裂处穿行——教育理论与教育实践关系的再寻找》，《中国教育学刊》2001 年第 4 期。

衣俊卿：《文化哲学：理论理性和实践理性交汇处的文化批判》，云南人民出版社，2001。

佚名：《驻马店共识》，《中国教育报》2014 年 4 月 28 日，第 3 版。

殷雅竹、李艺：《论教育绩效评价》，《电化教育研究》2002 年第 9 期。

俞国良、辛涛、申继亮：《教师教学效能感：结构与影响因素的研究》，《心理学报》1995 年第 2 期。

俞可平：《论国家治理现代化》，社会科学文献出版社，2014。

翟家庆主编《驻马店师范高等专科学校校史 1973—1997》，中州古籍出版社，1998。

张斌贤：《教师培养模式改革若干问题的思考》，《教育研究》2005 年第 12 期。

张楚廷：《论大学校长》，《高等教育研究》2009 年第 7 期。

张继华、侯小兵：《理顺教师资格中的三重关系》，《光明日报》2016 年 9 月 13 日，第 13 版。

张景焕、申燕：《创造型教师的心理素质与课堂教学行为》，《山东师范大学学报》（人文社会科学版）2008 年第 2 期。

张军：《书里书外的经济学》，上海三联书店，2002。

张康之：《论组织化社会中的信任》，《河南社会科学》2008 年第 4 期。

张文军、钟启泉：《教师教育课程改革的国际趋势》，《教育发展研究》2012 年第 10 期。

张翔、张学敏：《教师教育 U—S 共生性合作的发生机制探究》，《教师教育研究》2012 年第 1 期。

张翔：《教师教育 U—S 合作中的大学困境与出路》，《当代教师教育》2013 年第 3 期。

张翔：《教师教育 U—S 合作中的中小学困境与出路》，《当代教师教育》2014 年第 1 期。

张旭昆：《制度演化分析导论》，浙江大学出版社，2007。

张学敏、侯小兵：《教育是效果之道也是结果之道——与郭思乐先生商榷》，《教育研究》2013 年第 6 期。

张玉荣、陈向明：《何以为师？——实习生的知识转化与身份获得》，《教师教育研究》2014 年第 3 期。

张元龙：《高校办学特色研究的现状与趋势》，《国家教育行政学院学报》2011 年第 4 期。

章鸣：《高等教育评估中"第三方评估"的历史与发展模式分析》，《科技与管理》2008 年第 3 期。

赵婀娜：《"十三五"期间 181 所师范院校一律不更名》，《人民日报》2017 年 1 月 17 日，第 12 版。

赵康：《专业、专业属性及判断成熟专业的六条标准——一个社会学角度的分析》，《社会学研究》2000 年第 5 期。

赵蒙成：《复杂性思维与"高深知识"》，《现代大学教育》2005 年第 5 期。

赵明仁：《先赋认同、结构性认同与建构性认同——"师范生"身份认同探析》，《教育研究》2013 年第 6 期。

赵明仁：《新时期我国师范大学办学定位的话语分析》，《教师教育研究》2016 年第 1 期。

郑杭生等：《社会运行导论——有中国特色的社会学基本理论的一种探索》，中国人民大学出版社，1993。

郑丽娜、张丽珍：《大学变革中的组织惯性分析》，《浙江师范大学学报》（社会科学版）2007 年第 6 期。

郑师渠、方增泉：《师范大学的特色发展战略和高师改革趋向》，《教师教育研究》2006 年第 6 期。

中共中央文献研究室编《邓小平论教育》，人民教育出版社，1995。

中央教育科学研究所编《中华人民共和国教育大事记（1949—1982）》，教育科学出版社，1983。

钟柏昌、李艺：《教育绩效管理论纲》，《教育学报》2009 年第 1 期。

钟秉林主编《教师教育转型研究》，北京师范大学出版社，2009。

周光礼：《论高等教育的适切性——通识教育与专业教育的分歧与融合研究》，《高等工程教育研究》2015 年第 2 期。

周洪宇：《教师教育论》，北京师范大学出版社，2010。

周钧、李小薇：《关于高质量教师教育的阐释——评〈有效教师教育〉》，《高等教育研究》2008 年第 1 期。

周钧、唐义燕、龚爱芋：《我国本科层次教师教育课程设置研究》，《教师教育研究》2011 年第 4 期。

周钧、朱旭东：《我国教师教育专业设置研究》，《教师教育研究》2008 年第 3 期。

周钧：《解制：当代美国教师教育改革的另一种声音》，《外国教育研究》2004 年第 5 期。

周钧：《美国教师教育认可标准的变革与发展》，北京师范大学出版社，2009。

周世厚、孙启林：《美国高等教育协会组织的内部协调机制解析》，《外国教育研究》2010 年第 5 期。

朱九思：《竞争与转化》，华中科技大学出版社，2001。

朱旭东、胡艳主编《中国教育改革 30 年：教师教育卷》，北京师范大学出版社，2009。

朱旭东、周钧：《论我国教师教育学科建设——教师教育大学化的必然选择》，《教师教育研究》2007 年第 1 期。

朱旭东：《国外教师教育模式的转型研究》，《外国教育研究》2001 年第 5 期。

朱旭东：《教师教育标准体系的建立：未来教师教育的方向》，《教育研究》2010 年第 6 期。

朱旭东:《论教师专业发展的理论模型建构》,《教育研究》2014年第6期。

朱旭东:《论教师专业内涵的理论建构》,《教育科学研究》2014年第6期。

朱旭东:《如何理解教师教育大学化?》,《比较教育研究》2004年第1期。

朱旭东:《应当实施教师教育大学化战略》,《中国高等教育》2002年第19期。

朱有瓛主编《中国近代学制史料》第三辑(下册),华东师范大学出版社,1992。

祝怀新编著《封闭与开放——教师教育政策研究》,浙江教育出版社,2007。

Borman, W. C., and S. J. Motowidlo, "Expanding the Criterion Domain to Include Elements of Contextual Performance," in N. Schmitt and W. C. Borman, eds., *Personnel Selection in Organizations* (San Francisco: Jossey-Bass Publishers, 1993).

Clift, Renee Tipton and Allen R. Warner, "Universities Contributions to the Education of Teachers," *Journal of Teacher Education* 37 (1986).

Cochran-Smith, Marily, *Policy, Practice, and Politics in Teacher Education* (Thousand Oaks: Corwin Press A Sage Publications Company, 2006).

Haberman, Martin, "Twenty-Three Reasons Universities can't Educate Teachers," *Journal of Teacher Education* 22 (1971).

Hannan, Michael T., and John Freeman, "The Population Ecology of Organizations," *American Journal of Sociology* 82 (1977).

Hodgkinson, Gerard P., "Cognitive Inertia in a Turbulent Market: The Case of UK Residential Estate Agents," *Journal of Manage Study* 34 (1997).

Nolan, James F., "Potential Obstacles to International Reform in Teacher Education: Findings from a Case Study," *Journal of Teacher Education* 36 (1985).

Sull, Donald, "Why Good Companies Go Bad," *Harvard Business Review* 77 (1999).

附 录

附录1：师范生对国家教师资格考试制度认同的调查问卷

同学：

　　您好！本课题是一项针对国家教师资格考试（简称"国考"）的研究。"国考"制度改革要求师范生必须取得考试合格证明才能申请教师资格证书，这会对师范生的专业学习产生深刻的影响。我们希望通过研究，探明师范生对"国考"的制度认同度与教学效能感之间内在联系。您的热心参与是我们完成研究任务的基本保证。本次调查数据仅作研究之用，不需要署名，希望您能够根据您的真实情况作答。对您的合作与支持表示衷心的感谢！

课题组

第一部分：基本信息

1. 性别：□男　　□女
2. 年级：□大一　　□大二　　□大三　　□大四
3. 学历层次：□本科　　□专科
4. 专业类别：□文科（语外政史地教）　　□理科（数理化生）
　　□艺体类（音体美）　　□其他

5. 专业目标：□幼儿教师　　　□小学教师　　　□中学教师
6. 学校所在区域：□东部　　　□中部　　　□西部
7. 学校类型：□部属大学　　　□地方师范大学　　　□地方师范学院
8. 制度启动进展：□先期启动　　　□刚刚启动

第二部分：国家教师资格考试制度认同量表

请您根据自己的实际状况，在表格右侧相应的方框内上打勾"√"（每题只能选一项）

序号	题目	非常不同意	比较不同意	有点不同意	比较同意	非常同意
1	作为师范生，我完全有信心顺利通过"国考"。	□	□	□	□	□
2	"国考"是提高中小学教师入职门槛的重要举措。	□	□	□	□	□
3	"国考"能够测量出师范生是否具备正确的教师职业理念。	□	□	□	□	□
4	"国考"是促进中小学教师专业发展的重要机制。	□	□	□	□	□
5	"国考"能保证中小学教师资格考试的社会公信力。	□	□	□	□	□
6	"国考"能够测量出师范生是否具备应有的科学文化素养。	□	□	□	□	□
7	"国考"能够测量出师范生是否具备规定的教师职业知识。	□	□	□	□	□
8	由于"国考"，我开始后悔读了师范专业。	□	□	□	□	□
9	"国考"能够测量出师范生是否具备规定的教师职业能力。	□	□	□	□	□
10	即使"国考"很难，我还是很想成为一名中小学教师。	□	□	□	□	□
11	"国考"是促进中小学教师队伍建设的重要途径。	□	□	□	□	□
12	"国考"能提高中小学教师资格考试的证书含金量。	□	□	□	□	□
13	"国考"能够测量出师范生是否具备应有的教师职业道德。	□	□	□	□	□

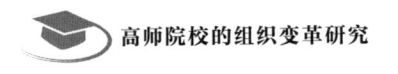

第三部分：教师教学效能感量表

请您根据自己的实际状况，在表格右侧相应的方框内打勾"√"

序号	题目	非常不同意	比较不同意	有点不同意	比较同意	非常同意
1	一个班上的学生总会有好有差,教师不可能把每个学生都教成好学生。	□	□	□	□	□
2	一般来说,学生变成什么样是先天决定的。	□	□	□	□	□
3	一般来说,学生变成什么样是家庭和社会决定的,教育很难改变。	□	□	□	□	□
4	教师对学生的影响小于家长的影响。	□	□	□	□	□
5	一个学生能学到什么程度主要与他的家庭状况有关。	□	□	□	□	□
6	如果一个学生在家里就没有规矩,那他在学校也变不好。	□	□	□	□	□
7	考虑所有因素,教师对学生成绩的影响力是很小的。	□	□	□	□	□
8	即使一个教师有能力,也有热情,他也很难同时改变许多差生。	□	□	□	□	□
9	好学生你一教他就会,差生再教也没用。	□	□	□	□	□
10	教师虽然能提高学生的成绩,但对学生品德的培养没有什么好的办法。	□	□	□	□	□
11	我能根据大纲吃透教材。	□	□	□	□	□
12	我不知道怎么写教学计划。	□	□	□	□	□
13	我会很认真、很详细地备课。	□	□	□	□	□
14	我能解决学生在学习中出现的问题。	□	□	□	□	□
15	如果课堂上遇到学生捣乱,我知道该怎么处理。	□	□	□	□	□
16	一个学生完成作业有困难时,我能根据他的水平调整作业。	□	□	□	□	□

续表

序号	题目	非常不同意	比较不同意	有点不同意	比较同意	非常同意
17	我能够很好地驾驭课堂。	□	□	□	□	□
18	一个学生不注意听讲,我常没有办法使他集中注意力。	□	□	□	□	□
19	只要我努力,我能改变绝大多数学习困难的学生。	□	□	□	□	□
20	我不知道该怎么与学生家长取得联系。	□	□	□	□	□
21	要是我的学生成绩提高了,那是因为我找到了有效的教学方法。	□	□	□	□	□
22	对于那些"刺儿头"学生,我常束手无策,不知道该怎么帮助他们。	□	□	□	□	□
23	如果学校让我教一门新课,我相信自己有能力完成它。	□	□	□	□	□
24	如果一个学生前学后忘,我知道如何去帮助他。	□	□	□	□	□
25	如果班上某学生变得爱捣乱,我相信自己有办法很快使他改正。	□	□	□	□	□
26	如果学生完不成课堂作业,我能准确地判断是不是作业太难了。	□	□	□	□	□
27	我和学生接触得很少。	□	□	□	□	□

附录2：新建地方本科高师院校教师教育特色的学生评价问卷

同学：

您好！首先，非常真诚地感谢您参与我们的课题调研！

教师教育特色表现为师范院校将教师教育作为战略重点和工作重心，教师教育质量得到社会认可，从而构成了学校区别于其它高校的显著标志之一。本次调研的主要目的是从学生的角度，对师范院校的教师教育特色做出评价。

　　本次调查坚持匿名性原则，调查结果仅供学术研究之用。请根据您的真实意愿做答，您的回答对我们的研究具有非常重要的意义！最后，衷心感谢您对我们的帮助！

课题组

一　基本信息

1. 您的性别？

    A. 男　　　　　　B. 女

2. 您的年级？

    A. 大一　　　　　B. 大二　　　　　C. 大三　　　　　D. 大四

3. 您的学科专业？

    A. 语文　　　　　B. 数学　　　　　C. 英语　　　　　D. 政治

    E. 历史　　　　　F. 地理　　　　　G. 物理　　　　　H. 化学

    I. 生物　　　　　J. 音乐　　　　　K. 体育　　　　　L. 美术

    M. 学前教育　　　N. 小学教育　　　O. 其他

4. 您现在就读专业的职业定向？

    A. 幼儿园教师　　B. 小学教师　　　C. 中学教师

    D. 职教教师　　　E. 其他

5. 就读的校区？

    A. 老校区　　　　　　　　　　　　B. 新校区

二　调查项目

1. 您是否感受到学校领导对教师教育工作的重视？

    A. 非常重视　　　B. 比较重视　　　C. 没感觉

    D. 不太重视　　　E. 非常不重视

2. 班主任是否会经常在各种班级集会上强调我们的"未来教师"身份？

    A. 经常会　　　　B. 偶尔会　　　　C. 没印象

    D. 好像没有　　　E. 从来没有

3. 学校的物理环境是否有充分的教师教育元素，能够对我们师范专业的学习产生潜移默化的影响？

    A. 非常充分，总会让我意识到，我将是一名教师

    B. 比较充分，偶尔会让我意识到，我将是一名教师

    C. 说不清   D. 有点少，可能还不如中学

    E. 太少了，有点工业区的感觉

4. 从您目前已经学习过的课程来看，教师教育课程的数量占多大比例？

    A. 比例非常大，40%以上   B. 比例比较大，30%~40%

    C. 比例不怎么大，20%~30%   D. 比例有点小，10%~20%

    E. 太少了，10%以下

5. 学校现有教学设施能否满足您提升教师专业能力的需要？

    A. 太少了，完全不够用   B. 有点少，不怎么够用

    C. 说不清   D. 比较充分，能满足基本的学习需要

    E. 非常充分，足够用

6. 您对目前学习过的那些教师教育课程，在实践性方面有何评价？

    A. 严重缺乏实践性，都是听老师讲，自己终究还是不会教学

    B. 没什么实践性，顶多就是老师在上课时能够结合一些案例进行讲解

    C. 说不清

    D. 具有一定的实践性，偶尔会让我们在课堂上试讲并给予指导

    E. 具有很强的实践性，经常能够带我们到中小学课程进行见习或实习

7. 您是否赞成"学校管理者对教师教育工作的重视往往是停留在口头上，而没有落实到行动上去"？

    A. 非常赞成   B. 比较赞成   C. 不确定

    D. 不赞成   E. 非常不赞成

8. 从您所学习过的教师教育课程来看，您认为，这些课程对您作为中小学教师的专业发展来讲，能够发挥多大的作用？

    A. 简直没用   B. 作用不大   C. 说不清

    D. 比较有用   E. 非常有用

9. 您认为，从您目前的学习情况来看，师范专业的学习对你将来当中小学教师而言，是不是必要的？

   A. 没什么必要，还不如进入综合大学的学科专业学习，之后再去考教师资格

   B. 基本上没必要，师范专业的教师教育课程没什么效果，学科专业课程又达不到综合大学的水平

   C. 说不清

   D. 有点必要，师范专业的课程结构与学科专业还是有点差别

   E. 很有必要，如果不在师范专业学习，我可能没有走上讲台的自信和能力

10. 您对教师教育课程的任课教师的教学风格（教学方式方法、教学内容安排、教学过程组织等的综合体现）是否满意？

    A. 非常不满意　　B. 不太满意　　　C. 不确定

    D. 比较满意　　　E. 非常满意

11. 学校的文化环境是否有利于您作为未来教师的专业发展？

    A. 非常不好，学习氛围太差了

    B. 感觉不怎么好，学习氛围比较差

    C. 说不清

    D. 比较有利，能满足基本的学习需要

    E. 非常有利，这里是个专心学习的好地方

12. 从培养创新人才来讲，教师应当成为创新型教师。目前，您接触过的这些大学教师是否在研究性教学方面给了您足够的影响？

    A. 非常大的影响　B. 有点影响　　　C. 说不清

    D. 没什么影响　　E. 一点影响也没有

13. 您是否有过和师范院校教师讨论中小学教学问题的经历？

    A. 经常会　　　　B. 偶尔会　　　　C. 记不得

    D. 好像没有　　　E. 从来没有

14. 在教师教育必修课程数量有限的情况下，学校开设的教师教育公共选修课程是否能够满足您学习的需要？

    A. 很不充足　　　B. 不充足　　　　C. 不确定

    D. 比较充足　　　E. 非常充足

15. 您是否参加过教师教育类学生社团组织的活动？

    A. 从来没有参加过　　　　　B. 好像没有参加过

    C. 记不得　　　　D. 偶尔参加　　　　E. 经常参加

16. 学校是否给未来教师提供了足够的试讲等提高师范技能的机会？

    A. 非常多　　　　B. 比较多　　　　C. 不确定

    D. 没什么　　　　E. 纯粹没有

17. 通过在师范专业的学习，您对将来从事中小学教育工作的信念发生了何种变化？

    A. 与进入大学之初相比，从教信念更加坚定

    B. 与进入大学之初相比，从教信念没什么变化　　C. 说不清

    D. 有些动摇，不太想当老师了

    E. 彻底改变初衷了，毕业后不做教师

18. 与进入师范专业学习之前相比，通过在师范专业的学习，您对自己目前的中小学教学能力有何评价？

    A. 由于远离中小学，教学能力可能是有减无增

    B. 大多纸上谈兵，教学能力没什么提高

    C. 说不清　　　　D. 略有提高　　　　E. 显著提高

19. 通过在师范专业的学习，使您对"如何当好中小学教师"是否有了更清楚地认识？

    A. 非常清楚　　　　B. 好像清楚了点　　　　C. 说不清

    D. 不太清楚　　　　E. 很不清楚

20. 在您的高中教师中，有多少是毕业于您现在就读的师范院校？

    A. 没有听说过有毕业于我们学校的教师

    B. 不会超过5%

    C. 估计10%的样子

    D. 比较多，占全校教师的20%以上

    E. 非常多，有将近一半吧

21. 您是否参加过学校组织的教师教育类学术讲座？

    A. 经常参加　　　　B. 偶尔参加　　　　C. 记不得

    D. 好像没有参加过　　E. 从来没有参加过

22. 您认为，从教师培养来看，现行的教师教育专业课程设置情况是否合理？

    A. 非常合理   B. 比较合理   C. 说不清

    D. 不太合理   E. 非常不合理

附录3：师范生对教师专业学习效果的自评问卷

同学：

    您好！首先非常感谢您参与我们的研究工作！

    本次调查是教育部人文社会科学研究项目的子课题，旨在了解现有教师教育模式对您在教师专业方面的培养效果，从而为教师教育改革提供参考。您向我们提供的每一项信息都非常重要，希望您不要漏掉任何一项。同时，我们郑重承诺，数据采集严格遵循匿名原则，所有数据只作为课题研究之用而不会泄露您的个人隐私。再次谢谢您的参与！

课题组

一 基本信息

1. 您的性别：A. 男   B. 女

2. 您的年级：A. 大一   B. 大二   C. 大三   D. 大四

3. 您就读的学历：A. 专科   B. 本科

4. 您就读的专业：

A. 文科师范专业（含中文、英语、政治、历史、地理）

B. 理科师范专业（含数学、物理、化学、生物）

C. 艺体师范专业（含音乐、体育、美术）

D. 教育学师范专业（含教育学、学前教育、小学教育、教育技术）

E. 综合性师范专业（含科学教育、艺术教育、国学教育）

F. 其他（请填写）：_____

5. 您就读学校所在区域：A. 东部地区　B. 中部地区　C. 西部地区
6. 您就读学校的类型：A. 部属大学　B. 地方师范大学　C. 地方师范学院

二　评价内容

我们非常想知道，您在下面这些项目上达到了一个什么样的发展水平？请您根据实际情况，做出客观地自我评价。每个项目只能选择一个答案（勾选），请不要漏选。其中，1表示非常差，2表示比较差，3表示一般，4表示比较好，5表示非常好。（说明：下表中的"学生"指中小学生。）

序号	题目	非常差	比较差	一般	比较好	非常好
1	设置合理的教学目标	1	2	3	4	5
2	合理运用现代教育技术辅助教学	1	2	3	4	5
3	与家长进行有效沟通	1	2	3	4	5
4	维持良好的课堂教学秩序	1	2	3	4	5
5	根据学生的反馈意见改进教学方案	1	2	3	4	5
6	组织学生参加班级活动	1	2	3	4	5
7	合理地设计教育科研课题	1	2	3	4	5
8	规范地运用教育科研方法	1	2	3	4	5
9	识别不同学生的学习需求	1	2	3	4	5
10	在教学过程中培养学生的综合能力	1	2	3	4	5
11	如何给学生写评语	1	2	3	4	5
12	围绕特定主题建立跨学科课程					
13	指导学生开展研究性学习	1	2	3	4	5
14	对学生进行心理疏导	1	2	3	4	5
15	通过自我教学反思改进教学工作	1	2	3	4	5
16	在教学过程中引导学生的注意力	1	2	3	4	5
17	准确把握教学内容的重点和难点	1	2	3	4	5
18	机智地应对教学过程中的突发情况	1	2	3	4	5
19	判断教学材料对学生学习的有效性	1	2	3	4	5

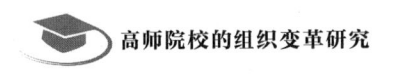

续表

序号	题目	非常差	比较差	一般	比较好	非常好
20	指导学生开展科技创新实践	1	2	3	4	5
21	根据学生需要开设选修课程	1	2	3	4	5
22	帮助新同学融入班集体	1	2	3	4	5
23	在教材之外去寻找教学材料	1	2	3	4	5
24	撰写学术论文或调查报告	1	2	3	4	5
25	通过与学生的有效沟通认识自己	1	2	3	4	5
26	根据特定主题设计微型课程	1	2	3	4	5
27	以新颖的方式组织教学材料	1	2	3	4	5

后 记

2006年的秋天，桂花香得醉人，我满怀喜悦地踏进了西华师范大学的校门，开始硕士研究生的学习生活。这是我第一次如此真切地碰触到我梦中的大学，来得有点晚，但终究还是来了，从此便与高师院校结下了不解之缘。这时的高师院校已经非常综合化了，新办的非师范学科、专业、学院改变了学校原有的组织结构。2009年，到绵阳师范学院工作后发现，这所于2003年组建的本科师范院校的组织结构同样是综合化的。2010年，我到西南大学攻读博士学位。这所高等学府是西部地区教师教育的重要阵地，它由原西南师范大学和原西南农业大学于2005年合并组建而成，学校组织结构的综合化程度更高。我所经历的这三所高师院校既有共性，也有特性，更具有发展路径的代表性。一路走来，我与高师院校结伴而行，它源源不断地为我提供着学术滋养，指引着我学术探索的前进方向和行动路径。

2014年，我领衔申报的教育部人文社会科学研究项目"教师资格新政策背景下的师范院校组织变革研究"（项目编号：14YJC880017）获得立项，《高师院校的组织变革研究》一书正是该项目的最终成果。在这项成果即将付梓之际，首先想要感谢的是绵阳师范学院谭小宏教授。当年，对于刚刚博士毕业的我来讲，真心想让自己先放松一下，那种从"苦海"中挣扎出来的感觉只有经历过的同仁才会明白。恰在此时，谭小宏教授多次与我促膝交流，鼓励我不忘初心、继续前行。以至今日，才有本项成果的问世，这份对谭小宏教授的感恩之情难以言表。此外，本书的部分内容也是2016年四川省教育厅人文社会科学研究重点项目

"国家教师资格考试制度的逻辑、认同与响应"（项目编号：16SA0091）的研究成果。

绵阳师范学院科技处领导对项目申报、立项、执行和结题全过程进行了悉心的指导和帮助，对项目顺利完成发挥了至关重要的作用。北京师范大学朱旭东教授、华中师范大学范先佐教授、苏州大学许庆豫教授，西南大学张学敏教授、么加利教授、孙振东教授，西华师范大学冯文全教授、李化树教授、夏茂林教授，四川师范大学吴定初教授、刘秀峰博士，贵州师范大学张翔博士等对项目提供了宝贵的思想启迪和学术指导。绵阳师范学院张继华研究员领衔的教师专业发展团队为我们打造了一个非常好的学术平台。在这里，同行们的观点碰撞总能闪现出更加灿烂的思想火花。我非常想感谢团队中的这些老师，他们是陈寒教授、任俊教授、谭小宏教授、黄正夫教授、张天明教授、王正惠教授、韩黎教授、王涛副教授、蒋平副教授、谭军副教授、王吉春老师、冯芳老师、张惠老师……我就职的绵阳师范学院创新学院是一个温馨的大家庭，与胡进耀副院长、魏丽萍主任、尹辉老师、赵晓江老师、刘雷老师、邵锡钎老师在一起工作，令人感到非常愉快。他们的体谅、包容与帮助使我有更多的时间和精力投入研究工作中，这项成果同样凝结着他们的心血。

在撰写《高师院校的组织变革研究》的过程中，我们参考了大量的研究文献。这些文献给我们提供了宝贵的思想启迪。我们努力做出了较为详尽的文献注释，但难免仍有疏漏，在此说明且一并致谢！原四川省教育工委副书记、四川省教育厅党组副书记、常务副厅长唐朝纪教授对本书进行了认真评阅，提出了一系列非常重要的意见和建议，使本书的逻辑结构更加严谨、语言表达更加规范，所作的序言更是为本书增色不少。唐教授对学界晚辈的关心与关爱让人感激不已！

《高师院校的组织变革研究》的出版受到了绵阳师范学院学术著作出版基金资助。社会科学文献出版社的鼎力支持使出版工作进行得非常顺利。出版社编辑等工作人员提出了诸多重要的建议，他们的敬业精神让我们深受感动。在此，致以我最真挚的谢意！

《高师院校的组织变革研究》是我们历时四年开展课题研究的最终成果。尽管我们抱着极大的学术热情，以求真务实的科学态度投入研究工作，

后　记

希望能够以高质量的研究成果向学界做出一点贡献，但是，限于学识水平，书中难免有纰漏之处，敬请同行和读者包涵雅正！

侯小兵　谨识

2018 年 1 月 26 日于仰辰堂

图书在版编目(CIP)数据

高师院校的组织变革研究／侯小兵著.――北京：
社会科学文献出版社，2018.7
ISBN 978－7－5201－2660－1

Ⅰ.①高… Ⅱ.①侯… Ⅲ.①高等师范院校－学校管理－体制改革－研究－中国 Ⅳ.①G657.1

中国版本图书馆 CIP 数据核字（2018）第 085895 号

高师院校的组织变革研究

著　　者／侯小兵

出版 人／谢寿光
项目统筹／宋月华　袁卫华
责任编辑／袁卫华

出　　版／社会科学文献出版社・人文分社（010）59367215
　　　　　　地址：北京市北三环中路甲29号院华龙大厦　邮编：100029
　　　　　　网址：www.ssap.com.cn
发　　行／市场营销中心（010）59367081　59367018
印　　装／三河市尚艺印装有限公司

规　　格／开本：787mm×1092mm　1/16
　　　　　　印张：21　字数：342千字
版　　次／2018年7月第1版　2018年7月第1次印刷
书　　号／ISBN 978－7－5201－2660－1
定　　价／128.00元

本书如有印装质量问题，请与读者服务中心（010－59367028）联系

▲ 版权所有 翻印必究